तम्बाकू नियंत्रण के मुद्दे

डॉ. राकेश गुप्ता

भारतवर्ष की तम्बाकू समस्या

के समाधान हेतु

सभी तम्बाकू नियंत्रण कर्मियों को

समर्पित

प्रस्तावना

वैश्विक तम्बाकू महामारी से भारत में प्रतिवर्ष ~1.5 लाख मृत्युएँ होती हैं- समूचे विश्व की 18.5%! अतः यह आवश्यक हो जाता है कि प्रत्येक देशवासी इस पूर्णतया रोकी जा सकने वाली त्रासदी के विभिन्न पहलुओं को केवल जाने ही नहीं अपितु भारत में सक्रिय तम्बाकू-मुक्ति के अभियान में एक अहम भूमिका निभा सके।

यह पुस्तक तम्बाकू नियंत्रण के अनेक ज्वलंत मुद्दों, जैसे, प्रवर्तन, सचित्र चेतावनियों, अर्थव्यवस्था के अंतर्गत टैक्स, लाइसेंस, व्यापार व तस्करी, संवैधानिक व मानवाधिकारों, ग़रीबी, खेती और वातावरण प्रदूषण के अतिरिक्त तम्बाकू उद्योग के कड़वे सचों के साथ उसके राजनैतिक व प्रशासनिक हस्तक्षेप से बचाव से पाठकों को परिचित करायेगी।

क्या आप नहीं चाहेंगे कि जनस्वास्थ्य के इस अति महत्वपूर्ण पहलू से आप व आपके माध्यम से आपके परिवारजन, समुदाय और समाज जाग्रत व सशक्त हो अपने साथ-साथ अपनी और इस देश की भावी पीढ़ी को तम्बाकू-मुक्त बना सके। जैसे बूँद-बूँद से समुद्र भर सकता है, इस पावन कार्य में अपनी भूमिका को कम ना आंके। पढ़े और जुड़ें इस अभियान और सहभागी बनें तम्बाकू महामारी से भारत में प्रतिदिन होने वाली ~4,000 मृत्युओं को रोकने में।

लेखक परिचय

डॉ. राकेश गुप्ता, राष्ट्रीय और प्रादेशिक स्तरों पर पिछले 20 वर्षों से तम्बाकू नियंत्रण के क्षेत्र में एक सक्रिय तम्बाकू-उपचार विशेषज्ञ, सहभागी, मीडिया समर्थक, स्पष्टवादी वक्ता, स्वयंसेवी और जागरूकता-कर्मी, मुख्य प्रशिक्षणकर्ता, अनुसंधानकर्ता, अनुबंधक, लेखक-अनुवादक होने के साथ-साथ वर्तमान में जयपुर के संतोकबा दुर्लभजी मेमोरीयल अस्पताल और मेडिकल रिसर्च इंस्टिट्यूट में तम्बाकू-उपचार केंद्र के मानद चिकित्सक और स्वयंसेवी संस्था राजस्थान केन्सर फ़ाउंडेशन के संस्थापक अध्यक्ष हैं।

इन दो दशकों के अंतराल में आपने धूम्रपान-रहित शहर (2007), तम्बाकू-मुक्त कार्यस्थल (2008), अस्पतालों में तम्बाकू उपचार प्रणाली (सिस्टम्ज़ अप्रोच इन टोबेको ट्रीटमेंट/ टोबेको ट्रीटमेंट प्रोटकॉल; 2012-13), प्रादेशिक मेडिकल हेल्पलाइन में 'क्विटलाइन (टेलीफ़ोन द्वारा तम्बाकू उपचार परामर्श; 2013-14 व 2015-18)' व तम्बाकू- उपचार केन्द्र (2017-19) के उपयोगी जनस्वास्थ्य मॉडल देश को सर्वप्रथम प्रदान किये हैं।

विश्व स्वास्थ्य संगठन की महानिदेशक ने इन्हें वर्ष 2013 में दक्षिण-पूर्वी एशिया में तम्बाकू नियंत्रण में व्यक्तिगत-स्तर पर विशिष्ट योगदान के लिए वार्षिक विश्व तम्बाकू निषेध दिवस पुरस्कार प्रदान किया। इसके अतिरिक्त, पूर्व में इन्हें ज़िला- व प्रादेशिक- स्तरों पर वर्ष 2007 और वर्ष 2011 में झुन्झुनू ज़िला प्रशासन और राज्य चिकित्सा एवं स्वास्थ्य विभाग द्वारा भी पुरस्कृत किया गया था।

आप 50 से अधिक वैज्ञानिक पेपर्स के अतिरिक्त 250 से अधिक व्याख्यानों के अतिरिक्त तम्बाकू नियंत्रण पर 2 पुस्तकों (तम्बाकू-मुक्ति की ओर व तम्बाकू नियंत्रण के मुद्दे) और 1 पुस्तिका (तम्बाकू की आत्महत्या) के हिंदी में लेखन- प्रकाशन के अतिरिक्त पाथ-कनाडा (वर्तमान में हेल्थ ब्रिज) की दो पुस्तिकाओं और फ़ैक्ट-शीट सेट का हिंदी में अनुवाद कर चुके हैं।

आप पिछले 45 वर्षों से मूलतः एक स्नातकोत्तर शल्य-चिकित्सक होने के साथ-साथ एक सेवानिवृत सह आचार्य- शल्य चिकित्सा, मुंबई के प्रख्यात टाटा मेमोरीयल केन्सर केंद्र से प्रशिक्षित केन्सर-शल्य-चिकित्सक और जयपुर-स्थित महावीर केन्सर हॉस्पिटल और रिसर्च सेंटर के मेडिकल कोऑर्डिनेटर के अतिरिक्त अमेरिकन केन्सर सोसाइटी के निदेशक (इंडिया) के रूप में भी कार्य कर चुके हैं।

लेखक की कलम से...

भारत में तम्बाकू नियंत्रण की मज़बूत पकड़ को अब लगभग दो दशक हो चुके हैं। किंतु, सिवाय प्रादेशिक चिकित्सा एवं स्वास्थ्य विभागों, गैर-सरकारी संगठनों और स्थानीय मीडिया को छोड़, इस विषय पर सम्पर्क, संचार, प्रशिक्षण, सशक्तिकरण, अनुसंधान, प्रकाशन, इत्यादि, का माध्यम अंग्रेज़ी भाषा में ही होता आया है।

हालाँकि यह सब उपयोगी ही रहा क्योंकि इसी कारण हम भारत में भी इस क्षेत्र में पनपी और स्थापित वैश्विक मुहिम से उपजी समझ को अपना पाये और विश्व में तम्बाकू नियंत्रण को एक मज़बूत नेतृत्व देने वाले राष्ट्र के रूप में भी उभरें हैं, परंतु प्रादेशिक स्तरों पर हम इस भाषाई सीमितता के कारण, जनमानस ही नहीं, अन्य कई समूहों, संस्थानों, सामाजिक व व्यावसायिक स्तरों पर भी, इस महत्वपूर्ण जनस्वास्थ्य के मुद्दे को एक प्रभाविक व सशक्त व्यापकता और अपेक्षित सफलता प्रदान नहीं करा पाये हैं।

परिणामस्वरूप, भारत के उन सभी प्रदेशों में जहाँ अंग्रेज़ी व्यापकता से बोली-समझी नहीं जाती है, केवल आमजन ही नहीं अपितु सरकारी व गैर-सरकारी क्षेत्रों में कार्यरत तम्बाकू नियंत्रण कर्मी भी, तम्बाकू नियंत्रण के अनेक पहलुओं से अब तक भी अनभिज्ञ ही हैं। अतः, एक हिंदी-भाषी प्रदेश में रहते मुझे यह लगा कि यदि तम्बाकू नियंत्रण सम्बंधी जानकारियाँ, जनसाधारण के साथ-साथ उन वर्गों तक भी जो कि तम्बाकू नियंत्रण में कार्यशील हैं (या स्वयं शिक्षित हो स्वयं-सेवा के भाव से अपना योगदान दे सकते हैं), उस भाषा में दी जाएँ जिसे वे प्रतिदिन अपनी बोल-चाल में काम में लाते हैं तो इससे उनके प्रदेशों में तम्बाकू के नशे से उत्पन्न महामारी की भयावहता को कुछ और कम किया जा सकेगा।

इस पुस्तक में सम्मिलित लेखों हेतु हिंदी भाषा का चयन मेरे लिए स्वाभाविक था क्योंकि न केवल मैं इसे सदैव अंग्रेज़ी से अधिक काम में लेते रहने से इसके उपयोग में अधिक आश्वस्त हूँ, बल्कि इसलिए भी कि जहाँ इन लेखों के प्रकाशन में जयपुर से हर दिन सुबह-शाम प्रकाशित हिंदी समाचार पत्र ''समाचार जगत'' की सौभाग्यवश एक अनूठी संरचनात्मक सहभागिता तो मिली ही, पिछले दो दशकों में तम्बाकू नियंत्रण की मज़बूती हेतु हिंदी में किये व्यापक जनजागरण से मिले प्रोत्साहन व प्रतिपुष्टि (फ़ीड्बैक) ने इसकी उपयोगिता व आवश्यकता भी बतला दी थी।

निश्चित ही, यह और भी सुखद होगा यदि भारत की अन्य क्षेत्रिय भाषाओं में भी इन लेखों का अनुवाद-उपयोग उचितता से हो। उचितता शब्द इसलिए उपयोग में ले रहा हूँ क्योंकि, मुझसे एक औपचारिक अनुमति लिए जाने के अतिरिक्त, इस अपेक्षा को पूरा करने हेतु यह अति आवश्यक होगा कि जो भी इस कार्य को करे उसमें हर आयु व सामाजिक-आर्थिक वर्ग में इस विषय को आसान समझ के साथ परोसे जाने के साथ इसकी वैज्ञानिक व तथ्यपरक समझ को भी बनाए रखने की पात्रता भी हो।

इस पुस्तक में संकलित सभी 77 लेख आमतौर से बोली-समझी वाली सरल हिंदी भाषा में तम्बाकू नियंत्रण के मुद्दों पर लिखे गए हैं। इनके सहित तम्बाकू के बोझ, हानियों, छोड़ने के लाभ, तम्बाकू निर्भरता व व्यसन का उपचार और तम्बाकू मुक्त होने पर अन्य 67 लेखों को, जो कि मेरी दूसरी पुस्तक ''तम्बाकू मुक्ति की ओर'' में संकलित है, तीन वर्षों से अधिक समय में समाचार जगत द्वारा उसके लोकप्रिय रविवरीय अंक में पृष्ठ 6 पर अधिकांश संस्करणों में लगभग आधे पृष्ठ में प्रकाशित किया गया। जहाँ तक मेरी जानकारी है, ऐसी सहभागिता अनूठी है और अकल्पनीय भी क्योंकि कोई भी मीडिया-तंत्र तम्बाकू उद्योग को अप्रसन्न कर उससे मिलने वाले अपने सतत आर्थिक लाभ नहीं खोना चाहता है। पिछले बीस वर्षों में इस क्षेत्र में कार्यरत रह मैंने, समूचे विश्व में ना सही, भारत और एशिया के किसी अन्य देश में, किसी अन्य गैर-अंग्रेज़ी भाषा में इस तरह के जनजागरण की अलख का उदाहरण नहीं देखा-पाया है।

मेरी दोनों पुस्तकों में सूचीबद्ध सम्मिलित लेखों का लिखा जाना उस विशिष्ट विषय की अंतर्राष्ट्रीय, राष्ट्रीय अथवा प्रादेशिक सामयिक उपयोगिता के आधार पर ही निर्धारित रहा हालाँकि यह अवश्य ध्यान रखा गया कि आमजन को उस विषय की समूची जानकारी भी मिल सके। अतः इनके गम्भीर पाठकों को इनमें कुछ विषयों का दोहराना उनको सरलीकृत करता प्रतीत हो, परंतु ऐसा जानबूझ कर उस समय में उचित नीतिगत निर्णयों को लेने और उन्हें ज़मीनी रूप से लागू करने हेतु किया गया।

लेखों की उपयोगिता को और अधिक बढ़ाने के लिए, समाचार जगत कार्यालय से प्राप्त उनकी छवि (जेपीजी) को अगले 1 से 3 दिनों में फेसबुक पर मेरे व्यक्तिगत पृष्ठ और व्हाटसऐप के कई समूहों पर भी पोस्ट कर दिया गया था जिससे जनसाधारण में तम्बाकू नियंत्रण की शिक्षा, उपयोगिता व महत्व को अधिकता से बढ़ाया जा सके; और, ऐसा अनुभव भी हुआ जब विभिन्न हिंदी भाषी प्रदेशों के अतिरिक्त उत्तर-पूर्वी प्रदेशों में बसे तम्बाकू नियंत्रण में सहकर्मियों के अतिरिक्त चिकित्सकों व अन्य क्षेत्रों में कार्यरत मित्रों, सहकर्मियों व सहभागियों ने इन्हें न केवल सराहा बल्कि अपनी प्रोत्साहित करती टिप्पणियाँ भी लिखी। साथ ही, इनमें से कुछ को ट्विटर पर भी पोस्ट किया ताकि इनकी पहुँच को और भी बढ़त मिल पाये। सामाजिक मीडिया में इस पहुँच का कितना लाभ वास्तव में आमजन को मिला, यह भविष्य में अनुसंधान करके ही जाना जा सकेगा।

हालाँकि इस बात का पूरा-पूरा ध्यान रखा गया कि भाषाई त्रुटियाँ लेखन अथवा छपाई में ना हों फिर भी कुछ लेखों में ये दिखाई दें। आशा करता हूँ पाठकगण मूल विषय की महत्ता पर अपना ध्यान केंद्रित कर इन्हें अनदेखा कर सकेंगे। फिर यदि आपको लगता है कि आपके विचारों से इसके अगले संस्करण को मैं और भी प्रभावी बना पाऊँगा तो इन्हें बिना हिचके मेरे ई- मेल पर लिख भेजें। आपका सदैव स्वागत रहेगा।

इस समूचे कार्यान्वयन हेतु और विशेषरूप से, मैं समाचार जगत के रेसीडेंट एडिटर, श्री तरुण रावल जी और उनके सहकर्मियों व इस समाचारपत्र के प्रबंधन- गोधा परिवार (श्री राजेंद्र गोधा व उनके पुत्र, निशान्त गोधा) का हृदय से आभारी हूँ जिन्होंने इस हेतु न केवल मुझे लगातार व भरपूर प्रोत्साहन और रचनात्मक सहयोग दिया, अपने मीडिया हाउस को लगभग 8 महीनों में औपचारिक रूप से तम्बाकू-मुक्त भी किया। साथ ही, मैं हृदय से आभारी हूँ, इस विषय के मेरे गुरुजनों के साथ, देशभर के उन सभी तम्बाकू-नियंत्रण सहकर्मियों का जिनका प्रशिक्षण, समर्थन, सुझाव व सहलेखन तो उपयोगी रहा ही, उनके एवं स्थानीय कर्मियों के शुभकामना संदेशों से इस पुस्तिका को राष्ट्रीय तम्बाकू नियंत्रण गतिविधियों में एक अनमोल विश्वसनीयता व स्थान मिल पायेगा, ऐसी मेरी आशा है और विश्वास भी।

इस कार्य को बिना पॉपुलर प्रिन्टर्स के स्वामी, श्री निर्मल गोयल और उनकी टीम (सुशील शर्मा और राजेंद्र शर्मा) के निरंतर सहयोग और अथक धैर्य के बिना पूरा नहीं किया जा सकता था। अतः उन सभी को मेरा कौटिश धन्यवाद।

अंत में, मैं उन सभी परिवारजनों, मित्रों व सहकर्मियों का आभारी हूँ, विशेषकर मेरी पत्नी और पुत्र का, जिन्होंने न केवल इस पुस्तिका को वर्तमान स्वरूप प्रदान करने में मुझे अतुलनीय प्रोत्साहन दिया और सहयोग किया, किंतु मुझे इस विषय पर दो दशकों से सशक्तता से अनवरत कार्यशील बने रहने में भी एक अमूल्य भूमिका निभाई है।

राष्ट्रीय तम्बाकू नियंत्रणकर्ताओं के संदेश

डॉ. पी. सी. गुप्ता, निदेशक, हिएलीस सेक्सरिया इंस्टिट्यूट ऑफ़ पब्लिक हेल्थ, नवी मुंबई, महाराष्ट्र- हिंदी में लिखे यह लेख ऐसी सरल भाषा में लिखे गये हैं कि आमजन भी इसे अच्छे से समझ सके हैं। प्रत्येक लेख ने तम्बाकू नियंत्रण के एक विशिष्ट मुद्दे को, उसकी सामयिकता के साथ, तथ्यों और गहनता से प्रस्तुत किया है। इन लेखों का एक पुस्तक के रूप में संकलन निश्चित ही एक महत्त्वपूर्ण और उपयोगी ज्ञान-स्त्रोत है। यह हिंदी भाषी जन समूह के लिए यह एक स्वागत योग्य जुड़ाव हैं, क्योंकि तम्बाकू नियंत्रण पर अब तक बहुत कम साहित्य हिंदी में उपलब्ध है।

डॉ. मीरा अघी, बोर्ड-सदस्या, दी इंटरनेशनल यूनियन ऑफ़ ट्यूबरक्यूलोसिस एंड चेस्ट डिज़ीज़ेज़ (दी यूनियन) और सोसायटी ऑफ़ रिसर्च एंड निकोटीन ट्रीटमेंट (एस.आर.एन.टी.)- यदि आप इन लेखों को अंग्रेज़ी में अनुवादित व विषयानुसार संकलित कर पायें तो मैं इन्हें सोसायटी फॉर रिसर्च ऑन निकोटीन एंड टोबेको (एस.आर.एन.टी.) के विश्वविद्यालय की वेबसाइट पर सम्मिलित करवाना चाहूँगी।

डॉ. राणा जुगदीप सिंह, डिप्टी रीजनल डायरेक्टर (टोबेको एण्ड एन.सी.डी.), दी यूनियन (दक्षिण-पूर्वी एशिया), नई देहली- वर्तमान में, तम्बाकू नियंत्रण में, हिंदी में लिखी- छपी सामग्री का नितांत अभाव है जब कि यह भारत की सबसे अधिकता से बोलचाल की भाषा है। अतः डॉ. राकेश गुप्ता द्वारा तम्बाकू नियंत्रण और उपचार पर लिखे-संकलित-छपे लेखों वाली इस पुस्तिका का प्रकाशन सामयिक है और सराहनीय भी। डॉ. राकेश गुप्ता की तम्बाकू नियंत्रण के विभिन्न पहलुओं पर गहन जानकारी और पकड़ के साथ भारत को तम्बाकू-मुक्त बनाने के सतत प्रयास उतने ही प्रशंसनीय हैं, जितनी कि उनके द्वारा इस पुस्तिका में तम्बाकू नियंत्रण के मुद्दों पर लिखे गए लेखों की स्पष्टता और समझ। मैं सोचता हूँ कि उनके इस लेखन से भारत के हिंदी-भाषी क्षेत्रों में कार्यरत हमारे तम्बाकू नियंत्रण के सहकर्मी निश्चित ही और अधिक सशक्त व लाभान्वित होंगे। अतः उन सभी द्वारा इस पुस्तक को सम्पूर्णता से पढ़ने हेतु प्रोत्साहित-प्रेरित करने की मुझे प्रसन्नता है। साथ ही, इस कार्य की अपेक्षित सफलता के लिए शुभेच्छा और हार्दिक समर्थन के साथ, मैं इस पुस्तिका के दोनों अंकों का देश-प्रदेशों के स्वास्थ्य- व शिक्षा- तंत्रों द्वारा हर स्तर पर भरपूर उपयोग की अनुशंसा भी करता हूँ।

डॉ. सोनू गोयल, आचार्य, कम्यूनिटी मेडिसिन, स्कूल ऑफ़ पब्लिक हेल्थ, पोस्ट ग्रैजूएट इंस्टिट्यूट, चंडीगढ़-हार्दिक बधाईयाँ। यह बड़ा कार्य (सम्पन्न किया गया) है। जैसा कि पहले भी कहा गया था, हम इसे अपने रिसोर्स सेंटर (नेशनल रिसोर्स सेन्टर ऑन टोबेको कन्ट्रोल- आर.सी.टी.सी.) में सम्मिलित करने का स्वागत करेंगे।

डॉ. मोनिका अरोरा, स्वस्थता प्रमोशन संभाग और अतिरिक्त आचार्य, पब्लिक हेल्थ फ़ाउडेशन ऑफ़ इंडिया (पी.एच.एफ़.आई.), गुरुग्राम, हरियाणा- इन लेखों को एक पुस्तक के रूप में नियोजित करने हेतु बधाई। यह एक अति विस्तृत सूची और एक अनूठा स्रोत है। पी.एच.एफ़.आई. में हमें इसे अपने तम्बाकू नियंत्रण पर ई-कोर्स करने वाले छात्रों में वितरित करने में प्रसन्नता होगी।

राष्ट्रीय तम्बाकू नियंत्रणकर्ताओं के संदेश

डॉ. उपेन्द्र भोजानी, निदेशक, इंस्टिट्यूट ऑफ़ पब्लिक हेल्थ, बेंगलूरू, कर्नाटक- यह अभूतपूर्व है। यह आपको पता है कि मुझे एक कार्य ना कर पाने का दुःख है- और, ये मेरा विश्वास है कि तम्बाकू नियंत्रण समुदाय ने भी इस हेतु पर्याप्त (कार्य) नहीं किया है- वह है जनता व नागरिकों को तम्बाकू नियंत्रण के मुद्दों से जोड़ना। तम्बाकू नियंत्रण अब तक अधिकांश रूप से प्रभावकारी स्वास्थ्य समर्थकों, नीति निर्धारकों और तम्बाकू उद्योग के बीच की लड़ाई ही रही है। अतः मैं सोचता हूँ कि आपका यह कार्य इस कारण से अपवाद है कि आपने समाचार पढ़ने वालों को भी, ना केवल तम्बाकू की हानियों से अवगत कराने किंतु उन्हें इसके नियमन और कई अन्य विषयों से भी जोड़ा है। और, वह भी हिंदी के माध्यम से- जो कि भारत के उत्तर-मध्य के जनसंख्या बहुल वर्ग द्वारा लिखी-पढ़ी व बोली जाती है। मैं वास्तव में आपकी प्रशंसा करता हूँ कि आप ऐसा कर पाये और अब इसे इन लेखों को एक पुस्तक के रूप में भी प्रस्तुत कर रहे हैं। इन लेखों को उचित तरह से सूचीबद्ध किया गया है- इससे इन्हें आमजन को भी पाठक की तरह से सम्बोधित किया जा सकेगा।

डॉ. राकेश गुप्ता, सेवानिवृत्त निदेशक, पंजाब स्वास्थ्य सेवाएँ व निदेशक, स्ट्रेटजिक इन्स्टीट्यूट ऑफ़ पब्लिक हेल्थ एंड एजूकेशन, चंडीगढ़, पंजाब- इन सभी लेखों को सूचीबद्ध करने से इन्हें (आवश्यकतानुसार) पढ़ना और संदर्भित कर पाना आसान हो सकेगा।

प्रणय लाल, तकनीकी परामर्शदाता, दी इंटेनेशनल यूनियन ऑफ़ ट्यूबरक्यूलोसिस एण्ड चेस्ट डिज़ीज़ेज़ (दी यूनियन), दक्षिण-पूर्वी एशिया ऑफ़िस, नई दिल्ली, भारत- ये अद्भुत है।

मुकेश सिन्हा, कार्यकारी निदेशक, मध्य प्रदेश वॉलंटेरी हेल्थ असोसीएशन- नई शोध, नई खोज, अनुशासित प्रयास एवं जीवन में अभ्यास, प्रायः सकारात्मक परिवर्तन की दिशा में ले जाते हैं। आपके समय- समय पर तम्बाकू नियंत्रण पर लिखे गए लेख इन बातों को चरितार्थ करते हैं। आप ने सदैव सरल, पूर्ण एवं सही जानकारी, सही समय पर आम लोगों तक अपने लेखन के माध्यम से पहुँचाने का प्रयास किया है। आपके इन प्रयासों से हमें अपने ज्ञान वर्धन के साथ प्रशिक्षण एवं प्रकाशन में भी काफ़ी मदद मिली है। ईश्वर से प्रार्थना है कि आप सदा इसी तरह सकारात्मक सामाजिक परिवर्तन हेतु लिखते रहें।

दीपक मिश्रा, कार्यपालक निदेशक, सोशियो इकोनोमिक एंड एजुकेशनल डिवेलप्मेंट सोसाइटी (सीड्स), नई दिल्ली-आपके द्वारा तम्बाकू नियंत्रण के विभिन्न मुद्दों पर लिखे लेखों का यह लेखन व संकलन भारत में तम्बाकू नियंत्रण को एक नई दिशा देगा। भारत के सभी हिंदी-भाषी प्रदेशों में इसका विशिष्ट उपयोग अत्यन्त लाभकारी होगा। विशेषकर, तम्बाकू नियंत्रण के क्षेत्र में कार्यरत सभी सरकारी और गैर-सरकारी संस्थानों के लिए एक मार्गदर्शिका के रूप में भी यह पुस्तक अत्यधिक उपयोगी होगी। अतः आपके इस प्रकाशन को मेरी अनंत शुभकामनाएँ और आपके सतत प्रयासों को साधुवाद।

राष्ट्रीय तम्बाकू नियंत्रणकर्ताओं के संदेश

सिरिल ऐलेग्ज़ैंडर, ऐग्ज़ेक्युटिव डाईरेक्टर, मेक्ट, चेन्नई, तमिलनाडु- मुझे आशा है कि आपकी तम्बाकू नियंत्रण की दोनों पुस्तकों (तम्बाकू-मुक्ति की ओर व तम्बाकू नियंत्रण के मुद्दे) को हिंदी-भाषी राज्यों के प्रादेशिक शिक्षा विभाग व अन्य सभी सहभागी विद्यार्थियों के शिक्षा कार्यक्रम में सम्मिलित करवा मेक्ट के समूचे भारत में तम्बाकू-मुक्त पीढ़ी के उद्देश्य व ध्येय को प्राप्त करने में सहायक बनेंगे।

साजू इट्टी, ऐग्ज़ेक्युटिव डाईरेक्टर, केरल वॉलनटेरी हेल्थ सर्विसेस, कोट्टायम, केरल- बधाई डॉ. राकेश गुप्ता, तम्बाकू नियंत्रण पर 2 पुस्तकों (तम्बाकू-मुक्ति की ओर व तम्बाकू नियंत्रण के मुद्दे) के हिंदी में लेखन- प्रकाशन के लिये। किताबें इस क्षेत्र में कार्यरत हम अग्रणी कार्यकर्ताओं को तम्बाकू नियंत्रण के विभिन्न विषयों पर एक महती समझ देती हैं। अतः हिन्दी-भाषी क्षेत्रों के तम्बाकू नियंत्रण कर्मियों के लिए ये विशेष रुप से लाभकारी होंगी। मैं इन्हें आपसे अंग्रेज़ी में अनुवादित करने की प्रार्थना करता हूँ।

राधिका श्रीवास्तव, निदेशक, हृदय-शान, नई दिल्ली-लेखों के इस महत्वपूर्ण लेखन और संकलन पर बधाई। ये ना केवल जनजागरण हेतु मूल्यवान स्रोत हैं किंतु यह तम्बाकू नियंत्रण के विभिन्न साझेदारों को भी जानकारी प्रदान करेंगे। ''हृदय'' इसे अपने नेटवर्क में वितरित करके प्रसन्नता अनुभव करेगा।

निर्मालय मुखर्जी, मंत, कोलकाता, वेस्ट बंगाल- तम्बाकू नियंत्रण के लेखों का यह संकलन सम्पूर्ण है, यद्यपि मेरे जैसे कई अन्य हिंदी आसानी से पढ़ नहीं सकते हैं। अतः हम जैसों के लिए इनका अंग्रेज़ी में अनुवाद उपयोगी होगा। क्योंकि आपने इस पुस्तक में अधिकांशतः राष्ट्र-स्तर के डेटा का उपयोग किया है तो हम इसे बंगाली भाषा में भी अनुवादित कर सकेंगे।

डा. सी. टेट्सियो, संयुक्त निदेशक, स्वास्थ्य व परिवार कल्याण, प्रदेश नोडल ऑफिसर-राष्ट्रीय तम्बाकू नियंत्रण कार्यक्रम व सदस्य- डेंटल काउन्सिल ऑफ इंडिया, कोहिमा, नागालैण्ड - डॉ. राकेश गुप्ता दोनों पुस्तकें- (1) तम्बाकू मुक्ति की ओर व (2) तम्बाकू नियंत्रण के मुद्दे, तम्बाकू नियंत्रण में कार्यरत सभी प्रोफेशनल्स को अवश्य पढ़नी चाहिए क्योंकि ये तम्बाकू नियंत्रण के सभी पहलूओं को सारगर्मित रूप से वर्णित करती हैं।

डा. विक्रान्त मोहन्ती, सह-आचार्य व विभाग प्रमुख, सामुदायिक दंत चिकित्सा विभाग, मौलाना आजाद दंत विज्ञान संस्थान, नई दिल्ली- तम्बाकू नियंत्रण और उन्मूलन के क्षेत्र में डॉक्टर राकेश गुप्ता का योगदान काफ़ी सराहनीय रहा है। उन्होंने न केवल प्रशासन को तम्बाकू नियंत्रण के कई नीति के निर्माण में सहयोग और समय-समय पर सलाह दी है, चिकित्सालय के स्तर पर भी तम्बाकू सेवन करने वाले मरीज़ों का उपचार भी किया है। मैं कई वर्षों से उनके लेखों को ध्यानपूर्वक पढ़ा है और साथ में कई चीज़ों का ज्ञान भी अर्जित किया है। मैं उन्हें उनकी दोनों पुस्तकों के सफलतम प्रकाशन हेतु शुभकामनाएं देता हूँ।

स्थानीय सहयोगी

डॉ. गजेंद्र गुप्ता, मेडिकल डायरेक्टर और विभागाध्यक्ष, पेथोलॉजी और ब्लड ट्रान्सफ्यूज़न मेडिसिन, संतोकबा दुर्लभजी मेमोरीयल अस्पताल, जयपुर- डॉ. राकेश गुप्ता तम्बाकू निर्भरता के उपचार व्यपकता देने में एक जुझारू स्वास्थ्य प्रोफ़ेशनल हैं। उनकी इस विषय में प्रोफ़ेशनल पारंगतता का प्रमाण इनके द्वारा संतोकबा दुर्लभजी मेमोरीयल हॉस्पिटल में संचालित 'टोबैको ट्रीटमेंट क्लीनिक' की समूचे भारत में पिछले दशक में एक सबसे लम्बे समय प्रास की गयी सर्वाधिक सफलता है। मैं इसे इनकी तम्बाकू-उपभोगी रोगियों से हिंदी में उनको आसानी-से-समझ पाने वाले परामर्श का प्रमाण मानता हूँ जिसके फ़लस्वरूप वे इस अत्याधिक व्यसनी और घातक पदार्थ को छोड़ पाते हैं जो कि भारत में तम्बाकू-जनित रोगों से हर दिन 4,000 से भी अधिक होने वाली मृत्युओं का कारक है। मुझे आशा है कि यह पुस्तिका हेल्थ प्रोफेशनल्स को भी तम्बाकू उपचार से जुड़े सभी पहलुओं से परिचित और सशक्त कर उनके सभी तम्बाकू-उपभोगी रोगियों को उपचारित कर पाने में बहुत अधिक लाभकारी साबित होगी।

डॉ. हर्ष उदावत, आंत्र-रोग व मदिरा-व्यसन उपचार विशेषज्ञ, संतोकबा दुर्लभजी इंस्टीट्यूट ऑफ गेस्ट्रोएंटेरोलोजिकल डिज़ीज़ेज़, संतोकबा दुर्लभजी मेमोरीयल अस्पताल, जयपुर- डॉ. गुप्ता के साथ विगत ~3 वर्षों में, मेरे आंत्र-रोग व मदिरा-व्यसन के रोगियों को तम्बाकू-उपचार दिला पाने में निरंतरता से सहभागिता कर पाना एक अत्याधिक प्रसन्नता का विषय है, क्योंकि इस बड़े रिस्क गुणक को दूर किए बिना इन रोगियों को सम्पूर्ण और सहज रिकवरी प्रदान करा पाना संभव नहीं है। इन सभी उपचारित रोगियों द्वारा मुझे बतायी गयी संतोष की हार्दिक अनुभूति और उनके द्वारा ढ़ाई वर्षों से भी अधिक तम्बाकू छोड़ने की 40% से अधिक सफलता, डॉ. गुप्ता द्वारा इनको व्यवहार-परिवर्तन हेतु दिए गए परामर्श की श्रेष्ठता को, जो कि वयस्क व्यसनी के उपचार में नितांत आवश्यक है, एक बड़े ही सकारात्मक रूप में दर्शाता है। सभी मेडिकल प्रोफ़ेशनल्स के साथ-साथ सभी समुदायों में भी इनके लिखे गए लेखों की उपयोगिता निश्चित ही अत्यधिक होगी। मैं इनके इस प्रकाशन की सफलता हेतु हार्दिक शुभकामनाएँ देता हूँ। रोगों की रोकथाम में कम ही स्वास्थ्य प्रोफेशनल्स इतना अधिक परिश्रम करते हैं।

डॉ. प्रवीण कुमार शर्मा, हृदय रोग विशेषज्ञ, कार्डीओलॉजी विभाग, संतोकबा दुर्लभजी मेमोरीयल अस्पताल, जयपुर- भारतवर्ष में हार्ट अटैक के 30% रोगी, 40 वर्ष से कम आयु के होते हैं। इन सभी रोगियों में धूम्रपान, हार्ट अटैक का एक महत्वपूर्ण कारण होता है। अतः धूम्रपान को शीघ्रतिशीघ्र छोड़ने से अनेकों को हार्ट अटैक से बचाया जा सकता है। साथ ही, जिन रोगियों में हार्ट अटैक को उपचारित कर लिया गया हो, वे भी फिर से धूम्रपान शुरू ना करें क्योंकि ~50% रोगियों में फिर से हार्ट अटैक से पीड़ित हो सकता है। और, तब इसका उपचार अधिक जटिल हो जाता है। ऐसे सभी रोगियों व उनके परिवारजनों और मित्रों के लिये यह पुस्तिका अत्यधिक उपयोगी होगी।

स्थानीय सहयोगी

डॉ. हेमंत मल्होत्रा, वरिष्ठ केन्सर औषधि विशेषज्ञ, श्रीराम केन्सर केंद्र, महात्मा गांधी चिकित्सालय व मेडिकल अनुसंधान संस्थान, जयपुर-तम्बाकू सभी केन्सर रोग विशेषज्ञों का सर्वप्रथम दुश्मन है क्योंकि इससे मानव शरीर के 13 अंगों में केन्सर उत्पन्न होते हैं। यदि हम किसी भी प्रकार इस बुराई को हमारे समाज से दूर कर पाएँ तो हम 40% से 50% केंसरों को रोक पाएँगे। और, यह प्रथम क़दम होगा, केवल जनमानस को शिक्षित करने हेतु ही नहीं, अपितु समाज के अति प्रतिष्ठित सम्मानित सलाहकारों, नेताओं, नियामकों, न्यायधिशों और अधिवक्ताओं के लिए भी। डॉ. राकेश गुप्ता एकमात्र ऐसे समर्पित तम्बाकू नियंत्रणकर्ता हैं जिन्होंने अपना केन्सर शल्यचिकित्सक का लुभावना पेशा छोड़ अपना जीवन तम्बाकू-मुक्ति के लक्ष्य को समर्पित कर दिया है। अतः उनकी यह पुस्तक जनमानस और नीति- निर्धारकों को शिक्षित करने और इस विषय के तथ्यों व आँकड़ों को उपलब्ध करा हमारे शहरों, प्रदेशों और देश को तम्बाकू-मुक्त करने हेतु एक दूर की कौड़ी सिद्ध होगी।

डॉ. अजय बापना, वरिष्ठ केन्सर औषधि विशेषज्ञ, भगवान महावीर केन्सर हॉस्पिटल, जयपुर- डॉ. राकेश गुप्ता, तम्बाकू उपभोग की हानियों का जनमानस में जनजागरण करने में अग्रणी हैं। उनके प्रिंट और इलेक्ट्रोनिक मीडिया से किए गए सतत प्रयासों ने प्रशासकों, नीति- निर्धारकों और ऐक्टिविस्टस का ध्यान इस विषैले पदार्थ के विक्रय उपभोग को नियंत्रित करने की ओर खिंचा है। अतः सामाजिक व जन स्वास्थ्य की उन्नति में यह एक महत्वपूर्ण योगदान है।

डॉ. नितिन खुटेटा, वरिष्ठ केन्सर शल्य चिकित्सक, श्रीराम केन्सर केंद्र, महात्मा गांधी चिकित्सालय व मेडिकल अनुसंधान संस्थान, जयपुर- डॉ. राकेश गुप्ता को आमजन को आसानी-से-समझ में आ जाने वाले लेखों को लिखने, संकलित और प्रकाशित करने के लिए हार्दिक बधाई। तम्बाकू का व्यसन कई घातक रोगों को उत्पन्न कर मादक होने से मानवता के लिए एक बहुत बड़ा ख़तरा है। परिणामवश, तम्बाकू-उपभोगी रोगियों व इनके परिवारों का लाखों रूपया उपचार में बर्बाद हो जाता है। यदि सरकारें और उनके नीति निर्धारक के साथ-साथ तम्बाकू-उपभोगी व आमजन, इस पुस्तिका के लेखों में दिए गए सुझावों की पालन कर पायेंगे तो इस महामारी से बहुत अधिक राहत मिल पायेगी। अतः मैं सभी से इस पुस्तक को पूरा-पूरा पढ़ने का आग्रह करता हूँ।

संदेश

तम्बाकू के दुष्प्रभावों से लोगों को जागरूक करने की दिशा में वरिष्ठ केन्सर रोग विशेषज्ञ डॉक्टर राकेश गुप्ता का लम्बा अनुभव है। पहली मुलाकात में ही मैंने सोच लिया था कि डॉ राकेश जी के अनुभव को लेकर कुछ नया किया जा सकता है। हमने तय किया कि उनके लेखों की श्रृंखला शुरू की जाए।

मन मे कुछ सवाल थे कि डॉ राकेश जी अपनी व्यस्त दिनचर्या में से ये लेख हमें नियमित हर सप्ताह और कितने समय तक देंगे? लेकिन डॉक्टर राकेश जी अपने वादे के पक्के निकले और उनके सहयोग से समाचार जगत ने भी एक इतिहास रच दिया। एक सौ चालीस लेखों से अधिक की श्रृंखला प्रकाशित हुई, जिसको सभी ने सराहा। पहली बार किसी समाचारपत्र ने ऐसी पहल की थी।

इन लेखों को एक साथ प्रकाशित करने के प्रयास भी अब पूरे होने जा रहे हैं, इसके लिए डॉ राकेश गुप्ता जी को हार्दिक बधाई।

तरुण रावल
सम्पादक
समाचार जगत, जयपुर

पाठकों के लिए इस पुस्तक को उपयोग में लेने हेतु आवश्यक नोट– आप अपनी आवश्यकता और रुचि के अनुसार तम्बाकू नियंत्रण के निम्नांकित किसी भी विषय का अध्ययन अथवा संदर्भित करना चाहें, नीचे दी गयी विषय-कुंजी से उसका कोडिंग जानकर उसे विशिष्ट क्रमांक अनुसार विषय-सूची में खोजें। इस प्रकार आप अपना अमूल्य समय, बिना व्यर्थ किए, उसे त्वरितता से उपयोग में ला पाएँगे। जहाँ एक से अधिक विषयों को भी एक साथ पढ़ना अथवा संदर्भित करना है, उन्हें भी इसी प्रकार खोजें– वे आपको क्रमानुसार तेज़ी से उपलब्ध हो सकेंगे।

विषय-कुँजी

तम्बाकू नियंत्रण से जुड़े प्रमुख विषय

1. प्रवर्तन-कोटपा, तम्बाकू-मुक्त कार्यस्थल, इत्यादि- लेख सं. 1- 8

2. मीडिया, फ़िल्में, विज्ञापन, इत्यादि- लेख सं. 9–11

3. सचित्र चेतावनियाँ, पैकिंजिंग, इत्यादि- लेख सं. 12- 22

4. नियंत्रण- समर्थन, अनुसंधान, इत्यादि- लेख सं. 23- 47

5. तम्बाकू कर, अर्थव्यवस्था, व्यापार, खुदरा बिक्री इत्यादि- लेख सं. 48- 55

6. संविधान, मानवाधिकार, बच्चे और युवा- लेख सं. 56- 60

7. ग़रीबी, खेती, वातावरण, इत्यादि- लेख सं. 61- 66

8. तम्बाकू उद्योग से बचाव, तस्करी, हस्तक्षेप पर रोक, तम्बाकू उद्योग के कड़वे सच, इत्यादि- लेख सं. 67- 77

विषय सूची   पृष्ठ संख्या

विषय सूची

पृष्ठ संख्या

क्या कहा..तम्बाकू खाने-पीने पर कानून?

हाँ, सही सुना.. कोटपा अप्रैल, 2004 से लागू है।

यूँ तो हर कोई कह सकता है, क्या जमाना आ गया है, अब हर चीज पर कानून लगा रही है सरकार। पर सरकार तब क्या करे, जब तम्बाकू-उपभोगी अपनी सेहत के ही लिए सधने को ही तैयार नहीं हों, परिणामवश सरकार को बेवजह इनके तम्बाकूजनित रोगों के उपचार का खर्चा भी उठाना पड़ रहा हो और लोग फिर भी हर रोज हजारों में मर रहे हों..!? यों तो इस तम्बाकू खाने-पीने पर लगे कानून को आये भी दस वर्षों से अधिक हो गए हैं (**सिगरेट और अन्य तम्बाकू पदार्थ अधिनियम, 2003; संक्षिप्त में कोटपा**)। फिर आज इसके उल्लंघन करने वालों की धर-पकड़ को जाओ तो यह ही सुनने मिलता है कि अरे भाई साहब, या सरकार पेहला सूँ माणे बता देती तो मैं या गलती काँई करतो। इसीलिए, आइये एक बार फिर से जान लेते हैं, इस कोटपा के सूचित नियमों के बारे में।

नियम 4, सभी लोकस्थानों, लोकवाहनों और कार्यस्थलों पर धूम्रपान पर रोकता है अर्थात जहाँ पर भी धूम्रपायी का धुआँ किसी भी तम्बाकू ना पीने वाले को इसे सूंघने को विवश करे, उसे रोका जाये। अन्यथा, धूम्रपायी के साथ-साथ उस जगह के मालिक या व्यवस्थापक दोनों पर अलग-अलग दो सौ रूपये तक का जुर्माना किया जाये। इसकी पुनरावृति पर, एक ही दिन में एक से अधिक बार भी, उसी व्यवस्थापक-मैनेजर और धूम्रपायी को दण्डित किया जा सकता है। मात्र एअरपोर्ट अथवा वे होटल और रेस्टोरेंट जहाँ तीस से अधिक लोगों के रहने-बैठने की व्यवस्था हो, **धूम्रपायियों के लिए अलग से व्यवस्था** की जा सकती है। इस हेतु कमरा, हवा-से-कम दबाव सहित बिना खिड़की-रोशनदान के मात्र चार दीवारों और छत वाला होना चाहिए; इसका दरवाजा स्वतः बंद हो जाता हो; और, इसके अन्दर किये गए धूम्रपान का धुएँ का निस्तारण उस परिसर में आने-रहने वाले गैर-धूम्रपायियों को किसी भी तरह से प्रभावित ना करता हो।

नियम 5, सभी तरह के परोक्ष-अपरोक्ष विज्ञापनों पर समूची रोक लगता है जिनसे तम्बाकू पदार्थों के ब्रांड किसी भी प्रकार से प्रचारित होते हों, किसी भी फिल्मी-गैरफिल्मी सांस्कृतिक, खेल-कूद, आध्यत्मिक, लेखन-पठन या पुरस्कृत की जाने वाली प्रायोजित या विज्ञापित गतिविधियों सहित। साथ ही, जहाँ भी तम्बाकू पदार्थों को बेचा जाये, वहाँ पर इनके विज्ञापन हेतु मात्र दो बोर्ड 60×45 से.मी. आकार के हों जिनके ऊपरी 20×15 से.मी. भाग में चेतावनी (सफ़ेद पृष्ठभूमि में काले अक्षरों से) हो और बचे निचले भाग में मात्र बिकने वाले तम्बाकू पदार्थ का उल्लेख हो जैसे, सिगरेट, बीड़ी, जर्दा, इत्यादि, ना कि उनके ब्रांड के नाम, चित्र, रंग वाले बोर्ड, इत्यादि। इस नियम और निचे दिए गए नियम 7 को तोड़ती सामग्री/सामग्रियों को जब्त कर उल्लंघनकर्ता को उल्लेखित न्यायिक कार्यवाही हेतु मजिस्ट्रेट/जज के सामने निर्देशित जुर्माने और/या कारावास के लिए प्रस्तुत किया जाना होता है। एक से अधिक बार उल्लंघन पर जुर्माने की राशि और/या कारावास की अवधि बढ़ जाते हैं। (दंड हेतु नियम विस्तृत रूप में देखें)

नियम 6 के दो भाग हैं: नियम 6(अ) 18 वर्ष से कम आयु के ग्राहकों को किसी भी तम्बाकू पदार्थ बेचे जाने या स्वयं उनके द्वारा किसी अन्य को इनकी बिक्री को रोकता है। और, नियम 6(ब) किसी भी शिक्षण-संस्थान की 100 गज की परिधि में सभी तम्बाकू पदार्थों की बिक्री को रोकता है; सभी प्रशिक्षण-संस्थान भी इसके अंतर्गत ही आयेंगे। इनके उल्लंघनकर्ताओं पर नियम 4 की तरह दो सौ रूपये तक जुर्माना किया जा सकता है।

नियम 7, सभी खुदरा तम्बाकू पदार्थों पर 85% सचित्र चेतावनियों को पैकेज के आगे-पीछे, उनके ऊपरी हिस्से में (बीडी के बंडलों पर निर्देशानुसार) होने की बाध्यता का है (दंड हेतु नियम 5 विस्तृत रूप में देखें)।

अब देखें, वास्तव में हो क्या रहा है? तम्बाकू कम्पनियाँ, थोकविक्रेता के अलावा अधिकाँश खुदरा विक्रेता, तम्बाकू-उपभोगी, लोकस्थानों के मालिक-व्यवस्थापक और लोकवाहनों के

चालक-कंडक्टर तो इन नियमों को तोड़ते ही रहते हैं, इनको लागू करवाने वाली निर्धारित सरकारी एजेंसियाँ भी अधिकाँश समय निष्क्रिय ही रहती हैं जब तक कि उन पर केंद्र सरकार या किसी गैर-सरकारी संस्था से प्रेरित (अथवा स्व-प्रेरित) नेता या ऊपरी अधिकारी की दबिश ना हो।

इस नकारात्मकता के मुख्य कारण हैं: (1) प्रवर्तनकारियों की जवाबदेही का सर्वथा अभाव; (2) नियमों के प्रवर्तन को अतिरिक्त-कार्य मानना; (3) अपने रोजमर्रा की कार्यशैली में इसे जोड़ ना पाना; (4) जहाँ एक से अधिक एजेंसियों के समन्वय की आवश्यकता हो उसे वांछित समयावधि में कार्यान्वित ना करा पाना; (5) प्रवर्तनकर्ताओं हेतु प्रोत्साहन या पुरस्कृत न किये जाने के अलावा (6) जनमानस की सहभागिता में खासी कमी।

कोटपा की प्रभाविकता को कम बनाये रखने का एक अतिरिक्त महत्वपूर्ण कारक हैं, आमजन का इन नियमों के प्रभावी और निरंतर चलाये जाने वाले प्रवर्तन की मांग ना करना या उन्हें अनजाने/जानबूझ कर तोड़ना क्योंकि नियम 4 और 6 में दंड की राशि कम है और नियम 5 और 7 में क़ानूनी प्रक्रिया अपनाना एक बोझिल लम्बी प्रक्रिया है

फिर भी, इस कानून के नियमों को लागू करवा पाना संभव है यदि:

(1) इसे लागू करवाने वाली एजेंसियाँ प्रेरित-सक्रिय हो निरंतर सक्रिय रहें;

(2) अपने रोजमर्रा के कामों के साथ इन्हें प्रवर्तित करवाने हेतु अनुशासित हो जाएँ;

(3) इस हेतु उन्हें अथवा कानून की पूरी-पूरी पालना करने वाले तम्बाकू विक्रेताओं को प्रशासनिक या सामाजिक रूप से पुरस्कृत या/और सम्मानित किया जाये; साथ ही,

(4) इसमें प्रादेशिक नेतृत्व, प्रशासन, जनमानस और मीडिया भी निरंतरता से भागीदारिता करे।

तब ही हो सकेगी देश-प्रदेश में तम्बाकू खाने-पीने और इससे रोगी हो कम आयु में असामयिक मृत्यु की दरों में कमी।

तम्बाकू नियंत्रण का कानून– कोटपा..

बिना धार, कैसे हो असरदार..?

मई, 2003 में भारत ने कोटपा (सिगरेट व अन्य तम्बाकू उत्पाद प्रतिषेध) अधिनियम घोषित किया। और, मई 2004 से इसके नियमों को लागू करने की प्रक्रिया प्रारंभ की। आइये जाने, कोटपा के अधिसूचित नियम (संक्षिप्त में):

1. **नियम 4**- लोकस्थानों, लोकवाहनों व कार्यस्थलों पर धूम्रपान पर प्रतिषेध;

2. **नियम 5**- सभी तम्बाकू पदार्थों के परोक्ष एवं अपरोक्ष विज्ञापन, प्रमोशन और प्रायोजन पर प्रतिषेध;

3. **नियम 6**- अवयस्कों को तम्बाकू पदार्थों की बिक्री और सभी शिक्षण संस्थाओं की 100 गज की परिधि में तम्बाकू-बिक्री का प्रतिषेध; और,

4. **नियम 7**- सभी तम्बाकू पदार्थों की पैकेजिंग पर सचित्र स्वास्थ्य चेतावनियों की उपस्थिति।

परन्तु, किसी ने सच कहा है कि एक कानून की प्रभाविकता को उसकी पालना के अनुसार ही आँका जा सकता है। क्योंकि कोटपा के अधिसूचित नियमों और उनके अब तक के संशोधनों का प्रवर्तन तत्परता एवं कड़ाई से नहीं हो पा रहा है, राजस्थान प्रदेश ही नहीं समूचे देश में यह अनुभव किया जा रहा है कि इस तम्बाकू नियंत्रण के प्रभाविक हो सकने वाले उपकरण की धार भोंटी हो चली है।

अधिसूचित कोटपा नियमों के प्रवर्तन की दृष्टिगत कमियाँ निम्न हैं:

1. **नियम 4**- निष्क्रिय धूम्रपान की दर कम अवश्य हुई है परन्तु अभी भी यह लोकस्थानों, लोकवाहनों और कार्यस्थलों पर 30%-40% है। अधिकांश प्रमुख सरकारी और कॉर्पोरेट कार्यालय, स्वास्थ्य केंद्र व अस्पताल, मीडिया संस्थान, तीन-से-पाँच सितारा होटलें, कॉलेज और विश्वविद्यालय, इत्यादि, इस नियम के निर्देशित मापदंडों की अवहेलना तो कर ही रहें हैं, घोषित-अघोषित गैर-क़ानूनी धूम्रपान क्षेत्र भी बनाये हुए हैं। इनमें से कुछ

(विशेषकर कॉर्पोरेट सेक्टर और होटल मालिकों) का यह कथन कि निर्देशित पोस्टरों को लगाने से उनके कार्यस्थल की सुन्दरता नष्ट होती है, देश के इस जनोपयोगी कानून के साथ एक भद्दा परिहास है;

2. **नियम 5**- यह सही है कि तम्बाकू के परोक्ष विज्ञापन अब दिखाई नहीं देते हैं, परन्तु अपरोक्ष विज्ञापनों की तो भरमार है: (अ) प्रिंट मीडिया और प्राइवेट टेलीविज़न चैनलों पर; (ब) बाजारों में- सौन्दर्य प्रसाधनों, खाद्य वस्तुओं, रेडीमेड कपड़ों इत्यादि, के द्वारा; (स) सामाजिक और सांस्कृतिक कार्यक्रमों को प्रायोजित कर; (द) सी.एस.आर. (कॉर्पोरेट सोशिअल रेस्पोंसिबिलिटी) के रूपों में; (ध) पान मसाले के साथ उसी ब्रांड के जर्दे की जबरन बिक्री के रूप में; और (ढ) इनके बिक्री-केन्द्रों पर- रंगीले, सजावटी विज्ञापन बोर्डों के रूप में।

यह दु:खद ही है कि इतना सब होते हुए भी प्रदेश में आज तक इस नियम के उल्लंघन एक भी केस नहीं बन पाया है। उदाहरणार्थ, दक्षिणी राजस्थान के शहरों में तो राजनैतिक संरक्षण के चलते इसका खुला उल्लंघन देखा जा सकता है- इसके शीर्ष चिकित्सा संस्थान के परिसरों में भी;

3. **नियम 6**- कोटपा के अवयस्कों को तम्बाकू पदार्थों की पहुँच से दूर रखने के सभी प्रयास इसके दोनों खण्डों की पालना ना करवा पाने से पूरी तरह से ध्वस्त हो गए हैं। कोई भी खुदरा व्यापारी, नियम 6 (अ) के अंतर्गत, आज तक किसी अवयस्क को तम्बाकू पदार्थों को बेचने हेतु दण्डित नहीं किया गया, ना ही किसी अवयस्क के द्वारा होती इनकी बिक्री पर रोक लगती दिखी- विशेषकर घर से लगी किराना की दुकानों से; और, ना ही किसी प्रवर्तन ऐजेंसी ने किसी विद्यालय संचालक पर, अपने विद्यालय की 100 गज की परिधि में इनकी बिक्री पर, नियम 6 (ब) के अंतर्गत, उससे कोई दण्ड-राशि वसूली; और,

4. **नियम 7**- जहाँ अत्यधिक कठिनाई से 85% सचित्र चेतावनियों

को कोर्ट के दखल के बाद प्राप्त किया जा सका, आज भी अधिकाँश तम्बाकू-बिक्री स्थलों पर बिना सचित्र चेतावनी या पुरानी, निष्प्रभावी चेतावनी के पदार्थ धड़ल्ले से बिक रहें हैं। साथ ही युवाओं में सभी ब्रांडों की खुली सिगरेटों और गरीबों, मजदूरों, अशिक्षितों को खुली बीड़ी की बिक्री बिना किसी डर के चल रही है।

जहाँ उपरोक्त कमियों को दूर करने के उपाय उनको होने से रोकने में निहित हैं, इनके बने रहने का एक प्रमुख कारण, **प्रवर्तन संस्थाओं के अधिकारियों, विशेषकर मुख्य चिकित्सा एवं स्वास्थ्य अधिकारीयों और पुलिसकर्मीयों, की यह सोच** है कि प्रवर्तन की सतत और कड़ी कार्यवाहियाँ स्वयं उनकी कुर्सी के लिए खतरा ना बन जाये। अतः ना तो वे स्वेच्छा से इसे लागू करते हैं ना ही अन्य प्रवर्तन एजेंसियों से सहभागिता कर इसे प्रभाविक बना रहे हैं।

इसके साथ **राज्य तम्बाकू नियंत्रण प्रकोष्ठ** भी, बिना स्वास्थ्य निदेशालय परिसर के बाहर निकले, हर बार एक महज कागजी कार्यवाही कर अपनी जिम्मेदारी समाप्त कर देता है। ना इनसे कोई

इनका प्रभारी अधिकारी पूछता है और ना इन्हें किसी का डर और शर्म है कि हम अपना कार्य निश्चित समयावधि में उचित और प्रभावी तरीकों से नहीं कर पा रहें हैं। **इस देश का आमजन** तो पहले भी सुषुप्त अवस्था में था और आज भी वैसा ही है, निष्क्रिय और स्वार्थी। अन्यथा, क्या मजाल कि **चुने हुए प्रतिनिधि-नेतागण** इन सरकारी अफसरों से अपेक्षित कार्य समयबद्ध प्रणाली से ना करा पायें।

अतः **आवश्यक है** कि कोटपा कानून के अधिसूचित नियमों को लागू करने हेतु प्रवर्तन एजेंसियों की जवाबदारी तत्काल निश्चित की जाये। और, इनकी कार्यवाहियों की समयबद्ध तरीकों से मोनिटरिंग और आकलन किया जाये। साथ ही, **यह भी आवश्यक है** कि अब 13 वर्ष पहले इन नियमों के उल्लंघन पर ली जाने वाली चालान की राशियों को लगभग 5 से 10 गुना बढ़ाया जाये और नियम 5 और 7 के उल्लंघन पर मिलने वाले कारावास की समय-सीमा में भी बढ़ोतरी हो। तब ही हो पायेगा प्रभावी तम्बाकू नियंत्रण हेतु कोटपा नियमों का समुचित प्रवर्तन! केंद्र में भी ये संशोधन स्वास्थ्य मंत्रालय द्वारा अनुशंसित हो संसद के दोनों सदनों से शीघ्रातिशीघ्र पारित हों क्योंकि ये नवम्बर, 2014 से ही प्रतीक्षित हैं। मैं आशावान हूँ और आप..?

तम्बाकू नियंत्रण: कोटपा के प्रवर्तन की कमिया

भारत में कोटपा (सिगरेट व अन्य तम्बाकू पदार्थ उत्पाद अधिनियम) वर्ष 2003 में संसद के दोनों सदनों से पारित हो, राष्ट्रपति की अनुमति से एक कानून बना।

इसके **चार नियम** भी क्रमवार तरीके से अधिघोषित हुए, पहले केंद्र सरकार द्वारा और फिर प्रादेशिक सरकारों द्वारा जो कि मुख्यतः (1) लोकस्थानों और लोकवाहनों में धूम्रपान पर प्रतिषेध; (2) तम्बाकू के परोक्ष व अपरोक्ष विज्ञापनों, प्रोत्साहन और प्रायोजन पर रोक; (3) अल्पव्यस्कों के तम्बाकू उपभोग से बचाव; और, (4) तम्बाकू पदार्थों पर सचित्र चेतावनियों को प्रदर्शित करने पर केन्द्रित थे। तत्पश्चात समयानुसार इनके प्रवर्तन की कमियों को जान कर इन सभी नियमों में संशोधन भी किये गए; साथ ही, इनके प्रवर्तनकर्ताओं की सूचियों को भी बढ़ाया गया ताकि इनकी समुचित पालना तेजी व नियमितता से हो सके।

इस विषय पर पुनः चर्चा करने का उद्देश्य है, इसकी अब तक की पालना/प्रवर्तन पर समयानुसार इसके अपेक्षित व आवश्यक संशोधनों में देरी पर भारी असंतोष, क्योंकि देश में तम्बाकूजनित रोगों से होने वाली मृत्युओं की संख्या वर्ष-दर-वर्ष लगातार बढ़ रही है। पाठक यह भी सोच सकते हैं कि जब **अन्य क़ानूनों की जानकारी की एक आमजन को आवश्यकता नहीं है तो इसको जानना क्यूँ आवश्यक है।** तो इसका उत्तर है, इसका जनस्वास्थ्य पहलू क्योंकि:

अ) देश के 26 करोड़ से भी अधिक वयस्क नागरिक तम्बाकू उपभोगी हैं जो कि यह नहीं जानते-मानते हैं कि तम्बाकू खाना-पीना एक रोग है और इसको खाने-पीने वाला एक रोगी;

ब) तम्बाकू उपभोग से प्रतिदिन 4,000 वयस्क भारतीयों की मृत्यु हो जाती है (प्रति ~22 सेकंड में 1);

स) इसका व्यसन जो कि अन्य मादक पदार्थों से अधिक हानिकारक होने के अतिरिक्त बिना उचित उपचार के छूटता नहीं है; और,

द) ऐसा कोई भी नहीं है जिसका कोई भी सम्बंधी/मित्र/सहकर्मी/सहयोगी इनको ना खाता-पीता हो।

एक सबसे बड़ी कमी है इसके प्रवर्तनकर्ताओं में इस जनोपयोगी क़ानून की जानकारी की कमी के साथ-साथ इसकी पालना कराने में इच्छाशक्ति का भारी अभाव व/या निराशाजनक निष्क्रियता भी जो कि सुधर इसलिए नहीं पा रही है क्योंकि:

(अ) इस क़ानून के रचिताओं ने बड़ी चतुराई से अपने विरुद्ध किसी भी तरह की दंडात्मक कार्यवाही को उल्लेखित करना टाल दिया, जब वे अपनी ज़िम्मेदारियों को ना निभा पायें या जानबूझ कर अनदेखी करें अथवा टाल दें; या/और,

(ब) इनका समय-समय पर नए स्थान/पद पर स्थानांतरण जिसके परिणामस्वरूप इनको दिया गया सशक्तिकरण तो व्यर्थ जाता ही है, इनके पद पर आने वाले नया व्यक्ति अनभिज्ञता का सहारा ले काफ़ी समय तक इससे जुड़ता ही नहीं है;

(स) यदि कोई ग़ैर-सरकारी संस्था उन्हें इस हेतु सहायता/प्रशिक्षण देने हेतु आगे भी आये तो उसे आमतौर पर इनसे झिड़की/निराशा ही मिलती है; या फिर,

(द) अधिकारीगणों को इस बात की भी चिंता करनी होती है कि प्रवर्तन में कड़ाई, तम्बाकू व्यापरियों द्वारा उत्पन्न सामाजिक असंतोष में बदल उनके आकाओं को नाराज ना कर दे अन्यथा उन्हें इस हेतु झिड़की/ तिरस्कार/अपमान के साथ-साथ स्थानांतरण की सजा ना मिल जाये। इसीलिए, कोटपा से सम्बद्ध अधिकाँश अधिकारी प्रवर्तन की अपेक्षा तम्बाकू की हानियों के जनजागरण को ही अब तक जारी रखे हुए हैं जबकि आवश्यकता है कड़े और नियमित प्रवर्तन की कार्यवाहियों की।

एक और बड़ा कारण है केंद्र सरकार के स्वास्थ्य मंत्रालय द्वारा राष्ट्रीय स्वास्थ्य मिशन की प्रादेशिक इकाई को स्वास्थ्य के अन्य कार्यक्रमों से साथ तम्बाकू नियंत्रण को प्रबंधित करने की ज़िम्मेदारी सौंप देना। परिणामवश, जहाँ पहले से ही इस क़ानून के नियमों के

प्रवर्तन की समस्याओं का समाधान नहीं हो पा रहा था,अब उसकी प्राथमिकता और पीछे धकेल दी गयी है। यह आवश्यक नहीं कि ऐसा जानबूझ किया जा रहा हो किंतु अन्य कार्यक्रमों की प्राथमिकताओं में इसे नियमितता से लागू करा पाना प्रायः संभव नहीं होता है; और फिर, तम्बाकू नियंत्रण प्रकोष्ठ स्टाफ द्वारा अपने उच्च अधिकारियों को बारम्बार इस कार्य हेतु बाध्य कराना तो दूर याद भी नहीं करा सकते हैं,क्योंकि न केवल उच्चाधिकारियों के पदों की गरिमा को बनाए रखने हेतु इसकी आवश्यकता भी होती है, वे उन्हें इस हेतु अपमानित/प्रताड़ित भी कर सकते हैं, यह कह कर कि (अ) इसमें आप अधिक रुचि क्यों दिखा रहे हो; या, (ब) क्या इसमें आपका कोई व्यक्तिगत स्वार्थ है।

इसके अतिरिक्त, यह **राजनैतिक स्तर पर** तम्बाकू उध्योग के प्रति एक कमज़ोर अथवा नरम रवैए का भी परिणाम है। प्रायः राजनेता स्वयं आगे ना आकर अपने मातहत अधिकारियों द्वारा इसके बड़े दोषियों के विरुद्ध आवश्यक प्रवर्तन कार्यवाहियों को रुकवा देते हैं, इस तर्क के साथ कि इससे व्यापारियों में सामाजिक असंतोष उत्पन्न हो सकता है जब कि ग़ैर-क़ानूनी रूप से कार्यरत, विशेषकर तम्बाकू के थोक-व्यापारी महज व्यावसायिक लाभ हेतु जनहित की दुर्भाग्यपूर्ण निरंतरता से अनदेखी करते रहते हैं। निश्चित ही, इन सभी नाकामियों के पीछे छुपा अजातशत्रु तम्बाकू उध्योग ही है जो हर स्तर पर प्रवर्तन-कार्यवाहियों को खोखला करने का एक भी अवसर नहीं चुकता है।।

तम्बाकू उध्योग केवल प्रवर्तन की प्रक्रिया को ही नहीं प्रभावित करता है अपितु तम्बाकू नियंत्रण कानून की संरचना के समय से ही, अपनी राजनैतिक साँठ-गाँठ और धनबल के प्रभावों से, क़ानूनी नियमों के हर पहलू को ढीला और निष्प्रभावी बनाये रहने का हर फंडा उपयोग में लाता है, स्वयं अपने या फिर अपने **अग्रणी समूहों** के द्वारा, जैसे कि (1) पान व्यवसायी संगठन, (2) तम्बाकू किसान सहभागिता समूह, (3) खुदरा अथवा थोक व्यापारी संगठन, (4) राजनेताओं या फिर (5) डब्ल्यू.टी.ओ., (6) अंतर्राष्ट्रीय श्रम संगठन, इत्यादि।

और, अगर बात यूँ न बनती हो तो यह उद्योग सरकारों को कोर्ट-कचहरी में घसीट ले जाने की धमकी अन्यथा उन पर केस लगा **नामी-गिरामी वकीलों की भीड़ खड़ी कर** ऐसा क़ानूनी शिकंजा कस देता है , जिसका सामना करने में सरकार को कठिनाई हो अथवा केस इतना खींचे कि कानून की सामयिक उपयोगिता ही समाप्त हो जाये। या फिर, सरकार के उस **स्वास्थ्य मंत्री को ही हटवा देता है** जो कि तम्बाकू नियंत्रण कानून के आयामों के संशोधन की पुरजोर वकालत कर इसे मजबूती दिलवाने के पक्षधर होते हैं। कोटपा के चिर-प्रतीक्षित संशोधनों के साथ वर्ष 2014 में भी कुछ ऐसा ही हुआ है- इस मुद्दे को ठंडे बस्ते में डाल स्वास्थ्य मंत्री को ही बदल दिया गया।

अतः यह अत्यन्त सामयिक और आवश्यक भी है कि **कोटपा-प्रवर्तन** को मजबूती प्रदान करने **के लिए** इसमें प्रभावी **संशोधन तत्काल-प्रभाव से किये जायें** ताकि इसका अपेक्षित लाभ जनसाधारण को मिल सके। क्योंकि यह संवैधानिक प्रक्रिया है, **जनप्रतिनिधियों को पहल करनी होगी।** इस हेतु **जनता भी ले जिम्मेदारी,** इनके घोषणा पत्रों में इसे सम्मिलित करवा कर अन्यथा यथा सम्भव अन्य तरीक़ों से दबाव बना कर- **बात अंततः अनजान, नादान या लापरवाह तम्बाकू उपभोगी की जान बचाने की जो है..।**

एन.टी.सी.पी. में कोटपा प्रवर्तन हेतु संशोधन हो

हाल ही में एन.टी.सी.पी. कार्यरत कुछ जिला-कर्मियों से एक संक्षिप्त चर्चा में यह प्रतीत हुआ कि एक बार फिर इस विषय को टटोला जाये ताकि पाठकों को इसकी राष्ट्रीय उपलब्धियों की जानकारी मिलने के साथ यह भी पता लग सके कि वर्तमान में इसे सुचारू रूप से लागू करने के अवरोध क्या हैं और कैसे उन्हें दूर किया जाये।

एन.टी.सी.पी. की स्थापना भारत सरकार के स्वास्थ्य एवं परिवार कल्याण मंत्रालय ने 11वें पंच-वर्षिय कार्यक्रम के अंतर्गत वर्ष 2007-08 में की थी। इसका **उद्देश्य** कोटपा (सिगरेट व अन्य तम्बाकू उत्पाद अधिनियम 2003) और विश्व स्वास्थ्य संगठन की अंतर्राष्ट्रीय संधि (फ्रेमवर्क कन्वेंशन ऑफ़ टोबेको कण्ट्रोल-एफ.सी.टी.सी.) की नीतियों के अनुसार **भारत में तम्बाकू नियंत्रण को मजबूती प्रदान करना** था (नोट-अधिक जानकारी के लिये कृपया लेख संख्या 32 को भी पढ़ें।)

इस त्रि-स्तरीय कार्यक्रम के अंतर्गत तम्बाकू नियंत्रण की नीतियों को केंद्र, प्रदेशों और जिलों में लागू करने हेतु पहली बार **समर्पित निधि (डेडिकेटेड फण्ड)** को उपलब्ध कराया जाने लगा ताकि इन सभी स्तरों पर एक समर्पित मानवीय संसाधन भी उपलब्ध हो जो कि इसके राष्ट्रीय-, प्रादेशिक- और जिला- स्तर उद्देश्यों को पूरा करने में निरंतरता से जुटा रहे।

भारत सरकार के स्वास्थ्य मंत्रालय ने वर्ष 2017-18 की अपनी वार्षिक रिपोर्ट में इस कार्यक्रम की निम्न **उपलब्धियों** का उल्लेख किया:

1. एन.टी.सी.पी. अब तक देश के 36 प्रदेशों/केंद्र-शासित इकाईयों के 718 जिलों (वर्ष 2019 में रिपोर्ट की गयी संख्या) में से 405 जिलों (56.5%) में लागू किया जा चुका है;

2. सभी खुदरा तम्बाकू पदार्थों पर सचित्र चेतावनियों के आकार में 1 अप्रैल 2016 से 85% तक की बढ़ोतरी की गयी, इनके दो सेट्स (छवियों) के साथ, जिनमें से दूसरी छवि को 1 अप्रैल 2017 से जारी करवाना सुनिश्चित किया गया;

3. तम्बाकू-मुक्त फिल्मों पर विश्व स्वास्थ्य संगठन के भारत स्थित कार्यालय की सहभागिता से एक राष्ट्रीय कंसल्टेशन (मंत्रणा) आयोजित की गयी। इसके अंतर्गत सभी सहभागियों (स्टेक होल्डर्स) के साथ फिल्म सम्बंधित नियमों को जान-समझ, तम्बाकू-मुक्त फिल्मों की राष्ट्रीय नीति के जनस्वास्थ्य के लाभों को जोड़, इन्हें बेहतर तरीके से लागू करने हेतु चर्चा की गयी। इस मंत्रणा ने भारत सरकार और फिल्म व टेलीविज़न उद्योग से कोटपा अंतर्गत तम्बाकू-मुक्त फिल्म के नियमों में मजबूती की माँग के साथ इन्हें सुचारू रूप से लागू करने हेतु अनुशंसाएँ प्रदान की;

4. विश्व तम्बाकू निषेध दिवस को 31 मई, 2017 को मनाने के साथ भारत सरकार के स्वास्थ्य एवं परिवार कल्याण मंत्री को विश्व स्वास्थ्य संगठन के महानिदेशक के वैश्विक तम्बाकू नियंत्रण का विशिष्ट पुरस्कार प्रदान किया गया;

5. स्वास्थ्य मंत्रालय ने 8 जून 2017 को वयस्कों के वैश्विक तम्बाकू सर्वेक्षण के भारत में हुए दूसरे चक्र की जानकारियों को जारी किया- इसने देश में तम्बाकू उपभोग की 6% की कमी के साथ उपभोगियों की संख्या में 81 लाख की एक महती कमी को रिपोर्ट किया गया;

6. सतत विकास के ध्येयों (एस.डी.जीस.) की प्राप्ति हेतु एफ.सी.टी.सी. को तेजी से लागू करने हेतु स्वास्थ्य मंत्रालय ने एक दो-दिवसीय राष्ट्रीय मंत्रणा भी आयोजित करी;

7. उपरोक्त कार्यक्रमों में तम्बाकू नियंत्रण से जुड़े तीन आलेखों (डाक्यूमेंट्स) को भी जारी किया गया: (अ) टी.बी.-तम्बाकू के सहभागी ढाँचे पर एक राष्ट्रीय संरचना (फ्रेमवर्क); (ब) चबाने वाली तम्बाकू और जनस्वास्थ्य पर एक विनिबंध (मोनोग्राफ); और, (स) राष्ट्रीय तम्बाकू नियंत्रण कार्यक्रम का

प्रशिक्षण मोड्यूल;

8. इसी दौरान कोटपा के सार्वजनिक स्थलों पर धूम्रपान के प्रतिषेध के नियम में देश भर में हुक्का बारों की त्रासदी को रोकने हेतु संशोधन किया गया; और,

9. स्वास्थ्य मंत्रालय की श्रम और रोजगार मंत्रालय के साथ सहभागिता से बीड़ी निर्माण करने वाले श्रमिकों को देश के 5 जिलों में कौशल विकास (स्किल डेवलपमेंट) के अंतर्गत समान रूप से लाभकारी वैकल्पिक रोजगार उपलब्ध कराने हेतु एक पायलट कार्यक्रम की जानकारी राष्ट्रीय श्रम कमिशनर द्वारा दी गयी।

आइये, **अब चर्चा करें इस कार्यक्रम के वर्तमान के अवरोधों की,** जिनके बारे में हर स्तर पर इनकी खुली चर्चा को पारदर्शिता से करने से बचा जाता है जब कि आवश्यकता तो यह ही है कि कैसे इन अवरोधों को दूर कर प्रतिदिन होने वाली 4,000 से अधिक मृत्युओं में कमी लायी जाये।

राष्ट्रीय- व प्रादेशिक- स्तर पर **एक मुख्य कमी** है इस हेतु स्वास्थ्य मंत्रालय/ प्रादेशिक चिकित्सा एवं स्वास्थ्य विभागों में पर्याप्त मानव संसाधन की कमी के साथ अन्य मंत्रालयों और प्रादेशिक विभागों की तम्बाकू नियंत्रण में अरुचि और निष्क्रियता।

सूक्ष्म तौर पर, जिला स्तर पर तो यह स्पष्ट दिखायी देता है, विशेषकर कोटपा के प्रवर्तन के संदर्भ में। जिला स्तर पर **कोई भी कार्य बिना जिलाधीश के सशक्त नेतृत्व** के संचालित नहीं हो सकता है। अब यदि कोई जिलाधीश या पुलिस निरीक्षक (एस.पी.), विशेषकर नव-नियुक्त अधिकारी, कोटपा को लागू करने हेतु अपना वांछित सहयोग देने से ही मना कर दे या टालते जाये तो **मुख्य चिकित्सा अधिकारी (सी.एम.एच.ओ.) या जिला तम्बाकू प्रकोष्ठ दल** किस हैसियत से कोटपा प्रवर्तन के कार्य को मजबूती से चलाये रख सकते है! जहाँ इस परिस्थिति के चलते अब तक माह में बड़ी कठिनाई से औसतन एक या दो बार, सीमित रूप से ही, प्रवर्तन कार्यवाहियाँ होती

हों तो कैसे कोटपा के किसी भी नियम को पूरी तरह से लागू किया जा सकता है..!?

अतः कोटपा में इस हेतु संशोधन तत्काल किया जाना चाहिए अन्यथा एन.टी.सी.पी. की प्रभाविकता को बढ़ाया नहीं जा सकेगा, विशेषकर युवाओं को तम्बाकू उपभोग से बचाने में- हुक्का बारों में, खुली सिगरेट के सेवन से, बिना सचित्र चेतावनी के बिकते गैर-क़ानूनी तम्बाकू पदार्थों और कालाबाजारी से बिकती इलेक्ट्रोनिक सिगरेट व इसके अन्य पर्यायों से जो कि अब ई-बाजारों से सीधे-सीधे अनियंत्रित रूप से और आसानी से मिल पा रहे हैं (यह अत्यंत संतोष का विषय है कि माह नवम्बर, 2019 में भारतीय संसद ने एंड्स (ई-सिगरेट, इत्यादि) पर एक बिल पारित कर समूचे देश में इसे पूर्णतः प्रतिबंधित कर दिया है)।

केंद्र सरकार द्वारा इस हेतु प्राथमिकता व त्वरितता से निम्न दो नीतिगत कदम उठाने की आवश्यकता है:

(1) **प्रादेशिक तम्बाकू नियंत्रण प्रकोष्ठ यह सुनिश्चित कर पायें कि हर जिले के नव-नियुक्त जिलाधीश और पुलिस निरीक्षक को कोटपा के प्रवर्तन हेतु अपेक्षित सशक्तिकरण उनकी नियुक्ति के तत्काल बाद मिल गया है;** और, तदन्तर, वे इस हेतु पर्याप्त सहयोग, समयबद्ध तरीके से, अपने सभी मातहत जिला-अधिकारीयों द्वारा प्रदान करवायें;

(2) **एन.टी.सी.पी. में कार्यरत जिला-स्तरीय नोडल अधिकारी को कोटपा के सभी नियमों के प्रवर्तन के स्वतंत्र अधिकार दिए जाएँ** ताकि चालान द्वारा दोषी को दण्डित करने के लिए उसे खाद्य निरीक्षक (फूड इंस्पेक्टर) और/या पुलिस के उप-निरीक्षक की भागीदारिता (मेहरबानी) पर निर्भर नहीं रहना पड़े।

आशा की जानी चाहिए कि उपरोक्त सुझावों को त्वरितता से एन.टी.सी.पी. में नीतिगत रूप से समाहित कर लिया जायेगा ताकि कोटपा की सार्थकता में अपेक्षित वृद्धि देखी जा सके।

ग्रामीण भारत में तम्बाकू नियंत्रण– पंचायतों के द्वारा..

तब ही मिल पायेगी सही मायनों में तम्बाकू से मुक्ति..

यह कहना अतिश्योक्ति नहीं होगी कि भारत अब भी गाँवों में बसता है क्योंकि जनगणना 2011 के अनुसार लगभग दो-तिहाई भारतीय गाँवों में ही बसते हैं (72.18%)। अतः पंचायती राज विभाग की प्राथमिक प्रशासनिक ईकाई– ग्राम पंचायत द्वारा संचालित विलेज हेल्थ, सैनिटेशन एंड न्यूट्रीशन कमेटी को इनके स्वास्थ्य के लिए जिम्मेदारी देने का सरकारी निर्णय सर्वथा उचित लगता है।

परन्तु, अब जब देश में लगभग 60% मृत्युओं गैर-संक्रामक रोगों से होना मान लिया गया है, इस कमेटी के कार्यक्षेत्र में इन रोगों के कारकों (तम्बाकू, आसीन जीवन शैली और अस्वस्थ भोजन से बढता मोटापा, मदिरा-सेवन, इत्यादि) को नियंत्रित करने के उपायों को नीतिगत रूप से अब तक सम्मिलित नहीं कर पाना एक हानिकारक लापरवाही कहा-समझा जा सकता है। विशेषकर, जब कि राष्ट्रीय ग्रामीण स्वास्थ्य मिशन की मूल कार्यप्रणालियों में जन स्वास्थ्य को नियंत्रित और प्रबंध करने हेतु में पंचायती राज संस्थाओं को प्रशिक्षित करने और उनकी क्षमता की वृद्धि करने का उद्देश्य भी निर्धारित है, ऐसा ना कर पाना अंततः एक भारी भूल ही सिद्ध होगी!

क्योंकि तम्बाकू का अधिक उपभोग गरीब और अशिक्षित ग्रामीणों द्वारा ही सबसे अधिक होता है, पंचायतों के द्वारा तम्बाकू नियंत्रण लागू करवाने को प्राथमिकता दिया जाना लाभकारी तो होगा ही, इसे गैर-संक्रामक रोगों के अन्य कारकों की अपेक्षा, निश्चित ही अपेक्षाकृत कम समय में फलीभूत कर पाना संभव प्रतीत होता है। विशेषकर अब जबकि प्रदेश में राष्ट्रीय तम्बाकू नियंत्रण कार्यक्रम के अन्तर्गत वितीय- और मानवीय-संसाधन प्रदेश- और जिला- स्तर पर व्यापकता से उपलब्ध हैं, इसे एक निश्चित समय-सीमा में लागू करवाने का निर्णय उचित जान पड़ता है।

आइये, जाने किस प्रकार इसे जिला तम्बाकू नियंत्रण प्रकोष्ठ के दल के सदस्य ग्राम पंचायत के सभी सदस्यों को, मुख्य चिकित्सा एवं स्वास्थ्य अधिकारी के माध्यम से, जिला प्रमुख और जिला कलेक्टर के नेतृत्व में सशक्तिकरण प्रदान कर सकते हैं:

1. तम्बाकू की हानियों और इसे छोड़ने के लाभों पर प्रत्येक ग्राम सभा में नियमित रूप से चर्चा करके;

2. युवाओं को तम्बाकू मुक्त रहने हेतु ''तम्बाकू को ना कहें'' के सन्देश का व्यापक प्रचार-प्रसार कर, इसकी उचित शिक्षा दे और निगरानी रख करके;

3. तम्बाकू उपभोग करने वालों को जानने- पहचानने के लिए ''आशा'' और पुरुष स्वास्थ्य कार्यकर्ता के माध्यम घर-घर पहुँच कर (स्क्रीनिंग के द्वारा), उनका डेटाबेस बना, इसे ग्राम सहायक, सरपंच, ब्लाक अधिकारी और पी.एच.सी. इन्चार्ज से साझा करके;

4. तम्बाकू उपभोगियों की देखभाल (रोगियों की भांति); उन्हें इसे शीघ्रातिशीघ्र छोड़ने हेतु निःशुल्क राष्ट्रीय क्विटलाइन (1800-11-2356) अथवा प्रादेशिक स्वास्थ्य सेवा न. 104 से सहायता लेने को सुनिश्चित करवा करके;

5. सिगरेट और अन्य तम्बाकू उत्पाद अधिनियम, 2003 के घोषित नियमों के समुचित प्रवर्तन को सततता से लागू करवा कर; और, उल्लंघनकर्ताओं पर चालान की निर्देशनानुसार कार्यवाही कर-बिना किसी पद-नाम-कार्यस्थल के भेदभाव के;

6. साथ ही, सभी घरों को नीतिगत रूप से धूम्रपान- मुक्त स्थापित करवा कर (यदि इन्हें तम्बाकू-मुक्त करवा सकें तो और भी अच्छा);

7. स्कूलों के साथ-साथ सभी कार्य-स्थल (अन्य शिक्षण संस्थान, सरकारी कार्यालय, अस्पताल, पुलिस थाने, कचहरियाँ, बस अड्डे, इत्यादि) तम्बाकू-मुक्त करवा कर- एक पालिसी के अंतर्गत इनके परिसरों में सभी तम्बाकू-पदार्थों को लाने और इनके खाने-पीने पर प्रतिषेध लगवा कर; और, उल्लंघन-कर्ताओं हेतु दंडात्मक कार्यवाही पूर्व-सुनिश्चित/वर्तमान में

लागू प्रशासनिक मापदंडों के आधार पर सुनिश्चित करवा कर;

8. प्रत्येक वर्ष पंचायत परिसर में समस्त अधिनस्त संस्थाओं के साथ विश्व तम्बाकू निषेध दिवस मनवा कर; और श्रेष्ठ कार्यकर्ताओं (युवा, महिलाएं, चिकित्सक व अन्य सभी स्वास्थ्यकर्मी), स्वयंसेवी संस्थान और कार्यस्थलों, इत्यादि, को 26 जनवरी/ 7 अप्रैल/ 31 मई/15 अगस्त, इत्यादि, जैसे महत्त्वपूर्ण दिवसों पर सार्वजानिक मंचों पर नियमित रूप से सम्मानित अथवा/और पुरस्कृत व्यापकता से करवा कर;

9. तम्बाकू नियंत्रण संबंधित जो भी गतिविधि/कार्य हो, उसका रिकॉर्ड रख कर और उसे ग्राम पंचायत समयानुसार (हर माह/तिमाही/6 माह/वार्षिक) सरपंच के माध्यम से उच्च पंचायती राज- और स्वास्थ्य- विभाग अधिकारियों (प्रमुख सचिवों, निदेशक जन स्वास्थ्य और नोडल अधिकारी, प्रदेश- व जिला- तम्बाकू नियंत्रण प्रकोष्ठों) को, एस.डी.ओ. और जिला कलेक्टर के माध्यम से एक औपचारिक रिपोर्ट के द्वारा सूचित करवा कर; और,

10. साथ ही, यह सुनिश्चित कर कि सरकार की जनसाधारण को **नि:शुल्क, सब्सिडी अथवा वित्तीय सहायता वाली स्वास्थ्य**

(जांच, औषधि, विशिष्ट चिकित्सा सेवा व उपकरणों की उपलब्धता- भामाशाह योजना, मुख्यमंत्री रिलीफ कोष, इत्यादि द्वारा)- **और बीमा- सेवाओं** (स्वास्थ्य बीमा सुरक्षा योजना, इत्यादि) **का लाभ भी आगे से केवल उन्हें ही दिया जाये जो तत्परता से तम्बाकू-मुक्त जीवन जी रहें हैं**- सरकारी खजाने को लापरवाह, व्यसनी तम्बाकू उपभोगियों पर लुटाया जाना सर्वथा अनुचित तो है ही, विरोधाभास से परिपूर्ण भी है!

निश्चित ही उपरोक्त सुझावों का लाभ तब ही मिल पायेगा जब इस हेतु विशिष्ट राष्ट्रीय- और प्रादेशिक-नीतिगत निर्णय किए जायें; और, उनकी जिला-, उपखंड- और पंचायत- स्तरों पर सामयिक पालना हो- सतत निगरानी, सही मूल्यांकन और त्वरित रिपोर्टिंग द्वारा। **वर्तमान की सोच और कार्यप्रणाली को परिवर्तित करना आवश्यक है और सामयिक भी; क्योंकि, अब तक स्वास्थ्य सुरक्षा- सेवा मात्र चिकित्सा एवं स्वास्थ्य विभाग की ही जिम्मेदारी मानी जाती है, तो बिना पंचायती राज विभाग के जुड़ाव के बिना इसे सुधारा नहीं जा सकता है।** अतः चिकित्सा एवं स्वास्थ्य- और पंचायती राज- विभागों की समन्वयता और सहभागिता द्वारा इसे फलीभूत करवाया जाये, ऐसी केंद्र- व प्रादेशिक- सरकारों से विनती भी है और अपेक्षा भी।

खुली सिगरेट का व्यापार– युवाओं के लिए घातक

आजकल युवा लड़कों के अतिरिक्त लड़कियों को भी गली-मोहल्ले की पान की दुकान–ठेले, चाय की थड़ी, इत्यादि, पर सिगरेट पीते देखना कोई अजूबा नहीं है। हाँ, यह अवश्य अजीब लग सकता है कि कोई अनजान उन्हें जा कर पूछ ले कि वे इसे क्यों पीते हैं और कब तक इसे छोड़ने का सोचते हैं! परन्तु विश्वास कीजिये, पिछले दो दशकों से ऐसा करते रहना मेरे तो लिए एक सुखद अनुभव ही रहा। जिन पाँच युवाओं से मैंने बात की, उसमें केवल एक अनिश्चित था कि वह उसे कब छोड़ने का सोच रहा है। शेष सब तो मानो तैयार बैठे थे कि बस कोई कह तो दे ताकि वे तत्काल इसे छोड़ दें! उनका इसे पीने का कोई विशेष कारण भी नहीं था– ''बस टाइम पास'', ''दिन भर के काम बाद थोड़ा सुस्ता लूँ'', ''कुछ तनाव कम हो जाता है'', इत्यादि।

परिणामवश, मुझे लगा कि इस बार तम्बाकू नियंत्रण के इस महत्वपूर्ण विषय को ही टटोला जाये कि कहाँ पहुँचे हम अब तक, देश-दुनिया में इस पर बनी कुछ विगत वर्षों की मुहिम; और, ऐसा क्या कर सकते हैं हम कि शहरी युवाओं में धूम्रपान की इस पहली सीढ़ी को ही तोड़ दिया जाये।

वैसे तो यह बहुत पुरानी सामाजिक कुरीति है और इससे अधिकांश लोग दुखी भी हैं। परन्तु, भारत में इस पर औपचारिक रूप से कुछ बंदिश-दबिश देखने मिली, कोटपा कानून के लागू होने से, विशेषकर इसके अधिघोषित नियम 4 और 6 के अंतर्गत– **धूम्रपान का लोकस्थानों– लोकवाहनों– व कार्यस्थलों; और शिक्षण संस्थाओं में तम्बाकू-मुक्ति पर प्रतिषेध।** अब बचे मात्र तम्बाकू बेचान के ठिकाने।

तो, इन्हें काबू में लाने के लिए वर्तमान सरकार के पहले कार्यकाल के पहले स्वास्थ्य मंत्री ने (तम्बाकू नियंत्रण को मजबूती देने हेतु कई अन्य सुधारों के साथ, **खुली सिगरेट की बिक्री पर रोक लगाने का मसौदा अक्टूबर 2014 में तैयार करवाया।** इसे जनवरी 2015 में कैबिनेट के अंतर-मंत्रालयिक समूह के समक्ष विचार हेतु रखा। इसके अनुसार कोई भी व्यक्ति, किसी भी व्यक्ति को जिसकी आयु 21 वर्ष से कम है, उसे सिगरेट या किसी अन्य तम्बाकू पदार्थ को खुले तरीके

से या एक सिगरेट के रूप में, नहीं बेचेगा, या इस हेतु प्रस्तुत करेगा अथवा इसकी अनुमति देगा.. (पर तब से, अन्य की गयी प्रभावी हो सकने वाली अनुशंसाओं के सहित, यह भी ठंडे बस्ते में ही है)।

इस निर्णय के कई आधार थे जो कि आज भी प्रासंगिक हैं:

(अ) लगभग 70% सिगरेट धूम्रपायी– अधिकांश अवयस्क और पढ़ने वाले छात्र खुली सिगरेट ही पीते हैं क्योंकि उनके लिए एक 150-300 रु. के पैकेट की अपेक्षा 10 रु. की खुली सिगरेट खरीदना सदैव सस्ता सौदा होता है; और, साथ ही वे पैकेट खरीदने पर उसकी सभी सिगरेटों को जल्दी-से पीने की झंझट से भी बच जाते हैं;

(ब) वर्ष 2012 में भारत में 100 बिलियन (अरब) सिगरेटों का उपभोग और, चीन के बाद, विश्व स्तर पर भारत का धूम्रपान में दूसरे स्थान पर होना;

(स) एफ.सी.टी.सी. (अंतर्राष्ट्रीय संधि– फ्रेमवर्क कन्वेंशन ऑन टोबेको कण्ट्रोल) के अनुच्छेद 16(3) की अनुशंसा के अतिरिक्त;

(द) यह कोटपा कानून के अधिघोषित नियम 7 का खुला उल्लंघन भी है – क्योंकि इसके अंतर्गत किसी भी तम्बाकू पदार्थ के पैकेजिंग पर सचित्र चेतावनी का निर्धारित मापदंडों के आधार पर होना आवश्यक है और खुली सिगरेट पर यह प्रावधान लागू नहीं होता है; और साथ ही,

(ध) विश्व के कई देश इस प्रतिषेध को लागू कर सिगरेट के उपभोग में कमी प्राप्त चुके हैं।

इस कदम से तब तत्काल भारत की सबसे बड़ी सिगरेट कंपनियों (आई.टी.सी. और गोडफ्रे फिलिप्स, इत्यादि) के शेयरों के दाम 5% से 9% गिर गए! जहाँ कॉर्पोरेट वितीय संस्थानों– मोर्गेन स्टैनले, एडेलवेईस सिक्योरिटीज, इत्यादि, ने इसे एक नकारात्मक कदम बताया, टोबेको इंस्टिट्यूट ऑफ़ इंडिया, जो कि देश में तम्बाकू उद्योग को समर्थित करती है, ने कहा कि इससे टोबेको कम्पनियाँ नहीं, लाखों

खुदरा व्यापारी भी परेशान होंगे। इस इंस्टिट्यूट के निदेशक इसलिए भी निश्चित नजर आये क्योंकि उन्होंने कहा केंद्र सरकार कैसी भी नीति बना ले, इसे लागू तो प्रदेश सरकारों को ही करना होगा जो कि, कमजोर प्रवर्तन के चलते, सदैव प्रभावहीन ही होती हैं। यह भी डर दिखाया गया कि इससे नकली सिगरेट का बाजार भी बढ़ेगा और कुछ सिगरेट पीने वाले बीड़ी पीने लगेंगे। सिगरेट कंपनियाँ चुप रही क्योंकि जो हुआ वो उनके हक़ में ही था (उन्हीं का किया-धरा भी माना गया)- स्वास्थ्य मंत्री की अन्य मंत्रालय में नियुक्ति (इस देश का इतिहास है कि जिस भी स्वास्थ्य मंत्री ने तम्बाकू नियंत्रण को मजबूती देने के प्रयास किये हैं, उसे तम्बाकू उद्योग की मजबूत लॉबी ने टिकने नहीं दिया)! अगर ना भी होता तो वे अन्य तरीके काम में लेतीं जैसे न्यूनतम लम्बाई की सिगरेट की छोटे पैकेट्स में व कम संख्या में बिक्री, इत्यादि।

वास्तव में हुआ भी अपेक्षा से उल्टा! खुली सिगरेट के बिकने में कोई कमी नहीं आयी!! सिगरेट कंपनियों के शेयर मात्र एक ससाह में पुनः ऊँचाई को छू गए। खुदरा व्यापारी प्रवर्तन की कार्यवाही ना होने से आज भी इसे बेचते जा रहे हैं और युवाओं में इस दूरगामी हानि के प्रति एक चिंताजनक लापरवाही के साथ गैर-जिम्मेदाराना रवैया बना

हुआ है। हाँ, एक सकारात्मक असर प्रादेशिक स्तर पर अवश्य देखने मिला- वर्ष 2015-16 में हिमाचल प्रदेश, महाराष्ट्र, पंजाब, उत्तर प्रदेश, जम्मू-कश्मीर और राजस्थान की प्रदेश की सरकारों ने खुली सिगरेट की बिक्री पर रोक हेतु अधिघोषणायें जारी कर दी।

परन्तु क्या उनका असर हुआ? नहीं! फिर भी, इस वर्ष के विश्व तम्बाकू निषेध दिवस पर पल्स ऑफ़ दी नेशन के अंतर्गत 18 से 30 वर्ष की आयु के 8,179 लोगों (अधिकांश पुरुष) में किये गए एक सर्वेक्षण से प्राप्त निम्न परिणाम-आधारित निष्कर्ष उपयोगी जान पड़ते हैं: (अ) 59% प्रतिभागी और 61% सक्रिय धूम्रपायी भी खुली सिगरेट को प्रतिबंधित कर देना चाहते थे; (ब) इनका कहना था कि तम्बाकू पदार्थों पर सचित्र चेतावानियों की उपस्थिति, अथवा फिल्म के पहले और अंतराल में बताये धूम्रपान की हानि वाले स्पॉट्स की अपेक्षा विशेषज्ञों का ना कहना अधिक प्रभावी होगा; और, साथ ही, (स) 68% का यह मानना था कि कठोरतम सरकारी कार्यवाहियाँ और जनचेतना लाभकारी होंगी।

अतः यदि उपरोक्त उपायों को लागू किया जा सके तो खुली सिगरेट की बिक्री को प्रभावी तरीके से रोका जा सकेगा।

घर और बाहर मिले तम्बाकू के धुएँ से मुक्ति

दूसरे का धुआँ हानिकारक है, इसका सर्वप्रथम पता लगा सन् 1981 में रिपोर्ट हुए एक जापानी अध्ययन से। इसमें धूम्रपायियों की गैर-धूम्रपायी पत्नियों में फेंफड़े की केन्सर की दर की तुलना गैर-धूम्रपायियों की गैर-धूम्रपायी पत्नियों में उत्पन्न फेंफड़े की केन्सर की दर के साथ की गयी। इसमें पहले समूह की महिलाओं में फेंफड़े के केन्सर की दर अधिक पायी गयी। तब से अब तक, 40 वर्ष बाद भी, विश्वभर से रिपोर्ट हुए अधिकाँश अध्ययनों में निष्क्रिय धूम्रपायियों में फेंफड़े की केन्सर होने का खतरा लगभग उतना ही बताया जा रहा है- गैर-धूम्रपायियों से 20% से 30% अधिक (अर्थात 1.3 गुणा)!

क्यों और कितना हानिकारक है दूसरे के धूम्रपान का धुआँ, यह जानने के पहले यह जानना आवश्यक है कि इसका कौन सा भाग अधिक हानिकारक हैं और क्यों? धूम्रपान से दो प्रकार का धुँआ उत्पन्न होता है- **मेन स्ट्रीम स्मोक** जो कि धूम्रपायी के मुँह और नाक से निकलता है; और, **साइड स्ट्रीम स्मोक** जो कि सिगरेट, बीडी अथवा अन्य धूम्रपान हेतु काम में लाये गए उपकरणों- हुक्का, चिलम, इत्यादि, के जलते भाग से निकलता है। इनमें से पहले प्रकार का धुआँ- मेन स्ट्रीम स्मोक अपेक्षाकृत कम हानिकारक होता है क्योंकि धूम्रपायी के फेंफड़े धुएँ में उपस्थित हानिकारक तत्वों को काफी सीमा तक सोख लेते हैं। दूसरे प्रकार के धुएँ- **साइड स्ट्रीम स्मोक,** में विश्व स्वास्थ्य संगठन की अनुसंधान इकाई ने 69 केन्सरकारकों की उपस्थिति रिपोर्ट करते हुए इसे ''ए'' प्रकार के केन्सरकारकों में वर्गीकृत किया है। प्रतिवर्ष ~80 लाख वैश्विक तम्बाकूजनित मृत्युओं में 10% याने 8 लाख मृत्युएँ दूसरे के धूम्रपान से उत्पन्न धुएँ को सूंघने से होती हैं जिन्हें पूरी तरह रोका जा सकता है। इसके **हानिकारक शारीरिक प्रभावों में,** जिनके प्रमाण पूर्णतया स्थापित हो उपलब्ध हैं, सम्मिलित हैं:

1. **वयस्कों में**- कोरोनरी आर्टरी रोग(हार्ट अटैक), फेंफड़े का केन्सर, स्ट्रोक, महिलाओं में प्रजनन दुष्प्रभाव और नाक में जलन; और,

2. **बच्चों में**- जन्म पर शारीरिक वजन कम होना, सडन इन्फेंट डेथ सिंड्रोम (नवजात की आकस्मिक मृत्यु); फेफड़ों और कानों के संक्रामक रोग।

क्योंकि स्वच्छ वायु में सांस ले पाना हर व्यक्ति का मौलिक अधिकार है, गैर-धूम्रपायियों का दूसरे के धूम्रपान से उत्पन्न हुए धुएँ से बचाव, तम्बाकू नियंत्रण हेतु दुनिया भर में हुए अभियानों, प्रयासों और कानूनों का मूल आधार रहा है। यह भी अब स्थापित हो चुका हो चुका है कि तम्बाकू के धुएँ की कोई सुरक्षित मात्रा नहीं होती है अर्थात क्योंकि कितना धुआँ किसके लिए कब और कितना हानिकारक होगा, इसे परिभाषित नहीं किया जा सका है, **इससे पूरी तरह से बचना ही सर्वाधिक सुरक्षित होता है!**

भारतवर्ष में इसकी सर्वप्रथम क़ानूनी शुरुआत वर्ष 1998 में केरल प्रदेश से हुई, जहाँ एक हाई कोर्ट न्यायधीश ने बस में यात्रा कर रही एक महिला को इससे पीड़ित देख, इस घटना का संज्ञान ले, लोकस्थानों ओर लोकवाहनों में धूम्रपान पर सर्वथा रोक का कानून बनाया। उन्होंने इसका आधार बनाया- संविधान के अनुच्छेद 21 का उल्लंघन। और, साथ ही, इसे वातावरण को प्रदूषित होने से रोकने और उसे स्वच्छ बनाये रखने से भी जुड़ा मुद्दा भी बताया।

राजस्थान में इसे क़ानूनी स्वरूप वर्ष 2000 में दिया गया। वर्ष 2003 में देशव्यापी स्थापित **कोटपा** अधिनियम के वर्ष 2004 में **अधिसूचित नियम 4**; और, वर्ष 2008 में उसमें हुए संशोधनों (1) कार्यस्थलों और उनके मालिकों, प्रबंधकों अथवा प्रभारियों की जिम्मेदारी का निर्धारण, (2) धूम्रपान प्रतिषेध हेतु सूचनापट्ट के आकार, (3) सूचना और इसे प्रदर्शित करने को परिभाषित करना, (4) मात्र हवाई अड्डों और 30 से अधिक क्षमता वाले होटल-रेस्टोरेंटों में पूर्व निर्धारित कमरों/क्षेत्रों में धूम्रपान कर पाने और उस हेतु परिभाषित-अनुशंसित कमरे की विशिष्टताओं की कड़ाई से पालना, इत्यादि) के परिणामस्वरुप, आज एक आमजन भी लोकस्थानों और कार्यस्थलों पर इस दूषित धुएँ से संतोषजनक रूप से बच पा रहा है।

हालाँकि इस हेतु जागरूकता भी बढ़ी है और प्रयास भी, फिर भी अब तक भी, ग्रामीण क्षेत्रों के अनपढ़-गरीब-वृद्धों के अतिरिक्त कई शहरी क्षेत्रों में क्रमश: कार्यस्थलों पर 30.2% कर्मचारी और लोकवाहनों में 13.3% यात्री धूम्रपान के धुएँ (निष्क्रिय धूम्रपान) से प्रभावित होते हैं। इस महत्वपूर्ण कमी में सबसे बड़ा दोष निर्धारित प्रवर्तन एजेंसियों की निष्क्रियता का है जो कि कानूनन कमी (निष्क्रिय रहने पर भी कोई जवाबदारी ना होना) का लाभ उठा इसे ऊँचे सरोकार वाले सरकारी- और गैर-सरकारी कार्यालयों, अस्पतालों, होटलों व अन्य प्रतिष्ठानों में कोटपा के संशोधित नियम 4 के सभी प्रावधानों को अब तक भी लागू नहीं करवा पायी हैं।

यह दुर्भाग्य ही है कि समूचे भारतवर्ष में घरों पर क्रमश: 38.7% व्यस्क परिवारजन अब भी निष्क्रिय धूम्रपान से पीड़ित हैं। निश्चित ही, जनसाधारण को घरों को तम्बाकू के धुएँ से मुक्त रखने हेतु जागरूकता के सरकारी प्रयास बढ़ाने होंगे। साथ ही, यह भी आवश्यक होगा कि धूम्रपायी अपनी कारों के अतिरिक्त उन सभी स्थानों को भी धूम्रपान- मुक्त रखें जहाँ भी गैर-धूम्रपायियों के तम्बाकू के धुएँ से सम्पर्क की संभावना थोड़ी सी भी हो। तब ही धूम्रपायी अपने ही संबंधियों को इसकी हानियों से बचा पायेंगे।

तम्बाकू-मुक्त कार्यस्थल

तम्बाकू नियंत्रण में सामाजिक सहभागिता

कार्यस्थलों पर तम्बाकू-मुक्ति एक सशक्त कार्यविधि है तम्बाकू नियंत्रण की चुनौतियों, अवरोधों और तम्बाकू उद्योग द्वारा नित-नए छलावों से निपटने की। राजस्थान, जयपुर के गैर-सरकारी संगठन, राजस्थान केन्सर फाउडेशन द्वारा विभिन्न प्रकार के कार्यस्थलों पर विगत 13 वर्षों में स्थापित **तम्बाकू-मुक्ति कार्यविधि को लागू करने की मूल आवश्यकताएँ क्रमानुसार** नीचे दी जा रही हैं:

1. कार्यस्थल के **नेतृत्व** (कार्यस्थल प्रमुख, मालिक, मैनेजर, इत्यादि) द्वारा, इसकी उपयोगिता जानते हुए इसको नीतिगत रूप व सहभागिता से लागू करने, दीर्घावधि तक इससे जुड़े रहने और निरंतरता से नेतृत्व देने की औपचारिक स्वीकृति।

2. इसकी **औपचारिक घोषणा की तिथि** तक पूर्व-निर्धारित उद्देश्यों के अंतर्गत क्रमवार लक्ष्यों को प्राप्त कर पाना:

   अ. **सक्रिय तम्बाकू उपभोग में 90% से अधिक कमी;**

   ब. **तम्बाकू उपभोग के साक्ष्यों में 90% कमी-** धूम्रपान का धुआँ, तम्बाकू की पीक के दाग, इत्यादि;

   स. वर्तमान तम्बाकू उपभोगी **कर्मचारियों में से 90% से अधिक द्वारा इसे छोड़ने हेतु प्रयत्नशील** हो इसे **सफलता से छोड़ पाना;**

   द. कार्यस्थल के कचरे में **तम्बाकू पदार्थों से उत्पन्न कचरे में 90% से अधिक कमी;** और

   ध. कार्यस्थल पर **व्यापकता से इस अभियान सम्बन्धी जानकारी उपलब्ध करा पाना;** प्रवेश और निष्कासन द्वारों पर परिसर के तम्बाकू-मुक्त होने की जानकारी के सन्देश वाले बोर्डों सहित।

3. **कार्यकारी समूह के सदस्यों** द्वारा अपने समकक्षों और सहयोगियों को तम्बाकू-मुक्ति पर उचित सशक्तिकरण प्रदान कर कार्यस्थल पर लागू की जाने वाली नीति पर सहमती बनाये जाने हेतु नियमितता से प्रेरित करना और समर्थन देना; साथ ही, इस **अभियान की सततता से निगरानी और आकलन करना** ताकि कार्यस्थल पर होने वाली खामियों को समयानुसार सुधारा जा सके।

4. **कार्यस्थल प्रशासन** द्वारा कार्यस्थल के तम्बाकू-मुक्त होने की **व्यापकता से सूचना प्रदान करना** और तम्बाकू-मुक्ति की नीति की आम सहमती से शत-प्रतिशत पालना करवाना; और, इसका उल्लंघन पाये जाने पर उल्लंघनकर्ताओं को **उचित और सामयिक रूप से दण्डित कर पाना।**

5. वर्तमान में उपभोग कर रहे तम्बाकू उपभोगी **कर्मचारियों को इस व्यसन को छोड़ने हेतु** प्रेरित करना और इसे छोड़ने हेतु उचित गुणवत्ता की **सहायता देना।** सफलता से तम्बाकू छोड़ने वाले कर्मचारियों और इस हेतु गैर-तम्बाकू उपभोगी कर्मठ कर्मचारियों को सामाजिक रूप से पुरस्कृत करना।

6. उपरोक्त कदमों से तम्बाकू-मुक्त होने के दो-तीन महीनों तक की गयी **निष्पक्ष और नियमित मोनिटरिंग और मापदण्ड-आधारित मूल्यांकन** के पश्चात् एक वांछित सामाजिक स्वीकृति हेतु पूर्व निर्धारित तिथि पर इस कार्यस्थल के तम्बाकू-मुक्त होने की औपचारिक घोषणा किसी प्रतिष्ठित स्थानीय राजनैतिक, सामाजिक या प्रशासनिक हस्ती से करवाना।

7. तत्पश्चात, **मोनिटरिंग और मूल्यांकन कम-से-कम अगले 3 वर्षों तक किया जाना।**

उपरोक्त विधि नहीं अपना सकने की हर कार्यस्थल की अपनी विशिष्ट चुनौतियाँ होती हैं। साथ ही, इसके अवरोधों (बैरियर) को भी जान लें ताकि तत्पश्चात इन दोनों के लिए सम्मिलित रूप से, कई बार साथ-साथ किये जाने वाले समाधानों की नीचे दी गयी जानकारी आपके लिए लाभकारी हो सके;

1. कार्यस्थल के नेतृत्व द्वारा पूर्ण सहमती दे देने के पश्चात् कार्यक्रम हेतु आवश्यकतानुसार समय अथवा समर्थन ना दे पाना;

2. कार्यक्रम की सूचनाएँ और सन्देशों को देने में देरी और/या उन्हें पर्याप्त रूप से प्रदर्शित ना कर पाना;

3. राष्ट्रीय तम्बाकू नियंत्रण कानून कोटपा के घोषित नियमों के मापदंडों की पालना में आनाकानी, विशेषकर कॉर्पोरेट वातावरण वाले कार्यस्थलों में, जहाँ स्वास्थ्य-संबंधी जानकारियों को दिया जाना कार्यस्थल के सौन्दर्यबोध अथवा उनके व्यापारिक लाभ के विपरीत माना जाता है;

4. वरिष्ठ कर्मचारियों, विशेषकर इनमें से वर्तमान में तम्बाकू का उपभोग करने वालों, द्वारा इसकी अनदेखी, प्रतिरोध या इसे उनके विरुद्ध एक व्यक्तिगत कार्यवाही मानना;

5. गैर-तम्बाकू उपभोगियों द्वारा, एक सामाजिक दायित्व से परे हो, इस सम्पूर्ण प्रक्रिया में सक्रियता व निरंतरता से भाग न लेना, इसमें आनाकानी करना अथवा अड़चने उत्पन्न करना;

6. सफलता से तम्बाकू छोड़ने वाले कर्मचारियों और उनकी सहायता करने वाले अन्य सहकर्मियों को सामाजिक रूप से सम्मानित करने में देरी;

7. वर्तमान में परिसर में तम्बाकू पदार्थ ला रहे या इसका उपभोग कर रहे कर्मचारियों व अन्य को पूर्व-निर्धारित नीति के अंतर्गत दण्डित ना कर पाना; और,

8. प्रबंधन द्वारा तम्बाकू उद्योग से पूर्व में किये गठजोड़ को समाप्त ना कर पाना।

चुनौतियों और अवरोधों का समाधान- यह सब कर पाना निश्चित ही आसान नहीं है परन्तु असंभव भी नहीं। क्योंकि इस तम्बाकू-मुक्ति कार्यस्थल के कार्यक्रम का मूल आधार एक आम सहमती है,

प्रशासनिक डंडा नहीं और, क्योंकि यह कार्यक्रम मूलतः व्यक्तियों के व्यवहार परिवर्तन से जुड़ा है, इसलिए आवश्यक है कि इस हेतु निरन्तरता से वहाँ के **नेतृत्व (प्रबंधन व प्रशासन), कर्मचारियों व अन्य सहभागियों के सभी स्तरों पर खुले मन से वांछित चर्चायें, निगरानी और मूल्यांकन समयानुसार हो;** एवं, वैश्विक और राष्ट्रीय अनुभवों से प्राप्त जानकारियों-प्रमाणों के आधार पर **निर्धारित मापदंडों को सामयिक रूप से प्राप्त किया जाये।**

यदि कार्यक्रम को लागू करने हेतु प्रारंभ में मान्य मूल ध्येय, ''भारत में वर्तमान में प्रतिदिन हो रही 4,000 से भी अधिक मृत्युओं की प्रभावी रोकथाम'' को निरंतरता से ध्यान में रखा जाये तो इन चुनौतियों और अवरोधों का समाधान आम सहमति से और कार्यस्थल के मानकों के अनुसार प्राप्त किया जा सकता है। **तम्बाकू उद्योग को भी, व्यापक जनहित में और व्यापारिक उद्देश्य की पूर्ति से परे, अपने-आप को शीघ्रातिशीघ्र समेटना ही होगा।** और, अगर यह लोभी-स्वार्थी उद्योग ऐसा स्वत: ही ना करे (जो कि वर्तमान में प्रत्यक्ष रूप से दिखता है) तो **केन्द्र व प्रादेशिक सरकारों को ऐसा शीघ्रातिशीघ्र करना चाहिए, एक निश्चित समय सीमा में।**

ऐसी अपेक्षा और आशा है कि इस प्रकार यदि भारत के हर प्रदेश में सभी कार्यस्थल (ऑफिस, शिक्षण संस्थाएँ, अस्पताल, कचहरियाँ, इत्यादि) सामाजिक स्तर पर तम्बाकू-मुक्त हो पायें तो जनसाधारण के एक बहुत बड़े भाग को सदैव तम्बाकू-मुक्त जीवन जीने की शिक्षा-प्रेरणा के साथ वर्तमान में तम्बाकू खा-पी रहे जनमानस को इस व्यसन को शीघ्रातिशीघ्र छोड़ने को प्रोत्साहन मिल सकेगा। साथ ही प्रादेशिक तम्बाकू नियंत्रण कार्यवाहियों द्वारा राष्ट्रीय तम्बाकू कार्यक्रम और कोटपा को समर्थित किये जाने के साथ-साथ कोटपा के नियमों की पालना में विध्यमान सभी कमियों को भी प्रत्याशित सफलता के साथ दूर किया जा सकेगा।

तम्बाकू नियंत्रण में फिल्मों और टीवी की भागीदारिता

तम्बाकू नियंत्रणकर्ताओं का संघर्ष निरंतर जारी है। भारत में तम्बाकू नियंत्रण कानून (सिगरेट एवं अन्य तम्बाकू उत्पाद अधिनियम 2003-कोटपा) के अंतर्गत तम्बाकू के किसी भी प्रकार के परोक्ष और अपरोक्ष विज्ञापनों पर नियम 5.3 (अ से द) द्वारा रोक के प्रावधान सन् 2004 से जारी हुए थे। परन्तु, सन् 2005 में स्वास्थ्य मंत्रालय के निर्देशानुसार किये गए सुधारों से जब फिल्मों में जब तम्बाकू के प्रचार और विज्ञापन को पूर्णतया प्रतिषेधित कर दिया गया तो एक फिल्म निर्माता द्वारा, आर्ट व क्रिएटिविटी की स्वतंत्रता पर हमले के नाम पर, किये गए इसके एक उपनियम के सहारे अदालत में सन् 2009 में इस मामले को क़ानूनी पेचीदगियों में उलझा दिया गया।

यदि मामले की गहराई तक जाएँ तो यह समझ में आता है कि फ़िल्म और टीवी निर्माताओं के अलावा इन्हें नियंत्रित करने हेतु ज़िम्मेदार सूचना एवं प्रसारण मंत्रालय भी तम्बाकू उद्योग से विज्ञापनों के बदले मिले धन-लाभ को छोड़ना नहीं चाहता है, भले ही उपलब्ध आँकड़े यह दर्शाते हों कि **भारत में तम्बाकू से हर साल होने वाली ~15 लाख मृत्युओं में लगातार होने वाली दुःखद बढ़ोतरी में देश में प्रति वर्ष बनने वाली 1,000 फिल्मों में दिखाया गये तम्बाकू उपभोग का भी एक महत्वपूर्ण अंशदान है।** निश्चित ही यह सरकारी रवैया दुःखद तो है ही, तम्बाकू नियंत्रण को प्रभाविकता से प्राप्त करने में एक बहुत बड़ी अड़चन होने के साथ-साथ जनस्वास्थ्य विरोधी भी!

पिछले वर्ष ही बॉलीवुड फिल्मों पर दिल्ली में लगभग चार हजार 12 से 16 वर्षीय स्कूली युवाओं में डॉ. मोनिका अरोरा के दल द्वारा किये गए इस विषय पर किये गए एक विशिष्ट अध्ययन से यह प्रमाणित हुआ कि **5.3% बच्चे फिल्मों में किये गए तम्बाकू उपभोग से प्रभावित हो तम्बाकू खाना-पीना शुरू करते हैं।** इससे यह भी पता लगा कि नवीं कक्षा में पढ़ने वाले, विशेषकर निचले सामाजिक-आर्थिक वर्ग के लड़के, लड़कियों की अपेक्षा, अधिक प्रभावित होते हैं। ऐसी ही जानकारियाँ पश्चिमी राष्ट्रों में हॉलीवुड फिल्मों का युवाओं द्वारा तम्बाकू उपभोग के प्रभाव जानने से प्राप्त हुई हैं।

अतः विगत में तम्बाकू-मुक्त फिल्में और टेलीविज़न नीति

के मूल्यांकन पर मुंबई में **सलाम बॉम्बे के तत्वाधान में** संपन्न हुए एक **राष्ट्रीय परामर्श सम्मेलन में भारत सरकार के स्वास्थ्य मंत्रालय द्वारा एक रिपोर्ट** जारी करना एक उत्साहवर्धक कदम ही माना जायेगा। इसे **वाईटल स्ट्रेटेजीज ने विश्व स्वास्थ्य संगठन की भारत में स्थित इकाई के सहयोग से तैयार किया गया है।**

इस रिपोर्ट ने भारत में प्रसारित सभी भारतीय और अंतर्राष्ट्रीय फिल्मी और टी.वी. कार्यक्रमों में अक्टूबर 2012 में कोटपा अधिनियम में किये सुधारों में होने वाली कमियों को उजागर किया है। **रिपोर्ट के अनुसार इनके द्वारा भारत सरकार से स्वीकृत चेतावनियों को आधा-अधूरा और गलत तरीके से प्रस्तुत किया जा रहा है–** विशेषकर तम्बाकू-विरोधी स्वास्थ्यवर्धक स्पॉट्स और तम्बाकू की हानियों को उजागर करने वाले ध्वनी-श्रवण (ऑडियो-विडियो) संदेशों को।

इस रिपोर्ट ने अतः निम्न सिफारिशें भी की हैं:

1) अक्टूबर 2012 में आये कानूनी सुधारों को पूरी तरह से लागू किया जाये;

2) तम्बाकू-उपभोग को बढ़ावा देते दृश्यों की विशिष्टता से पहचान हो;

3) तम्बाकू-विरोधी स्वास्थ्यवर्धक स्पॉट्स और संदेशों, व इसके उपभोग के अस्वीकरण (डिस्क्लेमर) वाली वेबसाइट को पुनर्जीवित किया जाये; और,

4) स्वस्थता वाले तम्बाकू-उपभोग विरोधी स्पॉट्स और संदेशों को बदल-बदल (रोटेट) करके दिखाया जाये ताकि फ़िल्म और टेलीविजन निर्मातों से मिलने वाले एक-जैसे बारम्बार मिलने वाले संदेशों की अत्यधिकता से आमजन ऊब ना जाये, बल्कि इनसे मिलने वाले स्वस्थता-उपयोगी संदेशों में उसकी रूचि बने रहे।

इस अवसर पर स्वास्थ्य मंत्रालय, भारत सरकार, के सचिव

ने कहा कि तम्बाकू का उपभोग देश की स्वास्थ्य सेवाओं पर एक बड़ा भरी बोझ बनाये हुए है। अतः यह सामयिक होगा कि सबके लिए स्वास्थ्य के सन्देश को सब के द्वारा स्वास्थ्य की तरह अपनाया जाये, क्योंकि ना तो स्वास्थ्य की देखभाल अकेली सरकार कर सकती है और ना ही आमजन (या उसका परिवार) अपनी जेब से केन्सर, हार्ट अटैक, साँस के रोगों, लकवा, मधुमेह, जैसे गैर-संक्रामक तम्बाकूजनित रोगों पर होने वाले खर्चे को जीवनपर्यंत उठाता रह सकता है।

भारतीय फ़िल्म एवं टेलीविज़न निर्माता संघ के अध्यक्ष ने सफाई दी कि हम तो वह ही दिखाते हैं जो कि समाज में व्याप्त है अथवा घटित हो रहा है। फिल्म उद्योग को एक आसान निशाना बतलाते हुए उनकी अपील थी कि तम्बाकू नियंत्रण को और कड़ा करने हेतु आर्ट और क्रिएटिविटी को समाप्त नहीं किया जाये। उन्होंने कुछ सहयोगी निर्माताओं के साथ मिल तम्बाकू- विरोध के विषय पर एक फ़िल्म निर्माण के सुझाव का स्वास्थ्य सचिव ने स्वागत योग्य कदम तो माना, परन्तु चेताया भी कि ऐसा बिना किसी तथ्यों से छेड़खाड़ या बदलाव के किया जाये। पाठक यहाँ यह जान लें कि ऐसा कर पाना, स्पष्ट रूप से अंतर्राष्ट्रीय संधि (एफ.सी.टी.सी.) और स्वास्थ्य मंत्रालय द्वारा तम्बाकू नियंत्रण के स्थापित मानकों पर कभी

खरा नहीं उतर सकता है! याने, फ़िल्म निर्माताओं की मर्ज़ी को यथावत चलने दिया जाए, सतत सरकारी संरक्षण के अंतर्गत।

फ़िल्म प्रमाणीकरण के केन्द्रीय बोर्ड (सेंसर बोर्ड) के अध्यक्ष ने सुझाया है कि स्वास्थ्य मंत्रालय अधिसूचना जारी कर सिनेमा हालों के मालिकों को यह जिम्मेदारी दे कि राष्ट्रीय गान के तुरंत बाद वे तम्बाकू-विरोधी संदेशों और स्पॉट्स दिखलायेंगे क्योंकि तब ही इनका प्रसारण प्रभाविक बन सकेगा। उनके मतानुसार शराब के समान तम्बाकू को भी पूरी तरह प्रतिषेधित कर देना चाहिए।

अंत में, वाईटल स्ट्रेटेजीज की राष्ट्रीय निदेशक का यह कथन सार्थक और उपयोगी लगता है कि **फ़िल्म और टीवी निर्माता तम्बाकू इण्डस्ट्री के झाँसे में आने से बचें और तम्बाकू-मुक्त संस्कृति प्रदान करने में अपनी भूमिका जिम्मेदारी से निभायें।** क्योंकि तब ही देश में ~15 लाख (धूम्रपान से होने वाली ~12 लाख और चबाने वाली तम्बाकू से होने वाली ~3 लाख) वार्षिक तम्बाकूजनित मृत्युओं; और, 1 लाख 4 हजार करोड़ रूपये की वार्षिक आर्थिक हानि को रोक पाने के साथ-साथ इन फ़िल्म और टीवी निर्माताओं के माध्यम से किये जाने वाले तम्बाकू उपभोग के प्रोत्साहन और विज्ञापनों को रोक स्वयं उनका शोषण भी रुक सकेगा।

तम्बाकू उपभोग व नियंत्रण में सोशल मीडिया

यदि आप-हम से कोई पूछे कि रात-दिन, उठते-बैठते या जागते-सोते अधिकांश लोग क्या करते हैं, तो उत्तर होगा- ''अरे भाई फुरसत ही कहाँ है कुछ करने की! सारा दिन तो व्यस्त रहता हूँ!'' परन्तु, व्यस्त रहते कैसे हैं तो पता लगता है कि यह सारी व्यस्तता मीडिया के साथ जुड़े रहने से है। आँकड़ों पर नजर डालें तो हम भारतीय बहुत आगे हैं, सामाजिक मीडिया के उपयोग में- फेसबुक (19.50 करोड़), यू-ट्यूब (6 करोड़), लिंकडइन (3 करोड़), ट्विटर (2.32 करोड़), इन्स्टाग्राम (1.6 करोड़), इत्यादि। और, जब इतनी भागीदारिता है सोशल मीडिया के साथ, तो आइये जाने सोशल मीडिया पर तम्बाकू उपभोग के प्रचार-प्रसार और नियंत्रण के प्रयासों को भी।

(1)   सोशल मीडिया पर तम्बाकू उद्योग की पहुँच: इन्टरनेट जो कभी इ-मेल करने और एक विशेषज्ञ स्रोत की भांति उपयोग में लाया जाता था, आज यह एक सहभागी, परस्पर रूप से प्रभावित करने वाला और उपभोगी की आवश्यकताओं के अनुसार काम में लिया जाने वाला सूचनात्मक, नेटवर्किंग माध्यम है। तम्बाकू कम्पनियाँ मूलतः इसके द्वारा:

(अ)   नए, युवा और/या वर्तमान उपभोगियों तक अपने **पदार्थों की पहुँच** सीधे-सीधे बढ़ाने में अथवा बाजार में लाये गए नए पदार्थों को सभी संभावित वर्गों तक पहुँचाती हैं (जैसे, इनकी नई ब्रांड्स, इत्यादि);

(ब)   इसे प्रचार-प्रसार का माध्यम भी बनाये हुए है, विशेषकर उन राष्ट्रों में जहाँ सभी प्रकार की तम्बाकूओं के **परोक्ष-अपरोक्ष विज्ञापन** पर सर्वथा रोक है (जैसे भारत में कोटपा कानून के नियम 5 के अंतर्गत); और,

(स)   **उपभोक्ताओं को एक प्लेटफार्म** भी प्रदान करती हैं ताकि वे उनके उपभोग किये पदार्थों पर अपनी टिप्पणियाँ दे पायें जिससे विशेषकर उनके अन्य खरीददार भी प्रोत्साहित हों, इन

पदार्थों की खरीद को या नए पदार्थों के उपभोग हेतु।

इन कंपनियों ने फेसबुक, यू-ट्यूब, इत्यादि, के अतिरिक्त कुछ मोबाइल फ़ोन कंपनियों को भी जोड़ रखा है जो कि तम्बाकू **उपभोग को प्रोत्साहित करने हेतु ऐप्स या गेम्स** (उदाहरणार्थ, ई-शीशा) को प्रचलित करती हैं। यदि प्रोत्साहन के तरीकों का आकलन करते हैं तो अधिकाँश कंपनियों की वेबसाइट्स: (1) तम्बाकू पदार्थों की समीक्षाओं, (2) कंपनी-प्रायोजित गतिविधियों, (3) युवा पुरुष-युवतियों को धूम्रपान करते हुए दिखाने, (4) उनमें मादकता और यौन इच्छा जगाने/परिपूर्ण करने के विषयों को उजागर करते विड़ीओज, (5) सिगरेट से जादुई खेल अथवा (6) प्रतिष्ठित ब्रांडों के विज्ञापनों से पटी होती हैं।

प्राय: तम्बाकू कम्पनियाँ अपनी इन्टरनेट साइट्स पर: (अ) तम्बाकू पदार्थों से जुड़ी सचित्र चेतावनियों को प्रदर्शित नहीं करके इनके उपभोग से जुड़े प्रोत्साहन पर रोक वाले **राष्ट्रीय कानून का उल्लंघन** तो करती ही हैं; (ब) इन्टरनेट पर इन्हें खुदरा बिक्री-स्थलों की अपेक्षा, **स्थानीय टैक्स की चोरी** कर, सस्ता भी बेचती हैं; और, (स) उन अपरिपक्व अल्पव्यस्कों तक अपने **मादक, विषैले पदार्थ** सीधे-सीधे पहुँचा देती है जिन्हें अन्यथा कानून के अंतर्गत इनसे दूर रखे जाने के प्रावधान हैं।

(2)   सोशल मीडिया द्वारा तम्बाकू नियंत्रण: नैतिकता से देखें तो हमारा विरोध केवल तम्बाकू कंपनियों द्वारा अपने नए-पुराने ग्राहकों को लुभाने वाले मनभावन विज्ञापनों और संदेशों का ही होना चाहिए। यदि तम्बाकू उपभोगियों के दिए गए संदेश/सर्वेक्षण निष्पक्ष हों तो फिर चाहे वे तम्बाकू उपभोग को प्रोत्साहित करते हों, उन्हें भी रोका नहीं जाना चाहिए। परन्तु, इस कुख्यात, धोखेबाज तम्बाकू उद्योग की प्रकृति-प्रवृति को जानकर, जिसका एकमात्र लक्ष्य, येन-केन-प्रकारेण, लाभ और केवल लाभ अर्जित करना है (चाहे इससे मानव जीवन को कितनी भी हानि क्यों ना हो रही हो), यह अत्यंत आवश्यक है कि: (1) इसके व्यावसायिक संदेशों का सतत-सफल

नियमन (रेग्युलेशन/नियंत्रण) और (2) तम्बाकू-उपभोग को प्रोत्साहित करने वाले संदेशों का प्रतिरोध-प्रतिषेधि, ऑनलाइन तरीकों के माध्यम से प्रभावी रूप से हो।

अब क्योंकि हम सभी का सोशल मीडिया के साथ जुड़ाव, गहन होने के साथ-साथ, स्वतन्त्र, लचीला और तात्कालिक है, **तम्बाकू उपभोग को नियंत्रित करने के निम्न तरीके उपयोगी हो सकते हैं:**

(1) इन्टरनेट साईट **स्वेच्छा से** ही तम्बाकू उपभोग प्रोत्साहित करने वाली सामग्रियों पर रोक लगा दे-फेसबुक व गूगल ने ऐसा किया भी है जिसकी स्वेच्छा से लागू की गयी 20 रोकों में एक तम्बाकू उपभोग का प्रोत्साहन भी है। परन्तु, इनकी नीतियों में खामियों के चलते, तम्बाकू कम्पनियाँ चालाकी से सृजनशील हो धूम्रपान की जानकारियों और सहायक सामग्रियों को विज्ञापित कर ही लेती हैं;

(2) दूसरा तरीका हो सकता है तम्बाकू उपभोग के **प्रोत्साहन** की सामग्रियों **को फिल्टर कर लेना** अर्थात तम्बाकू कम्पनियाँ चाहे कुछ भी अपनी वेबसाइट्स या इन्टरनेट माध्यमों पर पोस्ट करें, नियामक एजेंसियाँ उसे आमजन अथवा अल्पव्यस्कों की पहुँच से दूर कर पायें। परन्तु, यदि इसका कड़ाई से पालन किया जाता है तो तम्बाकू-उपभोग विरोधी संदेशों की भरमार लग जाती है;

(3) इसका एक और नियंत्रण-विकल्प हो सकता है माता-पिता, अभिभावक और/अथवा विद्यालयों द्वारा अपने बच्चों/विद्यार्थियों द्वारा वर्जनीय साइट्स अथवा **प्रोत्साहन-सामग्री पर रोक;** परन्तु इसे भी पूर्णतया व्यवहारिक नहीं माना गया है;

(4) निश्चित ही राष्ट्रीय तम्बाकू नियंत्रण कानून के **परोक्ष-अपरोक्ष प्रचार-प्रसार प्रतिषेध** के नियम का कड़ाई से प्रवर्तन

प्राथमिकता से किया जाना सबसे प्रभावी हो सकता है, यदि इसमें एक भारी दंड-राशी (लाखों/करोड़ों में) के साथ कठोर कारावास (5-से-10 साल तक) का प्रावधान भी निहित हो।

भारत सहित कई देशों ने ऐसा किया भी है, फिर भी इसमें अपेक्षित सफलता नहीं मिल पाई है। इसके कारण हैं (अ) इन्टरनेट की वैश्विकता और (ब) तम्बाकू कंपनियों द्वारा व्यक्ति-विशिष्ट छद्म सहारा जिसे वैचारिक स्वतंत्रता के चलते रोकना असंभव-सा/तानाशाही-पूर्ण कहा जाने लगता है; और,

(5) साथ ही, एक आशा है विश्व स्वास्थ्य संगठन की अंतर्राष्ट्रीय संधि (एफ.सी.टी.सी.- फ्रेमवर्क कन्वेंशन ऑन टोबेको कण्ट्रोल) का अनुच्छेद 13, जिसके अंतर्गत समस्त 182 सदस्य-राष्ट्रों में, राष्ट्रीय संवैधानिक सीमितताओं को छोड़, तम्बाकू के विज्ञापन, प्रायोजन और प्रोत्साहन पर सम्पूर्ण रोक लगाने की अनुशंसा की गयी है।

अब तक क्योंकि इस क्षेत्र में कोई पूर्णतया सुरक्षित उपाय मिल नहीं पाया है, यह आवश्यक है कि इसमें अनुसंधान सततता से हों। ऑनलाइन अनुसंधान माध्यमों का लाभ यह है कि इन्हें अपेक्षाकृत कम खर्च में, बिना किसी बड़े आर्थिक खतरे के, एक बहुत वृहद जनमानस में लागू किया जा सकता है। परन्तु, इसके लिए अनुसंधानकर्ता/ओं को अपना बहुमूल्य समय एक व्यापक सहभागिता कर लगातार फीडबैक देने में लगाना होगा। साथ ही आवश्यकता होगी एक निरंतर सजगता की, (क्योंकि तम्बाकू उद्योग भी पीछे नहीं रहने वाला है, इन कारगर उपायों का विरोध इसी माध्यम द्वारा करने हेतु)। तत्पश्चात् ही, इनसे प्राप्त परिणामों को प्राथमिकता- और कड़ाई- से लागू करने से ही सोशल मीडिया तम्बाकू नियंत्रण में सहायक हो सकता है। यह ही आशा भी है और अपेक्षा भी।

तम्बाकू विज्ञापन पर नाकाबंदी: कितनी सफल?

यह एक स्थापित तथ्य है कि ''जो दिखता है, वह ही बिकता भी है।'' इसीलिए किसी भी वस्तु, पदार्थ, घटना और यहाँ तक कि किसी व्यक्ति को भी विज्ञापित किया जाता है ताकि उसकी पहचान, खरीद, ख्याति, इत्यादि, बढ़े, वो लोकप्रिय हो, उसका उपयोग-उपभोग बढ़े व उसके उत्पादकों/प्रायोजकों को अपेक्षा से अधिक लाभ प्राप्त हो! खैर यह तो हुई विज्ञापन की बात।

जैसे दुनिया भर में भारत कई खामियों के लिए कुख्यात है, सबसे अधिक मधुमेह के रोगियों के लिए, सबसे ऊँची मुँह- और गर्भाशय की ग्रीवा- के केन्सरों की दरों- और मृत्युओं- के लिए, सबसे अधिक सड़क दुर्घटनाओं और मृत्युओं के लिए, इत्यादि। इसी तरह **भारत कुख्यात है** तम्बाकू, शराब, इत्यादि जैसे हानिकारक पदार्थों के **अपरोक्ष विज्ञापनों के लिए भी।**

तम्बाकू के सन्दर्भ में, भारत के स्वास्थ्य मंत्रालय ने वर्ष 2003 में ही कोटपा (सिगरेट व अन्य तम्बाकू पदार्थ प्रतिषेध) अधिनियम 2003 के सेक्शन 5 के अंतर्गत सभी प्रकार के परोक्ष- अपरोक्ष विज्ञापनों को प्रतिषेधित कर दिया था। परिणामस्वरूप, इनके परोक्ष विज्ञापन तो बंद हो गए। परन्तु, इनके अपरोक्ष (छलावे-भुलावे वाले) विज्ञापन अधिकता से प्रचारित-प्रसारित होने लगे: (1) सभी संचार माध्यमों के द्वारा- भारत सरकार के सूचना एवं प्रसारण मंत्रालय की हठधर्मिता के चलते (इनसे मिलने वाली अच्छी-खासी कमाई के अलावा तम्बाकू या/व सुपारी उद्योगों के अवांछित/भ्रष्ट तरीकों व प्रभाव से- अधिकांश बॉलीवुड के चर्चित सितारों के द्वारा- परेश रावल, अजय देवगन, रणधीर कपूर इत्यादि; इन्होंने तो हॉलीवुड को भी नहीं छोड़ा- ख्यातिप्राप्त जेम्सबान्ड की भूमिका करने वाले पियर्स ब्रोसमेन को फाँस कर); और, (2) तम्बाकू/पान मसाला कंपनियों से प्रायोजित स्थानीय/अन्य विज्ञापन कंपनियों द्वारा गली-मोहल्ले, सड़कों पर लगे होर्डिंगों-दीवारों, ऑटो-कवर, इत्यादि, के अतिरिक्त सरकारी/सिटी बसों पर भी।

सभी जानते हैं कि इन सभी अपरोक्ष विज्ञापनों का एक मात्र उद्देश्य रहा है- सभी प्रकार के तम्बाकू पदार्थों का सेवन जनसाधारण द्वारा बढाना, विशेषकर चबाने वाली तम्बाकू का और विशिष्ट रूप से नादान युवाओं द्वारा! सरकार उलझी रही कोटपा कानून के अधिनियम 5 को लागू करवाने में, वर्ष 2006 में उत्पादकों की मुम्बई उच्च न्यायालय में दाखिल की गयी एक अर्जी के कारण, जिसमें अधिनियम की इस धारा के कुछ प्रावधानों के अतिरिक्त अधिनियम के कानून 2 (इ) के अंतर्गत तम्बाकू उत्पादों के अपरोक्ष विज्ञापनों को प्रतिषेधित करने का प्रावधान है। मार्च 2006 में इस माननीय अदालत ने एक अंतरिम आदेश दे रोक-के-इन-प्रावधानों पर ही रोक लगा दी क्योंकि तत्कालीन केंद्र सरकार ने इस निर्देश का विरोध करने हेतु कोई वकील नियुक्त ही नहीं किया (क्या ऐसा तम्बाकू-उद्योग के प्रभाव के अंतर्गत हुआ..!?)।

हेल्थ फॉर मिलियंस नामक स्वयंसेवी संस्था ने इस आदेश के विरुद्ध उच्चतम न्यायालय में की गयी याचिका में कहा कि नियम 2 (इ) में परिभाषित अपरोक्ष विज्ञापनों के कारण तम्बाकू पदार्थों के अपरोक्ष विज्ञापनों की एक बाढ़-सी आ गयी है; साथ ही, इससे अंतर्राष्ट्रीय संधि- एफ.सी.टी.सी. के **अनुच्छेद 13** की अवहेलना और पॉइंट-ऑफ-सेल पर लगे विज्ञापन होर्डिंगों में संवैधानिक स्वास्थ्य चेतावनी को प्रदर्शित नहीं करने से क़ानूनी उल्लंघन भी हुआ है। लगभग 7 वर्षों बाद, जनवरी, वर्ष 2013 में केंद्र सरकार से उत्तर मिलने पर जब अदालत ने जहाँ प्रतिषेध के प्रावधानों पर लगी रोक हटायी, तब स्वास्थ्य मंत्रालय ने भी सभी प्रादेशिक-सरकारों के मुख्य सचिवों और पुलिस महानिदेशकों को **पॉइंट-ऑफ-सेल** (तम्बाकू बिक्री के स्थान) के नियम के सभी उल्लंघनों को हटाने हेतु निर्देशित किया। इसके अतिरिक्त, सरकार ने सभी परोक्ष और अपरोक्ष विज्ञापनों पर नियंत्रण हेतु राष्ट्रीय तम्बाकू नियंत्रण कानून के अंतर्गत कोटपा के नियम 5 की पालना की निगरानी हेतु राज्यों और जिलों के साथ केंद्र को भी इस विशिष्ट **स्टीयरिंग कमेटी** हेतु लामबंद किया।

सरकार ने इसके साथ लोकप्रिय मनोरंजन संसाधन- **भारतीय सिनेमा में** भी तम्बाकू के उपभोग को नियंत्रित करने हेतु कानूनी शिकंजे और कड़ा किया है। यह सब इसलिए भी करना आवश्यक हो गया था क्योंकि कई भारतीय अध्ययनों ने युवाओं और वयस्कों, दोनों को ही, तम्बाकू के विज्ञापनों और प्रोत्साहन से प्रभावित होते पाया है जबकि विज्ञापनों की रोक के क़ानूनी प्रावधान तम्बाकू बिक्री के स्थान और तम्बाकू की खुदरा पैकेजिंगों तक ही सीमित हैं।

जहाँ भारत के **जी.वाय.टी.एस.** (युवाओं द्वारा तम्बाकू-उपभोग का वैश्विक सर्वेक्षण) से 15 वर्ष से कम आयु के स्कूली बच्चों में तम्बाकू उपभोग प्रोत्साहित करने वाले विज्ञापनों में 3-वर्षों में (2006 से 2009) 3% की बढ़ोतरी (71.4% से 74.6%) पायी गयी, गेट्स-1 ने बताया कि सिगरेट-, बीड़ी- और चबाने वाली तम्बाकू- के विज्ञापनों से सामना क्रमश: 28%, 47% और 55% वयस्कों को करना पड़ता है।

पब्लिक हेल्थ फ़ाउंडेशन, देहली की डॉ. मोनिका अरोरा ने 4,000 स्कूली बच्चों में किये अध्ययन से दर्शाया कि जो बच्चे बॉलीवुड की फिल्मों से अत्यधिक जुड़े थे, उनके भविष्य में तम्बाकू उपभोगी होने की संभावना की दर दुगुनी से भी अधिक होगी। तम्बाकू पदार्थों को भरपूर विज्ञापित करने का एक दरवाजा तम्बाकू उद्योग द्वारा सामाजिक जिम्मेदारी के नाम पर की गयी बेईमानी और छलावा है जो: (अ) धूम्रपान-प्रतिषेध को प्रोत्साहित करने, (ब) बहादुरी के कारनामे करने वालों को पुरस्कृत करने, (स) सामाजिक उत्सवों व अन्य गतिविधियों को उत्साह से मनाने हेतु प्रायोजित करने, (द) जंगलों को पुनः पनपाने और (ध) बच्चों को पर्यावरण के प्रति सजगता के ढोंग से जुड़ा है, जबकि इसका मुख्य ध्येय तम्बाकू पदार्थों के उपभोग को बढ़ाना है, यह जानते हुए भी कि इसके आधे उपभोगी तम्बाकू-जनित रोगों से ही मरते हैं..।।

अंतत:, क्या निम्न उपाय इस समस्या का समाधान कर सकते हैं:

1. तम्बाकू पदार्थों के छद्म (अपरोक्ष) विज्ञापनों पर सर्वथा रोक के अतिरिक्त सभी स्तरों पर (केंद्र, राज्य और जिले के स्तर पर) कोटपा के नियम 5 की पालना हेतु बनायीं विशिष्ट स्टीयरिंग कमेटियों की निष्क्रियता/क़ानूनी उल्लंघन की अनदेखी को दण्डित किये जाने हेतु उचित प्रावधानों की व्याख्या हो:

2. तम्बाकू पदार्थों तक अल्पव्यस्कों की पहुँच कम करने हेतु कोटपा के नियम 6 (अ) में प्रावधान तो है, परन्तु इसमें और अधिक कमी लाने हेतु (अ) अल्पव्यस्कों द्वारा इनके उपभोग की आयु को 18 वर्ष से बढ़ा 25 वर्ष कर दिया जाये; और, (ब) वयस्कों तक इसकी पहुँच कम करने हेतु तम्बाकू का बेचान (विक्रय) मात्र लाइसेंस-धारी ही कर पायें;

3. इन पदार्थों को खुला अथवा छोटे-सस्ते पैकेटों में ना बेचा जाये और खुदरा बिकने वाली बीड़ी और चबाने वाली तम्बाकू की विक्रय-दर सिगरेट के समतुल्य हो ताकि इनका उपभोग कम हो सके;

4. पॉइंट-ऑफ-सेल पर विज्ञापन (शराब की दुकानों के समान, सफ़ेद बोर्ड पर) निर्देशानुसार ही हों; और, साथ ही सभी खुदरा तम्बाकू पदार्थों के प्लेन पैकेजिंग में विक्रय हेतु लंबित बिल को पार्लियामेंट द्वारा शीघ्रातिशीघ्र स्वीकारा जाये क्योंकि तब ही इनके आकर्षण, पसंदगी और प्रोत्साहन में कमी लायी जा सकेगी।

तम्बाकू पदार्थों पर सचित्र चेतावनियाँ:

जीतायें गरीबों, अनपढ़ों और ग्रामीणों को बजाए तम्बाकू उध्योग और राजनीति के

संपर्क क्षेत्र में एक सजीव चित्र की प्रस्तुति को एक हज़ार शब्द कहने के समान माना जाती है। और, इससे लगभग एक-सा सन्देश जाता है, हर किसी को बिना कुछ कहे!।

यही सोच आधार बनी वर्ष 2003 में हुए एक अंतर्राष्ट्रीय समझौते (फ्रेमवर्क कन्वेंशन फॉर टोबेको कण्ट्रोल- एफ.सी.टी.सी.) के अनुच्छेद चार और ग्यारह की। इनके अंतर्गत सदस्य राष्ट्रों से प्रत्येक व्यक्ति को तम्बाकू उपभोग और इसके धुएँ की हानियों और इन्हें व्यसनी व घातक सूचित करने के लिए सभी तम्बाकू पदार्थों की पैकेजिंग पर सचित्र चेतावनियों को लागू करने हेतु निर्देशित किया गया ताकि जनमानस को कम खर्च में इस बारे में निरन्तरता से सचेत किया जा सके।

कैसे तम्बाकू पदार्थों पर सचित्र चेतावनियाँ स्वास्थ्य के खतरों को सूचित करते हुए तम्बाकू उपभोगियों को भावनात्मक तरीके से प्रोत्साहित कर उनके द्वारा इसके उपभोग में एक प्रभावी कमी ला सकें या उन्हें इसे छोड़ने में सहायक हो सकें? इस हेतु निर्धारित हुआ कि ये चेतावनियाँ रंगीन और बढ़ी हों, स्पष्ट होने के साथ एक सार्थक सन्देश दें- चक्रियता (Rotation) के साथ। इन्हें तम्बाकू पदार्थों की पैकेजिंग के आगे-पीछे (या सभी सतहों पर) प्रमुखता से इस तरह प्रिंट किया जाये कि ये स्पष्टता से दिखें और पैकेजिंग खोलने से ये नष्ट या अस्पष्ट न हों।

हमारे देश के कानून- सिगरेट और तम्बाकू उत्पाद अधिनियम, 2003 (कोटपा) ने इन सभी मापदंडों को स्वीकारते हुए नियम 7 के अंतर्गत सभी रिटेल तम्बाकू पदार्थों पर इन्हें लागू करने का निर्देश दिया। तम्बाकू इंडस्ट्री की केन्द्रीय सरकार पर परोक्ष-अपरोक्ष दबिश और जनहित याचिकाओं पर लम्बी क़ानूनी लड़ाईयों के चलते सभी रिटेल तम्बाकू पदार्थों पर चित्रित चेतावनियाँ सन् 2008 से तीन चक्रों में आ तो सकी, परन्तु इनकी अस्पष्टतायें, तम्बाकू-विक्रेताओं

का इन्हें गैर-क़ानूनी रूप से छुपाना और कमजोर सरकारी प्रवर्तन इन्हें नितान्त अप्रभावी करता रहा है।

आज (संदर्भ- मार्च, 2016) देश फिर उसी मोड़ पर खड़ा है- अक्टूबर 2014 में तत्कालीन स्वास्थ्य मंत्री द्वारा चेतावनियों के चौथे राउंड में तम्बाकू पदार्थों की आगे - पीछे की सतहों के 85% भाग पर इन्हें लाने हेतु अनुशंसा पर लंबित निर्णय के अंतर्गत (60% चित्र और 25% सन्देश हेतु)।

इसका कारण केन्द्रीय सरकार की सबोर्डिनेट लेजिस्लेटिव कमेटी की अनुशंसा है जो कि तम्बाकू नियंत्रण की भावना से सर्वथा विपरीत जनहित-विरोधी और तम्बाकू इंडस्ट्री को लाभान्वित करने वाली है। इस कमेटी की अनुशंसा के अनुसार चेतावनियों का ~50% से अधिक आकार तम्बाकू उध्योग को निरुत्साहित करेगा और इनकी कालाबाजारी को बढ़ावा देगा।

अपनी बात को बल देने के लिए कमेटी ने एक कुतर्क भी दिया कि तम्बाकू और केन्सर में कोई सम्बन्ध नहीं है जबकि वर्ष 2004 में ही आई.सी.एम.आर. का राष्ट्रीय केन्सर रजिस्ट्री प्रोजेक्ट यह स्थापित कर चुका है कि भारतवर्ष में पुरुषों के ~50% और महिलाओं के ~17% केन्सर तम्बाकू-जनित हैं। कमेटी ने तब इस तथ्य को भी अनदेखा कर दिया कि देश प्रतिदिन 3,300 तम्बाकूजनित मृत्युओं का भार झेल रहा है (✳वर्तमान में प्रतिदिन 4,000 से अधिक मौतें तम्बाकू से होती हैं); और, 50% तम्बाकू उपभोगियों की मृत्यु 70 से कम आयु में तम्बाकू-जनित रोगों से ही होती है, औसत जीवनकाल के 6- 8 वर्ष की हानि के साथ।

अब 1 अप्रैल 2016 की उत्सुकता से प्रतीक्षा है (नोट - पाठकगण कृपया लेख संख्या 13 को भी पढ़ें)। इस आशा के साथ कि स्वास्थ्य मंत्रालय, केन्द्रीय सरकार की इस तम्बाकू उद्योग की पक्षपाती ''सबोर्डिनेट लेजिस्लेटिव कमेटी'' की अनुशंसा की अनदेखी करते

हुए, व्यापक जनहित में अपने पूर्वनिर्धारित निर्णय पर स्थिर रहेगा- गरीबों, अनपढ़ों और ग्रामीणों के हित में। ऐसा निश्चित रूप से हो पाये- सभी सांसदों और विधायकों सहित, ये हम सभी का दायित्व भी है; और, एक चुनौती भी कि **जनमानस और जनस्वास्थ्य जीते ना कि तम्बाकू उद्योग..!!**

साथ ही अगर ऐसा नहीं होता है तो भारत ना केवल अपने छोटे-छोटे पड़ोसी राष्ट्रों- नेपाल (90%), थाईलैंड (85%), पाकिस्तान (85%), श्रीलंका (80%), म्यांमार (75%), इत्यादि, से भी पिछड़ा तो माना ही जायेगा, वैश्विक जनस्वास्थ्य- और तम्बाकू नियंत्रण- के क्षेत्रों में अपनी नेतृत्व वाली भूमिका भी खो देगा।

तम्बाकू पदार्थों पर सचित्र चेतावनियों– बदली और बढ़ी:

सरकारी निर्णय की वाहवाही और तम्बाकू उद्योग सकते में।..!!

एक अप्रैल 2016 को भारत में जनस्वास्थ्य के हित का एक बहुत अहम् मील का पत्थर माना जायेगा। रिटेल तम्बाकू पदार्थों की पैकेजिंग की दोनों सतहों के 85% पर सचित्र चेतावनियों के होने का वादा जो भारत सरकार के स्वास्थ्य मंत्रालय ने राजस्थान हाई कोर्ट से किया था, उसका निर्वाह बखूबी किया।

इस प्रशंसनीय सरकारी कदम से अनपढ़, ग्रामीण गरीबों और शहरी झुग्गी-झोंपड़ी के निवासियों के साथ-साथ समूचे देश के युवाओं में इससे तम्बाकू का उपभोग निश्चित रूप से घटेगा और, परिणामस्वरूप, तम्बाकू की महामारी में इससे निश्चित ही कमी आयेगी। जो इस आशाजनक विचार से सहमत न हो वो यह बताएँ कि क्या और भी कोई ऐसा कारक/उद्योग है हमारे अस्तित्व में जो विश्वभर से ~60 लाख और इनमें से ~13.3 लाख भारतीयों को काल के ग्रास में समय से पहले ही धकेल देता है (❋वर्तमान में ~80 लाख वैश्विक और भारत में ~15 लाख वार्षिक मृत्युओं के लिए तम्बाकू उपभोग को ही कारक माना जाता है)..!!

तम्बाकू नियंत्रणकर्ताओं ने भारत ही नहीं अपितु सम्पूर्ण विश्व में इसका स्वागत किया है। हम गौरवान्वित हुए हैं कि भारत ने प्रभावी सचित्र चेतावनियों में एक अत्यंत निचले स्थान (136) से विश्व के मात्र कुछ सर्वोपरि देशों में अपना स्थान बना लिया है- **अब भारत तम्बाकू पदार्थों पर छपी सचित्र चेतावनियों के आकार के संदर्भ में पाँचवे स्थान पर है।**

परन्तु, क्या घोषणा कर देना पर्याप्त हुआ है? स्वतन्त्र भारत में बने कानून या उसमें सुधार हेतु कदम का विरोध होता ही है। यहाँ भी कुछ ऐसी ही स्थिति है। चेतावनियों को बदलने हेतु पर्याप्त समय के पश्चात् भी, नयी पैकेजिंग वाले तम्बाकू पदार्थ, खुदरा तम्बाकू विक्रेताओं तक पहुँचे ही नहीं हैं। इस हेतु जिम्मेदार तम्बाकू उद्योग, जिसे सरकार ने कोर्ट से विनती कर छः माह से भी अधिक समय दिलवाया, सरकारी अनादर के साथ चेतावनियों की घोषणा में अस्पष्टता का बहाना बनाते हुए अपने उत्पादन को रोकने की धमकी भी दी है।

शायद आमजन इस 'चोर मचाये शोर' वाली कहावत को चरितार्थ करने वाले तम्बाकू उद्योग के छलावे को ना समझ पाये। परन्तु तथ्य यह है कि कुख्यात सिगरेट कंपनियों द्वारा विगत कल से याने 7 अप्रैल 2016 से बंद की धमकी एक व्यावसायिक मज़बूरी है। क्योंकि अगर ये उत्पादन जारी रखती है तो इन्हें नई और बड़ी चेतावनियों वाली पैकेजिंग में प्रोडक्ट्स सप्लाई करने होंगे जिसके फलस्वरूप तम्बाकू की खपत घट जाएगी (जो ये नहीं चाहती हैं); और, अगर ये कानून की अनदेखी कर पुरानी चेतावनियों वाले प्रोडक्ट्स सप्लाई करती रहें तो इनका माल एक्साइज विभाग तुरन्त जब्त कर लेगा।

क्या सरकार अपना कदम पीछे खींच लेगी, तम्बाकू कंपनियों की इस तथ्यविहीन दुहाई पर कि 4.5 करोड़ तम्बाकूकर्मी प्रभावित हो रहें। संभवत: नहीं अन्यथा वह अपने कथन को ही झुठलाएगी कि वो जनहित को समर्पित एक भ्रष्टाचार-विरुद्ध सरकार है। साथ ही, उसका यह कदम जनस्वास्थ्य की आपूर्ति के विरुद्ध भी होगा। अब सरकार को यह चाहिए कि वह एक और क़दम बढ़ा तम्बाकूकर्मियों को दूसरा व्यवसाय अपनाने हेतु प्रोत्साहन और सहायता भी दे क्योंकि इससे उनमें से ~90% दुखी-लाचार-रोगी कार्यरत गरीबों (किसानों, मज़दूरों, इत्यादि) का जीवनस्तर सुधर जायेगा।

पाठक ये भी जाने कि 80% से अधिक तम्बाकू खाने-पीने वाले और इतने ही इसे बेचने वाले चाहते हैं कि सरकार इस तम्बाकू उत्पादन को ही प्रतिबंधित कर दे। यदि सरकार ऐसा जनोपयोगी साहसिक कदम उठा ले तो भारत पुन: तम्बाकू नियंत्रण में विश्व को नेतृत्व देने वाला देश बन जायेगा।

एक और आवश्यकता यह है कि देश-प्रदेश का जनमानस निष्क्रिय बैठा इस परिवर्तन को देखता ना रहे। अपनी राष्ट्रीय सरकार के इस महत्वपूर्ण निर्णय को समर्थित करे, उस हर माध्यम से जो कि उसे उपलब्ध है। लोकतंत्र की मांग भी यही है कि सही बात कहने और उसे समर्थित करने वालों की संख्या बड़ी हो ताकि केवल लाभ हेतु लोभी व मानवजाति का विनाशक तम्बाकू उद्योग इस बार जीत ना पाये।

चिन्ता, तम्बाकू पदार्थों पर सचित्र चेतावनियों की बढ़ती प्रतीक्षा से..

प्रदेश सरकार से उचित और सामयिक प्रवर्तन कार्यवाही की अपेक्षा..

एक अप्रैल से आज 10 अप्रैल 2016 हो गयी। समूचे भारत को जनस्वास्थ्य के हित में मिली रिटेल तम्बाकू पदार्थों की पैकेजिंग की दोनों सतहों के 85% पर सचित्र चेतावनियों के आने की प्रतीक्षा है। प्रतीक्षा लम्बी होती जा रही है क्योंकि पहले सिगरेट और अब बीड़ी निर्माता भी अस्थायी रूप से अपना उत्पादन रोके बैठे हैं। वे ऐसा इसलिए कर रहे हैं क्योंकि इस परिवर्तन के लागू होते ही उनको जो अब तक अरबों रुपयों का लाभ होता आ रहा था, उसमें 1 अप्रैल 2016 को आये सरकारी निर्णय से भारी कमी होने की आशंका है।

भारत सरकार के **स्वास्थ्य मंत्रालय ने राजस्थान हाई कोर्ट से** जो वादा किया था, उसने उसका बखूबी निर्वाह ही नहीं किया अपितु अपने इस निर्णय को किसी भी सूरत में नहीं बदलने के दृढ़निश्चय के बारे में अधिकृत सरकारी सूत्रों से मीडिया के द्वारा बतला भी दिया है। यह पहली बार देखने में आ रहा है कि **तम्बाकू उद्योग** सकते में है क्योंकि उसे आशा नहीं थी कि सरकार उसके दबाव में नहीं आयेगी। सरकार की प्रशंसा इसलिए भी उचित है क्योंकि अपरोक्ष रूप से ही सही उसने यह जता दिया है भारतवर्ष में अब वे दिन गए जब तम्बाकू उद्योग और सरकारी तंत्र, जनहित की अनदेखी कर, मिलीभगत से प्रभावी सचित्र चेतावनियों के अभियान को कमजोर बना देते थे। परन्तु, खतरा अभी टला नहीं है क्योंकि पैसे से आसुरी-शक्ति का उपयोग करने वाला तम्बाकू उद्योग, मात्र अपने लाभ के लिए, कोई भी अनपेक्षित और अनुचित कार्यवाही कर सरकारी मनोबल को क्षीण करने के तरीके ढूंढता रहेगा।

राज्यों के स्तर पर देखें तो नई और बड़ी सचित्र चेतावनियों को रिटेल तम्बाकू पदार्थों पर लाने हेतु प्रवर्तन कार्यवाही में महाराष्ट्र अग्रणी रहा है। मात्र एक ही दिन में इसके खाद्य और औषधि विभाग ने राज्य भर में छापे मार 300 करोड़ की लागत के पुरानी व छोटी चेतावनियों वाले सिगरेट के पैकेटों को जब्त कर लिया। अब कई अन्य प्रदेश– बिहार, पंजाब, इत्यादि, भी ऐसी ही कार्यवाही की तैयारी करने का मानस बना चुके हैं।

राजस्थान सरकार के चिकित्सा एवं स्वास्थ्य विभाग के प्रादेशिक **तम्बाकू नियंत्रण प्रकोष्ठ** से भी यही अपेक्षा है कि वह भी शीघ्रातिशीघ्र समूचे राज्य में खाद्य और औषधि नियंत्रणकर्ताओं द्वारा, पुलिस, राजस्व, श्रम, कर, इत्यादि विभागों की सहभागिता से, इस हेतु वांछित प्रवर्तन कार्यवाही करेगा। साथ ही, यह भी अत्यंत आवश्यक होगा कि यह अभियान सतत मोनिटरिंग और मूल्यांकन के साथ निरंतरता से चलता रहे जब तक कि तम्बाकू कम्पनियाँ बाजार में अनुमोदित सचित्र चेतावनियों वाले रिटेल तम्बाकू पदार्थ नहीं ले आती है– पुनरावृत और 85% आकार वाली चेतावनियों के साथ।

ऐसा किया जाना अब पहले से सरल इसलिए भी लगता है क्योंकि राज्य के 33 में 17 जिलों में अब राष्ट्रीय तम्बाकू नियन्त्रण कानून के अंतर्गत कार्यरत 4 सदस्यीय **जिला-स्तरीय दल** भी हैं, जो कि इसमें एक प्रभारी समन्वयक की प्रभावी भूमिका निभा राज्य तम्बाकू नियंत्रण प्रकोष्ठ की पहुंच जिलों तक बना सकते हैं।

प्रदेश का **जनमानस** भी इस हेतु सक्रियता से योगदान दे क्योंकि इस अपेक्षित सरकारी कदम से अनपढ़, ग्रामीण गरीबों और शहरी झुग्गी-झोंपड़ी के निवासियों के साथ-साथ समूचे प्रदेश के युवाओं में तम्बाकू का उपभोग घट सकेगा और तम्बाकू-महामारी में कमी आयेगी। वह ऐसा कर सकता है: (अ) विशेष रूप से निचले तबके के वर्गों, युवाओं के साथ-साथ तम्बाकू के खुदरा व्यापारियों को बदली सचित्र चेतावनियों के लाभों की जानकारी देकर; (ब) अपने क्षेत्र के जनप्रतिनिधियों से मिल उन्हें इस हेतु सम्बद्ध अधिकारियों को सामयिक और सतत प्रवर्तन कार्यवाही हेतु निर्देशित करवाने के लिए; और, (स) इस हेतु किसी के भी द्वारा किये गए सकारात्मक प्रयासों और कार्यवाही को सामाजिक रूप से प्रतिष्ठित या पुरुस्कृत करके।

पुनः छोटी होगी तम्बाकू पदार्थों पर सचित्र चेतावनियाँ

गरीब, ग्रामीण, अशिक्षित की हानि को फिर से अनदेखा किया गया..।।

दिसम्बर, वर्ष 2017 में **कर्नाटक उच्च न्यायालय** ने भारत सरकार के स्वास्थ्य मंत्रालय के अप्रैल 2016 में लिए गए उस निर्णय को असंवैधानिक अधिकारों का हनन मानते हुए अमान्य घोषित कर दिया था जिसके अंतर्गत सभी खुदरा तम्बाकू पदार्थों की पैकेजिंग की दोनों सतहों के 85% पर सचित्र चेतावनियों को लागू किया था।

वर्ष 2014 से तम्बाकू उद्योग और तम्बाकू नियंत्रनकर्ताओं के बीच एक लम्बी चली क़ानूनी लड़ाई और **राजस्थान के उच्च न्यायालय** द्वारा दिए गए अंतरिम निर्णय के अनुसार मंत्रालय द्वारा जनहित, विशेषकर गरीब, अशिक्षित ग्रामीण और युवा के हित, को ध्यान में रख तम्बाकू उद्योग को इसकी पालना हेतु निर्देशित किया गया था। तब तम्बाकू नियंत्रणकर्ताओं ने ही नहीं, भारत के साथ सम्पूर्ण विश्व में इसका स्वागत किया हुआ। देश का मान भी बढ़ा क्योंकि अब भारत ने तम्बाकू पदार्थों पर प्रभावी सचित्र चेतावनियों के क्षेत्र में वैश्विक स्तर पर एक अत्यंत निचले स्थान (136) से छलांग लगा केवल कुछ सर्वोपरि देशों में अपना तीसरा स्थान बना लिया था।

तत्पश्चात, मई 2016 में उच्चतम न्यायालय द्वारा कोलकाता, मुंबई, गुजरात, दिल्ली, राजस्थान और कर्नाटक की उच्च अदालतों में इस मामले में लंबित याचिकाओं को कर्नाटक उच्च न्यायालय को यह निर्देशित कर स्थानांतरित कर दिया था कि वह इन सभी मामलों के साथ तम्बाकू उद्योग के पक्ष को सुन कर अपना निर्णय दे। जहाँ तम्बाकू उद्योग का कहना था कि यह चेतावनियाँ भयावह और भ्रमित करने वाली हैं, स्वास्थ्य मंत्रालय व अन्य पक्षकारों का कहना था कि इस कदम से अनपढ़, गरीबों ग्रामीणों, शहरी झुग्गी-झोंपड़ी के निवासियों के साथ-साथ समूचे देश के युवाओं में इससे तम्बाकू का उपभोग निश्चित रूप से घटेगा जिसके फलस्वरूप तम्बाकू की महामारी में भी कमी आयेगी।

परन्तु, क्या यह उचित हुआ है? अगर हम **जन-स्वास्थ्यकर्ताओं की दृष्टि** से देखें तो कर्नाटक उच्च न्यायालय का यह निर्णय अत्यंत ही निराशाजनक भी है और देश के निरंतर बदलते, सुधरते तम्बाकू

नियंत्रण को पीछे धकेलने वाला भी है। यह दुखदायी भी है क्योंकि खुदरा तम्बाकू पदार्थों पर दी गयी सचित्र चेतावनियाँ मुंबई के टाटा केन्सर केंद्र से प्राप्त जीवंत तम्बाकूजनित केन्सर रोगियों के चित्रों से विकसित की गयी थी, ना कि किसी चित्रकार की कल्पना के अनुरूप।

आखिर क्यों कर्नाटक उच्च न्यायालय यह सोचने में विफल रही कि जिस विषैले, नशीले पदार्थ से प्रतिदिन भारत में 4,000 से अधिक मृत्युएँ हो रही हों, क्यों उसके व्यापारिक संस्थानों को लाभ दिया जाये या दूसरे तरीके से देखें तो क्यों ना उन निरीह अशिक्षित, गरीब ग्रामीणों या युवाओं को उनके उत्पाद से होने वाले भयावह रोगों से बचाया जाये!? विशेषकर तब जब कि भारत के वैश्विक व्यस्क तम्बाकू उपभोगियों के दूसरे चक्र के सर्वेक्षण से यह प्रमाणित हो चुका था कि 92% यह मानते हैं कि धूम्रपान से गंभीर रोग होते हैं और 62% धूम्रपायियों ने इन सचित्र चेतावनियों को देख धूम्रपान छोड़ने का विचार भी बनाया है।

न्यायालय ने क्यों यह इस **तथ्य** को भी अनदेखा कर दिया कि देश में 90% तम्बाकू उपभोगियों को यह नहीं पता है कि तम्बाकू में उपस्थित 7,000 रसायन किस तरह से उन्हें हानि पहुंचाते हैं! साथ ही, माननीय न्यायालय ने यह **तथ्य** भी अनदेखा कर दिया कि जब कि दुनिया भर में इस बात के पर्याप्त प्रमाण उपलब्ध हैं कि सचित्र चेतावनियों की उपयोगिता अतुलनीय है, भारत जैसे देश में, जहाँ तम्बाकू उपभोगियों का एक बड़ा भाग अशिक्षित, गरीब और गाँवों में रहने वाला है जो अन्य जानकारियों के स्रोतों का लाभ नहीं उठा सकता है, उस तक न तो तम्बाकू नियंत्रण की जागरूकता की मुहीम अब तक सततता से पहुँच पायी है व ना ही उसे तम्बाकू छोड़ने के लाभों की जानकारी और इसे छोड़ पाने की सुविधा/ सहायता मिल पायी है।

स्वतन्त्र भारत में बने कानून या उसमें सुधार हेतु हर कदम का विरोध होता ही है, परन्तु अब तक न्यायालयों की भूमिका और निर्णय सकारात्मक और जनोपयोगी रहे हैं। शायद आमजन इस **चोर मचाये**

शोर वाली कहावत को चरितार्थ करने वाले तम्बाकू उद्योग के छलावे को ना समझ पाये, परन्तु कर्नाटक के उच्च न्यायालय का यह निर्णय समझ के बाहर है। यह समूचे न्यायिक तंत्र को चुनौती भी है जिसमें इस तरह के निर्णयों हेतु एक दूसरी सलाह का प्रावधान नहीं है और जिसने इतने महत्वपूर्ण जनस्वास्थ्य के मुद्दे को वैचारिक- और विषय- सम्बन्धी अक्षमता के चलते अन्य न्यायालयिक मामलों की तरह निपटा दिया गया। यदि अस्पतालों में हुई एक-दो मौतों के सन्दर्भ में अस्पताल प्रबंधन को ज़िम्मेदार ठहरा, उन्हें बंद करने के निर्णय के सन्दर्भ में इसे देखें तो यह हास्यपद भी है जहाँ न्यायिक अधिकारी हजारों को मृत्यु की और धकेलने के पश्चात् भी किसी भी जवाबदारी से अछूते हैं।

तम्बाकू कंपनियों की **तथ्यविहीन दुहाई** कि ''करोड़ों तम्बाकूकर्मी प्रभावित हो रहें'' ने न्यायालय को तो कुछ भ्रष्ट, तम्बाकू उद्योग में लिस या उससे सांठ-गाँठ करने वाले राजनीतिज्ञों की भांति भटका दिया था। तब प्रश्न ये थे कि: (अ) क्या अब स्वास्थ्य मंत्रालय जनस्वास्थ्य का साथ दे कर्नाटक के उच्च न्यायालय के निर्णय के विरुद्ध संज्ञान ले **उच्चतम न्यायालय** से इस निर्णय को उलटने हेतु कदम बढ़ायेगा!? (ब) क्या अन्य सरकारी मंत्रालय तम्बाकू-कर्मियों को दूसरा व्यवसाय अपनाने हेतु प्रोत्साहन और सहायता दे एक निश्चित समय सीमा निर्धारित कर पायेंगे ताकि इस जनमानस के लिए हानिकारक तम्बाकू उद्योग से उन्हें और भारत देश को मुक्ति मिल पाये; और,

परिणामस्वरुप (स) क्या उच्चतम न्यायालय के अपेक्षित निर्णय ले पाने से दुखी-लाचार गरीबों को स्वस्थ जीवन जीने में सहायता मिल सकेगी। पाठकगण यह भी जानें कि 80% से भी अधिक तम्बाकू खाने-पीने वाले और इतने ही इसे बेचने वाले चाहते हैं कि सरकार इस तम्बाकू उत्पादन को ही प्रतिबंधित कर दे। अतः यदि केन्द्र सरकार ऐसा जनोपयोगी साहसिक कदम उठा ले लेती है तो भारत पुनः तम्बाकू नियंत्रण में विश्व को नेतृत्व देने वाला देश बन जायेगा।

तब एक और **आवश्यकता** यह भी थी कि देश-प्रदेश का जनमानस निष्क्रिय बैठा इस नकारात्मक और हताशापूर्ण न्यायालयिक आदेश को देख मन-ही-मन दुःखी हो बैठा ना रहे। हर माध्यम से जो उसे उपलब्ध है, इसका पुरजोर विरोध करे। लोकतंत्र की मांग भी यह ही होती है कि: (अ) सही बात कहने और उसे समर्थित करने वालों की संख्या बड़ी हो ताकि केवल व्यापारिक लाभ हेतु कार्यरत तम्बाकू उद्योग की हार सुनिश्चित की जा सके; और, (ब) सचित्र चेतावनियों के 85% आकार वाले निर्णय को पुन: केवल प्राप्त ही नहीं किया जा सके बल्कि ऑस्ट्रेलिया, उरुग्वे, थाईलैंड, ब्राज़ील, इत्यादि, जैसे देशों के समान उनकी उपलब्ध संख्या और विभिन्नताओं को भी बढ़ाया जा सके। तब ही आप, हम और सभी तम्बाकू उपभोगी लाभान्वित हो पायेंगे, खुदरा तम्बाकू पदार्थों पर छपी सचित्र चेतावनियों से।

तम्बाकू पदार्थों पर सचित्र चेतावनियाँ– पुन: विवाद में

दिसम्बर वर्ष 2017 में **कर्नाटक उच्च न्यायालय** ने भारत सरकार के स्वास्थ्य मंत्रालय के अप्रैल 2016 में लिए गए उस निर्णय को तम्बाकू उद्योग के संवैधानिक अधिकारों का हनन मानते हुए अमान्य घोषित कर दिया था जिसके अंतर्गत सभी खुदरा तम्बाकू पदार्थों की पैकेजिंग की दोनों सतहों के 85% पर सचित्र चेतावनियों को लागू किया गया था।

वर्ष 2014 से **तम्बाकू उद्योग** और **तम्बाकू नियंत्रणकर्ताओं** के बीच सचित्र चेतावनियों के आकार को 85% तक बढ़ाने हेतु मार्च 2016 तक एक लम्बी क़ानूनी लड़ाई के परिणामस्वरूप **राजस्थान के उच्च न्यायालय** द्वारा दिए गए अंतरिम निर्णय के अनुसार मंत्रालय द्वारा जनहित, विशेषकर गरीब, अशिक्षित ग्रामीण और युवा के हित को ध्यान में रख तम्बाकू उद्योग को इसकी पालना हेतु पाबंद किया। तब तम्बाकू नियंत्रणकर्ताओं ने ही नहीं, भारत के साथ सम्पूर्ण विश्व में इसका स्वागत हुआ। देश का मान भी बढ़ा क्योंकि अब भारत ने तम्बाकू पदार्थों पर प्रभावी सचित्र चेतावनियों के क्षेत्र में वैश्विक स्तर पर एक अत्यंत निचले स्थान (136) से केवल कुछ सर्वोपरि देशों में अपना अब तक का तीसरा उच्चतम स्थान बना लिया था।

तत्पश्चात, मई 2016 में **उच्चतम न्यायालय** द्वारा कोलकाता, मुंबई, गुजरात, दिल्ली, राजस्थान और कर्नाटक की उच्च न्यायालयों में इस विषय में लंबित याचिकाओं को कर्नाटक उच्च न्यायालय को स्थानांतरित कर यह निर्देशित किया कि वह इन सभी लंबित मामलों के साथ तम्बाकू उद्योग के पक्ष को सुन कर अपना निर्णय दे। जहाँ तम्बाकू उद्योग का कहना था कि यह चेतावनियाँ भयावह और भ्रमित करने वाली हैं, **स्वास्थ्य मंत्रालय व अन्य पक्षकारों** का कहना था कि इस कदम से अनपढ़ ग्रामीणों व शहरी गरीबों के साथ-साथ समूचे देश के युवाओं में इससे तम्बाकू का उपभोग निश्चित रूप से घटेगा जिसके फलस्वरूप तम्बाकू की महामारी में और कमी आयेगी। देश में वैश्विक व्यस्क तम्बाकू सर्वेक्षण के दूसरे चक्र के आँकड़ों से मिली प्रमाणिकता से भी इस कथन को मजबूती मिली है।

अतः यह प्रश्न स्वाभाविक था कि किस प्रकार स्वास्थ्य मंत्रालय से मिली जानकारी के विपरीत कर्नाटक उच्च न्यायालय के निर्णय को उचित माना जाये? आइये **विवेचना** करें, तम्बाकू उपभोगियों की स्वास्थ्य हानि और असामयिक मृत्यु बनाम इस उद्योग के संवैधानिक अधिकार के संदर्भ में उठे **कुछ विचारों की:**

1. जन-स्वास्थ्यकर्ताओं की दृष्टि से यह एक अत्यंत ही निराशाजनक और देश के निरंतर बदलते, सुधरते तम्बाकू नियंत्रण को पीछे धकेलने वाला निर्णय था। दुखदायी इसलिए भी था क्योंकि खुदरा तम्बाकू पदार्थों पर दी गयी सचित्र चेतावनियाँ मुंबई के टाटा केन्सर अस्पताल से प्राप्त जीवंत तम्बाकूजनित केन्सर रोगियों के चित्रों से ली गयी थी– ये किसी चित्रकार की कल्पना नहीं थी।

2. कर्नाटक उच्च न्यायालय को इस तथ्य को भी ध्यान में रखना चाहिए था कि जिस विषैले, नशीले तम्बाकू से प्रतिदिन भारत में 3,700 मृत्युएँ हो रही थी, उसके व्यापारिक संस्थानों को लाभ दिया जाये अथवा उन अशिक्षित, गरीब ग्रामीणों या युवाओं को उनके उत्पाद से होने वाले भयावह रोगों से बचाया जाये। विशेषकर तब जब कि भारत के वैश्विक व्यस्क तम्बाकू उपभोगियों के दूसरे चक्र के सर्वेक्षण से यह प्रमाणित हो चुका था कि 90% से अधिक यह मानते हैं कि इसे खाने-पीने से जानलेवा रोग होते हैं और 50% से अधिक उपभोगियों ने इन सचित्र चेतावनियों को देख तम्बाकू छोड़ने का विचार भी बनाया है।

3. उसके द्वारा इस तथ्य को भी अनदेखा कर दिया गया कि देश में 90% तम्बाकू उपभोगियों को यह नहीं पता है कि तम्बाकू में उपस्थित 7,000 रसायन किस तरह से उन्हें हानि पहुंचाते हैं।

4. इस निर्णय से सचित्र चेतावनियों की उपयोगिता की वैश्विक प्रमाणिकता की अनदेखी भी हुई जब कि भारत के अधिकाँश तम्बाकू उपभोगी इसकी हानियों को विस्तार से बताने वाले

जानकारियों के अन्य स्रोतों का लाभ नहीं उठा सकते थे। वास्तविकता आज यह भी है कि उन तक न तो तम्बाकू नियंत्रण की जागरूकता की मुहीम अब तक निरंतरता से पहुँच पायी है और ना ही उन्हें तम्बाकू छोड़ने के लाभों की जानकारी व इसे छोड़ पाने की सुविधा/ सहायता सुलभ हो पायी है।

5. अत: इस मामले में कर्नाटक उच्च न्यायालय को सचित्र चेतावनियों की उपयोगिता पर तम्बाकू नियंत्रण विशषज्ञों से परामर्श लेना चाहिए था अथवा किसी ऐसे किसी विषय विशेषज्ञ को इस मामले में न्यायमित्र नियुक्त करना चाहिए था।

तब दो प्रश्न उठे थे, इस सन्दर्भ में:

1. ऐसा लगता है कि माननीय न्यायालय को **तम्बाकू कंपनियों की तथ्यविहीन दुहाई,** कि करोड़ों तम्बाकू उद्योग कर्मी प्रभावित हो रहें हैं, ने भटका दिया है, परन्तु क्या अब स्वास्थ्य मंत्रालय जनस्वास्थ्य के हित में इस निर्णय के विरुद्ध उच्चतम न्यायालय से इस निर्णय को उलटने हेतु कदम बढ़ायेगा!?

2. क्या अन्य सरकारी मंत्रालय **तम्बाकू-कर्मियों को वैकल्पिक व्यवसाय अपनाने हेतु प्रोत्साहन और सहायता** देने हेतु एक निश्चित समय सीमा निर्धारित कर पायेंगे ताकि इस देश के समूचे जनमानस को हानिकारक तम्बाकू उद्योग से सदैव के लिए मुक्ति मिल पायेगी?

स्वतन्त्र भारत में बने कानून या उनमें सुधार हेतु हर बार विरोध होता ही है, परन्तु तम्बाकू नियंत्रण में अब तक न्यायालयों की भूमिका और निर्णय सकारात्मक और जनोपयोगी रही है। शायद आमजन इस **चोर मचाये शोर** वाली कहावत को चरितार्थ करने वाले तम्बाकू उद्योग के छलावे को ना समझ पाये, परन्तु कर्नाटक के उच्च न्यायालय का यह निर्णय समझ से परे है। यह समूचे न्यायिक तंत्र के लिए चुनौती भी है जिसमें इतने महत्वपूर्ण जनस्वास्थ्य के मुद्दे को वैचारिक- और विषय- सम्बन्धी अक्षमता के चलते अन्य न्यायालयिक मामलों की तरह निपटा दिया गया है। यदि अस्पतालों में हुई एक-दो मौतों के सन्दर्भ में उन्हें बंद करने के निर्णय ले लिए जाते हैं तो किस प्रकार लाखों को मृत्यु की और धकेलने के पश्चात् तम्बाकू कम्पनियाँ अपनी जवाबदारी से अछूती रह सकती हैं?

अत:अब यह आवश्यक हो गया है कि स्वास्थ्य मंत्रालय शीघ्रातिशीघ्र उच्चतम न्यायालय में इस आदेश को निरस्त करने हेतु याचिका लगाये। क्योंकि तब ही व्यापारिक लाभ हेतु कार्यरत तम्बाकू उद्योग की हार सुनिश्चित कर सचित्र चेतावनियों के 85% आकार वाले निर्णय को पुन: प्राप्त किया जा सकेगा।

और, यहाँ रुके नहीं देश क्योंकि अब भी लक्ष्य होना चाहिए- तम्बाकू उपभोगियों को और अधिक लाभान्वित करने का-अपने से कहीं छोटे वैश्विक राष्ट्रों में (ऑस्ट्रेलिया, थाईलैंड, उरुग्वे, इत्यादि) अपनाई गयी श्रेष्ठतम कार्यप्रणाली को लागू करने का, जिन्होंने सचित्र चेतावनियों के द्वारा तम्बाकू से केन्सर के अतिरिक्त होने वाली हानियों को भी प्रभाविकता से दर्शाया है। तब ही लाभान्वित हो पायेंगे तम्बाकू उपभोगी, खुदरा तम्बाकू पदार्थों पर छपी सचित्र चेतावनियों से।

नोट : पाठकों को यह लगना स्वाभाविक है कि उपरोक्त लेख व पिछले लेख में वर्णित जानकारियों में काफी समानताएं हैं। ऐसा इन लेखों को एक बहुत छोटे अन्तराल (मात्र 7 दिन के) पर सामयिक आवश्यकता हेतु लिखे जाने के परिणामवश हुआ।

तम्बाकू पदार्थों पर नयी सचित्र चेतावनियाँ

तम्बाकू पदार्थों पर **सचित्र चेतावनियों** का उपयोग प्राथमिकता से और मुख्यत: अनपढ़ों व युवाओं के लिए किया जाता है ताकि वे इन विषैले पदार्थों का उपभोग करने से पहले तम्बाकू के हानिकारक प्रभावों के बारे में सचेत हो सकें और, अंतत:, इनके उपभोग से बचें- साहस से ना कह कर, स्वयं को अन्यथा उन्हें जो कि उपभोग हेतु उन्हें प्रेरित कर रहा है। ऐसा इसलिए हो पाता है क्योंकि जहाँ मात्र लिखी हुई चेतावनियों की लोग अनदेखी कर देते हैं, सचित्र चेतावनियाँ लोगों को अपनी और मात्र आकर्षित ही नहीं करती हैं अपितु उन्हें असाक्षरता का प्रतिरोध पार करा अपना प्रभाव छोड़ने के साथ-साथ स्वस्थता के सन्देश को अधिक प्रभाविकता के साथ देती हैं।

वर्तमान में **भारत में साढ़े 26 करोड़ से अधिक व्यस्क भारतीय तम्बाकू उपभोगी हैं।** पुरुषों और ग्रामीणों की संख्या व प्रतिशत महिलाओं और शहरियों से अधिक है। यह भी जानना उपयोगी होगा कि सभी पूर्व-तम्बाकू उपभोगी (प्रतिदिन के पूर्व-उपभोगियों के साथ इनके यदा-कदा पूर्व-उपभोगी) याने जिन्होंने सफलता से तम्बाकू खाना-पीना छोड़ दिया है, वे मात्र 3.1% ही हैं- इनमें पुरुष-महिला अनुपात 1.38:1 है। अतः **इतने भारी उपभोग के साथ तम्बाकू को छोड़ने की एक बहुत छोटी-सी दर के लिए आवश्यक है कि सभी तम्बाकू पदार्थों पर सचित्र चेतावनियाँ हों; और, प्रभावकारी भी हों।**

भारत में तम्बाकू पदार्थों पर सचित्र चेतावनियों का इतिहास बहुत पुराना नहीं है। इस प्रक्रिया की शुरुआत 5 जुलाई 2006 और 29 सितम्बर 2007 में सरकार द्वारा अधिघोषणाओं के साथ हुई। आधार था फील्ड-टेस्टिंग से प्राप्त इनकी प्रभाविकता की जानकारियाँ कि- (अ) ये वर्तमान के उपभोगियों को तम्बाकू-उपभोग छोड़ने हेतु प्रोत्साहित करेंगी; और, (ब) जो तम्बाकू पदार्थों का उपभोग नहीं करते हैं, उन्हें छोड़े रहने हेतु प्रेरित करेंगी। तब इनका स्वरूप अंतर्राष्ट्रीय सर्वश्रेष्ठ परिपाटी (बेस्ट इंटरनेशनल प्रैक्टिसेज) के अनुरूप निर्धारित किया गया था। परन्तु, तम्बाकू उद्योग के प्रभाव और राजनैतिक पेचीदगियों में फँसा व कमजोर कर जब इन्हें सात बार टाल देने के बाद

मई 2009 में अधिसूचित किया गया। तब भी इन चेतावनियों का बदला स्वरूप निष्प्रभावी ही रहा क्योंकि इन्हें ना तो फील्ड में टेस्ट किया गया था और ना ही इनसे सचित्र चेतावनियों का निर्धारित उद्देश्य पूरा हो पाया। आमजन इन चेतावनियों के चित्रों को समझ पाने की अपेक्षा भ्रमित अधिक हुआ क्योंकि जहाँ एक चेतावनी में केन्सर का प्रतिनिधित्व केंकड़े के बजाये बिच्छू से कर दिया तो दूसरी चेतावनी में छाती के एक्स-रे के धुंधले पुराने श्वेत-श्याम चित्र को लोगों ने दो पहाड़ों के बीच बहते झरना समझ लिया; और, तीसरी चेतावनी को किसी ने लीवर बताया तो अन्य ने माँस का लोथड़ा या तितली! तब के एक कांग्रेसी नेता ने तो यह कह तम्बाकू उद्योग के साथ सरकारी मिली-भगत को दर्शा दिया कि अगर हम चेतावनियों के चित्रों की भयावहता बढ़ाने की बात कर रहें तो क्यों ना हम तम्बाकू उद्योग को ही बंद कर दें।

खैर, तत्पश्चात, सचित्र चेतावनियों के चक्रों के साथ उनके प्रकाशित होने में एक नियमितता भी बनी; और, परिणामवश, इनकी प्रभाविकता में भी बढ़ोतरी होती गयी। निश्चित ही, अप्रैल, 2016 में इनका 85% तक आकर बढ़ाया जाना और इन्हें पैकेट्स की दोनों प्रमुख सतहों पर प्रकाशित करना जनस्वास्थ्य के हित में, विशेषकर तम्बाकू नियंत्रण के क्षेत्र में, **भारत की एक बहुत बड़ी अंतरराष्ट्रीय उपलब्धि** जाना गया। तम्बाकू उद्योग के परोक्ष-अपरोक्ष अनेक प्रकार के प्रभावों और संसद में राजनैतिक विरोध-प्रतिरोध के चलते वर्तमान सरकार, विशेषकर स्वास्थ्य मंत्रालय, का इन्हें दृढ़ता से स्वीकार करा पाना एक बहुत महत्वपूर्ण उपलब्धि ही कहा जाना चाहिए।

हालाँकि, तत्पश्चात, कर्नाटक उच्च न्यायालय का इसे निरस्त करने का निर्णय, तम्बाकू नियंत्रणकर्ताओं को हतोसाहित करने और तम्बाकू उद्योग को प्रसन्न करने वाला था। फिर भी, जिस तरह से **भारत सरकार** ने माननीय **उच्चतम न्यायालय** में तम्बाकू को स्वास्थ्य के लिए विनाशकारी' कहला **तम्बाकू व्यापार** को रेस एक्स्ट्रा कोमर्सियम का दर्जा देने की वकालत कर **कर्नाटक उच्च न्यायालय के**

निर्णय पर रोक लगवा दी, इससे उसकी जनहित और स्वास्थ्य के प्रति निष्ठा पर मुहर भी लगी।

अब जब स्वास्थ्य मंत्रालय ने इस वर्ष अप्रैल माह से जारी की जाने वाली सचित्र चेतावनियों के अगले चक्र को 1 सितम्बर से प्रकाशित करने हेतु अधिघोषणा कर दी है तो ऐसी आशा करी जा सकती है कि इस चक्र की सचित्र चेतावनियाँ और अधिक प्रभाविकता से अनपढ़ों, युवाओं, इत्यादि, को इन्हें छोड़ने हेतु और अधिकता से लाभकारी होंगी। और अधिक अच्छा होता अगर **आगामी चक्र** में इन सचित्र चेतावनियों में अन्य घातक रोगों जैसे दिल का दौरा, अस्थमा, टी.बी., गर्भवती महिलाओं में पेट में पलते भ्रूण को हानि, निष्क्रिय धूम्रपान, इत्यादि, को सम्मिलित किया जाता क्योंकि वर्तमान की मात्र केन्सर से सम्बंधित चेतावनियों को देख कई उपभोगियों में इनसे ऊब कर इनकी अनदेखी स्पष्ट दिखाई देती है।

यहाँ पाठकों को एक और तथ्य से परिचित होना चाहिए कि सचित्र चेतावनियों को देख वर्तमान में लगभग 65%- 75% धूम्रपायियों में और 45% गैर-धूम्रपायी तम्बाकू उपभोगी इन्हें **छोड़ने का विचार** करते हैं। वर्ष 2008-09 से वर्ष 2016-17 तक यह **बढ़ोतरी** 12%- 25% देखी गयी है- पुरुषों, युवाओं, शहरी, पढ़े-लिखे, सिगरेट के धूम्रपायियों में महिलाओं, अधेड़ आयु वर्ग, ग्रामीण, अनपढ़ और बीड़ी पीने वालों या तम्बाकू चबाने वालों से अधिक रही।

भारत-विशिष्ट एक समस्या यह भी है कि अधिकांश धूम्रपायी एक पूरा पैकेट खरीदने की अपेक्षा 1-2 सिगरेट-बीड़ी खरीदते हैं। उसके पीछे की सोच कम पैसा खर्च करने के साथ यह भी होती है कि पूरा पैकेट खरीदने पर उन्हें अधिक बीड़ी-सिगरेट कम समय में पीनी होगी। यह सोच विशेषकर युवाओं में अत्यधिक प्रचलित है जो कि अपने पकड़े जाने के भय के कारण के कारण ऐसा करते हैं! परन्तु, जब भी वे ऐसा करते हैं तो उनका सामना इन सचित्र चेतावनियों से होता ही नहीं है अर्थात जिस उद्देश्य से सचित्र चेतावनियों को प्रचलित किया जा रहा है, वहाँ तक को पहुँचा ही नहीं जा रहा है।

अंत में, **सचित्र चेतावनियों की सार्थकता** हेतु, प्रिंट मीडिया के प्रति आमजन के कम होते रुझान के चलते, अब जब भी सचित्र चेतावनियों के नये चक्र को लागू किया जाये तो सरकार इस हेतु दूरदर्शन और अन्य टेलीविज़न व सोशल मीडिया के चैनल्स को अधिकता से काम में ले आमजन में इन्हें अधिकता से प्रचलित करे। तब ही उसे अपने राष्ट्रीय तम्बाकू नियंत्रण कार्यक्रम के अंतर्गत तम्बाकू छुड़वाने की मुहिम और राष्ट्रीय क्विटलाइन (1800-11-2356) के राष्ट्रव्यापी उपयोग को बल मिल पायेगा।

तम्बाकू पदार्थों पर सचित्र चेतावनियाँ यथावत रहेंगी

जनवरी वर्ष 2018 – उच्चतम न्यायालय का निर्णय :

सन्दर्भ: तम्बाकू उद्योग और तम्बाकू नियंत्रणकर्ताओं के बीच सचित्र चेतावनियों के आकार को 85% तक बढाने हेतु 2 वर्ष की एक क़ानूनी कार्यवाही के द्वारा मंत्रालय द्वारा जनहित, विशेषकर गरीब, अशिक्षित ग्रामीण और युवा के हित को ध्यान में रख तम्बाकू उद्योग को इसकी पालना हेतु पाबंद किया। इससे न केवल भारत का मान बढ़ा अपितु देश ने तम्बाकू पदार्थों पर प्रभावी सचित्र चेतावानियों के क्षेत्र में वैश्विक स्तर पर एक अत्यंत निचले स्थान (136) से केवल कुछ सर्वोपरि देशों में अपना तीसरा स्थान बना लिया था।

दो सप्ताह पूर्व इस विषय पर संदर्भित लेख में यह बताया गया था कि किस प्रकार **कर्नाटक की माननीय उच्च अदालत** द्वारा खुदरा तम्बाकू पदार्थों पर सचित्र चेतावानियों के आकार को 85% से घटाकर पुन: 40% कर देने के निर्णय ने एक महत्वपूर्ण जनस्वास्थ्य के मुद्दे को वैचारिक- और विषय- सम्बन्धी अक्षमता के चलते अन्य न्यायालयिक मामलों की तरह निपटा दिया गया। परिणामवश हुआ यह कि तम्बाकू उद्योग जिसने केवल विशुद्ध आर्थिक लाभ हेतु इन चेतावनियों को भयावह और भ्रमित करने वाली बताया था, वह जीत गया; और, भारत सरकार का स्वास्थ्य मंत्रालय व तम्बाकू-नियंत्रण कर्मियों सहित अन्य पक्षकार हार गये जो कि इस कदम से अनपढ़ ग्रामीणों व शहरी गरीबों के साथ-साथ समूचे देश के युवाओं में तम्बाकू उपभोग को घटा तम्बाकू की महामारी में कमी लाने को लगभग दो दशकों से सततता से कार्यरत हैं।

परन्तु, उस लेख में यह भी उल्लेखित किया गया था कि तम्बाकू नियंत्रण में अब तक न्यायालयों की भूमिका और निर्णय सकारात्मक और जनोपयोगी ही रही है। अतः पाठकों को यह बताते हुए आनंद का अनुभव हो रहा है कि एक बार पुन: देश की सर्वोच्च अदालत, **माननीय सुप्रीम कोर्ट** ने तत्परता से वर्ष के आरम्भ में, 8 जनवरी को ही, इस मामले में सुनवाई कर कर्नाटक के उच्च न्यायालय को निरस्त कर मार्च 2018 तक सचित्र चेतावनियों के आकार को 85% अर्थात यथावत

रहने देने हेतु तम्बाकू उद्योग व अन्य पक्षकारों को निर्देशित किया है।

पर, अंतत: ऐसा हुआ क्यों? इस मामले की गहराई में जाने से यह पता लगा कि कर्नाटक की माननीय उच्च अदालत ने अपने निर्णय हेतु सूचना के अधिकार के अंतर्गत दी गयी याचिका पर स्वास्थ्य मंत्रालय से प्राप्त उत्तर को इसका आधार बनाया। अगस्त 2016 में लगायी गयी इस याचिका में स्वास्थ्य मंत्रालय से सचित्र चेतावनियों के आकार को अप्रैल 2016 में 40% से बढ़ा को 85% कर देने पर निम्न प्रश्न पूछे गए थे:

1. सचित्र चेतावनी में दी गयी छवि क्या वास्तव में एक मानव (रोगी) की है अथवा मात्र प्रतिनिधित्वता सूचक है (अर्थात यह एक चित्र मात्र है)?

2. इन छवियों को सचित्र चेतावनियों हेतु प्रदर्शित करने के लिए किसने उपलब्ध कराया है?

3. भारत में मुँह के केन्सर के चिकित्सकीय प्रमाणित रोगियों में से कितने रोगियों में सचित्र चेतावनियों में प्रदर्शित हानि के समतुल्य पीड़ित होते हैं?

स्वास्थ्य मंत्रालय के ऐसी याचिकाओं पर सामान्यतया दिए जाने वाले उत्तर- **"ऐसी कोई जानकारी/डिटा उपलब्ध नहीं है"** को कर्नाटक के माननीय उच्च न्यायालय ने इसे मंत्रालय के पास कोई उचित कारण की अनुपस्थिति मान अप्रैल 2016 के अधिनियम को निरस्त करते हुए अप्रैल 2014 के अधिनियम के अंतर्गत सचित्र चेतावनियों के निर्धारित आकार (40%) को फिर से लागू करने का निर्णय दिया।

कर्नाटक उच्च न्यायालय ने तब कहा था कि उपरोक्त उत्तर यह स्पष्ट रूप से स्थापित करता है कि स्वास्थ्य मंत्रालय ने सचित्र चेतावनियों के आकार को 40% से 85% कर देने का हेतु कोई वैज्ञानिक विधि नहीं अपनाई गयी है; और, न ही कोई ऐसी सामग्री इस न्यायालय को सौंपी गयी है जिससे यह स्थापित होता हो कि यदि चेतावनियों के आकार

को 85% कर दिया जायेगा तो ये धूम्रपायियों अथवा संभावित धूम्रपायियों को तम्बाकू पदार्थ उपभोग में लेने से रोक सकेगी।

अतः दो-न्यायाधीशों वाली पीठ ने अपने निर्णय को सूचना के अधिकार वाली याचिका पर मिले उत्तर से प्रेरित होना बतलाया जिसके चलते स्वास्थ्य मंत्रालय का चेतावनियों के आकार को 85% तक बढ़ाने का निर्णय कोटपा कानून के अंतर्गत न तो विधिपूर्वक तरीके से लिया गया है और ना ही तर्कसंगत लगता है। परन्तु, यह अच्छा हुआ कि इस न्यायालयिक पीठ ने अपने निर्णय में उच्चतम न्यायालय में अपील करने का प्रावधान भी दिया।

उच्चतम न्यायालय में 8 जनवरी 2018 को हुई सुनवाई में तम्बाकू उत्पादकों के प्रमुख वकील ने भरसक प्रयास किया कि कर्नाटक उच्च न्यायालय के निर्णय को यथावत रखा जाये। बल्कि यहाँ तक भी सुझाया कि सचित्र चेतावनियों का आकार 40% से बढ़ाकर 50% कर दिया जाये। हालाँकि उन्होंने यह तो माना कि तम्बाकू से हो रही स्वास्थ्य की हानिकारकता से कोई भी असहमति नहीं है, फिर भी यदि सरकार तम्बाकू के व्यापार को बंद नहीं करती है तो संविधान की धारा 19(1)(ग) के अंतर्गत इसका व्यापार करना तम्बाकू पदार्थों के व्यापारियों का मूल अधिकार है। और, इसीलिए व्यापार पर अविवेकपूर्ण प्रतिबंध लगा उसे प्रभावित नहीं करना चाहिए।

परन्तु, **उच्चतम न्यायालय की तीन-जजों की पीठ ने इससे बिना प्रभावित होते हुए अटॉर्नी जनरल के मत को स्वीकारा कि:**

(1) **सचित्र चेतावनियाँ एक अनपढ़ को भी तम्बाकू पदार्थों के हानिकारक प्रभावों को सूचित करती हैं;**

(2) **यह एक आमजन से जुड़ा प्रमुख स्वास्थ्य मुद्दा है।** अतः उसे यह पता होना ही चाहिए कि किससे उसके स्वास्थ्य की स्थिति प्रभावित हो सकती है या बिगड़ सकती है; साथ ही,

(3) उन्होंने यह भी कहा कि संभवत: बिगड़ना एक (अपेक्षाकृत) हल्का (कम प्रभावी) शब्द है; अतः सभी संभावनाओं के अंतर्गत (तम्बाकू पदार्थों को) स्वास्थ्य हेतु विनाशकारी बताना (अर्थात अभिव्यक्त करना अधिक) उचित होगा।

इस सारी प्रक्रिया को स्वास्थ्य मंत्रालय में तम्बाकू नियंत्रण हेतु कार्यरत दल ने जिस तत्परता और प्रतिबद्धता से इस विकट परिस्थिति में सकारात्मकता से समर्थित किया, वह अत्यंत सराहनीय है।

अब तम्बाकू नियंत्रण के इस प्रमुख मुद्दे पर उच्चतम न्यायालय द्वारा मार्च 2018 में अंतिम निर्णय की प्रतीक्षा रहेगी। तब तक, आप और हम सब भी तम्बाकू नियंत्रण की प्रभाविकता में निरंतरता से वृद्धि हेतु और जनस्वास्थ्य की गुणवत्ता को बनाये रखने हेतु इस महत्वपूर्ण आवश्यकता को समर्थित करते रहें और इस जागरूकता को निरंतरता से आगे बढ़ाते रहें- यह ही हर जन से अपेक्षा भी है; और, तम्बाकू-नियंत्रण कर्मियों, स्वास्थ्यकर्मियों व स्वास्थ्य-तंत्र की वर्तमान केंद्र सरकार से सामयिक माँग भी।

तम्बाकू पदार्थों पर नयी सचित्र चेतावनियों का विवरण

तम्बाकू नियंत्रण, एक अत्यंत सक्रिय क्षेत्र है क्योंकि इसका चिर-प्रतिरोधी- तम्बाकू उद्योग हर पल-हर क्षण कोई नया पदार्थ या अधिक प्रचलित पदार्थों में कुछ नयापन ला अपने भावी ग्राहकों को लुभाने के लिए कुछ ना कुछ चालाकी-भरी छद्म युक्तियों को काम में लेता रहता है। क्योंकि, अंततः तम्बाकू के व्यापार से उसे मात्र विशुद्ध लाभ जो अर्जित करना है। उसे इससे कोई मतलब नहीं कि किस तरह दशकों से इसके उत्पाद, इसके ही लाखों-करोड़ों ग्राहकों/उपभोगियों को असामयिक/अकाल मृत्यु की ओर ले जाते रहें हैं।

तो आइये जाने, इस बार नया क्या है तम्बाकू नियंत्रण में। इस सप्ताह भारत सरकार के स्वास्थ्य मंत्रालय ने अपने राष्ट्रीय तम्बाकू नियंत्रण कानून- कोटपा में, अप्रैल 2018 में किये संशोधन द्वारा, सभी तम्बाकू पदार्थों पर आवश्यकता से प्रकाशित करी जाने वाली सचित्र चेतावनियों के छवियों के दो नए सेटों को 1 सितम्बर, 2018 से लागू करने हेतु अध्यादेश जारी कर ही दिया। इसके अनुसार पहले सेट की छवियों को 1 सितम्बर 2018 से सभी तम्बाकू उत्पादों पर लागू करना होगा; और, इसके बारह माह पश्चात् 1 सितम्बर 2019 से दूसरे सेट की छवियों को लागू करना होगा।

यह सरकारी आदेश निर्धारित तिथियों के बाद सभी उत्पादित, आयातित अथवा पैकेज्ड तम्बाकू पदार्थों पर लागू होगा। मंत्रालय ने यह भी कहा है कि जो भी व्यक्ति परोक्ष या अपरोक्ष रूप से इनके उत्पादन, आपूर्ति, आयात अथवा वितरण से जुड़ा है, उसे यह सुनिश्चित करना होगा कि सभी तम्बाकू पदार्थों पर विशिष्ट सचित्र चेतावनियाँ वैसी ही हैं जैसी कि निर्देशित की गयी हैं। मंत्रालय के कथनानुसार उपरोक्त वर्णित निर्देश का उल्लंघन पाए जाने की दशा में दोषी/दोषियों पर कोटपा अधिनियम के सेक्शन 20 के अनुसार जो सजायें दी जा सकेंगी, वे निम्न हैं:

(1)   उत्पादकों और निर्माताओं के लिए पहले उल्लंघन पर दो वर्षों तक का कारावास या पाँच हजार रूपये का जुर्मिना या दोनों होंगे; और, उसके बाद के उल्लंघन/उल्लंघनों के लिए

पाँच वर्षों तक का कारावास या दस हजार रूपये का जुर्माना या दोनों होंगे;

(2)   विक्रेताओं और वितरकों के लिए पहले उल्लंघन पर एक वर्ष का कारावास या एक हजार रुपये का जुर्माना या दोनों होंगे; और उसके बाद के उल्लंघनों पर दो वर्षों का कारावास या तीन हजार रूपये का जुर्माना या दोनों होंगे; और,

(3)   यदि यह उल्लंघन किसी कम्पनी द्वारा किया गया है तो उस कंपनी के साथ जो व्यक्ति उस समय सेवारत होगा, उनको दोषी माना जायेगा और नियमानुसार उन्हें सजा दी जायेगी।

उपरोक्त इन सभी विकल्पों में जमानत का प्रावधान है जिसका लाभ दोषी व्यक्ति या कंपनी उठा सर्केंगे।

ऐसा नहीं कि यह सब आसानी से हो गया। भारत में तम्बाकू पदार्थों पर सचित्र चेतावनियों का अपना एक इतिहास है जिसमें सबसे अहम भूमिका माननीय उच्चतम न्यायालय की ही रही है। यह उच्चतम न्यायालय का ही निर्णय था कि सचित्र चेतावनियों का आकार पैकेजिंग का 85% ही रहेगा। उच्चतम न्यायालय ने इस वर्ष 8 जनवरी को कर्नाटक के उच्च न्यायालय के उस आदेश को रोक दिया था जिसने वर्ष 2014 के उस सरकारी आदेश को निरस्त कर दिया था जिसके अनुसार सभी तम्बाकू पदार्थों की पैकेजिंग की दोनों-सतहों पर 85% आकार की सचित्र चेतावनी को प्रकाशित करना अनिवार्य किया गया था। हाल ही में दो-सदस्यों वाली मुख्य न्यायधीश दीपक मिश्रा और न्यायधीश ए.एम. खानविलकर की बेंच ने कोटपा के लक्ष्यों व कारणों, और सरकार के द्वारा उठाये गए कदमों को ध्यान में रख, और कर्नाटक के उच्च न्यायलय के न्याय के क्रियान्वयन और उस हेतु दिए आदेश पर रोक लगा अपने ही अंतरिम आदेश को पक्का कर दिया था।

अतः अब इस सरकारी नीति में कोई बदलाव आयेगा तो वह होगा प्लेन पैकेजिंग का जिसमें तम्बाकू इंडस्ट्री का कोई भी चिन्ह, ब्रांड,

रंग, आदि, भी नहीं होगा। हम आशा कर सकते हैं कि यदि विश्व के कुछ देशों ने इसको लागू कर दिया तो भारत में भी इसमें बहुत देरी नहीं होगी। यह अति आवश्यक भी है! **आज भी अधिकाँश तम्बाकू उपभोगी आकार में बढ़ी सचित्र चेतावनियों से प्रभावित होते नहीं दिखते हैं।** कम-से-कम मेरे अपने तम्बाकू उपचार क्लिनिक में आये रोगियों से पूछने से तो यही पता लगता है। जो **कारक** जानने में आये हैं, वे इस प्रकार हैं:

(1) अधिकांश इनसे रूबरू ही नहीं होते है क्योंकि खुदरा विक्रताओं के यहाँ तम्बाकू पदार्थों को कुछ रखा ही इस तरह से जाता है कि यह भयावह चित्र दिखे ही नहीं;

(2) दूसरा कारक है इनकी खुली बिक्री- मुख्यतः युवाओं को की जा रही सिगरेट की खुली बिक्री;

(3) तीसरा कारक जो कि प्रवर्तन की कमजोरी दर्शाता है,वह है इनकी छपाई का दोष, विशेषकर चबाने वाली तम्बाकू के पाउचों पर, क्योंकि जब चित्र ही अस्पष्ट होगा तो उपभोगी किस प्रकार इनसे प्रभावित होगा!?

(4) लोगों में यह भी एक सोच है कि यदि तम्बाकू से केन्सर ही होता है तो कई ऐसे भी केन्सर रोगी जो तम्बाकू उपभोग से बिल्कुल अछूते हैं, उन्हें क्यों यह रोग हो जाता है;

(5) युवाओं को केन्सर का सोच ही नहीं है- एक दुखदायी लापरवाही है कि जब होगा तब देखा जायेगा; और,

(6) कई तम्बाकू पदार्थ अब भी बिना किसी सचित्र चेतावनी के बिक रहे हैं- विशेषकर तस्करी से लाया गया माल।

फिर भी यदि गेट्स-2 की जानकारियों से जाने-सीखें-समझें तो लगभग 80% **सिगरेट-धूम्रपायी** इनको देखते है-पुरुषों का प्रतिशत महिलाओं की अपेक्षा लगभग तीन गुना अधिक है। यही कारण है कि इन्हें देख **सिगरेट का धूम्रपान** छोड़ने हेतु प्रेरित होने वालो पुरुषों का ढाई गुना अधिक है। **बीड़ी पीने वालों में** सचित्र चेतावनियों का प्रभाव महिलाओं की अपेक्षा पुरुषों में दो गुना अधिक पाया गया परन्तु **गाँव-शहर अंतर** सभी पैमानों पर बराबर ही पाया गया। **चबाने वाली तम्बाकू** में भी महिलाओं में इन्हें देखने और इनसे प्रभावित होने की दर 24% कम थी। इन **सचित्र चेतावनियों का प्रभाव** अधेड़ों से अधिक **युवाओं में,** ग्रामीणों की अपेक्षा **शहरियों में** और अनपढ़ों की अपेक्षा **पढ़े-लिखों में अधिक पाया गया।** उत्तर-पूर्वी प्रदेशों में इनकी प्रभाविकता कैसे बढ़े, इस हेतु क्षेत्र-विशिष्ट अध्ययन आवश्यक प्रतीत होते हैं।

क्योंकि आमजन को यह पता ही नहीं कि तम्बाकू से अन्य घातक रोग- उच्च-रक्तचाप, मधुमेह, अस्थमा, टी.बी., इत्यादि, भी होते है, अब समय आ गया है कि सचित्र चेतावनियों की पहुँच को केन्सर रोग के चित्रण की सीमा से आगे भी बढ़ाया जाये। तब ही बढ़ सकेगी इनकी प्रभाविकता।

अगर तम्बाकू सादे (प्लेन) पैकेजिंग में बिकने लगे?

यह अब वैश्विक स्तर पर स्थापित हो चुका है कि यदि जब खुदरा सिगरेट को प्लेन पैकेजिंग में बेचा जाता है तो इसको पीने का आकर्षण, पसंदगी और प्रोत्साहन कम हो जाता है, विशेषकर युवाओं में, जो अब तक इससे अछूते रहें हैं या इसको सामाजिक स्तर पर कभी-कभी उपभोग में लेते हैं। तो आइये, यह जान लेते हैं कि (अ) क्या मायने हैं प्लेन पैकेजिंग (सादी पैकेजिंग) के, (ब) अब तक किन देशों ने इसे अपना लिया है तम्बाकू उद्योग से भारी संघर्ष के बाद (क्योंकि उसका तो धंधा ही विज्ञापन पर आधारित है) और (स) हम कहाँ हैं भारत में और अधिक मज़बूत और उन्नत तम्बाकू नियंत्रण हेतु।

प्लेन पैकेजिंग (सामान्य, साधारण, एक समान या सादी पैकेजिंग) **का अर्थ है** तम्बाकू पदार्थों की पैकेजिंग पर उनकी ब्रांड के किसी भी आकर्षण (रंग, छवि, संदेश, कॉर्पोरेट लोगो अथवा ट्रेडमार्क) की अनुपस्थिति के साथ अनुशंसित स्वास्थ्य चेतावनी व/या अन्य क़ानूनी जानकारी (जैसे उसमें निहित विषैले तत्व- टार, निकोटीन, इत्यादि की मात्रा, टैक्स आपूर्ति की छाप, इत्यादि) की उपस्थिति।

इसे सबसे पहले **न्यूज़ीलैण्ड** ने वर्ष 1989 के स्वास्थ्य विभाग के विषैले पदार्थों के बोर्ड ने सुझाया। बोर्ड ने सिगरेटों को सफ़ेद रंग के पैकेट में काली लिपि में, बिना किसी रंग और लोगो के विक्रय की अनुशंसा की। तत्पश्चात, **कनाडा** में जनस्वास्थ्य विशेषज्ञों ने 1990 के दशक में इसे प्रस्तावित किया। वहाँ की पार्लियामेंट्री कमेटी ने इसे तम्बाकू उपभोग में कमी करने हेतु समूची योजना में एक सोचपूर्ण निर्णय बताया। उसका विचार था कि इसे लागू करने हेतु सरकार-समर्थित अध्ययन के परिणामों के आने तक रुकने की भी आवश्यकता नहीं है। परन्तु, तम्बाकू उद्योग की प्रतिरोधी-लॉबी और मंत्री-परिषद् में बदलाव के चलते वहाँ इस अनुशंसा को लागू नहीं किया जा सका।

तत्पश्चात, **ऑस्ट्रेलिया** विश्व का पहला देश बना जहाँ इसे टोबेको

प्लेन पैकेजिंग एक्ट (तम्बाकू पदार्थों की सादी पैकेजिंग हेतु अधिनियम) के अंतर्गत 12 दिसम्बर 2011 को लागू किया गया। इसने यह सुनिश्चित किया कि 1 अक्टूबर 2012 के पश्चात् उत्पादित सभी तम्बाकू पदार्थ प्लेन पैकेजिंग में होंगे; और, 1 दिसम्बर 2012 से बेचे जाने वाले सभी तम्बाकू पदार्थों प्लेन पैकेजिंग में बेचे जायें।

परन्तु यह सब इतनी आसानी से नहीं हुआ:

(1) **प्लेन पैकेजिंग का समर्थन:** लगभग दो दशकों के युवाओं में हुए अध्ययनों से यह जानने में आया कि प्लेन पैकेज में खरीदी गयी सिगरेट: (अ) कम आकर्षक थी; (ब) इसके प्रति अनुभूति और विचार-भावनायें मूलतः नकारात्मक थी; (स) उपभोगी इसे अपने साथ रखने में झिझक अनुभव कर या तो इसे छुपा कर रखते थे अन्यथा बिना इसके रहना उचित मानते थे; (द) धूम्रपान कम करने और इसे छोड़ने के बारे में सोचने लगे थे; और, (ध) यह भी जानने में आया कि यदि प्लेन पैकेजिंग सफ़ेद की अपेक्षा गहरे (भूरे) रंग में हो तो धूम्रपान के हानिकारक प्रभावों के प्रति जागरूकता बढ़ जाती है। साथ ही, (य) सिगरेट को प्लेन पैकेजिंग में बेचने से पैकेट पर दी गयी सचित्र चेतावनी की प्रभाविकता में भी वृद्धि हो जाती है।

(2) **प्लेन पैकेजिंग का विरोध:** **तम्बाकू उद्योग** का विरोध स्वाभाविक था क्योंकि मूलतः यह उद्योग विज्ञापन-आधारित लाभ से जुड़ा है। और, जैसी इस उद्योग की कार्य-शैली है, उससे अधिक उसके **अग्रणी-समूह** उसके स्वार्थ को पूरा करने हेतु तत्पर रहते हैं, जैसे, विज्ञापन उद्योग/ एजेंसियाँ, किसान-समूह, खुदरा-थोक कारोबारी, तम्बाकू उद्योग से परोक्ष से अधिक अपरोक्ष रूप से लाभान्वित कुछ नेता और उनकी पार्टियाँ।

उनकी लॉबिंग का आधार बना, **प्लेन पैकेजिंग के प्रति दुष्प्रचार**

लेख संख्या : 20

कि: (अ) इससे उच्चतम-वर्ग की (कम हानि वाली) सिगरेट पीने वाले सस्ती (हानिकारक) ब्रांड पीने लगेंगे: (ब) तस्करी के बढ़ने से नकली सिगरेट की बाजार में भरमार हो जाएगी; (स) खुदरा व्यापारियों पर इसका प्रभाव नकारात्मक होगा; और (द) अन्य खाद्य व पेय पदार्थों पर इसे लागू किये जाने हेतु दबाव बनने लगेगा।

तम्बाकू कंपनियों ने इस हेतु **वैश्विक मुहीम** का भी सहारा ले डब्ल्यू.टी.ओ. **(विश्व व्यापार संगठन)** में भी इस हेतु समर्थन जुटाने का प्रयास कर कुछ देशों (क्यूबा, होंडुरस, डोमिनिकन रिपब्लिक, इंडोनेशिया, इत्यादि) को आर्थिक रूप से समर्थित कर उन्हें उन देशों से व्यापार हेतु निरुत्साहित किया अथवा उनके बीच हुई संधि को तोड़ने या जटिलतम बनाने का प्रयास भी किया जहाँ प्लेन पैकेजिंग को जारी किया जा चुका था- मुख्य तौर पर, ऑस्ट्रेलिया से।

अमेरिका में इसे हेतु एक गठबंधन उभर आया- **अमेरिकन लेजिस्लेटिव एग्जीक्यूटिव कौंसिल**, जिसने इसे क़ानूनी स्वरुप दे ऑस्ट्रेलिया और यू.के. की सरकारों के विरुद्ध मोर्चा खोला जहाँ प्लेन पैकेजिंग प्रचलन में है। तम्बाकू उद्योग ने मीडिया केम्पेन कर इन देशों को नीचा दिखाने भी भरपूर प्रयास किया- धूम्रपायियों की स्वतंत्रता का हनन करने से लगा देश को एक नेनी/आया की भूमिका निभाने वाला बता कर।

परन्तु, नतीजा क्या हुआ? यदि ऑस्ट्रेलिया का उदाहारण लें तो सर्वाधिक उचित होगा क्योंकि न केवल प्लेन पैकेजिंग से इस देश ने तम्बाकू नियंत्रण की प्रभाविकता में वृद्धि हेतु एक अग्रणी नेतृत्व प्रदान कर आयरलैंड, फ्रांस, यू.के., हंगरी और उत्तरी आयरलैंड को प्लेन पैकेजिंग हेतु कानून स्वीकृत करने हेतु प्रोत्साहित किया है, इसने अपने यहाँ वर्ष 2007 में सिगरेट पीने की दर 16.6% को घटा वर्तमान में 10% से भी कम कर दिया है एवं इसे छोड़ने की दर में 20% से 27% की बढ़ोतरी प्राप्त की।

अब भारत, बेल्जियम, न्यूज़ीलैण्ड, मलेशिया, स्लोवेनिया, टर्की, इत्यादि सहित कई अन्य डब्ल्यू.एच.ओ. के सदस्य राष्ट्र भी इस ओर अग्रसर हैं। उपरोक्त सभी देशों की यह प्रक्रिया फ्रेमवर्क कन्वेंशन ऑफ़ टोबेको कण्ट्रोल (एफ.सी.टी.सी.) के अनुच्छेदों 11 और 13 से भी समर्थित हैं जिनके अंतर्गत प्लेन पैकेजिंग के द्वारा तम्बाकू पदार्थों की: (1) आकर्षकता कम होती है; (2) पैकेजिंग से होने वाले विज्ञापन और प्रोत्साहन में कमी आती है; (3) पैकेजिंग की डिजाईन इनके अधिक हानिकारक होने का संकेत मिलता है; और, (4) पैकेजिंग पर दी गयी सचित्र चेतावनी की स्पष्टता और प्रभाविकता बढ़ती है।

भारत में ओडिशा से सांसद बी. जे. पांडा अगस्त 2012 में इस हेतु संसद में एक प्राइवेट बिल भी प्रस्तुत किया जिसके अंतर्गत कोटपा अधिनियम में सुधार कर प्लेन पैकेजिंग जारी करने का प्रस्ताव रखा। परन्तु, यह बिल तब से अब तक ठंडे बस्ते में ही है। अतः यह आवश्यक होगा कि भारत सरकार इस बिल को संसद के दोनों सदनों में पारित कर तम्बाकू नियंत्रण को मजबूत करने की दिशा में अग्रसर हो और देश के युवाओं में तम्बाकू उपभोग को और अधिकता से कम कर इससे उत्पन्न त्रासदी में प्रभावी कमी लाये।

तम्बाकू पदार्थों की प्लेन पैकेजिंग– भारत में कब?

उन्तीस अप्रैल, 2010 को **ऑस्ट्रेलिया** की सरकार ने धूम्रपान की दर में सम्पूर्णता से कमी लाने हेतु तम्बाकू पदार्थों को प्लेन पैकेजिंग में अनिवार्यता से लागू करने की घोषणा की। **टोबेको प्लेन पैकेजिंग एक्ट 2011** को ऑस्ट्रेलिया की सरकार ने दिसम्बर 2012 से ऑस्ट्रेलिया में बिकने वाले सभी तम्बाकू पदार्थों के विक्रय पर लागू कर दिया।

इस कानून के अंतर्गत तम्बाकू पदार्थों के उत्पादकों को प्रतीक चिन्ह (लोगो), (विशिष्ट) रंगों, और व्यापार-चिन्ह (ट्रेडमार्क) को उपयोग में लेने हेतु प्रतिषिधित करता है। उन्हें केवल इनकी ब्रांड का नाम प्रदर्शित करने और उत्पाद को एक मानकीकृत (स्टैण्डडराईज्ड) लिपि (फॉन्ट) और रंग (भूरे रंग) में ही जारी करने हेतु अनुमति दी गयी है। इसके साथ, ऑस्ट्रेलिया में उनके आगे और पीछे के आवरणों पर सचित्र चेतावनी को क्रमश: 75% और 90% के आकार प्रदर्शित करने की अनिवार्यता को भी बनाये रखा।

विश्व में ऑस्ट्रेलिया द्वारा प्लेन पैकेजिंग को सर्वप्रथम दिसम्बर 2012 में लागू करने के पश्चात, विश्व स्वास्थ्य संगठन ने इसको समर्थित करते हुए सभी सदस्य राष्ट्रों को इसे लागू करने की अनुशंसा भी करी। जहाँ मलेशिया और न्यूजीलैण्ड ने भी इसका अनुसरण करने की रुपरेखा की घोषणा करी है, फ्रांस और यू.के. ने भी अपने कानूनों के अंतर्गत इस हेतु कार्यवाही प्रारम्भ कर दी है।

परन्तु, अपेक्षानुसार, **तम्बाकू उद्योग** ने प्लेन पैकेजिंग के कानून की ना केवल व्यापक रूप से **आलोचना** ही करी है, इसका मजबूती के साथ **विरोध** भी किया है। इस उद्योग ने उन राष्ट्रों के प्लेन पैकेजिंग के कानून का विरोध प्रमुखता से **मीडिया अभियानों, लॉबिंग और क़ानूनी चुनौतियों के रूप में** किया है; और, इसलिए भी कि अन्य राष्ट्र भयभीत हो ऐसा कदम ना उठायें।

तम्बाकू उद्योग ने इस सोच (जिसे कि अब अनेक अनुसंधान रिपोर्टों से प्रमाणिकता भी मिल चुकी है) का खंडन किया है कि ऐसा किया जाने से धूम्रपान की दरों में कमी आयेगी। एक बड़ी अंतर्राष्ट्रीय

कम्पनी, ब्रिटिश अमेरिकन टोबेको ने तर्क दिया है कि इस बात की कोई पुख्ता (दमदार) प्रमाणिकता नहीं है कि प्लेन पैकेजिंग: (1) युवाओं को धूम्रपान करने से प्रभावी रूप से हतोत्साहित करती है; (2) वर्तमान में धूम्रपान करने वालों को इसे छोड़ने हेतु प्रोत्साहित करती है; या, (3) पूर्व-धूम्रपायियों को फिर से धूम्रपान करने से रोकती है।

आइये देखें, तम्बाकू उद्योग का यह दावा अनुसंधान/ छानबीन की कसौटी पर कितना सटीक बैठता है:

वर्ष 2015 में फार्मास्यूटिकल जर्नल ने लिखा कि अब इस बात की पर्याप्त प्रमाणिकता है..(जो कि यह सुझाती है कि) गहरे रंग की प्लेन पैकेजिंग को लागू करने से: (अ) तम्बाकू पदार्थों की आकर्षकता और पसंद (अपील) कम हो जायेगी; (ब) सचित्र चेतावनियों की स्पष्टता बढ़ जायेगी; और, (स) ग्राहकों को, उनको कम-से-कम, धूम्रपान की हानियों से भटकाने (धोखा देने) की क्षमता कम हो जायेगी।

इस जर्नल में यह भी लिखा गया कि प्लेन पैकेजिंग को लागू करने के पश्चात् धूम्रपान की कुल दरों में 2.3% कमी आयी है (18.1% से घट 15.8%); और, प्रतिदिन धूम्रपान करने वालों में भी इतनी ही कमी आयी है (15.1% से घट 12.8%)। इसके साथ ही सिगरेटों के साप्ताहिक उपभोगों में 15 सिगरेटों की कमी याने औसतन 111 से घट कर 96 सिगरेट तक के साथ धूम्रपान आरम्भ करने की औसत-आयु में बढोतरी के साथ धूम्रपान नहीं करने वालों के संख्या में भी बढ़ी है।

अत: ये सभी प्रमाण ऑस्ट्रेलिया में तम्बाकू नियंत्रण की महती सफलता को सुझाते हैं। इन परिणामों को ऑस्ट्रेलिया की सरकार ने समर्थित भी किया है। वहाँ के स्वास्थ्य विभाग के अनुसार, परिणामस्वरूप, ऑस्ट्रेलिया में **1,08,228 धूम्रपायी कम हो गएहैं।**

अब **भारत में हुई प्रगति-स्थिति-परिस्थितियों** को भी जान लें: देश में इसका विचार लगभग सात वर्षों से किया जा रहा है। देश में इस

सोच का उठना, तम्बाकू नियंत्रण में हुई अब तक की प्रगति के परिणामवश, स्वाभाविक भी था। सांसद बिजयंत पांडा ने वर्ष 2012 में प्लेन पैकेजिंग बिल को लोकसभा के पटल पर रखा। वर्ष 2014 में इलाहाबाद उच्च न्यायालय ने इस विषय पर एक याचिका स्वीकार कर केंद्र को निर्देशित भी किया। इसी के अनुरूप, माननीय उच्चतम न्यायालय ने भारत में प्लेन पैकेजिंग कानून बनाने हेतु की गयी एक जनहित याचिका की सुनवाई के पश्चात् स्वास्थ्य मंत्रालय को एक नोटिस भी भेजा।

इन सभी प्रकरणों की धुरी रही **जनमानस के स्वास्थ्य को तम्बाकू उद्योग के व्यापारिक अधिकारों पर प्राथमिकता का अधिकार।** इसी वर्ष, इसे माननीय उच्चतम न्यायालय ने भी समर्थित किया है जब उसने केरल उच्च न्यायालय के एक निर्णय को निरस्त कर दिया जिसके अंतर्गत तम्बाकू पदार्थों पर सचित्र चेतावनियों के 85% आकार के स्वास्थ्य मंत्रालय के निर्देश को उलटने का आदेश दिया गया था।

फिर भी यह कहना कि **भारत में प्लेन पैकेजिंग के कानून** को लाना आसान होगा, वर्तमान में एक अतिश्योक्ति ही प्रतीत होती है। **सबसे बड़ा और भारी खतरा** तो तम्बाकू उद्योग द्वारा केंद्र सरकार को क़ानूनी पचड़ों में उलझा देने का है। ना केवल यह प्रक्रिया जटिल होगी, इस पर होने वाला खर्च भी अत्यधिक होगा, जैसा कि ऑस्ट्रेलिया में अनुभव किया गया है। वहाँ इस हेतु सरकार को 4 करोड़ ऑस्ट्रेलियाई डॉलर का बोझ उठाना पड़ा (यह बात अलग है कि प्रतिवादी तम्बाकू उद्योग-

पी.एम.आई. को अपना दावा हारने के कारण ऑस्ट्रेलियाई सरकार को यह सारा खर्च चुकता भी करना पड़ा)। भारत देश में **दूसरी बड़ी समस्या** है: (1) धूम्रपायी के अतिरिक्त गैर-धूम्रपायी तम्बाकू का अपेक्षाकृत बड़ा उपभोग; (2) धूम्रपायी तम्बाकूओं में भी सिगरेट से अधिक बीड़ी का उपभोग (लगभग 9:1 के अनुपात में); और, (3) तम्बाकू पदार्थों की पैकेजिंग में विभिन्नता (उनकी छोटी- बड़ी पैकिंग के परिणामवश)।

तो क्या भारत में तम्बाकू पदार्थों की प्लेन पैकेजिंग, इन चुनौतियों की भेंट चढ़ जाये? निश्चित ही नहीं। **दो तथ्यों को ध्यान में रखा जाना चाहिए-** (1) विश्व के अन्य देशों की भांति, भारत में भी तम्बाकू नियंत्रण की प्रगति का इतिहास चुनौतियों-भरा ही रहा है; और, (2) प्लेन पैकेजिंग- (अ) तम्बाकू पदार्थों के आकर्षण को तो समास कर ही देगी, (ब) इस पर उपस्थित भ्रमित करते हुए विवरणों को भी हटा देगी और (स) पैकेजिंग के मानकों को भी एक समरूपता प्रदान कर देगी, ताकि इन पर छपी सचित्र चेतावनियों की दृश्यता- प्रत्यक्षता (विसिबिलिटी) तम्बाकू के उपभोगी-ग्राहकों को स्पष्ट से दिखने लगे।

अब यह देखना रुचिकर होगा कि हाल ही मेलबोर्न में विश्व व्यापार संगठन (डब्ल्यू.टी.ओ.) के तत्वावधान में सम्पन्न हुई वैश्विक गोष्ठी से क्या सुझाव/हल निकल कर आते हैं!

साभार- केरें वाट्स. हेल्थ इश्यूज इन्डिया. प्लेन पैकेजिंग: दी नेक्स्ट फ्रंटियर इन इंड़ियास वार ऑन टोबेको 26 नवम्बर, 2018.

तम्बाकू की प्लेन पैकेजिंग: डब्ल्यू.टी.ओ. से मिली आशा

तम्बाकू नियंत्रण की विशिष्टता यह है कि इसमें हर दिन कहीं–न–कहीं कुछ नया घटित होता रहता है। ऐसा नहीं है कि ऐसा स्वतः ही हो जाता है। इसके लिए वर्षों के लम्बे–अथक भरसक प्रयास करने होते हैं– **तम्बाकू उद्योग** और उसकी कुटिल चालों से बचते रहने और **सरकारी तंत्र** की संवेदनशीलता को ध्यान में रखते हुए, हर कदम सोच–समझ कर संजदगी से लेते रहने के।

तो ऐसी ही है, वर्तमान की यह अत्यधिक हार्दिक प्रसन्नता वाली खबर–विश्व व्यापार संगठन **(डब्ल्यू.टी.ओ.)** ने सिगरेट को बिना किसी लोगो (प्रतीक–चिन्ह) के प्लेन पैकेजिंग में बेचने के ऑस्ट्रेलिया के अधिकार को समर्थित किया है। इसे तम्बाकू नियंत्रण की लम्बी यात्रा में एक मील का पत्थर माना जा रहा है क्योंकि इससे वैश्विक तम्बाकू प्रतिबंधों को लागू करवाने के एक नया अध्याय आरम्भ हो गया है।

ब्लूमबर्ग ब्लॉग के अंतर्गत, रिपोर्टर ब्रायस बास्चुक ने विगत गुरूवार को सूचित किया कि **विवाद–समाधान पैनल** ने ऑस्ट्रेलिया के प्लेन पैकेजिंग के बिल के क़ानूनी पक्ष को समर्थित किया। पाठकों को यह जानकारी शायद नहीं हो कि **ऑस्ट्रेलिया विश्व का वह पहला देश** है जहाँ तम्बाकू कंपनियों को अपने उत्पादों को अनाकर्षक, भूरे पैकेजिंग में याने **प्लेन पैकेजिंग में**, मानकीकृत अक्षरों में ही बेचना क़ानूनी–रूप से आवश्यक है। ऑस्ट्रेलिया ऐसा करके अपने देश में प्रति वर्ष होने वाली 19 हजार मृत्युओं में कमी लाना चाहता है। यहाँ पाठकों को यह भी जानना चाहिए कि भारत में लगभग इतनी ही तम्बाकू–जनित मृत्युएँ लगभग पाँच दिनों में हो रही हैं!

ब्रास्चुक के अनुसार, (भारत सहित) कुछ देशों की सरकारें, ऑस्ट्रेलिया में वर्ष 2012 से प्लेन पैकेजिंग हेतु प्रचलित परिपाटी को लागू करने में हिचक रही हैं, क्योंकि तम्बाकू–उत्पाद करने वाले राष्ट्रों के एक समूह ने ऑस्ट्रेलिया पर डब्ल्यू.टी.ओ. के बौद्धिक सम्पति अधिकार के उल्लंघन और व्यापार को गैर–क़ानूनी तरीकों से

अवरोधित करने हेतु दावा कर रखा है। विशेषकर, फिलिप मोरिस इंटरनेशनल और जापान टोबेको कम्पनी का तर्क यह है कि यह निर्णय अन्य देशों में तम्बाकू, शराब और जंक खाद्य–पदार्थों पर भी नए लेबल के नियमों को अन्य देशों में लागू करने के लिए एक पूर्व–उदाहरण (दृष्टांत) स्थापित कर देगा। और, साथ ही, इससे सिगरेटों की तस्करी को भी बढावा मिलेगा।

विश्व स्वास्थ्य संगठन के प्रवक्ता तारिक जस्त्रेविच ने एक इ–मेल के द्वारा यह बताया कि टोबेको (तम्बाकू पदार्थों की) **प्लेन पैकेजिंग,** तम्बाकू नियंत्रण को सम्पूर्णता से लागू कर पाने हेतु **विश्व स्वास्थ्य संगठन द्वारा अनुशंसित एक प्रमाण–आधारित उपाय है**। और, डब्ल्यू.टी.ओ. पैनल के इस सकारात्मक निर्णय से वैश्विक तम्बाकू नियंत्रण के उपायों को लागू करने में तेजी आ सकेगी।

क्योंकि, डब्ल्यू.टी.ओ. के समझौते, नागरिकों के स्वास्थ्य के अधिकारों की सुरक्षा हेतु राष्ट्रों को कुछ अधिनियमों (विनियमों–रेग्युलेशन्स) को लागू करने में अपवाद प्रदान करते हैं, इस संस्थानिक व्यवस्था (निर्णय) ने ऑस्ट्रेलिया–अधिकृत तम्बाकू पदार्थों के प्लेन पैकेजिंग वाले अधिकारों को सहमती दे दी है। हालाँकि ब्लूमबर्ग समाचार ने यह पिछले वर्ष ही यह रिपोर्ट कर दिया था कि डब्ल्यू.टी.ओ. ऑस्ट्रेलिया के साथ है, यह स्वाभाविक ही माना जाना चाहिए कि इस मुद्दे की जटिलता और बदलाव लाने हेतु आवश्यकताओं को अधिकारिक रूप से सूचित करने में इसमें समय लगना ही था। अब आशा करी जा सकती है कि फ्रांस, हंगरी, आयरलैंड, न्यूजीलैण्ड, नॉर्वे, स्लोवेनिया और यू.के. के अतिरिक्त, जो कि पहले से ही प्लेन पैकेजिंग के अधिनियम को पारित कर लागू कर चुके हैं, भारत सहित बेल्जियम, मलेशिया, कनाडा, कोलंबिया, पनामा, आदि, अनेक राष्ट्र भी प्लेन–पैकेजिंग के उपायों को शीघ्रता से लागू कर पायेंगे।

परन्तु, इसमें एक अड़चन है! चार तम्बाकू–उत्पादक राष्ट्रों–

क्यूबा, डोमिनिकन रिपब्लिक, होंडुरास और इंडोनेशिया, ने इसके विरुद्ध दावा किया है। नियमों के अनुसार इस विवाद पर अगले 90 दिनों में निर्णय दिया जाना आवश्यक होता है। परन्तु, विवाद की जटिलता और डब्ल्यू.टी.ओ. के पुनर्विचार-सम्बन्धी तंत्र (अपिलेट-बॉडी) में पेनेलिस्ट की कमी के चलते इस समय-सीमा को बढ़ाया भी जा सकता है। तीन पेनेलिस्ट को अवरुद्ध कर अमेरीका ने एक विशिष्ट पैंतरा अपनाया है। अब भय और अनिश्चितता इसलिए है कि अगर अमेरिका अपने रवैये में बदलाव नहीं लाता है तो वर्ष 2019 के आखिरी भाग तक इस पर आगे की कार्यवाही नहीं हो सकेगी।

तो यह है तम्बाकू उद्योग और कुछ उच्च-आय वर्ग के राष्ट्रों का नम्र और ढोंगी स्वरूप जो कहते कुछ हैं और करते कुछ और! जब तक इस लोभ-लालच-स्वार्थपरक मूल्यों से ऊर्जित मानवता की शत्रु नीतियों-कार्यवाहियों पर वैश्विक आलोचना नहीं होगी, इनके कुकृत्यों पर लगाम नहीं लग सकेगी; और, ऐसे ही हम और आप तम्बाकू नियंत्रण का बैंड बजाते रहेंगे पर स्थिति वही रहेगी–ढाक के तीन पात!

अतः यह मांग करना सामयिक ही होगा कि भारत सरकार भी तम्बाकू पदार्थों की प्लेन पैकेजिंग के मामले को तेजी से निपटाए; और, सकारात्मकता से भी। वर्ष 2014 में इलाहाबाद उच्च न्यायालय में इस हेतु लगाई गयी एक जनहित याचिका अब एक इतिहास बन चुकी है। **सरकार का** सैद्धान्तिक रूप से प्लेन पैकेजिंग के लाभों को स्वीकार कर लेने के बाद **फिस्सड्डी रवैया** यह इंगित करता है कि वह

अभी भी विश्व स्वास्थ्य संगठन के इस विषय में दिए गए कथन से असहमत है कि **टोबेको पैकेजिंग एक मोबाइल बिलबोर्ड है**; इसके आकर्षण से तम्बाकू उपभोग के विज्ञापन और प्रोत्साहन को बढ़ावा मिलता है; और, ये जनमानस को भ्रमित करते हैं कि कुछ तम्बाकू पदार्थ अन्यों से कम हानिकारक हैं।

तम्बाकू उपभोगियों से किये व्यक्तिगत विश्लेषणों के आधार पर यह निश्चित रूप से कहा जा सकता है कि मात्र 85% आकार की केन्सर रोग की दी गयी सचित्र चेतावनी अधिकांशत: अपर्याप्त है। **टोबेको इंस्टिट्यूट ऑफ़ इंडिया** के इस कथन में यदि कोई सच्चाई है भी कि **सचित्र चेतावनियों के साथ प्लेन पैकेजिंग का चलन तम्बाकू उद्योग को समाप्त कर देगा**, तो भी सरकार डायरेक्टिव प्रिंसिपल्स ऑफ़ स्टेट पालिसी के अंतर्गत संविधान के आर्टिकल 47 की अनदेखी ना करे जो कि पोषण-स्तर, रहन-सहन मानक और जनस्वास्थ्य को सरकार के प्राथमिक कर्तव्य बताता है; और, किसी भी विनाशक उपयोग को प्रतिषेधित करता है।

विशेषकर, भारत में तम्बाकू नियंत्रण में सक्रिय सहयोगियों-सहभागियों को यह नहीं भूलना चाहिये कि विश्व **तम्बाकू निषेध दिवस 2016 का थीम प्लेन पैकेजिंग ही था।** परन्तु, जैसा स्पष्टता से दृष्टिगत हो रहा है, उस समय की प्रज्वलित प्राथमिकता, मांग और मानसिकता समय के अंतराल में धूमिल हो गयी है। तो आइये, फिर से जगा लें उस अलख को, डब्ल्यू.टी.ओ. के निर्णय से।

तम्बाकू नियंत्रण हेतु समर्थन प्राप्ति के तरीके

यह दु:खद ही है कि जिस पदार्थ की हानिकारकता और उसके उत्पादकों की कुटिलता के बारे में जहाँ इतना सब कुछ पता हो, वहाँ फिर भी एक व्यापक तरीके से हर स्तर समर्थन पर प्राप्ति के लिए विश्व भर में, और हर देश में, इस हेतु भागीरथी प्रयास करने पड़ें। परन्तु, एक सच्चाई यह भी है कि क्योंकि इससे जहाँ ~22,000 से अधिक और अकेले भारत में 4,000 से अधिक मृत्युएँ प्रतिदिन हो जाती हैं, इस पक्ष की उपयोगिता और सततता बनाये रखने को नकारा भी नहीं जा सकता है।

यदि जनमानस, समाज, मीडिया, प्रशासन व शासन तक इसे समय से ना पहुँचाया जाता (और अब भी निरंतरता ऐसा ना किया जाता रहे!) तो सोचिये कि: (1) क्या विश्व में तम्बाकू की हानियों के प्रति एक सजगता उभर कर आ पाती; (2) क्या तम्बाकू नियंत्रण को जनस्वास्थ्य के अंतर्गत प्राथमिकता मिल पाती; (3) क्या तम्बाकू नियंत्रण के प्रयासों को वैश्विक, राष्ट्रीय, प्रादेशिक और स्थानीय स्तरों पर मजबूती मिल पाती; और, (4) हालाँकि भले ही इसे अब भी एक व्यापक राजनैतिक समर्थन नहीं मिल पाया हो, क्या सरकारों द्वारा इस पर सुनियोजित तरीकों से– प्रचार-प्रसार, राष्ट्रीय कार्यक्रमों, इत्यादि, से कार्य हो पाता!?

यों तो चिकित्साकर्मियों द्वारा अपने रोगियों को तम्बाकू छोड़ने हेतु सचेत करने से लगा, विद्यालयों में नियमित प्रार्थना सभाओं व अन्य सामाजिक गतिविधियों से लगा सभी धर्मों के गुरुओं-अनुयायियों द्वारा इस नशीले पदार्थ के उपभोग से बचे रहने के संदेशों से तम्बाकू नियंत्रण को एक अनौपचारिक समर्थन पिछली सदी के आखिरी तीन दशकों से ही भरपूर तरीकों से मिलने लगा था, भारत में इसकी परोक्ष और छोटी शुरुआतें तो पिछली सदी के आखिरी वर्षों में ही हो पायी थी।

परन्तु, पिछले डेढ़ दशक में, राष्ट्रीय दूरदर्शन (डीडी) में विभिन्न कार्यक्रमों के अंतर्गत (कल्याणी, स्वस्थ भारत, स्वस्थ देश, इत्यादि) इसके अत्यंत उपयोगी और सामयिक योगदान के अतिरिक्त, अर्जित

प्रिंट मीडिया और रेडियो द्वारा प्रसारित विशिष्ट वार्ताओं में, और, विगत कुछ वर्षों में **टेलीविज़न** की बढ़ती लोकप्रियता के कारण, इलेक्ट्रोनिक मीडिया (टीवी) में भी, आंशिकता से ही सही इसे नियमितता से कुछ स्थान तो मिलने लगा ही है। साथ ही, एक बड़ा योगदान **गैर-सरकारी संगठनों** की उचित तम्बाकू नियंत्रण हेतु एक विशिष्ट, सतत और सार्थक प्रतिबद्धता, प्रयासों, और सामयिक सरकारी कार्यवाही की माँग के अलावा **राष्ट्रीय तम्बाकू नियंत्रण कार्यक्रम (एन.टी.सी.पी.)** के अंतर्गत बढ़ती सरकारी प्रायोजितता का भी है। वर्ष 2003 में देश में तम्बाकू नियंत्रण के बने सिगरेट व अन्य तम्बाकू अधिनियम (कोटपा) के नियम 4 का प्रभाव लोकप्रिय सिनेमा में वर्ष 2004 से ही दिखने लगा था जब इसके अंतर्गत सिनेमाघरों में धूम्रपान पर प्रभावी रोक तत्परता से लागू होने लगी; धूम्रपान न करने वाले का इस नियम के प्रति यहाँ और, प्रत्येक सजग भारतीय का, अन्य लोकस्थानों और लोकवाहनों में इस हेतु समर्थन विशिष्ट रूप से लाभकारी रहा। कोटपा के **नियम 5** का प्रभाव सिनेमा जगत में वर्ष 2012 से स्पष्टता से दिखने लगा है जिसके अंतर्गत तम्बाकू पदार्थों के विज्ञापनों पर सर्वथा रोक के अतिरिक्त, सिनेमा के कलाकारों द्वारा उनके उपभोग पर तम्बाकू से हानि की चेतावनी को दिखलाना आवश्यक है। **नियम 6 (ब)** ने जहाँ तम्बाकू-मुक्त विद्यालयों की सरकारी नीति से इसे बल मिला, इसके **(अ) भाग** से तम्बाकू पदार्थों को अल्पव्यस्कों को खुदरा व्यापारियों द्वारा विक्रय का प्रतिषेध किये जाने से भी तम्बाकू नियंत्रण को महत्वपूर्ण समर्थन मिला। इन सबके साथ, सभी खुदरा तम्बाकू पदार्थों पर सचित्र चेतावनियों की वर्ष 2009 से अनिवार्यता व विगत वर्षों में इनके बढ़ते आकार (वर्तमान में 85%) और तम्बाकू की हानियों के वास्तविक चित्रण का भी तम्बाकू नियंत्रण के समर्थन में एक अभूतपूर्व योगदान है।

फिर भी, विज्ञापन का क्षेत्र, तम्बाकू नियंत्रण में योगदान के संदर्भ में अब भी अछूता-सा ही है– इसके अत्यधिक महँगे होने के कारण!

साथ ही, धनी तम्बाकू उद्योग के पास अब यह ही एक मात्र प्रमुख माध्यम बचा रह गया है, जिसका अनुचित और अवांछित उपयोग यह अपरोक्ष विज्ञापनों के माध्यम से लोगों की राय बदलने के अलावा शासन को विपरीत रूप से कार्य करने अथवा उसे किसी प्रभावी नीति न बनाने देने, डराने-धमकाने अथवा समय-बेसमय प्रिंट- अथवा इलेक्ट्रॉनिक- मीडिया के द्वारा काम में लाता रहता है। अच्छा होगा यदि केन्द्रीय सूचना एवं प्रसार मंत्रालय इससे अपने को सर्वथा रूप से अलग कर ले क्योंकि सरकार एक प्रभावी तम्बाकू नियंत्रण द्वारा कहीं अधिक आर्थिक लाभ अर्जित कर सकती है!

ऐसा नहीं है कि प्रिंट- अथवा इलेक्ट्रॉनिक- मीडिया मालिकों की कोई मज़बूरी हो कि वो ऐसा करें ही, परन्तु व्यावसायिक लाभ के लालच को रोक पाना बिरलों के ही बस का काम है। मेरी जानकारी के अंतर्गत मात्र जयपुर-स्थित इस **समाचार पत्र "समाचार जगत"** को ही समूचे भारत में इस श्रेणी में रखा जा सकता है जो कि एक नीतिगत निर्णय के अंतर्गत- जनमानस व जनस्वास्थ्य के हित को ध्यान में रख न केवल ऐसा करता है परन्तु जिसने इस **वर्ष** (2018 में) 6 फरवरी को, आठ माह के अटूट प्रयास कर, अपने परिसर को नीतिगत से, प्रदेश के स्वास्थ्य मंत्री द्वारा औपचारिक घोषणा करवा, **तम्बाकू-मुक्त** भी किया (हालाँकि वर्तमान में इस स्थिति का पुनः आकलन किया जाना उचित होगा)। वैसे इसी वर्ष पंजाब स्थित अन्य दो समाचार-पत्र समूहों (पंजाब केसरी और दैनिक जागरण) ने

संज्ञान ले अपने परिसरों को तम्बाकू-मुक्त बनाये रखने का निर्णय लिया है। यदि वे भी समाचार जगत, जयपुर के समान नीतिगत तरीके से तम्बाकू-मुक्ति हेतु मानकों को प्राप्त कर लेते तो और भी अच्छा होता।

तकनिकी प्रगति के साथ **सोशल मीडिया** की भी तम्बाकू नियंत्रण में भागीदारिता बढ़ती दिखाई दे रही है, हालाँकि अभी यह अभी प्रारंभिक दौर में ही कही जाएगी। जहाँ फेसबुक पर कई समूह और व्यक्ति कई राष्ट्रों पर इसे निरन्तरता से बढ़ावा दे रहें हैं, यू-टयूब, ट्विटर और इन्स्टाग्राम पर भी इसका बढ़ता समर्थन देखा जा सकता है। अब तक के लोकप्रिय अर्जित मीडिया माध्यमों की तुलना में इनकी तीव्र और व्यापक पहुँच को देखते हुए, विशेषकर नीतिनिर्धारकों तक पहुँच के लिये ये निःशुल्क माध्यम भविष्य में तम्बाकू नियंत्रण को समर्थित करने हेतु प्राथमिकता से काम में लिए जायें तो आश्चर्य न होगा। युवा पीढ़ी का इनसे जुड़ाव, तम्बाकू नियंत्रण में और विशेषकर युवाओं को तम्बाकू से दूर रखने में एक महत्वपूर्ण भूमिका निर्वाह कर सकेगा, ऐसी आवश्यकता भी है और आशा भी।

अंत में, संचार माध्यम कोई भी हो, तम्बाकू नियंत्रण की मुहिम को प्रभावी बनाये जाने को जितना व्यापक समर्थन मिलेगा, वैश्विक और राष्ट्रीय तम्बाकू के बोझ को उतना ही कम किया जा सकेगा; और, तब ही सरकारें वर्ष 2025 तक विश्व में तम्बाकू उपभोग को 30% कम करने के अपने लक्ष्य को समय रहते प्राप्त कर सकेंगी।

तम्बाकू से रुकता विकास, समाधान एस.डी.जीस. द्वारा

संयुक्त राष्ट्र संघ द्वारा अनुशंसित सतत विकास लक्ष्य

तम्बाकू से यदि कोई अंततः लाभान्वित है तो केवल और केवल बड़ी अंतर्राष्ट्रीय- व राष्ट्रीय- तम्बाकू कम्पनियाँ ही। विश्व स्वास्थ्य संगठन द्वारा जारी आंकड़ों से ज्ञात होता है कि अकेले तम्बाकू उपभोग से ~22,000 से अधिक मृत्यु प्रतिदिन हो जाती हैं, याने ~916 प्रति घंटे और 15 प्रति सेकंड। इनमें से 80% से अधिक मृत्युएँ विकासशील देशों में होती हैं और चालीस प्रतिशत साठ वर्ष से कम आयु में। लेकिन, मात्र मृत्यु ही नहीं, तम्बाकूजनित रोगों के प्रबंध के खर्च और समय से पहले जीवन-हानि किसी भी समाज और देश-प्रदेश की उत्पादकता को खंडित करती है। अतः वैश्विक विकास की दृष्टि से यह उचित ही प्रतीत होता है कि विश्व तम्बाकू निषेध दिवस का थीम इस वर्ष यह उजागर करे कि किस प्रकार तम्बाकू उद्योग और इसका उपभोग वैश्विक स्तर पर विकास के लिए खतरा बन चुका है।

संयुक्त राष्ट्र संघ ने वर्ष 2015 में मूलतः वैश्विक गरीबी और आर्थिक असमानता दूर करने के उद्देश्य से उन लक्ष्यों (सस्टेनेबल डेवलपमेंट गोअल्स याने सतत विकास लक्ष्य- एस.डी.जीस.) को पहचान, परिभाषित और समयबद्ध तरीके से प्राप्त करने हेतु परिलक्षित किया, जिनको मापा भी जा सके। तो आइये देखें- जानें, उन एस.डी.जीस. को जिन्हें तम्बाकू उद्योग प्रतिकूल तरीके से प्रभावित करता है (यहाँ यह स्पष्ट कर देना उचित होगा कि विकास का अर्थ मात्र आय-वृद्धि ही नहीं है। सर्वांगीण मानविक विकास के रूप में स्वास्थ्य, शिक्षा, लोकतंत्र, मानवीय अधिकारों एवं अन्य गैर-आर्थिक मानकों को भी इसमें जोड़ा जाना आवश्यक होता है):

एस.डी.जी. 1- गरीबी को समाप्त करें, सर्वत्र इसके सभी स्वरूपों में: गरीब ही तम्बाकू का उपभोग सबसे अधिक करते हैं. अतः उनके द्वारा उनकी आय का एक अहम् भाग तम्बाकू पर खर्च कर देना उन्हें व उनके परिवारों को भोज्य-पदार्थों, शिक्षा व स्वास्थ्य सेवाओं की प्राप्ति से वंचित कर देता है (वियतनाम, बांग्लादेश, इत्यादि).

एस.डी.जी. 2- भूख की समाप्ति, खाद्य सुरक्षा की प्राप्ति, आहार (पोषण हेतु) में सुधार और टिकाऊ खेती को प्रोत्साहन: विश्व में इस तरह 38 लाख हेक्टर कृषि भूमि मात्र तम्बाकू की खेती लिए काम में आती है। दुनिया के दक्षिणी देशों में जहाँ गरीबी अधिकतम हैं। उपजाऊ भूमि का दुरूपयोग तम्बाकू की खेती के लिए होने से (उदाहरणार्थ मालावी), कुपोषण, गरीबी, बाल-मजदूरी जैसी समस्याएँ खड़ी हो जाती हैं। इस स्थिति को लाभकारी वैकल्पिक खेती के तरीकों को बढ़ावा दे बदला जा सकता है।

एस.डी.जी. 3- स्वस्थ जीवन सुनिश्चित करना और प्रत्येक के लिए हर आयु में स्वस्थता को प्रोत्साहन: तम्बाकू खाना-पीना घातक-मारक तो है ही, इसका धुआँ भी जानलेवा है। दस में से एक मृत्यु निष्क्रिय धूम्रपान से होती है। जहाँ जीवनभर उपभोग करने से आधे उपभोगी तम्बाकू रोगों से ही मरते हैं, एक तम्बाकू उपभोगी जीवनपर्यंत उपभोग से जीवन के 6- 8 वर्ष की आयु की हानि भोगता है। जहाँ इसका उपभोग हानिकारक है इसे किसी भी आयु में छोड़ना लाभकारी होता है- खतरों की समाप्ति से वह उपभोगी तम्बाकू-मुक्त हो लाभों की ओर बढ़ने लगता है।

एस.डी.जी. 4- शिक्षा में समानता और शिक्षित होने हेतु आजीवन प्रोत्साहन: अशिक्षित ही तम्बाकू उपभोग अधिक करते हैं और कम आयु से ही इसके व्यसनी हो जाते हैं। तम्बाकू पर किया खर्च उन्हें और उनके परिवारों को आवश्यक सुविधाओं से दूर करता है। तम्बाकू खेती- और बीड़ी व्यवसाय- में जुटे बच्चे भी शिक्षा से वंचित रह जाते हैं।

एस.डी.जी. 5- लिंग समानता और महिलाओं और बच्चियों का सशक्तिकरण: क्योंकि महिला उपभोगियों की संख्या पुरुषों की अपेक्षा कम है, तम्बाकू उद्योग निरंतर इन्हें अपने जाल में फंसाने के नित-नए तरीकों को काम में लाता रहता है। भारत में 10 वर्ष से कम आयु की बच्चियों में इसका बढ़ता उपभोग और शहरी महिलाओं में सिगरेट का बढ़ता प्रचलन इसके स्पष्ट दुष्परिणाम हैं।

एस.डी.जी. 6- पानी और सफाई की उपलब्धता और दीर्घगामी

प्रबंध: निचले- और माध्यम- आय वर्ग के देशों में तम्बाकू की खेती में प्रचलित रासायनिक कीटनाशक पानी के स्रोतों का प्रदूषण का एक महत्वपूर्ण कारण है।

एस.डी.जी. 7- ऊर्जा का वहन किये जा सकने वाले विश्वसनीय, दूरगामी और आधुनिक स्रोतों को काम में ले पाना: यह तब ही संभव हो सकता है जबकि तम्बाकूजनित हानियों के खर्चों से मुक्ति मिल सके।

एस.डी.जी. 8- सार्थक, संयुक्त और दूरगामी अर्थव्यवस्था तथा सभी के लिए सम्पूर्ण अवधि वाले उत्पादक रोजगार और कार्य: तम्बाकू व्यापार का वैश्विक असंतुलन, गरीब राष्ट्रों में व्यापार, मानव पूंजी और संसाधनों को प्रतिकूल रूप से प्रभावित कर सरकारी और पारिवारिक खर्चों को बढ़ा देता है।

एस.डी.जी. 10- राष्ट्र के अन्दर- और राष्ट्रों के बीच असमानता को दूर करना: क्योंकि 80% से अधिक तम्बाकूजनित मृत्युएँ गरीब राष्ट्रों में होती हैं, तम्बाकू उपभोग और इसके प्रचार-प्रसार में कमी, आर्थिक- और स्वास्थ्य- विषमताओं में कमी और विकास के खतरे को दूर करने की कुंजी है।

एस.डी.जी. 11- शहरों और आबादियों को सुरक्षित, स्थाई और अनुकूल बनाये रखना: तम्बाकू का धुआँ, आंतरिक जगहों- घर, कार्यालय, इत्यादि, में वायु प्रदूषण का मुख्य कारण है। अतः लोकस्थानों, कार्यस्थलों, वाहनों, इत्यादि, को धूम्रपान-रहित बनाये रखना, धूम्रपान को निरुत्साहित करना और गैर-धूम्रपायी जीवन को बढ़ावा देना इस हेतु महत्वपूर्ण कदम हैं।

एस.डी.जी. 12- तम्बाकू उपभोग और उत्पाद की अपेक्षाओं को विश्वसनीय बनाना: इसके खेतिहरों को सही जानकारी देना जो कि आमतौर पर तम्बाकू उद्योग के छलावे में अपने उत्पाद की अच्छी कीमत मिलने के भ्रम के रहते भारी कर्ज में डूब जाते हैं।

एस.डी.जी. 13, 14 और 15- वातावरण का संरक्षण और इसको प्रदूषित अथवा नष्ट होने से बचाना: तम्बाकू की खेती और इसको उपभोग योग्य बनाने हेतु जंगलों के विनाश-, समुद्र में सिगरेट के ठूंठों से प्रदूषण- और खेती में अत्यधिक काम लिए कीटनाशकों से हुए मिट्टी व पानी के प्रदूषण- को रोकना।

एस.डी.जी. 16- समाजों के शांतप्रद और सहभागी विकास को प्रोत्साहन, हर किसी को न्यायिक व्यवस्था की सुलभता और संस्थाओं को जिम्मेदार और विस्तृत बनाना: तम्बाकू कम्पनियाँ सरकारों को झूठे क़ानूनी पचड़ों में फँसा अथवा इनका डर दिखा उन्हें मजबूत तम्बाकू नियंत्रण लागू करने से रोकती रहती हैं।

एस.डी.जी. 17- योजनाओं और कार्यक्रमों को लागू करने में मजबूती प्रदान करना और दूरगामी विकास हेतु अंतर्राष्ट्रीय भागीदारिता से जुड़ाव: विश्व स्वास्थ्य संगठन, विश्व बैंक, संयुक्त राष्ट्र संघ, इत्यादि, सभी अंतर्राष्ट्रीय व क्षेत्रीय संस्थाएँ, राष्ट्रों को विकास हेतु तम्बाकू नियंत्रण को प्राथमिकता प्रदान करने पर जोर देती हैं।

आशा है एस.डी.जीस. का उपरोक्त विवरण निश्चित ही तम्बाकू-मुक्त समाज और जीवन और तम्बाकू नियंत्रण को मजबूत करने हेतु लाभकारी होगा।

(साभार सी.टी.एफ.के. द्वारा विश्व तम्बाकू निषेध दिवस 2017 पर जारी की गयी विशिष्ट जानकारी से उद्धृत)

पाँच आवश्यकताएँ– तम्बाकू का बोझ कम करने की

वर्ष 2030 तक तम्बाकू उपभोग में कमी का वैश्विक- और राष्ट्रीय- लक्ष्य है 30% की कमी। क्या इसे प्राप्त किया जा सकता है? उत्तर हैं हाँ, यदि हम तम्बाकू नियंत्रण के तरीकों में व्यापक सुधार ला सर्कें। तो आइये, जाने ऐसा कैसे हो सकता है:

(1) **पहली आवश्यकता है सभी सम्बद्ध सरकारी विभागों की समन्वयता की।** अब तक तम्बाकू नियंत्रण को मात्र चिकित्सा विभाग की जिम्मेदारी समझा जाता रहा है। यह सोच बदलना होगा। मुख्यतः पुलिस (गृह)-, शिक्षा-, महिला एवं बल कल्याण-, समाज कल्याण-, वित्तीय-, स्थानीय प्रशासन-, इत्यादि, विभागों के साथ अति महत्वपूर्ण होगा पंचायती राज विभाग का जुड़ाव । **मात्र कहना पर्याप्त नहीं है। इसे कर पाने के तरीकों को भी स्थापित करना होगा।** अतः यह परमावश्यक है कि चिकित्सा विभाग के साथ अन्य विभागों के मंत्री-, सचिव- और निदेशक- स्तरों पर नियमितता से तिमाही प्रणाली से कार्यरत हों; और, इस हेतु एक अन्तर-विभागीय नीति बने। इसके तहत राष्ट्रीय तम्बाकू नियंत्रण कार्यक्रम (एन.टी.सी.पी.) के विभिन्न आयामों में हर विभाग अपना योगदान कैसे कर सकता है; और, कैसे समयबद्ध कार्यक्रम के अंतर्गत पूर्व निर्धारित परिणामों को प्राप्त कर सकता है- मात्र इसकी चर्चा ही न हो, जवाबदेही भी तय हो। मुख्य आग्रह इस पर भी हो कि जिस स्तर की चर्चा हो, उस स्तर का ही मंत्री और/अथवा अधिकारी उसमें भाग ले। अन्यथा, उनके कनिष्ठ अधिकारी द्वारा विभागीय-स्तर पर निर्णय नहीं ले/करा सकने की स्थिति में महत्वपूर्ण विषयों पर ऐसी मीटिंगों में कोई भी निर्णय सामयिक रूप से नहीं हो पाता है ।

(2) **दूसरी आवश्यकता है सभी खुदरा तम्बाकू पदार्थों पर समान रूप से टैक्स बढ़ोतरी की।** जी.एस.टी. लागू होने से राष्ट्रीय स्तर पर समानता तो आ जाएगी पर राजस्थान जैसे प्रदेश जहाँ टैक्स पहले से ही उच्च स्तर पर रहा है, वहाँ क्या होगा? इसे प्रादेशिक स्तर पर गंभीरता से सोचा जाना चाहिए क्योंकि

हो सकता है सरकार यह सोच निष्क्रिय रहे कि अगले पाँच वर्षों में राजस्व की कमी की भरपाई तो केंद्र सरकार कर देगी। अतः यह भी सोचना होगा कि यदि टैक्स की दर पहले से कम हो जाती है अथवा आर्थिक अवमूल्यन/मुद्रास्फीति के कारण तम्बाकू उपभोग बढ़ जाता है तो तम्बाकूजनित रोगों की व्यवस्था पर बढ़ने वाले खर्च का निर्वहन सरकार को आप ही करना होगा।

(3) **तीसरी आवश्यकता है, कोटपा** अर्थात सिगरेट एवं अन्य तम्बाकू पदार्थ अधिनियम **के नियमों के प्रवर्तन में मजबूती, नियमितता और कड़ाई।** अब तक ऐसा प्रतीत हो रहा है कि इस हेतु जवाबदेही प्रादेशिक तम्बाकू नियंत्रण प्रकोष्ठ यह कार्यवाही मात्र खानापूर्ति, स्वयं-संतुष्टि अथवा रिकॉर्ड बनाने हेतु ही कर रहा है।

नियमवार देखें तो अब तक के सबसे प्रभावी नियम 4 की अवहेलना से कई लोकस्थान (बड़े सरकारी कार्यालय और शिक्षण संस्थाएँ), मीडिया और प्राइवेट संस्थान, होटलें, इत्यादि, अभी भी धूम्रपायियों के द्वारा अपने आफिस/कमरों में सक्रिय धूम्रपान और उससे उत्पन्न निष्क्रिय धूम्रपान से अब भी पीड़ित हैं। बड़े अधिकारियों, अध्यापकों, मालिकों, इत्यादि, को एक अदना जागरूक कर्मचारी कैसे कुछ कहे!?

नियम 6 (ब) और इसके साथ सरकारी नीति के अंतर्गत तम्बाकू-मुक्त हुए स्कूलों का समुचित आकलन प्रादेशिक अथवा जिला स्तर पर व्यापकता और नियमितता से अब तक नहीं हो पाया है। नियम 6 (अ) के अंतर्गत अवयस्कों को अब भी तम्बाकू पदार्थ धड़ल्ले से बेचे जा रहे हैं। किसी भी स्थिति में इन्हें खुली सिगरेट /बीड़ी अथवा ई-सिगरेट का विक्रय नहीं होने देना चाहिए।

नियम 5 और 7 पर अब तक जो कार्यवाहियां हुई हैं, उनके अंतर्गत मिलने वाला दण्ड शायद ही किसी व्यापारी अथवा

तम्बाकू उत्पादक को कोर्ट से मिला हो। माना कि यह जटिल प्रक्रिया है परन्तु, क्योंकि पुलिस की सहभागिता से इसे फलीभूत किया जा सकता है, इसे सुनिश्चितता तक ले ही जाना होगा।

एक आशा की किरण राज्य में पी.सी.पी.एन.डी.टी. कानून को सफलता से लागू करने के साथ दिखी। वो है इसके तहत स्वास्थ्य भवन में विशिष्ट पुलिस थाने की स्थापना और इसके स्टाफ की एन.एच.एम. निदेशक कार्यालय के नेतृत्व में, गैर-सरकारी संस्थाओं के साथ सतत कार्यशीलता। यदि कोटपा प्रवर्तन हेतु भी ऐसी ही व्यवस्था लागू कर दी जाये तो प्रादेशिक – और जिला-स्तर पर तम्बाकू नियंत्रण प्रकोष्ठों के कर्मचारी, स्थानीय पुलिस की सक्रिय सहभागिता से प्रभावी रूप से कोटपा नियमों को लागू करा पायेंगे। यदि तम्बाकू पदार्थ मात्र लाइसेंसधारी विक्रेता ही बेच पायें तब यह कार्य और आसान हो जायेगा।

पंचायतों का जुड़ाव अति महत्वपूर्ण है प्रदेश के दूरगामी, ग्रामीण इलाकों तक तम्बाकू नियंत्रण के आयामों को पहुँचाने हेतु और इनके द्वारा स्थानीय संस्थाओं को तम्बाकू नियंत्रण के कानून (कोटपा) के नियमों के प्रवर्तन हेतु सजग कर कार्यशील बनाया जा सकेगा।

इसके साथ यदि पंजाब, बिहार, झारखण्ड और छत्तीसगढ़ में किये जा रहे स्थानीय मीडिया के उपयोग के उदाहरणों को भी जोड़ लिया जायेगा तो कोटपा के नियमों का समुचित रूप से निर्वहन करा पाने से जनचेतना को भी निरन्तरता से मजबूती मिल सकेगी। साथ ही, प्रवर्तन से प्राप्त धनराशि पुनः तम्बाकू नियंत्रण पर ही खर्च की जाये। इससे सरकारी आर्थिक बोझ तो कम होगा ही, प्रवर्तन की सफलता व सार्थकता भी दिखेगी!

(4) **चौथी आवश्यकता है सभी सरकारी प्रतिष्ठानों के परिसरों को नीतिगत रूप से तम्बाकू-मुक्त कराये जाने की** अर्थात् इन परिसरों में कार्यरत व रिहायशी कर्मचारियों के अतिरिक्त सभी आगंतुक, अस्थायी- अथवा ठेके वाले- कर्मचारी, प्रशिक्षणार्थी, इत्यादि, किसी भी प्रकार के तम्बाकू पदार्थ न ले जा सकें और ना ही खा-पी सकें। इससे उल्लंघनकर्ताओं को उपलब्ध प्रशासनिक नियमों के अंतर्गत सजा भी शीघ्रता से दी जा सके। प्रारंभ में इसे सभी सरकारी –, प्राइवेट- और गैर-सरकारी चिकित्सा और स्वास्थ्य संस्थानों और चिकित्सालयों पर लागू करना श्रेष्ठतम तो होगा। इससे यहाँ कार्यरत कर्मचारियों, रोगियों, इत्यादि, में भी तम्बाकू नियंत्रण में सहभागिता हेतु एक सकारात्मक सन्देश जायेगा। इसके अतिरिक्त हर तम्बाकू उपभोगी रोगी को तम्बाकू छुड़वाने हेतु प्रोत्साहित कर उपचारित किया जाये क्योंकि ''तम्बाकू उपभोग एक रोग है और हर तम्बाकू उपभोगी एक रोगी।''

(5) **पाँचवी आवश्यकता** आमूलचूल परिवर्तन की है और वह **जुड़ी है, चबाने वाली तम्बाकू के विक्रय से।** इसकी छोटे पाउचों में बिक्री तत्काल रूप से हमेशा के लिए बंद कर दिया जाये और इसके स्थान पर 50 ग्राम और यदि हो सके तो मात्र 100 ग्राम के टिन के डिब्बों में ही इसका विक्रय हो। तब ही अधिकांश तम्बाकू चबाने की ओर अग्रसर ग्रामीण व कच्ची बस्तियों के युवा वर्ग और गरीबों को इसके उपभोग से दूर रखा जा सकेगा।

कठिन नहीं यह सब कर पाना यदि राजनैतिक और प्रशासनिक इच्छाशक्ति जग जाये। तो आइये करें इसकी माँग- हर स्तर पर, देश-प्रदेश में तम्बाकू के बोझ को कम करा पाने के लिये।

मैं तो तैयार हूँ पर क्या आप भी हो सकेंगे इस मुहिम में भागीदार?

दुनिया प्रगति पर है, तम्बाकू की माँग घटाने को..

विश्व तम्बाकू निषेध दिवस 2017, अगर यूँ ही देखें तो आया और गया! क्या पाया अगर जानना हो तो निश्चित ही कुछ ऐसे स्रोतों को ढूंढना पड़ेगा जो कि इसकी वास्तविक स्थिति से अवगत करा सकें। तो आइये जाने, ऐसे दो स्रोतों से, क्या कुछ हो पाया है पिछले दशक में तम्बाकू नियंत्रण में, जो कि हमें इसके दर्पण में अपनी ही छवि से रूबरू करा रहा है:

(अ) **वैश्विक स्तर पर**- विख्यात वॉटरलू विश्वविद्यालय और जिनेवा में विश्व स्वास्थ्य संगठन की सहभागिता के अन्तर्गत कनाडा स्थित अंतर्राष्ट्रीय तम्बाकू नियंत्रण नीति मूल्यांकन प्रोजेक्ट (आई.टी.सी.पी.ई.पी.) के अंतर्राष्ट्रीय तम्बाकू नियंत्रण अनुसंधानकर्ताओं के प्रमुख डॉ. जेओफ्री फोंग के अनुसार **समूचे विश्व में धूम्रपान की दर 2.5% कम हुई है।**

उन्होंने **इसका श्रेय** दिया गया है- एफ.सी.टी.सी. (फ्रेमवर्क कन्वेंशन फॉर टोबेको कण्ट्रोल) को, जो कि अपने 182 सदस्यों को अब तक की इस सबसे व्यापक अंतर्राष्ट्रीय संधि के इन **पाँच महत्वपूर्ण उपायों को** लागू करने हेतु बाध्य करती है- (1) तम्बाकू पदार्थों पर ऊँचे कर, (2) धूम्रपान-रहित लोकस्थान, (3) तम्बाकू की खुदरा पैकेजिंग पर चेतावनियाँ, (4) विज्ञापनों पर सम्पूर्ण प्रतिषेध और (5) तम्बाकू उपभोग छोड़ने हेतु सहायता।

इस अध्ययन ने 126 देशों (116 सदस्य- कुल सदस्यों में से 65%; और, 10 गैर-सदस्य) से प्राप्त (अ) वर्ष 2007 से 2014 तक के तम्बाकू की माँग कम करने के उपायों के परिणामों, और (ब) वर्ष 2005 से 2015 तक इन उपायों को पूर्णता से लागू कर पाने व धूम्रपान की दर के सम्बन्ध के आँकड़ों का मूल्यांकन किया:

i) **धूम्रपान की दर:** वर्ष 2005 से 2015 तक यह 24.7% से घट 22.2% रह गयी। जिन देशों में एफ.सी.टी.सी. के सभी उपायों को पूर्णता से लागू किया उन्हें धूम्रपान की दर की कमी में अधिक सफलता मिली। शीर्षस्थ नेतृत्व की भागीदारिता के फलस्वरूप वर्ष 2015 में वर्ष 2005 की अपेक्षा धूम्रपान करने वालों की दर में 7.1% कमी देखी गयी, विशेषकर उत्तरी यूरोप और दक्षिणी

अमेरिका में। चूँकि अफ्रीकी देशों में ऐसा नहीं हो पाया, इन देशों में धूम्रपान की दर में 3.4% से 12.6% तक की बढ़ोतरी देखी गयी।

ii) वर्ष 2014 तक **सबसे अधिक लागू किया जाने वाला उपाय रहा**- धूम्रपान-रहित क्षेत्रों की स्थापना (28% देश) जिससे न केवल धूम्रपान से हो रही मृत्युओं में कमी होती है अपितु जनमानस का निष्क्रिय धूम्रपान से बचाव भी होता है और धूम्रपान छोड़ने हेतु प्रोत्साहन भी मिलता है। और, जिस उपाय को सबसे कम लागू किया जा सका वो था विज्ञापनों पर रोक (13% देश) जिसका सीधा सम्बन्ध युवाओं द्वारा धूम्रपान आरम्भ करने से है।

iii) अन्य तीन उपायों को लागू करने की दरें इस प्रकार थी- (अ) सिगरेट (तम्बाकू पदार्थों) के पैकेट्स पर **सचित्र चेतावनियाँ**- 22.2% (28 देश); (ब) सिगरेट **(तम्बाकू पदार्थों) पर टैक्स** जो कि निचले- और मध्यम- स्तर के देशों में तम्बाकू उपभोग कम करने का सफलतम उपाय है-25.4% (32 देश); और (स) सिगरेट (तम्बाकू उपभोग) **छोड़ने हेतु सहायता**- 16% (20 देश)।

अध्ययन की सीमितताएँ: हालाँकि इसमें एफ.सी.टी.सी. के मात्र 65% देशों ने ही भाग लिया परन्तु फिर भी इसमें सभी आय वर्गों के देश, विश्व स्वास्थ्य संगठन क्षेत्र और संयुक्त राष्ट्र संघ के उप-क्षेत्र समाहित हैं। इसकी एक और कमी यह है कि यह नहीं आँका जा सका कि: (अ) कितने देशों कितनी सफलता से इन उपायों को लागू कर पाए; (ब) जब इन उपायों को एक साथ अथवा क्रमवार लागू किया गया तो किन उपायों के परिणाम अधिकतम पाए गये।

(ब) **राष्ट्रीय स्तर पर**- राष्ट्रीय परिवार स्वास्थ्य सर्वेक्षण-4 से की फेक्ट-शीट में उपलब्ध आंकड़ों से जानकारी मिलती है कि पिछले 10 वर्षों में:

(1) भारत के पुरुषों और और महिलाओं में तम्बाकू उपभोग क्रमश: 12.2% (57% से घट 44.8%) और 4% (10.8% से घट 6.8%) कम हुआ है जबकि राजस्थान प्रदेश के पुरुषों और और

महिलाओं में यह कमी क्रमशः 13.5% (60.4% से घट 46.9%) और 1.5% (7.8% से घट 6.3%) हुई है।

(2) लिंगानुसार, देश व राजस्थान प्रदेश दोनों में ही पुरुषों और महिलाओं में तम्बाकू छोड़ने के प्रयासों में एक प्रभावी रूप से कम होती दरें देखी गई है। जहाँ राष्ट्रीय स्तर पर इसे महिलाओं की अपेक्षा 1.2% अधिक पुरुषों ने इसे छोड़ने हेतु प्रयास किये (पुरुष दर-30.5%; व महिला दर- 29.3%), प्रादेशिक स्तर पर 11.2% अधिक महिलाओं ने इसे छोड़ने हेतु प्रयास किये (पुरुष दर- 25.8%; व महिला दर- 37.0%)।

अंत में, डॉ. फोंग द्वारा निष्कर्ष के तौर पर दिए गए कथन का समर्थन करते हुए यह मानना उचित होगा कि हालाँकि अभी बहुत कुछ करना शेष है, **तम्बाकू नियंत्रण में एफ.सी.टी.सी. ने महत्वपूर्ण प्रगति प्राप्त की है।** जहाँ प्रगति कम है- निचली- व माध्यम- आय वर्ग के देश, वहाँ **इसका सबसे बड़ा कारण है तम्बाकू उद्योग का (प्रतिकूल) प्रभाव।** अतः यह उचित होगा कि केंद्र में स्वास्थ्य मंत्रालय- और प्रदेशों में चिकित्सा एवं स्वास्थ्य विभाग- इन जानकारियों से संज्ञान ले देश-प्रदेश में तम्बाकू नियंत्रण को और मजबूती प्रदान करें। जनमानस निराश बिल्कुल न हों, **तम्बाकू मुक्ति हमारा ध्येय है और हम इसे प्राप्त करके रहेंगे।**

गेट्स–2: भारत में भी घटा तम्बाकू उपभोग

वर्ष 2017 में समूचे विश्व में धूम्रपान की दर 2.5% कम होना एक सुखद सन्देश था तो गेट्स–2 द्वारा वर्ष 2018 में भारत के वयस्कों में पिछले 7 वर्षों (2009-10 से 2016-17) में तम्बाकू उपभोग का 6% घटना रिपोर्ट किया जाना **सोने पर सुहागा** जैसी कहावत को चरितार्थ करता है।

गेट्स–2 सर्वेक्षण है क्या? गेट्स भारत जैसे देशों में राष्ट्रीय स्तर पर प्रतिनिधित्व प्रदान करने वाला सर्वेक्षण है जो वैश्विक मानकों पर वयस्कों में (15 वर्ष से ऊपर की आयु वालों में) तम्बाकू के उपभोग और प्रमुख तम्बाकू नियंत्रण सूचकों की निगरानी करता है। यह राष्ट्रों की उनके द्वारा तम्बाकू नियंत्रण के ढाँचे को कार्यान्वित और मूल्यांकित करने की क्षमता में वृद्धि करता है। साथ ही, उनकी विश्व स्वास्थ्य संगठन के एफ.सी.टी.सी. (फ्रेमवर्क कन्वेंशन ऑन टोबेको कण्ट्रोल) के प्रति प्रतिबद्धता को देश के भीतर व अन्य देशों से आकलन में सहायता भी प्रदान करता है।

आइये जाने क्या कुछ और पता लगा इस विश्व स्वास्थ्य संगठन और टाटा इंस्टिट्यूट ऑफ़ सोशल साइंसेज की सहभागिता से स्वास्थ्य मंत्रालय द्वारा वर्ष 2016-17 में 74,037 घरों के 15 वर्ष की आयु से बड़े किसी एक सदस्य से हुए इस सर्वेक्षण के मुख्य अंशों से (http://www.searo.who.int/india/mediacentre/events/2017/gats2ṣindia.pdf):

1) **सात वर्षों के अन्तराल से देश में तम्बाकू उपभोगियों की संख्या में 81 लाख (6%) की कमी आयी** (27.49 करोड़ से घट 26.7 करोड़ अर्थात् 34.6% से घट कर 28.6%)। जहाँ गेट्स– 1 में धूम्रपायियों, तम्बाकू चबाने वालों और दोनों प्रकार की तम्बाकू के उपभोग वालों का प्रतिशत क्रमश: 9%, 21% और 5% था (कुल 34.6%; 27.4 करोड़), गेट्स– 2 में यह घट कर 7%, 18% और 4% हो गया (28.6%; 26.7 करोड़)। याने, धूम्रपायियों, तम्बाकू चबाने वालों और दोनों प्रकार की तम्बाकू के उपभोग वालों में क्रमश: 2%, 3% और

1% की कमी हुई जो कि संख्या के तौर पर 81 लाख आंकी गयी है;

2) **गाँवों में तम्बाकू उपभोग, शहरों की अपेक्षा 2.92 गुना अधिक है**- 19.9 करोड़ ग्रामीण व 6.8 करोड़ शहरी तम्बाकू उपभोगी हैं; प्रथम चरण की तुलना में यह 0.5 गुना बढ़त लिए हुए है। सम्पूर्ण 26.7 करोड़ तम्बाकू उपभोगियों में से जहाँ ग्रामीण पुरुष 14.8 करोड़ व ग्रामीण महिलायें 5.1 करोड़ पायी गयी; शहरी पुरुष व शहरी महिलायें क्रमश: 5.4 करोड़ व 1.4 करोड़ थी;

3) यह भी जाना गया कि **हर पाँचवा व्यस्क भारतीय तम्बाकू चबाता है (19.9 करोड़) तो हर दसवाँ धूम्रपायी है (10.0 करोड़)**; और 3.2 करोड़ दोनों प्रकार की तम्बाकुओं के उपभोगी हैं;

4) **पुरुषों के तीन प्रमुख प्रकार के तम्बाकू उपभोगों में** खैनी चबाने वाले 8.5 करोड़ थे तो बीड़ी पीने वाले और गुटका (पान मसाला और तम्बाकू का मिश्रण) चबाने वाले क्रमश: 6.7 करोड़ व 5.1 करोड़ थे। **महिलाओं में तीन प्रमुख प्रकार के तम्बाकू उपभोगों में** पान के साथ तम्बाकू चबाने वाली और दाँतों पर तम्बाकू घिसने वाली महिलायें समान रूप से दो-दो करोड़ थी (कुल 4 करोड़) तो खैनी चबाने वाली 1.9 करोड़। अत: जहाँ धूम्रपान मूलत: पुरुषों की समस्या जानी गयी, तम्बाकू चबाने की समस्या पुरुषों व महिलाओं में, समान रूप से दिखी है;

5) **वर्ष 15-24 के युवाओं में 6% की कमी आंकी गयी है** (18.4% से घट 12.4%)। जहाँ अवयस्कों (15-17 वर्ष) में यह कमी 54% हुई, युवाओं (18-24 वर्ष) में यह कमी 28% तक दिखी;

6) **जीवन में सर्वप्रथम तम्बाकू उपभोग की औसत आयु में 1 वर्ष की बढ़ोतरी देखी गयी**- 17.9 वर्ष से बढ़ 18.9 वर्ष;

7) गेट्स-2 में गेट्स-1 की अपेक्षा निष्क्रिय धूम्रपान में कमी देखी गयी क्योंकि अब 92% व्यस्क भारतीय यह मानते हैं कि इससे घातक रोग होते हैं। जहाँ लोकस्थानों- और लोकवाहनों- में यह कमी 6% हुई (29% से घट 23%), घरों में इसमें 13% की कमी हुई। परन्तु कार्यस्थलों में जहाँ इसकी बढ़ोतरी देखी गयी (0.3%; 29.9% से 30.2%), 10 में से 3 कर्मचारी निष्क्रिय धूम्रपायी जाने गये (गेट्स-1 से अब तक कोई बदलाव नहीं हुआ है);

8) तम्बाकू पदार्थों की पैकेजिंग पर **सचित्र चेतावनियों को देख 23.9% सिगरेट धूम्रपायियों, 24.5% बीड़ी धूम्रपायियों और 12.4% तम्बाकू चबाने वालों ने इनके उपभोग को छोड़ने का सोचा।** मोटे तौर 55% धूम्रपायियों और 50% तम्बाकू चबाने वालों ने इस उपभोग को छोड़ने का या तो सोचा हैं अथवा इस हेतु योजना बना रहे हैं। परन्तु, क्या तम्बाकू उपभोगियों के रवैये में कोई बदलाव आया तो यह जाना गया कि पिछले 12 महीनों में छोड़ने हेतु प्रयासों की दर -0.1% (सिगरेट पीने वालों में) से 2.2% (तम्बाकू चबाने वालों में) तक ही बढ़ी;

9) **चिकित्सकों द्वारा इन्हें छोड़ने हेतु राय में बढ़ोतरी तो हुई परन्तु यह दर भी 2.5% (सिगरेट पीने वालों को) से 4.4% (तम्बाकू चबाने वालों को) तक ही बढ़ी;**

10) **तम्बाकू पदार्थों पर व्यक्तिगत औसत दैनिक खर्च में भी**

बढ़ोतरी दिखी- सिगरेट में 18.5 रु., बीड़ी में 6.9 रु. और चबाने वाली तम्बाकू में 6.8 रु. सिगरेट पर मासिक खर्च 793.3 रु. बढ़ा (198.7%) जब कि बीड़ी पर यह बढ़ोतरी 190.7 रु. हुई (204.7%)।

उपरोक्त जानकारियों के आधार पर यह मानना उचित होगा कि हालाँकि भारत ने संयुक्त राष्ट्र के स्थायी विकास के लक्ष्यों (एस.डी.जीस.) के दायरे में विश्व स्वास्थ्य संगठन की ऍफ़.सी.टी.सी. के मानकों के अंतर्गत एक महत्वपूर्ण प्रगति प्राप्त की है. परन्तु, यह चेताना अनुचित नहीं होगा कि अभी भी बहुत कुछ करना शेष है।

इस हेतु आपूर्ति-आधारित नीतियों- क्रियाओं को तम्बाकू नियंत्रण की अब तक चली आ रही माँग-आधारित नीतियों- क्रियाओं से अधिक बल दिया जाना चाहिये, उदाहरणार्थ, **(अ)** तम्बाकू खेती, उत्पाद और विक्रय को लाइसेंस के अंतर्गत ही किया जा सकना, **(ब)** इनसे जुड़े कर्मियों को समतुल्य अथवा अधिक लाभकारी वैकल्पिक रोजगार उपलब्ध कराना, **(स)** बीड़ी व चबाने वाली तम्बाकू का न्यूनतम विक्रय दाम बढ़ा (सिगरेट के समान महँगा कर) गरीब ग्रामीण और युवा से दूर करना, इत्यादि.

इन्हें तात्कालिक तौर पर (लघुगामी लक्ष्य प्राप्ति हेतु) प्राप्त करना कठिन तो अवश्य प्रतीत होता है, परन्तु, वर्षों से मात्र चर्चा में रहे इन उपायों के क्रियान्वयन में अब और अधिक देरी, देश को तम्बाकू महामारी को समयानुसार समास करने के लक्ष्य से दूर करती जायेगी। अत: आप भी माँग करिए अपने नीति-निर्धारकों से, इन्हें प्रभावी रूप से लागू करने हेतु।

कैसे अधिक कमी आये तम्बाकू उपभोग में?

भारतीय गेट्स-2 के सन्दर्भ में..

गेट्स सर्वेक्षण (ग्लोबल एड्ल्ट टोबेको सर्वे), वयस्कों में, जो कि 15 वर्ष से ऊपर की आयुवर्ग में आते हैं, तम्बाकू के उपभोग और प्रमुख तम्बाकू नियंत्रण सूचकों पर की गयी निगरानी द्वारा तम्बाकू नियंत्रण के ढाँचे को कार्यन्वित और मूल्यांकित करने की क्षमता में वृद्धि करते हैं।

इस बार विवेचना करें कि भारत में सम्पन्न हुए गेट्स-2 से प्राप्त उपलब्धियों में कमियों की; साथ ही, तम्बाकू नियंत्रण के वर्तमान के परिपेक्ष में उन्हें विश्लेषित कर यह जाने कि क्या आवश्यकताएँ जान पड़ती हैं, स्वास्थ्य तंत्र के अंतर्गत नीतिगत ढाँचे और जमीनी गतिविधियों में बदलाव की; और, क्या उपाय हैं जिन्हें लागू किया जा सकता है:

1) जहाँ सात वर्षों के अन्तराल से देश में तम्बाकू उपभोगियों की संख्या में 6% की कमी आयी है (34.6% से घट कर 28.6%), उसे वास्तविकता के धरातल पर देखें तो **चबाने वाली तम्बाकू के उपभोगियों में अपर्याप्त कमी** के कारण यह दर छोटी ही रह गयी। जहाँ एक बड़ा कारण सामाजिक स्तर पर इसे उपभोगियों द्वारा मात्र एक आदत मान लेना है, ऐसा भी प्रतीत होता है कि इसको छुड़वाने हेतु चिकित्सकीय-स्तर पर भी अपेक्षाकृत कम प्रयास ही हुए हैं;

2) गाँवों में, शहरों की अपेक्षा 2.92 गुना अधिक तम्बाकू उपभोग, प्रथम चरण की तुलना में 0.5 गुना बढ़त लिए हुए है। इसका प्रमुख कारण **तम्बाकू-नियंत्रण मुहिमों का मात्र शहरों तक सिमटा** रहना और **गाँवों तक** इसका समान मजबूती से **ना पहुँच पाना** ही है;

3) यह तो हर्ष का विषय है कि 15 से 24 वर्ष तक के युवाओं द्वारा तम्बाकू उपभोग में आयी 6% कमी सबसे अधिक अवयस्कों (15-17 वर्ष) में देखी गयी है (54%)। परन्तु, उसके बाद के वर्ग में (18- 24 वर्ष के युवाओं में) आयी 28% कमी में और

वृद्धि आवश्यक है। उन कारणों को जानना परम आवश्यक है कि जो युवाओं को, जो कि अवयस्क आयु में इससे बचे रहते हैं, **तम्बाकू उपभोग की ओर धकेलते हैं;**

4) यह निश्चित ही तम्बाकू नियंत्रण की मजबूत सततता का प्रमाण है कि युवाओं द्वारा जीवन में सर्वप्रथम **तम्बाकू उपभोग की औसत आयु में 1 वर्ष की बढ़ोतरी हुई है** (17.9 वर्ष से बढ़ 18.9 वर्ष)। परन्तु, साथ ही हम यह भी सोचें-जानें कि **वो चुनौतियाँ और अवरोध कौन सी रहीं जिन्होंने इसे मात्र एक वर्ष तक ही सीमित कर दिया।**

5) गेट्स-2 में गेट्स-1 की अपेक्षा घरों में **निष्क्रिय धूम्रपान** में 13% की कमी हुई है। यह एक सकारात्मक बदलाव है। परन्तु लोकस्थानों- और लोकवाहनों- में हुई 6% कमी और **कार्यस्थलों में इसकी चिंताजनक बढ़ोतरी- 29.9% से 30.2%, प्रवर्तन एजेंसियों द्वारा कोटपा के नियम 4 की पालना न करवा पाने की असफलता** तो है ही, कार्यस्थलों, लोकवाहनोंऔर लोकस्थानों के मालिक, व्यवस्थापक या ठेकेदार सक्रिय धूम्रपान को रोकने में नाकामी, स्वयं उनके इसमें लिस होने या फिर कर्मचारियों की धौंस के आगे विवशता दर्शाता है;

6) तम्बाकू पदार्थों की पैकेजिंग पर सचित्र चेतावनियों के आकार में 85% तक की बढ़ोतरी ने ना केवल भारत को वैश्विक स्तर में तो दूसरी पायदान तक पहुँचा दिया, इन्हें देख 55% धूम्रपायियों और 50% तम्बाकू चबाने वालों ने इनके उपभोग को छोड़ने को सोचने का मानस अथवा इस हेतु योजना भी बनाना आरम्भ किया है। परन्तु, **तम्बाकू उपभोगियों द्वारा इसे छोड़ने हेतु प्रयासों और चिकित्सकों द्वारा इन्हें छोड़ने हेतु राय की अपेक्षाकृत छोटी दरों के कारकों को जाने की आवश्यकता है।** इसके दो बड़े कारक है- (अ) तम्बाकू उपभोग को छोड़ने के लाभों को तो जन मानस तक न पहुँचा पाना; और (ब) स्वास्थ्य तंत्र में इसे छोड़ने की

सुविधाओं की उपलब्धता में पर्याप्त बढ़ोतरी की कमी;

7) अंत में, तम्बाकू पदार्थों पर **औसत दैनिक खर्च में 200% की व्यक्तिगत बढ़ोतरी** (सिगरेट और बीड़ी पर औसत मासिक खर्च क्रमश: 793.3रु. 198.7% व 190.7रु. 204.7%), आर्थिक सम्पन्नता के साथ प्राय: जुड़ी शारीरिक हानि का सूचक है।

कैसे लायें तम्बाकू उपभोग में अधिकतम कमी? इसके उपाय निम्नलिखित हैं:

1) **चबाने वाली तम्बाकू के उपभोग की दर में कमी** लाने को हमें प्राथमिकता दे विशिष्टता और तेजी के साथ निपटना होगा;

2) ग्रामीणों में तम्बाकू उपभोग की दर में कमी हेतु तम्बाकू नियंत्रण की मुहिम को व्यापकता से गाँवों तक पहुँचाना होगा- **पंचायती राज संस्थाओं की इसमें भागीदारिता बढ़ानी होगी**, उनके प्रशासनिक सशक्तिकरण के साथ-साथ;

3) युवाओं में तम्बाकू उपभोग में कमी और इसके सर्वप्रथम उपभोग की औसत आयु में वृद्धि हेतु विशेष अभियानों की आवश्यकता है ताकि वे तम्बाकू-मुक्त रह सकें; और, यदि वे वर्तमान में इसके उपभोगी हैं (चाहे मात्र कभी-कभार के उपयोगी ही क्यों ना हों) तो उन्हें इसको त्यागने हेतु **अतिरिक्त व नि:शुल्क सुविधाएँ मिलें,** उनकी सुविधानुसार; और, यदि आवश्यक हो तो ये उन्हें पूरी गोपनीयता से दिलाई जाये;

4) कार्यस्थलों, लोकस्थानों और लोकवाहनों में निष्क्रिय धूम्रपान को प्रभाविकता से काबू किया जाये, इस हेतु आवश्यक है कि वहाँ किया गए प्रबंधों को पुख्ता किये जाने के साथ (अ) सक्रिय धूम्रपायी/धूम्रपायियों और (ब) वहाँ के मालिक अथवा किसी अन्य जिम्मेदार अधिकारी से वसूल की जाने वाली **जुर्माना राशि में कम-से-कम 10 गुना बढ़ोतरी की जाये।** क्योंकि, इस संशोधन को पार्लियामेंट के दोनों सदनों की स्वीकृति की आवश्यकता होगी, अत: यह अपेक्षित है कि ऐसा करने हेतु इसे राजनीति से ना जोड़ा जाये;

5) तम्बाकू उपभोग को ना कह पाने अथवा इसे छोड़ पाने हेतु **सचित्र चेतावनियों के प्रकार और उनकी संख्या में बढ़ोतरी की जानी चाहिये,** जैसा कि कनाडा, ऑस्ट्रेलिया, थाईलैंड, इत्यादि, ने किया है ताकि तम्बाकू उपभोगियों के विभिन्न आयु वर्गों को संबोधित- प्रभावित किया जा सके। साथ ही, जन मानस को तम्बाकू उपभोग की हानियों की जानकारियों के साथ-साथ इसे छोड़ने के लाभों से भी परिचित कराना होगा।

इसके अतिरिक्त, स्वास्थ्य तंत्र में तम्बाकू उपभोग को **छोड़ने की सुविधाओं की उपलब्धता में पर्याप्त बढ़ोतरी** की जानी चाहिये- तकनीकी सुविधाओं जैसे टेलीफोन द्वारा परामर्श-उपचार (क्विटलाइन), मोबाइल फ़ोन पर सन्देश-सेवा (एम सिजेशन), इत्यादि, के अलावा लोगों तक सीधी पहुँच, जैसा कि दिल्ली में मौलाना आजाद की सामुदायिक दन्त-चिकित्सा विभाग द्वारा प्रभाविकता से किया जा रहा है; और, अंत में,

6) **सभी तम्बाकू उपभोगी सावधान व सचेत हों** कि बढ़ती आर्थिक सम्पन्नता की आंधी में कम-से-कम अपना मेहनत से बचाया पैसा इस मारक पदार्थ के उपभोग पर ना खर्च करे।

सोचिये आप भी और माँग करिए अपने नीति-निर्धारकों से, इन उपायों को प्रभावी रूप से लागू करने हेतु।

तम्बाकू नियंत्रण– क्या कहता है डब्ल्यू.एच.ओ. ?

वर्ष 2007 में लागू एमपॉवर, वैश्विक तम्बाकू नियंत्रण हेतु एक 6-कोणीय डब्ल्यू.एच.ओ. नीति, है। इस अंग्रेजी परिवर्णी शब्द (एक्रोनिम) का संक्षिप्त विस्तार निम्नलिखित है:

1) **एम- मोनिटर** टोबेको यूज़ एंड प्रिवेंशन पॉलिसीस (तम्बाकू उपभोग और रोकथाम की नीतियों की निगरानी;

2) **पी- प्रोटेक्ट** पीपुल फ्रॉम टोबेको स्मोक (जनमानस को तम्बाकू के धूएँ से बचाएँ);

3) **ओ- ऑफ़र** हेल्प टू क्विट टोबेको यूज़ (तम्बाकू उपभोग छोड़ने हेतु सहायता प्रस्तुत करें);

4) **डब्ल्यू-वार्न** अबाउट थे ड़ेन्जर्स ऑफ़ टोबेको यूज़ (तम्बाकू के खतरों के बारे में सावधान करें);

5) **ई- एनफोर्स** बेन ऑन टोबेको एडवरटाईज़मेंट, प्रमोशन एंड स्पॉन्सरशिप (तम्बाकू के विज्ञापन, प्रोत्साहन और प्रयोजन को प्रतिषेधित करें रोकें); और,

6) **आर- रेज टैक्सेज** ऑन टोबेको (तम्बाकू पर टैक्स बढायें याने इस पर लगने वाली टैक्स-दर में बढ़ोतरी करें)।

समूचे विश्व में एक दशक से अधिक लागू इस वैश्विक नीति की कम से कम एक नीति-विधि को दुनिया के 63% देशों (194 में से 121) ने उच्चतम प्राप्ति के स्तर तक लागू कर दिया है (मात्र व्यापक जनसंपर्क अभियान (मास मीडिया) के, जिसका आकलन अलग से किया जाता है)। अतः यह माना जा सकता है कि समूचे विश्व ने एक संतोषजनक प्रगति की है।

इसको यों भी समझा जा सकता है कि जहाँ वर्ष 2007 में 42 देशों की 100 करोड़ जनता (विश्व की 15% जनसंख्या) तक एमपॉवर की कम से कम एक नीति-विधि को उच्चतम प्राप्ति के स्तर तक लागू कर दिया था, वर्ष 2017 में 470 करोड़ जनमानस (विश्व

की 67% से अधिक जनमानस) तक इसका लाभ पहुँच रहा है क्योंकि अब तक हर 2-वर्षों में 15 नए देश एमपॉवर की एक या उससे अधिक नीतियों को उच्चतम स्तर पर लागू कर चुके हैं।

हालाँकि डब्ल्यू.एच.ओ. ऐसा मानता है कि सभी देशों के पास मजबूत तम्बाकू नियंत्रण नीतियों को लागू करने की योग्यता है और, इस बारे वर्ष 2007 से इस हेतु बहुत प्रगति हुई भी है, फिर भी अभी बहुत कुछ करना शेष है क्योंकि 57 देश में रह रहे 270 करोड़ लोग अभी भी अपने जनमानस को तम्बाकू उपभोग और निष्क्रिय धूम्रपान एवं इनसे होने वाले रोगों, अक्षमता और मृत्युओं से पीड़ित होने के साथ-साथ इससे जुड़ी आर्थिक, वातावरणीय और सामाजिक विपदाओं से अब तक भी बेसहारा जूझ रहें हैं। क्योंकि इन देशों की सरकारों ने एमपॉवर के मात्र किसी एक मानक (निगरानी और मास मीडिया सहित) को सर्वोच्च प्राप्ति के स्तर तक प्राप्त नहीं किया है, ये लोग अब तक भी एमपॉवर के किसी एक मानक से भी लाभान्वित नहीं हो पाये हैं। साथ ही, एमपॉवर के कुछ मानकों को अपनाने की गति दूसरे मानकों की अपेक्षा भारत सहित अधिकाँश देशों में धीमी ही है, जैसे कि (अ) टेप्स (तम्बाकू पदार्थों के विज्ञापन, प्रोत्साहन और प्रायोजन) को पूर्णतया प्रतिषेधित कर पाना; (ब) तम्बाकू पदार्थों पर करों (टैक्स) को पर्याप्त रूप से बढ़ाने का कार्य; और, (स) जन स्वास्थ्य की नीतियों व कार्यक्रमों में तम्बाकू उद्योग का हस्तक्षेप।

आइये अब विस्तार से जान लेते हैं कि समूचे विश्व ने वर्ष 2017 तक क्या कुछ पा लिया है:

1. छः देशों (अफगानिस्तान, कंबोडिया, एल साल्वाडोर, लाओ पीपुल्स डेमोक्रेटिक रिपब्लिक, रोमानिया और युगांडा) ने सभी लोकस्थानों और कार्यस्थलों को पूरी तरह धूम्रपान–रहित रखने हेतु नये कानून को अपना लिया है (किन्तु सऊदी अरब को खाने-पीने के स्थानों पर धूम्रपान-हेतु क्षेत्र स्थापित करने की संभावना को सर्वथा नकार नहीं पाने के कारण सर्वोच्चता प्राप्त करने वाले देशों के समूह हटना पड़ा है);

2. छ: देशों (एल साल्वाडोर, एस्टोनिया, भारत, जमैका, लक्सेम्बोर्ग और सेनेगल) ने तम्बाकू उपभोग छोड़ने हेतु सर्व-श्रेष्ठ तरीकों हेतु प्रगति करी है;

3. भारत और बंगलादेश सहित 34 देशों की लगभग 200 करोड़ जनसंख्या द्वारा सचित्र चेतावनियों को अपनाने के साथ-साथ यूरोपियन संगठन के 23 देशों ने भी यूरोपियन संगठन के लेबल (सचित्र चेतावनियों हेतु) के निर्देशों को अपने राष्ट्रीय कानून में समाहित कर लिया है;

4. सात, मुख्यत: निचले- और माध्यम- आय वर्ग के देशों (अफ़गानिस्तान, कुवैत, नाइजीरिया, क़तर, रिपब्लिक ऑफ़ माल्डोवा, सेनेगल और युगांडा) ने तम्बाकू पदार्थों के विज्ञापनों, प्रोत्साहन और प्रायोजन पर सम्पूर्ण प्रतिषेध लगाने के साथ इसे बिक्री-स्थल (पॉइंट-ऑफ़-सेल) पर भी लागू कर दिया है; और,

5. तीन देशों (अर्जेंटीना, ऑस्ट्रिया और माल्टा) ने तम्बाकू पदार्थों पर टैक्स को खुदरा दर पर 75% टैक्स के मानक तक बढ़ा दिया है। परन्तु, क्योंकि अन्य पाँच देश बढ़ाये गए टैक्स की दर को सर्व-श्रेष्ठ स्तर पर स्थिर नहीं रख पाये, परिणामस्वरूप, अपेक्षित पर्यास ऊँचे टैक्स के सन्दर्भ में, विश्व को दो- देशों की हानि हुई है।

अतः उपरोक्त बिन्दुओं को यदि सम्पूर्ण वैश्विक के परिपेक्ष्य में देखें तो वर्ष 2014 के बाद से अब तक 10 निचले- और माध्यम- आय वर्ग के देशों ने, जहाँ पूर्व में सम्पूर्ण तम्बाकू नियंत्रण नीति अनुपस्थित थी, एमपॉवर की एक या उससे अधिक श्रेष्ठ प्रणाली को लागू कर लिया है।

डब्ल्यू.एच.ओ. यह मानता है कि एफ.सी.टी.सी. (फ्रेमवर्क कन्वेंशन ऑफ़ टोबेको कण्ट्रोल) के सदस्य राष्ट्रों ने अपने जनमानस के स्वास्थ्य की सुरक्षा हेतु तम्बाकू नियंत्रण की मजबूत नीतियों को अपने यहाँ लागू करने के भरसक प्रयास किये हैं।

इन प्रयासों में सर्वाधिक महत्व ''एम'' याने मोनिटरिंग ऑफ़ टोबेको यूज़ और प्रिवेंशन पॉलिसीस दिया जाना चाहिये था क्योंकि तम्बाकू नियंत्रण की नीतियों को प्रभाविक रूप से विकसित करने और लागू करने हेतु मोनिटरिंग (निगरानी), डब्ल्यू.एच.ओ. एफ.सी.टी.सी. का एक आवश्यक अंग है। दुर्भाग्यवश, इस पक्ष को अधिकांश देशों ने ना तो अपेक्षित प्राथमिकता प्रदान करी है ना ही इस हेतु पर्यास आर्थिक अनुदान की व्यवस्था करी है।

यदि एमपॉवर के अंतर्गत मोनिटरिंग की सम्पूर्णता के स्तर का आकलन करना हो तो इस हेतु वयस्कों और युवाओं, दोनों में ही, नवीनतम व उचित प्रतिनिधित्व प्रदान करते हुए सामयिक सर्वेक्षणों की आवश्यकता होती है। परन्तु, दो वर्ष पहले तक, विश्व के एक-तिहाई देशों की लगभग 290 करोड़ जनसंख्या ने ही मोनिटरिंग को श्रेष्ठतम प्रैक्टिस के स्तर तक प्राप्त किया है अर्थात् अब भी समूचे विश्व की लगभग 410 करोड़ जनसंख्या को प्रभावी तम्बाकू नियंत्रण में मोनिटरिंग की उपयोगिता से लाभान्वित करना शेष है।

तब, वर्ष 2018 में डब्ल्यू.एच.ओ. ने विश्व तम्बाकू निषेध दिवस (31 मई) पर तम्बाकू दुष्प्रभाव से सर्वाधिक प्रभावित हृदय के स्वास्थ्य की ओर समूचे विश्व के जनमानस, सरकारों और अन्यों के ध्यानाकर्षण के साथ यह आशा भी की थी कि विश्व के सभी एफ.सी.टी.सी. सदस्य अपने देशों में एमपॉवर के प्रमाणित तम्बाकू नियंत्रण के तरीकों को और भी मजबूती से लागू कर पायेंगे। आशा की जानी चाहिए कि अगला आंकलन इस हेतु भविष्य में वांछित व उचित परिणाम प्रदान करेगा।

गैर-धूम्रपायी तम्बाकू पर एक अंतर्राष्ट्रीय मुहीम

गैर-धूम्रपायी तम्बाकू (खैनी, मिश्री, ज़र्दा, गुटका, इत्यादि) **समूचे दक्षिण एशिया के साथ-साथ एक वैश्विक समस्या भी** है। दक्षिण एशिया के लोग इसके दो-तिहाई भाग के लिए जिम्मेदार हैं। पिछले दो वर्षों में इसे नियंत्रित करने के लिए इंग्लैंड स्थित यॉर्क यूनिवर्सिटी ने एक मुहीम आरम्भ करी है जिसके पहले चरण में पाकिस्तान और बांग्लादेश के साथ भारत को भी सम्मिलित किया गया है। भविष्य में इसमें नेपाल, भूटान और म्यंमार को भी सम्मिलित किया जायेगा क्योंकि इन देशों में भी गैर-धूम्रपायी तम्बाकू के उपभोगियों की संख्या अत्यधिक है।

इसी सन्दर्भ में देहली में विश्व स्वास्थ्य संगठन के दक्षिण-पूर्वी क्षेत्रीय कार्यालय (एफ.सी.टी.सी.) और आई.सी.एम.आर. ने एस्ट्रा (एड्रेसिंग स्मोकलेस टोबेको एण्ड डेवलपिंग रिसर्च कैपेसिटी इन साउथ एशिया प्रोजेक्ट) के अंतर्गत एक स्टेकहोल्डर्स मीटिंग आयोजित की। इसमें भविष्य में तीन चरणों में, छठी से आठवी कक्षा के बच्चों में, गैर-धूम्रपायी तम्बाकू के उपभोग के विभिन्न आयामों (व्यक्तिगत, पारिवारिक, सामाजिक, संस्थानिक और नीति-निर्धारक) का अध्ययन किया जायेगा। साथ ही, तम्बाकू के खुदरा विक्रियकर्ताओं की मैपिंग के अतिरिक्त उनसे साक्षात्कार कर उनके व्यवहार को भी मापा जायेगा। इसका एक और पहलू होगा, गैर-धूम्रपायी तम्बाकू के उपभोगियों को तम्बाकू छुड़वाने हेतु उपचार प्रदान करना। आशा है कि इस तरह से किये गए अध्ययन से गैर-धूम्रपायी तम्बाकू के उपभोग को क्षेत्रीय स्तर पर व्यापकता से समझा जा सकेगा; और, इससे (गैर-धूम्रपायी से) पूरी तरह मुक्त न भी हों पायें तो भी इसमें प्रभावी कमी लाने हेतु तरीकों को पहचान उनको लागू करने में निश्चित रूप से सहायता मिलेगी। इनमें उन तम्बाकू उपभोगियों को सम्मिलित नहीं किया जायेगा जो कि दोनों तरह की तम्बाकू खाते-पीते हैं (याने ड्यूल यूज़र्स हैं) अथवा गंभीरतम रोगों से पीड़ित हैं।

यह अध्ययन नैतिकता, व्यवहारिकता और सततता के मापदंडों पर खरा उतरे इस हेतु देश भर से बुलाये गए उपरोक्त आयाम-विशेषज्ञों ने अपने अनुभव भी साझा किये; और, गहनतम विचार-विमर्श कर निष्कर्ष भी दिए जिन्हें भविष्य में भारत सरकार के स्वास्थ्य मंत्रालय से साझा भी किया जायेगा ताकि वह एक राष्ट्र-व्यापी नीति का निर्माण कर उसे लागू कर सके।

क्योंकि (1) कई भ्रांतियों-कुरीतियों के चलते **महिलाओं में** गैर-धूम्रपायी तम्बाकू उपभोग अत्यधिक है जबकि उनकी प्रजनन-प्रक्रिया पर होते इनके दुष्प्रभावों को भी स्थापित किया जा चुका है; और, (2) इसी तरह **युवाओं पर** भी सभी संचार-माध्यमों के द्वारा प्रसारित किये जा रहे परोक्ष-अपरोक्ष विज्ञापनों के दुष्प्रभाव भी सभी को पता हैं, इसीलिए यह भी सामयिक माना गया है कि इन दोनों विशिष्ट समूहों के अतिरिक्त (अ) **शिक्षकों, जिला-अधिकारियों और (ब) समाज के विभिन्न वर्गों में** (1) शिक्षा और जागरूकता के अभियानों को सततता से और (2) विशिष्ट अनुदान राशि से चलाया जाये ताकि इनमें **गैर-धूम्रपायी तम्बाकू के उपभोग को ना कहने की क्षमता को बढ़ाया जा सके।** मीडिया से अब तक धूम्रपान के नियंत्रण को बढ़ावा मिलता रहा है। अतः यह आवश्यक होगा कि गैर-धूम्रपायी तम्बाकू पर भी समान रूप से कार्य हो सके।

साथ ही, **सचित्र चेतावनियों** के प्रकारों में भी बढ़ोतरी आवश्यक है- मात्र केन्सर-सम्बन्धित चेतावनियाँ गैर-धूम्रपायी तम्बाकू के उपभोग को कम करा पाने में सफल नहीं हो पायी हैं क्योंकि, विशेषकर युवाओं और महिलाओं में, अब तक इनसे अपेक्षित और प्रभावी सन्देश (नपुसंकता, नामार्दांगी, बाँझपन, गर्भपात, इत्यादि) नहीं पहुँच पाये हैं।

यह भी माना गया कि नीतिगत रूप से स्थापित किये गए **तम्बाकू-मुक्त शिक्षण संस्थानों** में मानकों को शिक्षण संस्थाएँ पूरी तरह से लागू कर इन्हें प्रमाणिकता के साथ पंजीकृत कराएँ अन्यथा यह नीति अब तक कागजों तक ही सिमटी दृष्टिगत प्रतीत होती है।

इन सबके साथ, इस गोष्ठी में (अ) तम्बाकू विक्रय हेतु अवयस्कों की आयु को 18 वर्ष से 21-25 वर्ष तक बढ़ाने (जैसा कि अन्य कई देशों के अलावा आबकारी कानून के अंतर्गत शराब के विक्रय पर भी लागू है), (ब) गैर-धूम्रपायी तम्बाकू पर टैक्स-बढ़ोतरी, कोटपा के अवयस्कों हेतु प्रावधानों का उचित व प्रभावी प्रवर्तन, (स) गैर-धूम्रपायी तम्बाकू के उत्पाद और विक्रय के विनिमय, (द) तम्बाकू खेती में बाल-श्रमिकों के शोषण पर रोक, (ध) तम्बाकू-मुक्त पीढ़ी के निर्धारण, इत्यादि जैसे पहलूओं पर भी चर्चा की गयी।

इसमें एक बड़ा निष्कर्ष यह निकला गया कि गैर-धूम्रपायी तम्बाकूओं को खाद्य सुरक्षा अधिनियम के द्वारा नियंत्रित किया जायेगा तो इनका प्रवर्तन अधिक प्रभावी तरीके से किया जा सकेगा। इसी तरह, दंतमंजन और टूथपेस्ट को ड्रग्स और कॉस्मेटिक्स अधिनियम के अंतर्गत प्रवर्तित किया जाये तो उनका नियंत्रण भी आसान हो सकेगा। साथ ही, यदि गैर-धूम्रपायी तम्बाकूओं के अतिरिक्त सभी पान मसालों में स्वादवर्धक/ सुगन्धित पदार्थों को मिलाने पर प्रतिषेध लग सके (जो कि इन्हें उपभोग हेतु रुचिकर बनाते हैं) तो गैर-धूम्रपायी तम्बाकूओं का उपभोग स्वत: ही कम हो जायेगा।

कोटपा के अतिरिक्त (अ) जुवेनाइल जस्टीस एक्ट को अवयस्कों को इनके विक्रय और (ब) आई.पी.सी. 269, 270 व 278 को इनकी पीक को थूकने पर प्रतिषेध लगाने हेतु लागू किया जाये तो गैर-धूम्रपायी तम्बाकूओं का नियंत्रण अधिक प्रभावी तरीके से हो सकेगा (नोट- मई 10,2020 को जारी एक प्रेस विज्ञप्ति से यह जाना गया कि कोरोना महामारी के फैलाव को रोकने हेतु गैर-धूम्रपायी तम्बाकू, पान मसाला या/और सुपारी चबाने वालों द्वारा थूकने को 22 प्रदेशों और 6 केन्द्रशासित इकाईयों ने स्वास्थ्य मंत्रालय की राय के अनुसार प्रतिषेधित कर दिया था।)

इनके विक्रय को मात्र खुदरा लाइसेंसधारियों व्यापारियों द्वारा करवाया जाना, अवयस्कों को सुरक्षित करने हेतु बहुत आवश्यक है। साथ ही, प्रचलित तम्बाकू पदार्थों के लिए काम लिए गए ब्रांडों, रंगों, छवियों, इत्यादि, का उपयोग पापड़, मसाले, प्रसाधन-सामग्री, इत्यादि, के विक्रय में नहीं होने देने चाहिए।

कोटपा के नियम 5 और 7 का सरलीकरण तो किया जाना चाहिए ही, इनमें परिभाषित दण्डों का पुनर्निर्धारण किये जाने की सामयिक आवश्यकता है। यह बहुत समय से लंबित भी है। यह भी अत्यंत आवश्यक माना गया है कि गैर-धूम्रपायी तम्बाकूओं (और बीड़ी को भी) को सिगरेटों के दामों के समतुल्य दर पर ही बेचा जाये। इनकी तस्करी और टैक्स चोरी को रोकने के लिए इनके अंतरराज्यीय ट्रांसपोर्ट पर भी रोक लगा देनी चाहिए।

इनके उपभोग को सफलता से छोड़ने की दर को बढ़ाने हेतु सभी चिकित्सक द्वारा इनके उपभोग को छोड़ने हेतु अपने रोगियों को कहना और **इनकी सामजिक स्वीकृति त्याग इनके रिश्तेदारों को अब इसे एक रोग मानकर इनका उपचार करवाना चाहिये।** यह अत्यन्त आवश्यक है कि इन प्रयासों में देश-व्यापी स्तर पर तेजी से कार्यन्वयन हो। क्योंकि राष्ट्रीय तम्बाकू नियंत्रण कार्यक्रम के अंतर्गत उपचार हेतु विशिष्ट अनुदान भी मिलता है, चिकित्साकर्मियों के प्रशिक्षण को सभी प्रदेशों में शीघ्रातिशीघ्र पूरा किया जाना किया चाहिए। अब राष्ट्रीय क्विटलाइन का नंबर (1800-11-2356) सितम्बर से सभी उत्पादों पर छपने लगेगा परन्तु इसे प्रादेशिक हेल्पलाईनों (न. 104 व 108) के परामर्शदाताओं को प्रशिक्षित कर और भी मजबूती दी जा सकती है।

अत: जब इन सभी उपरोक्त युक्तियों को सम्पूर्णता से लागू किया जायेगा तो निश्चित ही भारत ही नहीं, समूचे दक्षिणी एशियाई देशों में गैर-धूम्रपायी तम्बाकूओं के उपभोग को कम किया जा सकेगा।

तम्बाकू नियंत्रण में राष्ट्रीय सरकारों से अपेक्षाएँ

तम्बाकू या स्वास्थ्य पर वैश्विक गोष्ठी 2018 की घोषणाएँ

तम्बाकू या स्वास्थ्य पर वैश्विक गोष्ठी (वर्ल्ड कान्फ्रेंस ऑन टोबेको ऑर हेल्थ - डब्ल्यू.सी.टी.ओ.एच.) की शुरुआत वर्ष 1967 में न्यूयॉर्क, अमेरिका से हुई थी। भारत में यह गोष्ठी सर्वप्रथम और अब तक केवल एक ही बार वर्ष 2009 में मुंबई में सम्पन्न हुई। सच में देखें तो तम्बाकू के विरुद्ध युद्ध-स्तर पर सहभागिता से कार्य करते रहने हेतु यह गोष्ठियाँ एक सम्पूर्ण वैश्विक आह्वान है जिनका मुख्य उद्देश्य तम्बाकू नियंत्रण को हमारे स्वास्थ्य और विकास के लक्ष्यों में समाहित करना होता है। अतः हर गोष्ठी के अंत में, प्रतिभागी-सहभागिता से, तम्बाकू नियंत्रण में सुधार हेतु मध्यावधि वैश्विक कार्ययोजना विकसित करने के उद्देश्य से एक औपचारिक घोषणा की जाती है। इसमें परिभाषित लक्ष्यों पर वैश्विक व राष्ट्रीय स्तरों पर निरन्तरता से एकजुट हो किये गए कार्यों का आकलन अगली गोष्ठी में किया जाता है। इस प्रकार समूचा विश्व एक प्रतिबद्धता और सहमती से हर पिछली गोष्ठी में विकसित किये गए ढाँचे के अंतर्गत सहभागिता से तम्बाकू-मुक्ति की ओर बढता रहता है।

मार्च, वर्ष 2018 में दक्षिण अफ्रीका के केप टाउन में सम्पन्न हुई 17वीं गोष्ठी, जिसमें 125 से अधिक राष्ट्रों के 2,000 से अधिक प्रतिभागियों ने भाग लिया, कई मायनों में अनूठी ही थी। यह गोष्ठी पहली बार अफ्रीका महाद्वीप में आयोजित की गयी। पहली बार में इसमें तम्बाकू उपभोग को गैर-संक्रामक रोगों के साथ जोड़ा गया। इसका थीम भी अनूठा ही था-तम्बाकू-मुक्त पीढ़ी हेतु विश्व को जोड़ना। और, अब पहली बार इसकी अध्यक्ष एक महिला थी। आइये देखें क्या दिशा-निर्देश मिले इस गोष्ठी के अंत में, औपचारिक घोषणा के द्वारा, अगले तीन वर्षों तक कार्यरत रहने हेतु:

घोषणा-पत्र: भूमिका

1. तम्बाकू की महामारी विश्व द्वारा सामना किये जाने वाले जनस्वास्थ्य के सबसे बड़े खतरों में से एक है। इससे 70 लाख से भी अधिक लोग प्रतिवर्ष मर जाते हैं और इनमें से अधिकांश निचली- और मध्यम- आय वर्ग के देशों में होती हैं।

2. मात्र धूम्रपान से वर्ष 2016 में समूचे विश्व को लगभग 2 खरब डॉलर का खर्चा उठाना पड़ा जो कि समस्त विश्व की जीडीपी का 2% था।

3. तम्बाकू का उपभोग, सतत विकास को कमजोर कर वैश्विक अर्थ-व्यवस्था पर एक अत्यधिक भारी बोझा डाल, गरीबी, खाद्य असुरक्षा और वातावरण की हानि को बढाता है।

4. तम्बाकू के उत्पादन और व्यापार व स्वास्थ्य के अधिकार के बीच कभी न मिट सकने वाला अंतर है,

5. तम्बाकू उद्योग गरीबी में वृद्धि का संचालक है और इसका गठजोड़ बाल-मजदूरी, कर्मचारियों के अधिकारों को छीनने, खाद्य असुरक्षा और किसानों के शोषण से है। तम्बाकू के आतंक (अभिशाप भी) को समाप्त कर विकास के उद्देश्यों को सततता से प्राप्त करने हेतु तेजी से कार्य करना होगा।

अतः तम्बाकू या स्वास्थ्य पर आयोजित यह 17वीं वैश्विक गोष्ठी निम्न बिन्दुओं को सुनिश्चित करती है:

1) हम सभी सरकारों को सामाजिक समुदायों से जुड़ तम्बाकू उद्योग के हस्तक्षेप को समाप्त करने और विश्व स्वास्थ्य संगठन की अंतरराष्ट्रीय संधि- एफ.सी.टी.सी. (फ्रेमवर्क कन्वेंशन ऑफ़ टोबेको कन्ट्रोल) को लागू करने में तेजी लाने हेतु एक विस्तृत सरकारी पद्धति काम में लेने का आह्वान करते हैं;

2) हम सभी सरकारों, वैज्ञानिकों, अनुसंधान इकाईयों, प्रतिष्ठानों और सामाजिक समुदायों को फिलिप मोरिस की धूम्रपानरहित विश्व हेतु अंतरराष्ट्रीय- अनुदानित फाउंडेशन या तम्बाकू उद्योग के अन्य नवाचारों का अस्वीकार करने अथवा उनसे सम्बन्ध तोड़ लेने का आग्रह करते हैं;

3) हम मानवाधिकारों की केप टाउन घोषणा और तम्बाकू-मुक्त विश्व को अपनाते हैं;

4) हम अफ्रीकी सरकारों से विकास हेतु पूँजी के लिए अदीस अबाबा एक्शन एजेंडा को क्रियान्वित करने का आव्हान करते हैं जो कि, विश्व स्वास्थ्य संगठन की अंतरराष्ट्रीय संधि- एफ.सी.टी.सी. (फ्रेमवर्क कन्वेंशन ऑफ़ टोबेको कण्ट्रोल) को तेजी से लागू करने के लिए, तम्बाकू पर टैक्स बढ़ाने को एक सतत घरेलू संसाधन जुटाने की कार्यनीति की तरह अनुशंसित है;

5) हम एफ.सी.टी.सी. के सदस्यों से इसके मध्यवर्ती कार्यनीति के ढाँचे और योजना के विकास में जुड़ने के अतिरिक्त, उनसे कॉप (कांफ्रेंस ऑफ़ पार्टीज) के आगामी आठवें सत्र में समर्थित करने हेतु सक्रियता से जुड़ने का आव्हान करते हैं;

6) हम तम्बाकू-मुक्त पीढ़ी की अवधारणा का समर्थन करते हैं और तम्बाकू-मुक्त विश्व को प्राप्त करने हेतु युवाओं की सहभागिता और समर्थन के सशक्तिकरण हेतु प्रतिबद्ध होते हैं;

7) हम वित मंत्रियों से डब्ल्यू.सी.टी.ओ.एच. 2018 (तम्बाकू या स्वास्थ्य पर 17वीं वैश्विक गोष्ठी 2018) की घोषणाओं का सक्रियता से समर्थन करते हुए तम्बाकू नियंत्रण हेतु सतत आर्थिक-आवंटन को प्राथमिकता देने और तम्बाकू उद्योग में किसी भी तरह का पब्लिक अथवा प्राइवेट विनियम बंद करने का आव्हान करते हैं;

8) हम सरकारों से उन वितीय नीतियों को बढ़ावा देने को प्राथमिकता देने का आव्हान करते हैं जो तम्बाकू पदार्थों की खरीद और उपलब्धता में निरन्तरता से कमी करे;

9) हम एफ.सी.टी.सी. के सदस्यों से लिंग-आधारित आँकड़े एकत्रित कर उन्हें कॉप में अपनी रिपोर्ट में समाहित करने का आव्हान करते हैं ताकि कॉप 9 के द्वारा डब्ल्यू.एच.ओ., एफ.सी.टी.सी. के अंतर्गत उन्हें लागू किया जा सके;

10) हम अंतरराष्ट्रीय मजदूर संगठन (इंटरनेशनल लेबर आर्गेनाइजेशन- आई.एल.ओ.) का आव्हान करते हैं कि वह संयुक्त राष्ट्र संघ की आर्थिक और सामाजिक परिषद (इकोनोमिक एंड सोशल कौंसिल) के निर्णय से समरूपता से जुड़ें और तम्बाकू उद्योग से अपनी सहभागिता तत्काल समाप्त करें;

11) हम सरकारों से एक ऐसा प्लान विकसित करने का आव्हान करते हैं जिसके अंतर्गत वर्ष 2021 तक तम्बाकू पदार्थों के विक्रय (बिक्री) समाप्त हो सके।

तो, उपरोक्त सुझावों के अंतर्गत, भारत सरकार के लिए क्या हों परिभाषित प्राथमिकतायें, इन्हें नीचे सुझाया जा रहा है:

1. वित मंत्रालय, जी.एस.टी. से परे, सभी तम्बाकू पदार्थों पर टैक्स में अंतर्राष्ट्रीय स्तर पर सुझायी बढ़ोतरी लागू करे ताकि तम्बाकू पदार्थों की बिक्री में एक प्रभावी कमी हो सके; और, अंतत: यह बिक्री पूर्णतया समाप्त हो सके;

2. भारत सरकार उन सभी उद्यमों से अपना निवेश वापस कर ले जो कि परोक्ष-अपरोक्ष रूप से तम्बाकू उद्योग को लाभान्वित करते हैं, जैसे कि भारतीय जीवन बीमा निगम (एल.आई.सी.) द्वारा तम्बाकू उद्योग में किया गया निवेश;

3. सरकार आई.एल.ओ. को दिए गए आव्हान के समान देश में भी वित, वाणिज्य और श्रम मंत्रालय के अधीनस्थ सभी प्रादेशिक विभागों और संस्थाओं को भी तम्बाकू उद्योग से एक निश्चित व छोटी समयावधि में संबंध समाप्त करने हेतु अधिसूचना जारी करे; यदि आवश्यक हो तो संसद में इस हेतु कानून भी पास करे;

4. सरकार प्रादेशिक स्वास्थ्य विभागों को गाँव, गरीब, महिला और युवा वर्गों को लाभान्वित करने हेतु तम्बाकू नियंत्रण में अनुदान बढ़ायें;

5. भारत में तम्बाकू-मुक्त पीढ़ी हेतु तत्काल-प्रभाव से एक कट- ऑफ़ वर्ष निश्चित करे (अर्थात् उस वर्ष से जन्में बच्चे तम्बाकू उपभोगी कतई नहीं होंगे) ताकि तम्बाकू महामारी से उत्पन्न गरीबी रोक देश में विकास को उन्नत किया जा सके।

अंत में, उपरोक्त बिंदुओं पर राष्ट्रीय सरकारों द्वारा त्वरितता से ध्यान देना कितना अधिक महत्वपूर्ण है, इस पर ज़ोर देने की आवश्यकता तो नहीं प्रतीत होती है। फिर भी, सुषुप्त अवस्था में पड़े तंत्र को जागरूक करने व जगा कर सक्रिय करने हेतु जितने प्रयास किए जायें उनका अग्रिम स्वागत, अभिनंदन और नमन।

तम्बाकू उपभोग में और अधिक कमी हो

संदेश – तीन छोटे देशों आस्ट्रिया, फ्रांस व आस्ट्रेलिया से

विगत में **ऑस्ट्रिया** से खबर मिली कि वहाँ की फ्रीडम पार्टी के नेता और ऑस्ट्रिया के उप-चांसलर, हएंज़ क्रिस्चियन स्त्राचे जो कि एक धूम्रपायी भी हैं, ने यह बयान दिया कि धूम्रपान करना एक व्यक्तिगत स्वतंत्र का विषय है। यह तब जब कि यह देश 2015 में ही एक कानून पारित कर चुका था कि समूचे ऑस्ट्रिया में उस वर्ष, मई से ही तम्बाकू को पूरी तरह प्रतिषेधित कर दिया जायेगा। इन स्त्राचे महोदय ने एक और कदम आगे बढ़ा यह भी कहा कि रेस्टोरेंटों को यह भी आज़ादी मिलनी चाहिए कि वे अपने यहाँ धूम्रपान करने के लिए अलग स्थान निर्धारित करना चाहते हैं या नहीं, क्योंकि हर नागरिक के पास इस बात का निर्णय करने की संभावना होनी चाहिए कि वह अपनी कॉफ़ी का आनंद लेने के लिए उसके साथ सिगरेट, पाइप या सिगार पी सके!

निश्चित ही, तम्बाकू नियंत्रण के संदर्भ में, चिकित्सकीय प्रतिष्ठानों द्वारा इस नकारात्मक टिप्पणी पर तीखी प्रतिक्रिया होनी ही थी। उन सभी ने इस घटना को एक जन-स्वास्थ्य आपदा कहा। डॉ. मन्फ्रेड न्यूबर्गर के कथनानुसार यह एक **गैर-जिम्मेदार निर्णय है।** ऐसा करने से तम्बाकू उध्योग धूम्रपान को एक व्यक्तिगत निर्णय बता विजयी होगा। इस नयी सरकार ने ऑस्ट्रिया को **यूरोप का ऐश-ट्रे** बना दिया है। उन्होंने यह भी कहा कि अन्य धनाढ्य देशों की तुलना में ऑस्ट्रिया के युवाओं में धूम्रपान की दर पहले से ही शर्मनाक रूप से ऊँची है। यह इसलिए भी शर्मनाक है क्योंकि छब्बीस देशों के संगठन- ओ.ई.सी.डी. के लिए वर्ष 2013 में हुए एक सर्वेक्षण से अब यह पता लग चुका है कि वर्ष 1994 से ही ऑस्ट्रिया में 15 वर्ष से कम आयु में धूम्रपान की दर लगातार सबसे अधिक बनी हुई है। ऑस्ट्रिया और विएना के चैम्बर ऑफ़ फिजिशियन्स के प्रमुख, डॉ. थॉमस स्ज़ेकेरेस के अनुसार यह समझ के परे है कि सरकार पीछे हट धूम्रपान को क्यों बढ़ावा दे रही है। अब विएना के चैम्बर ऑफ़ फिजिशियन्स और ऑस्ट्रियन केन्सर ऐड ने सरकार से इस निर्णय पर पुनर्विचार हेतु विनती करी है।

आइये, अब जाने इसके पडोसी देश **फ्रांस** का हाल! वर्ष 2016- 17 में इस देश ने वो कर दिखाया जो कि पिछले एक दशक में भी नहीं हो पाया था- धूम्रपायियों की संख्या में 10 लाख की कमी (18 से 75 वर्ष की आयु वर्गों में 29.4% से घट 26.9%- 1.3 करोड़ से घट कर 1.2 करोड़)। यह सर्वेक्षण पब्लिक हेल्थ फ्रांस द्वारा किया गया था। इस प्रभावी कमी का एक अत्यधिक संभावित कारण है- **धूम्रपान प्रतिरोधी उपाय।** इनमें प्रमुखता से जिन्हें लागू किया गए वे थे- पैकेजिंग, तम्बाकू के विकल्पों के खर्च की प्रतिपूर्ति (रिइम्बर्सेंमेन्ट), सिगरेट की ऊँची कीमतें और राष्ट्रीय तम्बाकू-मुक्त महीना जैसे अभियान। इससे यह भी जानकारी मिली कि यह कमी उन दो समूहों में भी देखी गयी जिन्हें प्राय: आसानी से प्रभावित किया जा सकता है- युवा और गरीब। फ्रांसिसी स्वास्थ्य मंत्री इससे काफी संतुष्ट हुए क्योंकि **तम्बाकू उपभोग वस्तुत: असमानता का सूचक है।** यह गरीबों को अत्यधिक हानि पहुँचाता है और कई बार तो स्थिति अत्यधिक गंभीर होती है।

अब देखें एक उन्नत एशियाई देश- **ऑस्ट्रेलिया** की ओर, जहाँ तम्बाकू नियंत्रण में एक प्रशंसनीय प्रगति हुई है। इस देश में धूम्रपान करना आसान नहीं है। आपको वहाँ ढूंढे से भी वे लोकस्थान आसानी से नहीं मिलेंगे जहाँ आप धूम्रपान कर लें, बिना स्वयं अपने को लोगों की दृष्टि में गिरायें! वहाँ अब आप पब्लिक पार्क या समुद्र तट ही नहीं, अपनी कार में भी आप धूम्रपान नहीं कर सकते हैं।

ऑस्ट्रेलिया दुनिया का पहला देश है जिसने प्लेन पैकेजिंग को सफलतापूर्वक लागू किया। अब पाँच वर्षों बाद, हालाँकि अनाकर्षक भूरे डब्बों में बंद सिगरेट को लोगों ने पूरी तरह पीना बंद तो नहीं किया है, परन्तु निश्चित ही तम्बाकू से होने वाली विभिन्न हानियों (केवल केन्सर ही नहीं बल्कि अन्य घातक रोगों वाली भी और साथ में शिशुओं, महिलाओं में होने वाले दुष्प्रभावों सहित) की सचित्र चेतावनियों को प्रमुखता से देखते रहने से इसे छोड़ने की दरों में अवश्य वृद्धि हुई है। फिर भी, अभी भी वहाँ कुछ धूम्रपायी, भारतवर्ष के

तम्बाकू उपभोगियों की तरह ही, यह कहते मिल जायेंगे कि इन भयावह चित्रों से मिले संदेशों का उन पर कोई असर नहीं होता है। परन्तु ज़रा सोचिये, यदि आप जिस पदार्थ का उपभोग करने जा रहे हैं उससे यदि (अ) आपको केन्सर शल्य चिकित्सा के बाद साँस लेने के लिए अपने गले में स्थायी रूप से बनाये गये छेद से काम में लेना पड़े या (ब) आपको हार्ट अटैक या लकवा होने की संभावना बढ़ेगी, तो कब तक, आखिर कब तक, आप उसे अनदेखा कर खाते-पीते रहेंगे! और, यदि आपने ऐसा कर भी दिया तो क्या आपके रिश्तेदार, दोस्त, आदि, आपको चुपचाप देखते रहेंगे!?

ऑस्ट्रेलिया में वर्ष 1970 के दशक से घटती धूम्रपान की दरों के एक और प्रमुख कारण है धूम्रपान के विरोध में सततता से चलाये गए सरकारी अभियान. इनमें यह बताया गया कि यह (तम्बाकू) विषाक्त, जहरीले पदार्थों का एक मिश्रण हैं जिसमें (1) अमोनिया है जिसे शौचालय में सफाई के काम में लिया जाता है,(2) एसीटोन है जिसे महिलाएँ नाखूनों की पॉलिश को हटती हैं,(3) बेंजीन है जिसे रंग-रोगन हटाने के काम में लाया जाता है और (4) हाइड्रोजन सायनाइड है जिसे चूहे मरने के काम में लाया जाता है; और, धूम्रपान इन सभी विषाक्तों को आपके शरीर में सीधे-सीधे पहुँचाता है।

कुछ अन्य आस्ट्रेलियाई अभियान भी हैं जो तम्बाकू छोड़ने के सन्देश को इतने कटु-सत्य के रूप में नहीं देते हैं जैसे कि वर्ष 2012 में आरम्भ किया गया ''माय क्विट बड़ी'' अभियान- इसका सन्देश था कि वो हर सिगरेट जो आप नहीं पीते हैं, आपके लिए लाभकारी होती है। सामाजिक मीडिया से धूम्रपान छोड़ने के प्रोत्साहन भरे सन्देश और युक्तियाँ, ललक/तलब को घटाने के तरीकों की जानकारियाँ, सफलता से इसे छोड़े जाने वालों का सम्मान और उत्सव, इत्यादि, ने निश्चित ही सिगरेट पीने के दर को इस वर्ष के अंत तक 10% तक लाने के लक्ष्य में एक महत्वपूर्ण भूमिका निभाई है।

ऑस्ट्रेलिया में धूम्रपान की दरों के कम होने का तीसरा महत्वपूर्ण कारण है, सिगरेट की दरों में भारी बढ़ोतरी- ऑस्ट्रेलिया में एक सिगरेट के पैकेट की कीमत है 40 ऑस्ट्रेलियन डॉलर याने ~520 भारतीय रूपया। तम्बाकू पर टैक्स को वर्ष 2010 में 25% बढ़ाया गया था। और, तत्पश्चात, इसे प्रति वर्ष 12.5% बढ़ाते जाना जारी है।

तो, इन उपरोक्त प्रकरणों के संदर्भ में मेरा एक सीधा-सीधा प्रश्न है कि आखिर कब चेतेगा आपका-मेरा-हमारा भारत, जहाँ तम्बाकू के उपभोग से उत्पन्न समस्या तो काफी बड़ी है परन्तु अब तक की सरकारी कार्यवाही लीपापोती वाली ही क्यों है ..!?

राष्ट्रीय तम्बाकू नियंत्रण कार्यक्रम– कितना उपयोगी?

राष्ट्रीय तम्बाकू नियंत्रण कार्यक्रम (एन.टी.सी.पी.) की स्थापना भारत सरकार के स्वास्थ्य मंत्रालय ने 11वें पंच-वर्षिय कार्यक्रम के अंतर्गत वर्ष 2007-08 में करी। इसका उद्देश्य **कोटपा** (सिगरेट व अन्य तम्बाकू उत्पाद अधिनियम 2003) और विश्व स्वास्थ्य संगठन की अंतर्राष्ट्रीय संधि (फ्रेमवर्क कन्वेंशन ऑफ टोबेको कण्ट्रोल– **एफ.सी.टी.सी.**) की नीतियों के अनुसार भारत में तम्बाकू नियंत्रण को मजबूती प्रदान करना था। प्रारंभ में देश के 42 जिलों में इसको लागू किया गया। देश के लिए एक तम्बाकू नियंत्रण हेतु किये गए प्रयासों में भारत सरकार के इस प्रशंसनीय क़दम को यदि एक लम्बी छलांग कहा जाए तो कोई अतिश्योक्ति नहीं होगी क्योंकि पहली बार तम्बाकू नियंत्रण की नीतियों को केंद्र, प्रदेशों और जिलों में लागू करने हेतु समर्पित निधि (डेडिकेटेड फण्ड) को उपलब्ध भी कराया जा रहा था। इसका प्रमुख कारण यह भी था कि तब तक कई प्रदेशों ने तम्बाकू नियंत्रण के प्रभावी प्रावधानों को लागू नहीं किया था जैसा कि एक अध्ययन से प्राप्त जानकारियों से पता लगता है:

(1) कोटपा की आतंरिक निगरानी से यह भी जाना गया कि मात्र 52% प्रदेशों ने ही इसके प्रावधानों को लागू किया था;

(2) जहाँ 15 प्रदेशों ने धूम्रपान प्रतिषेध के नियम हेतु चालान की प्रक्रिया को स्थापित तो कर दिया था, वहाँ केवल 11 प्रदेश ही इसके लोकस्थानों पर उल्लंघन हेतु दंड-राशि एकत्रित कर रहे थे;

(3) इसी प्रकार 21 प्रदेशों में, जहाँ धारा 5 के प्रवर्तन (एन्फोर्समेंट) हेतु स्टीयरिंग कमेटी तो बना दी थी, मात्र 3 ने ही इसके उल्लंघन के विरुद्ध कोई दंड राशि एकत्रित करी थी;

(4) अल्पव्यस्कों के बचाव हेतु धारा 6 के दोनों ही प्रावधान (उन्हें और शिक्षण संस्थाओं की 100 गज की परिधि में तम्बाकू पदार्थों के विक्रय पर रोक) प्रवर्तन की अनुपस्थिति में कई प्रदेशों में गैर-प्रभावी दिख रहे थे; और,

(5) आधे से कम प्रदेश ही तम्बाकू उपचार व्यवस्था लागू कर पाए थे।

इन सबका प्रमुख कारण था इस हेतु मानवीय संसाधन नहीं जुटा पाना। इस प्रकार कोटपा प्रवर्तन को लागू किया जाना एक चुनौती बन गया था जबकि यह प्रमाणित तथ्य उपलब्ध हैं कि (अ) समाजों और स्कूलों के कार्यक्रमों में एक सुनियोजित जनशिक्षा कार्यक्रम को समाहित करने से, (ब) प्रबल प्रवर्तन के प्रयासों से और (स) उन तम्बाकू उपभोगियों की सहायता कर पाने से (जो इसे छोड़ना चाहते हैं) से ही तम्बाकू उद्योग को निरुत्साहित और निष्प्रभावी किया जा सकता है।

अतः एन.टी.सी.पी. द्वारा उपरोक्त चुनौतियों को निश्रिय किये जाने हेतु इसके प्रमुख भाग निम्न तरीके से परिभाषित किये गए थे:

1.   राष्ट्रीय स्तर पर:

(1) जागरूकता बनाने-बढाने और व्यवहार परिवर्तन जन जागरण/मास-मीडिया अभियान;

(2) कोटपा के अंतर्गत अधिकृत नियामक/नियंत्रण क्षमता (रेगुलेटरी केपेसिटी) में वृद्धि हेतु तम्बाकू पदार्थों की जाँच हेतु प्रयोगशालाओं की स्थापना;

(3) राष्ट्रीय (ग्रामीण) स्वास्थ्य मिशन के अंतर्गत तम्बाकू नियंत्रण के प्रमुख तत्वों को स्वास्थ्य सेवा हेतु व्यवस्था में समाहित करना;

(4) अन्य नोडल मंत्रालयों के साथ वैकल्पिक व्यवसायों और आजीविका हेतु मुख्यधारा के अनुसंधान और प्रशिक्षण हेतु सहभागिता; और,

(5) तम्बाकू नियंत्रण और मूल्याँकन की निगरानी, उदाहरणार्थ, भारत का वैश्विक व्यस्क तम्बाकू सर्वेक्षण (ग्लोबल एडल्ट टोबेको सर्वे- गेट्स)।

2.   प्रादेशिक स्तर पर:

1.   तम्बाकू-प्रतिरोधी कानूनों और पहल हेतु समर्पित मानवीय संसाधन वाले तम्बाकू नियंत्रण प्रकोष्ठों की स्थापना।

3.   जिला स्तर पर:

(1)   स्वास्थ्यकर्मियों और सामाजिक कार्यकर्ताओं, स्वयं सहायता समूहों, गैर-सरकारी संगठनों और अध्यापकों का प्रशिक्षण;

(2)   स्थानीय आई.ई.सी. (सूचना, शिक्षा और सम्पर्क);

(3)   तम्बाकू उपचार सुविधा को स्थापित करना;

(4)   स्कूली कार्यक्रम; और,

(5)   कोटपा के प्रवर्तन की निगरानी।

नोट- वर्ष 2017-18 के अंत तक देशव्यापी स्तर पर एन.टी.सी.पी. को सभी जिलों में लागू कर दिया जाना था।

इस राष्ट्रीय कार्यक्रम की उपलब्धियाँ भी दृष्टिगत होने लगी हैं। गेट्स-2 से मिली जानकारियों और उपलब्धियों से यह पता लगा कि:

(1)   पिछले आठ वर्षों में भारत में तम्बाकू उपभोग 6% घटा;

(2)   तम्बाकू उपभोग की औसत आयु में एक वर्ष की बढ़ोतरी हुई;

(3)   घरों में निष्क्रिय धूम्रपान में कमी आयी, औसत के अतिरिक्त गैर- धूम्रपायियों की संख्या में भी; और,

(4)   तम्बाकू से होती हानि के प्रति जागरूकता में भी बढ़ोतरी के साथ तम्बाकू उपभोग छोड़ने की सोच में भी बढ़ोतरी हुई।

तो क्या हम खुश हों लें इन उपलब्धियों से या फिर कर लें सीधी बात और उसका गहराई से विश्लेषण भी कि जितना कुछ होना चाहिए उतना हुआ क्यों नहीं; और, इसकी गहराई तक जायें ताकि भविष्य अधिक सुखदायी हो (कृपया इस हेतु लेख संख्या 28 भी पढ़ें)? मोटे तौर पर देखें तो **निम्न नीतिगत व्यवस्थाओं की कमी दिखाई दी:**

1.   केंद्र व प्रदेश सरकारों में तम्बाकू नियंत्रण को प्रबल बनाने हेतु सतत राजनैतिक और प्रशासनिक **इच्छाशक्ति** का नितांत अभाव है। जहाँ कतिपय घटनाओं से होने वाली हानियों से जूझने/चुनावों में ये अपने को पूरी तरह झोंक देती हैं, वहाँ भारत में प्रतिदिन होने वाली 4,000 से अधिक तम्बाकूजनित मृत्युओं के बारे में सभी मौन और निष्क्रिय भी हैं। यदि इसमें मीडिया और न्यायपालिका को भी जोड़ लिया जाये तो गलत न होगा।

2.   उपरोक्त सरकारों के स्वास्थ्य मंत्रालय और प्रादेशिक विभाग के कर्मी पूछ सकते हैं कि यह उलाहना क्यों!? तो वह इसलिए कि न तो इन्होंने **अंतरविभागीय सामंजस्य** की अनुशंसा को प्रभावी रूप से लागू ना किया है और ना ही सभी ने नियमितता और कड़ाई से प्रादेशिक- अथवा जिला- स्तर पर तम्बाकू नियंत्रण की कार्यवाहियों व उनके परिणामों की विवेचना-विश्लेषण भी किया है, और ना ही अपने सरकारी दायरे से बाहर जा वास्तविक स्थिति से का सामना कर हो उसे जानने का प्रयास किया।

3.   इनकी निष्क्रियता का ही परिणाम है कि **कोटपा के नियम 5 और 7** को आज तक भी किसी भी प्रदेश में प्रभाविकता, व्यापकता और नियमितता से **लागू नहीं** किया जा सका है क्योंकि जो निर्धारित कार्यविधि निर्देशित-अपेक्षित है उसकी जटिलता अव्यवहारिक और निरुत्साही करने वाली है। यह ही कारण है कि तम्बाकू उपभोग को प्रोत्साहित करते पान-मसाले, सुपारी, इलायची, इत्यादि, के विज्ञापनों की टेलीविज़न चेनलों और शहरी होर्डिंगों पर निरंकुश भरमार है। इन दोनों नियमों के कठिन प्रवर्तन को छोड़ भी दें तो इसका क्या उत्तर है कि क्यों कार्यस्थलों पर धूम्रपान-रहित होने की दर में पिछले सात वर्षों में बदलाव नहीं आ पाया और क्यों अल्पव्यस्कों को अब तक भी तम्बाकू पदार्थ आसानी से मिल रहे हैं!? जिन परिभाषित प्रवर्तन एजेंसियों की इसमें विफलता स्पष्ट से दिखती है, उनके विरुद्ध कोई विभागीय कार्यवाही क्यों नहीं होती है।

अतः उचित होगा कि केंद्र और राज्य सरकारें उपरोक्त बिन्दुओं पर त्वरिता से कार्यशील हों- कोटपा में सुधार कर इसे कड़ाई से लागू करें।

अगर लोग ना चबायें तम्बाकू, तो..?

तो समझो, भारत ने जीत लिया तम्बाकू नियंत्रण का खेल..

समूचे विश्व के 30 करोड़ से भी अधिक तम्बाकू चबाने वालों में से 25 करोड़ से भी अधिक (89%) दक्षिण-पूर्वी एशिया में हैं। पैंतीस प्रतिशत व्यस्क तम्बाकू उपभोगी भारतीयों में से 26% तम्बाकू चबाते हैं। इस तरह एक और नकारात्मक तरीके से हम दुनिया में अग्रणी हैं। क्योंकि समूचे भारत में एक धूम्रपायी की अपेक्षा, तम्बाकू चबाने को अब तक भी एक सामाजिक स्वीकृति मिली हुई है, अतः यह उचित और सामायिक है कि इस लेख के माध्यम से आमजन इससे सम्बन्धित भ्रांतियों, हानियों और नियंत्रण की चुनौतियों के साथ-साथ इससे मुक्ति का मार्ग भी जाने।

उदाहरणार्थ, राजस्थान में दोनों तरह की तम्बाकू खाने-पीने वालों को सम्मिलित करते हुए कुल 19% व्यस्क राजस्थानी तम्बाकू चबाते हैं- 29% व्यस्क पुरुष और 8% से अधिक व्यस्क महिलाएँ। इनमें से मात्र 8% वर्तमान के उपभोगी ही इसे सफलता से छोड़ पाते हैं, याने 92% इसमें असफल रहते हैं। और जो इसे छोड़ भी देते हैं, उनमें से 14% ही इसे तीन या उससे अधिक महीनों के लिए छोड़े रह पाते हैं। हालाँकि इसका मुख्य कारण इस **सामाजिक धारणा की दुःखद अनुपस्थिति** है कि **तम्बाकू खाना-पीना एक रोग है और इसे खाने-पीने वाला एक रोगी है**, मोटे तौर पर इसके **अतिरिक्त प्रमुख कारण** हैं: (अ) 50% से अधिक उपभोगियों द्वारा नाबालिग अवस्था में उपभोग प्रारंभ करना; (ब)68% उपभोगियों में इसकी व्यसनशीलता के चलते 60% से अधिक द्वारा इसे अगले एक वर्ष में भी ना छोड़ने के साथ-साथ; (स) अधिकाँश चिकित्साकर्मियों में इसे छुड़वा पाने के हुनर के अभाव के साथ व्यापक निष्क्रियता।

तम्बाकू चबाने की हानियाँ तकनीकी स्तर पर और आंकड़ों के आधार पर धूम्रपान से आंशिक रूप से कम अवश्य हैं (रिस्क गुणांक (रिलेटिव रिस्क)- चबाने वाली तम्बाकू: धूम्रपायी तम्बाकू 1.3:1.7)। परन्तु, इसमें 30 से अधिक केन्सरकारक रसायन होते हैं जो कि प्रमुखता से मुँह के केन्सर के अलावा नाक, गले, खाने व सांस की नलियों, पेंक्रियास ग्रंथि (अग्नाशय) और लीवर के केन्सर के कारक जाने गये

हैं (भारतवर्ष में 50% से अधिक मुँह के केन्सर तम्बाकू चबाने से होते हैं)। इसके अतिरिक्त, तम्बाकू चबाने से मुँह की झिल्ली और दांतों व मसूड़ों के कई रोगों के अलावा कुछ घातक रोग जैसे, मधुमेह, हृदयाघात और पक्षघात, इत्यादि, भी हो जाते हैं। महिलाओं द्वारा, विशेषकर प्रजनन अवस्था में इसका उपभोग, पेट में पल रहे बच्चे की मृत्यु, गर्भपात की अधिकता, समय से पूर्व प्रजनन या जन्म के समय नवजात के कम वजनी होने का कारण भी जाना गया है। महिलायें इसके उपभोग से बाँझपन और पुरुष नपुसंकता/बाँझपन से भी पीड़ित हो सकती हैं। साथ ही, इससे उत्पन्न निर्भरता और व्यसन, मानसिक विषाद, पारिवारिक कलह और हर दिन का खर्च तो बनाये ही रखते हैं, अंततः रोगावस्था में होने वाले खर्चों, उससे जुड़ी पारिवारिक कठिनाईयों-खर्च और असामयिक मृत्यु तम्बाकू चबाने वालों व उनके परिवारों का जीवन और दूभर कर देती है।

जहाँ इससे उत्पन्न **व्यसनशीलता की चुनौतियाँ** (निर्भरता, प्रतिकार लक्षण और पुनः उपभोग प्रारंभ करने की प्रवृति) धूम्रपान के समान ही होती हैं, यदि कोई दोनों तरह की तम्बाकू खाने-पीने लगे तो उसमें व्यसनशीलता की अधिकता बढ़ने के साथ सफलता से छोड़ पाने की दर कम हो जाती है। अतः इसे छोड़ने हेतु जहाँ व्यक्तिगत- और/या टेलीफोनिक- परामर्श की उपयोगिता जानी गयी है, औषधियों की उपयोगिता और प्रभाविकता, एक लघु-अवधि में प्रतिकार लक्षणों की तीव्रता कम करने हेतु ही निर्देशित है। क्योंकि धूम्रपान की अपेक्षा चबाने वाली तम्बाकू को छोड़ना कठिन माना जाता है, इस हेतु **सामाजिक-, संस्थानिक- और मीडिया- सहभागिता** अत्यंत उपयोगी मानी गयी है।

अतः चबाने वाली तम्बाकू को नियंत्रित करने हेतु निम्न उपाय प्रभावकारी माने जा सकते हैं:

(1)   आमजन में इसके दुष्प्रभावों और इसे छोड़े जाने के लाभों की निरंतर जागरूकता बनाने और इसे सर्वत्र छोड़ पाने की सुविधायें बढाने के साथ भारतवर्ष और प्रादेशिक परिपेश्य में

लोकस्थानों, लोकवाहनों और कार्यस्थलों को उनकी **विशिष्ट तम्बाकू-मुक्त पालिसी** के द्वारा सहभागी सहमती और सामंजस्य से तम्बाकू-मुक्त किया जा पाना एक उपयोगी तरीका हो सकता है।

हालाँकि अब तक ऐसे स्थानों की संख्या (जहाँ धूम्रपान के अतिरिक्त चबाने वाली तम्बाकू लाने व चबाने पर भी रोक हो) केंद्र और राज्य की तम्बाकू-मुक्त स्कूलों की नीति के अतिरिक्त सीमित ही है, इन स्थानों से प्राप्त परिणामों के आधार पर समाज में इनकी बहुलता लाभकारी मानी जा सकती है;

(2) इसके अलावा केंद्र और प्रादेशिक सरकारें उपलब्ध कानून के नियमों में चबाने वाली तम्बाकू को प्रभावी रूप से नियंत्रित करने के लिए कुछ **नीतिगत सुधार**, अतिरिक्त नियम अथवा/और विकल्प शिघ्रता से लाये; और, इनका उल्लंघन करने वालों की **दण्ड-सीमा में भी खासी बढ़ोतरी** करे;

(3) एक और आवश्यकता **इसे बेचने हेतु पैकेजिंग में बदलाव** की है। इसे बजाये पाउचों में बेचने के कम-से-कम 100 ग्राम की मात्रा में टिन के डिब्बों में ही बेचा जाये ताकि ये ग्रामीणों, गरीबों और युवा की पहुँच से दूर हो सके;

(4) इस पर **टैक्स में** अंतर्राष्ट्रीय मानकों के अनुसार प्रभावी **बढ़ोतरी** किये जाने, इसके छद्म विज्ञापनों पर पूरी-पूरी रोक के साथ इसके अनौपचारिक और अनियंत्रित कॉटेज-इंडस्ट्री उत्पाद को पूरी तरह समाप्त किया जाना अत्यंत आवश्यक है; और,

(5) तम्बाकू कम्पनियों द्वारा हर कुछ माह में **नयी ब्रांडों को** बिना स्वास्थ्य मंत्रालय की प्रयोगशाला की जांच-रिपोर्ट और अनुशंसा के बाज़ार में **लाने पर भी पूरी रोक** होनी चाहिए।

उपरोक्त सभी उपायों को शीघ्रातिशीघ्र व एक साथ लागू करके ही भारत चबाने वाली तम्बाकू से होने वाली जनस्वास्थ्य-रूपी मानविक- और आर्थिक- हानियों से मुक्त हो सकेगा।

(नोट - वर्तमान में 22 राज्यों व 6 केन्द्रशासित इकाईयों में कोरोना महामारी के फैलाव को रोकने के लिये गैर-धूम्रपायी तम्बाकू के अतिरिक्त पान मसाले और सुपारी चबाने से उत्पन्न थूक को सार्वजनिक स्थानों पर थूकने पर लगे प्रतिबंध को समूचे देश में स्थायी रूप से लागू किया जाये तो और अधिक अच्छा होगा - इससे टी.बी. व अन्य थूक से फैलने वाले रोगों से भी कमी आ सकेगी।)

तम्बाकू महामारी से बचने की मुहीम में, कहाँ हैं हम!?

वर्ष 2017- विश्व स्वास्थ्य संगठन की रिपोर्ट

तम्बाकू उपभोग, वैश्विक मौतों का एक अग्रणी कारक है जो कि ~14 हजार करोड़ डॉलर की आर्थिक हानि के साथ, हर वर्ष ~70 लाख मौतों के लिए जिम्मेदार है। अतः विश्व स्वास्थ्य संगठन द्वारा 19 जुलाई को जारी रिपोर्ट सुखद और सकारात्मक है। अब लगभग 470 करोड़ लोग, जो कि विश्व के 63% देशों में रहते हैं, तम्बाकू नियंत्रण हेतु वर्ष 2008 में जारी **एमपॉवर (MPOWER) नीति** के अंतर्गत आ गए हैं। यह संख्या वर्ष 2007 में मात्र 1 करोड़ थी और दुनिया के 15% लोगों को ही प्रभावित करती थी जब कि वर्तमान में (दस वर्ष बाद) इसमें चार गुना से भी अधिक बढ़ोतरी हुई है। इस प्रकार इस नीति को लागू कर पाने से **कई लाखों लोग तम्बाकू महामारी से बच पाए हैं और इससे कई अरब डॉलर का खर्च भी बच पाया है।**

परंतु, तम्बाकू उद्योग येन-केन-प्रकारेण तम्बाकू नियंत्रण सम्बन्धी सरकारी नीतियों और कार्यक्रमों को बाधित करने हेतु निरंतर प्रयासरत है। इसलिए विश्व स्वास्थ्य संगठन के नवनियुक्त महानिदेशक **डॉ. तेद्रोस अधानोम घेब्रेयेसस** को कहना पड़ा है कि समूचे विश्व की सरकारें वैश्विक तम्बाकू नियंत्रण संधि (फ्रेमवर्क कन्वेंशन ऑफ़ टोबेको कंट्रोल- एफ.सी.टी.सी.) की अनुशंसाओं और निर्देशिकाओं को तत्परता से बिना समय गवायें लागू करें। साथ ही, इन सरकारों को तम्बाकू पदार्थों की तस्करी पर रोक भी लगनी चाहिए जो कि वैश्विक तम्बाकू महामारी में और इससे जुड़े स्वास्थ्य-, सामाजिक- और आर्थिक- दुष्परिणामों में बढ़ोतरी कर रही है।

ब्लूमबर्ग फिलान्थ्रोपीस के संस्थापक निदेशक और विश्व स्वास्थ्य संगठन के गैर-संक्रामक रोगों के नियंत्रण के वैश्विक राजदूत, **माइकेल ब्लूमबर्ग** ने बताया है कि एफ.सी.टी.सी. के अंतर्गत वर्तमान में विश्व के एक तिहाई देश एमपॉवर की सभी नीतियों को सम्पूर्णता से लागू कर चुके हैं (वर्ष 2007 में मात्र एक चौथाई देश ही ऐसा कर पाए थे)। फिर भी, यदि हमें विश्व में तम्बाकू से होने वाली 10 में से एक मौत को भी रोकना है तो: (अ) युवाओं और वयस्कों का डेटा निरन्तरता से प्राप्त करते और उन्हें स्वस्थ रखते हुए एवं

स्वास्थ्य सेवा के खर्च को बचा सरकारी खजाने को बढ़ाना होगा; और, (ब) तम्बाकू उद्योग पर निरंतरता से निगरानी रख, सरकारी नीतियों और कार्यक्रमों को उसके हस्तक्षेप से बचा जन स्वास्थ्य को सुरक्षित रखना होगा।

पाठक यहाँ ध्यान दें कि अब तक तम्बाकू उद्योग इन्हें अवरोधित करता रहता है: (1) अपनी आर्थिक शक्ति द्वारा; (2) प्रमाणिक वैज्ञानिक प्रासियों को झुठला कर; और, (3) सरकार को क़ानूनी पेचीदिगियों में फंसाने की धमकियों से।

वर्ष 2017 की रिपोर्ट से निम्न बिंदु भी दृष्टिगत हुए हैं:

1. विश्व की आबादी का 43% भाग अब **एमपॉवर** की दो या उससे अधिक नीतियों से लाभान्वित है जो कि वर्ष 2007 से 7 गुना अधिक है;

2. **आठ देशों ने,** जिनमें पाँच देश निम्न- और माध्यम- आय वर्ग से हैं, **एमपॉवर की चार से अधिक नीतियों को सम्पूर्णता से उनके उच्चतम स्तर तक लागू कर लिया है** (ब्राजील, ईरान, आयरलैंड, मेडागास्कर, माल्टा, पनामा, टर्की और ग्रेट ब्रिटेन);

3. **एम याने मॉनिटर** (तम्बाकू उपभोग और बचाव की नीतियों पर निगरानी) के पहलू के अंतर्गत:

(1) **नेपाल** ने व्यस्क पुरुषों में धूम्रपान और तम्बाकू चबाने की ऊँची दर के कारण की तम्बाकू पदार्थों पर छापी जाने वाली **सचित्र चेतावनियों के आकार** को, विश्व में सबसे बढ़े आकार, 90% तक बढाया;

(2) भारत ने गेट्स-1 में आधे से अधिक धूम्रपायियों और तम्बाकू चबाने वालों द्वारा इन्हें छोड़ने की इच्छा जानते हुए **राष्ट्रीय क्विटलाइन** (तम्बाकू छोड़ने हेतु नि:शुल्क टेलिफोनिक परामर्श सेवा; कॉल न. 1800-11-

2356) की स्थापना की ; और,

(3) **फ़िलीपीन्स** ने 2009 में हुए राष्ट्रीय सर्वेक्षण से प्राप्त जानकारी- व्यस्क पुरुषों (47.4%) और लड़कों (12.9%) में धूम्रपान की दर के आधार पर **सिन टैक्स रिफार्म लॉ** लागू किया। परिणामवश, वर्ष 2015 के राष्ट्रीय सर्वेक्षण के अनुसार वहाँ धूम्रपान की दरें कम हुई हैं ;

4. **पी याने प्रोटेक्शन** (निष्क्रिय धूम्रपान से गैर-धूम्रपायियों की सुरक्षा) की नीति के अंतर्गत 55 राष्ट्रों के 150 करोड़ लोग अब सम्पूर्णता से लागू धूम्रपान-रहित वातावरण के कानून से लाभान्वित हो रहे हैं जबकि वर्ष 2007 में मात्र 35 राष्ट्र ही इस नीति को लागू कर पाए थे ;

5. **ओ याने ऑफर** (तम्बाकू छोड़ने हेतु सहायता प्रदान करें) के अंतर्गत विश्व के 26 राष्ट्रों के 240 करोड़ लोगों को तम्बाकू छोड़ने की सुविधा उपलब्ध है ;

6. **डब्ल्यू याने वार्न** (तम्बाकू पदार्थों पर सचित्र चेतावनियों और तम्बाकू-विरोधी मिडिया अभियानों द्वारा सचेत करें) के तहत 78 राष्ट्रों के 380 करोड़ लोगों को अब तम्बाकू पदार्थों पर सचित्र चेतावनियों के माध्यम से सुरक्षित किया जाने का प्रयास किया जा रहा है ; साथ ही, 320 करोड़ लोगों तक जन-आधारित मीडिया की मुहिम के माध्यम से कम-से-कम एक तम्बाकू-विरोधी अभियान पहुँच रहा है ;

7. **ई याने एन्फोर्समेंट** (तम्बाकू नियंत्रण हेतु प्रवर्तन) के द्वारा तम्बाकू उद्योग द्वारा विज्ञापन, प्रोत्साहन और प्रायोजन को प्रतिषेधित कर इसके द्वारा तम्बाकू पदार्थों के उपभोग को प्रोत्साहित करने और बेचने में कमी लायी गयी है। परन्तु, अब तक मात्र 15% वैश्विक आबादी ही इसकी सम्पूर्णता से लाभ प्राप्त कर ही है ;

8. **आर याने रेज़ टैक्सेज** (तम्बाकू पदार्थों पर कर-वृद्धि) के द्वारा तम्बाकू पदार्थों की खुदरा दरें बढ़ा तम्बाकू उपभोग कम किया जा सकता है और सरकारी राजस्व में भी बढ़ोतरी की जा सकती है। परन्तु, दुर्भाग्यवश, यह पहलू अभी भी सबसे कम काम में लाया जा रहा है।

अत: तम्बाकू उपभोग का नियंत्रण, वर्ष 2030 के सतत विकास एजेंडा का भी प्रमुख भाग है। इसके अंतर्गत एफ.सी.टी.सी. को राष्ट्रीय स्तर पर लागू करने के साथ तम्बाकू से उत्पन्न केन्सर, हृदय- व सांस-के रोगों से होने वाली मौतों में एक तिहाई कमी लाना सुनिश्चित किया गया है।

क्योंकि गैर-संक्रामक रोगों से होने वाली 4 करोड़ वार्षिक मौतों (विश्व में होने वाली 70% मृत्यु) का एक प्रमुख कारक तम्बाकू है, **यह अत्यावश्यक है कि विश्व के सभी राष्ट्र एमपॉवर की नीतियों और इसके अंतर्गत निर्धारित राष्ट्रीय तम्बाकू नियंत्रण कार्यक्रमों को प्रभाविकता से लागू करें।**

भारत के लिए तो यह और भी आवश्यक है और एक महत्ती प्राथमिकता के साथ, क्योंकि हमारे यहाँ अब भी 26 करोड़ से अधिक लोग तम्बाकू उपभोगी हैं ; और जब भी हम ऐसा कर पायेंगे, हम तम्बाकूजनित रोगों और इनसे होती मृत्युओं में ही कमी नहीं कर सकेंगे, अपितु हम इस राष्ट्रीय जनसम्पदा से प्रभावी उत्पादकता बढ़ा आर्थिक रूप से भी प्रगति कर पायेंगे।

(साभार- विश्व स्वास्थ्य संगठन के मीडिया केंद्र से द्वारा जारी रिपोर्ट पर आधारित)

तम्बाकू नियंत्रण में सरकारी विरोधाभास समाप्त हो

जनस्वास्थ्य की दृष्टि से यह निश्चित ही सराहनीय पक्ष है कि भारत सरकार का स्वास्थ्य और परिवार कल्याण मंत्रालय, प्रादेशिक सरकारों के चिकित्सा और स्वास्थ्य विभागों सहित, तम्बाकू- और तम्बाकू-जनित रोगों- पर लक्षित राष्ट्रीय अधिनियम (**कोटपा**) व कार्यक्रमों (राष्ट्रीय तम्बाकू नियंत्रण कार्यक्रम- **एनटीसीपी** और केन्सर, डायबिटीज, हृदयरोग व स्ट्रोक की रोकथाम हेतु राष्ट्रीय कार्यक्रम- **एनपीसीडीसीएस** के अलावा टीबी सहित साँस के रोगों हेतु **आरएनटीसीपी**) के माध्यम से क्रमश: 2003 तम्बाकू को नियंत्रित करने हेतु प्रयत्नशील है। परन्तु, क्या ये प्रयास लाभकारी रहे और किस सीमा तक? ऐसी आशा है कि इसका आकलन एक अन्य अंतर्राष्ट्रीय सहभागिता वाले कार्यक्रम (ग्लोबल एडल्ट तंबाकू सर्वे- गेट्स) के वर्तमान में जारी दूसरे चक्र के सर्वेक्षण से जारी होने वाले आंकड़ों से कुछ मायनों में इस वर्ष के दौरान स्पष्ट हो जाएगा (कृपया लेख संख्या 27 व 28 को भी पढ़ें)।

परन्तु, भारत सरकार, अन्य राष्ट्रीय सरकारों के समान, अपने को तम्बाकू की खेती व इसके व्यापार (विशेषकर आयात- निर्यात, उत्पादन और विक्रय) को प्रोत्साहित करने और इस पर लगे करों से लाभान्वित होने के मकड़जाल में उलझी हुई भी है। तम्बाकू की आर्थिक व्यवस्था और उसके सहभागियों को सीधे-सीधे अथवा अपरोक्ष रूप से समर्थित करते ये तकनिकी, विपणन (मार्केटिंग) और मौद्रिक तरीके, तम्बाकू की खेती से इसकी बिक्री और आयात तक फैले हुए हैं। यह ही है **तम्बाकू नियंत्रण का विरोधाभासी पक्ष**। आइये जाने इसे थोडा और विस्तार से।

तम्बाकू की पैदावार में वृद्धि- इस हेतु सर्वाधिक योगदान **टोबेको बोर्ड** का है जो कि भारत सरकार के कॉमर्स और इंडस्ट्री मंत्रालय के अंतर्गत आंध्र प्रदेश से कार्यरत है। इसके अनुसार तम्बाकू भारत में एक महत्वपूर्ण व्यावसायिक फसल है। इसका मुख्य लक्ष्य वर्जिनिया फ्लू प्रजाति की पैदावार में बढ़ोतरी है क्योंकि इसे अन्य तम्बाकू प्रजातियों के साथ आसानी मिलाया जा सकता है। तम्बाकू की

उपज, नियंत्रण और नियमन, गुणवत्ता, सम्पूर्णता और ब्रांड की छवि से सम्बद्ध यह बोर्ड अपने अधिकारीयों व तम्बाकू के खेतिहरों को प्रशिक्षित करने, किसानों को एक उचित और लाभकारी दाम दिलवाने, तम्बाकू के बाज़ारों को बनाये रखने और उनमें सुधार के साथ-साथ भारतीय तम्बाकू हेतु नए बाज़ारों को दिलाने हेतु सहायता तो प्रदान करता है साथ ही उनके सहित लगभग 88,000 परिवारजनों के लिए कल्याणकारी योजनाएँ भी प्रदान करता है, उदाहरणार्थ उनकी स्वाभाविक अथवा आकस्मिक मृत्यु, चिकित्सा, बच्चों की शिक्षा, लड़कियों के विवाह हेतु ब्याज रहित ऋण, इत्यादि। लगभग 80 करोड़ किलोग्राम के वार्षिक उत्पादन के साथ विश्व में ब्राज़ील और अमेरिका के बाद उत्पाद और निर्यात में इसका तीसरा स्थान है। तम्बाकू और तम्बाकू उत्पाद पर एक्साइज ड्यूटी और विदेशी मुद्रा के तौर पर इसके माध्यम से सरकार क्रमश: 20,000 और 6,000 करोड़ रुपया सालाना कमाती है (http://tobaccoboard.com/ http://tobaccoboard.com/admin/publicationsfiles/newsletter šjuneš2016.pdf)

इसके अलावा भारत सरकार के **टोबेको बोर्ड की सहभागी संस्थाओं-** डायरेक्टरेट ऑफ़ टोबेको डेवलपमेंट, सेंट्रल टोबेको रिसर्च इंस्टिट्यूट, इंडियन कौंसिल ऑफ़ एग्रीकल्चर, नेशनल टोबेको ग्रोवेरस फेडरेशन लिमिटेड, इत्यादि, को जन-सम्पति खर्च कर तम्बाकू पैदावार को बेहतर बनाने हेतु किसानों को एग्रोनोमी, प्लांट ब्रीडिंग, सोईल केमिस्ट्री, एन्टोमोलोजी व प्लांट पैथोलॉजी जैसे कृषि-विज्ञान के विषयों से भी जोड़ती है बजाये उन्हें प्राथमिकता और अधिकता से वैकल्पिक खेती से जोड़ने के।

एक और पहलू है **तम्बाकू पर टैक्स-** इसे विस्तार से इस पुस्तिका के टैक्स पर लिखे लेख संख्या 48 से 50 में भी बताया गया है। अतः संक्षेप में, यह बताना पर्याप्त होगा कि हालाँकि केंद्र और राज्य सरकारें दोनों ही इसे सततता से राजस्व प्राप्त करने का साधन मानने के अतिरिक्त इसे आपात स्थिति में आर्थिक संसाधन बढ़ाने के साधन के रूप में काम में लेती है, जब भी बात तम्बाकू पदार्थों पर अंतर्राष्ट्रीय

लेख संख्या : 36

मानकों तक टैक्स बढ़ाने की होती है तो तम्बाकू उद्योग और उससे समर्थित समूहों के दबाव से प्रभावित सरकारें (भारत सहित अन्य देशों की भी) अपने कदम पीछे खींच लेती है। और, तब वह ऐसा **तम्बाकू उद्योग की भाषा में** बोल कर करती है कि ऐसा करने से (टैक्स बढ़ाने से) कर-चोरी और प्रादेशिक- अथवा देश- सीमा पार से तस्करी को बढ़ावा मिलेगा!

सरकारी विरोधाभास तब भी झलकता है जब केंद्र सरकार तम्बाकू नियंत्रण के अधिसूचित कानून/अधिनियम/नियमों/प्रवर्तन में **ढिलाई बनाये रखे** बजाये मजबूती प्रदान करने के; अथवा, प्रादेशिक सरकारें और उनके अधिकृत तम्बाकू नियंत्रण प्रवर्तनकर्ता इसके अधिसूचित नियमों की पालना करवाने में लापरवाही बरतें- (1) अपरोक्ष विज्ञापनों को चलते रहने दे, (2) युवाओं को तम्बाकू पदार्थों की पहुँच अथवा बिक्री से दूर ना रख पायें, (3) तम्बाकू उध्योग द्वारा सामाजिक- सांस्कृतिक- खेलकूद के कार्यक्रमों को आयोजित होते देख निश्क्रिय रहें, इत्यादि।

तो क्या हैं वे उपाय जिनसे देश-प्रदेश में तम्बाकू नियंत्रण पर सरकारी विरोधाभास समास हो सके और उचित तम्बाकू नियंत्रण के साथ-साथ तम्बाकू की खेती और उद्योग से जुड़े परिवार और कर्मचारियों को जीवनयापन का जरिया मिलने के साथ भारत में तम्बाकू उपभोग से होने वाली प्रतिदिन की 4,000 से अधिक मृत्युओं में भी कमी होने लगे? निम्न सुझावों को लागू करवा पाना उचित प्रतीत होता है:

1. सभी प्रादेशिक सरकारें सभी तम्बाकू पदार्थों पर अंतर्राष्ट्रीय मानकों के समतुल्य टैक्स समानता से और एक साथ लागू करें। निकट भविष्य में लागू लिए जाने वाली जी.एस.टी. व्यवस्था से ऐसा हो सकता है यदि राजनैतिक दल और नेता अपने स्वार्थों का त्याग कर जनस्वास्थ्य के लाभ को सर्वोपरि मान अपना लें (ऐसा किया भी किया जा चुका है, सभी तम्बाकू पदार्थों को उच्चतम टैक्स की श्रेणी में सम्मिलित कर किंतु उसके अपेक्षित लाभ नहीं मिल पाये हैं- विस्तृत जानकारी हेतु जी.एस.टी. व्यवस्था पर लिखे संख्या 50 को पढ़ें);

2. साथ ही, यह आवश्यक होगा कि कर-चोरी और तस्करी के दण्डों को अधिकतम सीमा बढाया और अत्यधिक कड़ा किया जाये ताकि कोई भी तम्बाकू उद्योगपति, थोक- अथवा खुदरा व्यापारी इन्हें तोड़ने का सोचे भी नहीं। जिन देशों में ऐसा किया गया वहाँ तम्बाकू नियंत्रण को एक अपेक्षित मजबूत प्राप्त हुई है;

3. सरकार समयबद्ध सीमा में टोबेको बोर्ड और इसकी सहभागी संस्थाओं की तम्बाकू की खेती को समर्थित करने वाली योजनाओं, सहायता और अनुदान को चरणबद्ध तरीके से समास करने का निर्णय ले; साथ ही, वैकल्पिक खेती को सफल बनाने हेतु अनुकूलन प्रशिक्षण, आर्थिक सहायता और अनुदान प्रदान करने की नीतियों को मजबूती से लागू कर इस सेक्टर की नियमितता से निगरानी और आकलन पारदर्शिता के साथ करे, और, इसे स्वास्थ्य सेक्टर में कार्यरत सभी सहभागियों से साझा भी करे; और,

4. अंत में, क्योंकि इस उद्योग से जुड़ी व्यावसायिकता धोखाधडी से जुड़ी होने के साथ खर्चीली हो परिवारों-देश-प्रदेश को गरीब ही बनाती है, **जनस्वास्थ्य और तम्बाकू नियंत्रण की अनुशंसाओं और अधिसूचित नियमों की सम्पूर्ण तम्बाकू-मुक्ति की प्रासि तक समुचित-अपेक्षित पालना** तत्परता से हो जो कि संविधान से प्रास जनमानस के स्वस्थ बने रहने का मूल आधार/अधिकार भी है।

तम्बाकू नियंत्रण में विरोधाभास दूर किया जाये

सरकार द्वारा तम्बाकू नियंत्रण की मुहीम को एक निरंतर मजबूती दिए जाने के साथ जीवन के हर स्तर पर एक प्रतिस्पर्धी विरोधाभास भी स्पष्टता से दिखाई देता है- तम्बाकू उपभोगियों के साथ-साथ इसके व्यापारियों, उत्पादकों, किसानों, उपभोगियों के अतिरिक्त केंद्र- और प्रादेशिक- सरकारों में भी, सिवाय इनके स्वास्थ्य मंत्रालय/विभागों के। इनको व तम्बाकू उपभोगियों को छोड़ दें तो अन्य के लिए तम्बाकू नियंत्रण से जुड़ इसे निरन्तरता से समर्थित करते रहना, अपने व्यावसायिक अस्तित्व को क्षतिग्रस्त करने के साथ-साथ व्यक्तिगत भरण-पोषण का भी मुद्दा है।

तो, आइये जाने, क्या है इस विरोधाभास का समाधान ताकि आमजन इस विषय के विभिन्न आयामों को जान पाये और समुचित तरीके से परख अपनी राय बना सके जो कि तम्बाकू-जनित महामारी को समाप्त करने में एक सक्रिय और विशिष्ट भूमिका निभा पाए:

(अ) तम्बाकू व भारत- और प्रादेशिक सरकारें:

(1) इसमें सबसे अहम् किरदार वे **सहभागी-सरकारी अंग** हैं जो कि तम्बाकू उद्योग के समृद्ध रहने में अपना भला देखते हैं, जैसे, वित- उद्योग-कोर्पोरेट अफेयर्स- कृषि- श्रम, रोजगार- व अन्य मंत्रालय और इनके समतुल्य प्रादेशिक विभाग; और,

(2) **टोबेको बोर्ड** की भूमिका मूलतः खेती व पैदावार की गुणवत्ता के साथ खेतिहरों के कल्याण व तम्बाकू उध्योग के हितों से जुडी है ताकि राष्ट्रीय तम्बाकू का निर्यात कम ना हो। यहाँ पाठक ध्यान दें कि क्योंकि भारत दुनिया का दूसरा सबसे बड़ा तम्बाकू निर्यातक है, सरकार इससे मिलने वाले राजस्व की अनदेखी नहीं कर पा रही है। और, क्योंकि ऐसा नहीं हो पा रहा है, प्रतिवर्ष लाखों भारतीयों की तम्बाकू-जनित मृत्युओं के बाद भी, सरकार से बोर्ड को मिलने वाले प्रोत्साहन, सहयोग, सहभागिता में कोई कमी नहीं हो पा रही है;

(3) इसके साथ, **सरकारी बीमा एजेंसियों का तम्बाकू उध्योग,**

मूलतः आई.टी.सी. जैसी सिगरेट कंपनियों में **भारी विनिमय** देश के नागरिकों के साथ एक बहुत बड़ा धोखा है, क्योंकि हर बीमाधारक अपने जीवन की सुरक्षा में जुटी उन कंपनियों को पोषित कर रहा है जो तम्बाकू उद्योग में निवेश कर अपनी कमाई बढ़ाने के साथ इस मारक/ घातक (तम्बाकू) उद्योग का वित्तीय सम्बल भी बनी हुई हैं। इस प्रकार सरकार स्वयं के जन स्वास्थ्य सम्बंधित कार्यक्रमों के परिणामों को अपरोक्ष रूप से भी प्रभावित कर रही है-क्योंकि जब तक तम्बाकू उद्योग फलता-फूलता रहेगा तब तक इसका उपभोग जनसाधारण में कम नहीं हो पायेगा।

(4) एक अन्य सरकारी विरोधाभास है, सरकार द्वारा **तम्बाकू उद्योग के सी.एस.आर.** (कॉर्पोरेट सोशल रेस्पोंसिबिलिटी) **से पनपते जनहित के कार्यक्रमों को बढ़ावा देना है।** क्या यह प्रश्न स्वाभाविक नहीं होगा कि जिस उद्योग का उत्पाद घातक और मारक है, उसे छद्म रूप से आमजन के हितैषी के रूप में कार्य करते रहने देना चाहिए। हालाँकि यह समझ के परे तो नहीं है कि क्यों भारत सरकार का कॉर्पोरेट अफेयर्स मंत्रालय इसे नीतिगत रूप से रोक क्यों नहीं पा रहा है, परन्तु फिर क्या इसे नैतिकता की कसौटी पर भ्रष्टाचार के साथ-साथ प्रतिकूलता (कॉन्फ्लिक्ट) और अनपेक्षित रुचि के रूप में देखा-आँका नहीं जायेगा? और, अंत में,

(5) इसे **सरकारी नेतृत्व की कमजोरी** ही कह लें कि भारत सरकार अपने 15 वर्षों पुराने कानून- कोटपा (सिगरेट व अन्य तम्बाकू उत्पाद अधिनियम, 2003) का पुनरीक्षण व सुधार कर इसे समयानुसार प्रभावी नहीं बना पा रही है। जहाँ इस अधिनियम के घोषित नियमों की सर्वत्र अवहेलना (उदाहरणार्थ, कार्यस्थलों पर निष्क्रिय धूम्रपान की यथावत स्थिति, छद्म विज्ञापनों का प्रचलन, अल्पव्यस्कों को तम्बाकू पदार्थों की आसानी से उपलब्धिता और हुक्का-बारों का बढ़ता प्रचलन)

एक बड़ी चुनौती है, वहाँ वर्तमान में डेढ़ दशक पूर्व निर्धारित की गयी दंड-राशियों का औचित्य भी हास्यापद ही है। इनके अतिरिक्त, इस अधिनियम के अंतर्गत निर्धारित एजेंसियों द्वारा प्रवर्तन कार्य को नियमितता और गंभीरता से नहीं किये जाने पर उनके विरुद्ध प्रशासनिक कार्यवाहियों के कोई प्रावधान नहीं हैं। परिणामवश, ये एजेंसियाँ निष्क्रिय और निष्प्रभावी हो चली हैं। इससे सम्बंधित तीसरा बिंदु है, तम्बाकू के नये उत्पादों की बाजार में गैर-क़ानूनी भरमार- गैरकानूनी इसलिए कि स्वास्थ्य मंत्रालय इनकी अनुपलब्धता हेतु कटिबद्ध है किन्तु यह उत्पाद काला-बाजारी अथवा इन्टरनेट के माध्यम से केवल बेचे ही नहीं जा रहे हैं, इनके उपभोग को छलावे से पुरजोर तरीके से प्रोत्साहित भी किया जा रहा है।

(ब) **तम्बाकू उद्योग और राजनैतिक पार्टियाँ**- जब तक इन पार्टियों और इनके नेताओं को तम्बाकू उद्योग से चंदा (घूस) मिलता रहेगा, तब तक तम्बाकू नियंत्रण कभी भी मजबूत नहीं हो सकेगा। अब तक के सभी सरकारी कदम, जी.एस.टी. सहित जिसमें तम्बाकू पदार्थों को सिन टैक्स के अंतर्गत उच्चतम स्लैब में रखा गया है, अपर्याप्त ही हैं। इसका एक प्रमुख कारण तम्बाकू उद्योग की नेताओं से सांठ-गांठ है जो कि तम्बाकू नियंत्रण के स्थापित कारगर तरीकों अथवा कानून को सम्पूर्णता से लागू करने देने में या तो रुकावटें खड़ी करती है अथवा इनका ढाँचा/स्वरूप कमजोर करती है।

(स) **तम्बाकू पदार्थों की उत्पादकता और व्यापारिकता-एक समस्या** है तम्बाकू पदार्थों की उत्पादकता में पारदर्शिता की कमी, विशेषकर बीड़ी और चबाने वाली तम्बाकू के सन्दर्भ में। **दूसरी समस्या** है इसका अनियंत्रित गैर-क़ानूनी बेचान क्योंकि अब तक इन्हें कहीं भी कोई भी बेच सकता है जबकि इनके स्वास्थ्य पर प्रभाव जहरीले और प्राणघातक हैं।

(द) **तम्बाकू उपभोगियों की नादानी**- यह एक दु:खद स्थिति है कि

90% से अधिक उपभोगी (आधी-अधूरी ही सही), तम्बाकू की हानियों की जानकारी ही रखते हैं! फिर भी, इसे स्व:प्रेरणा से छोड़ने में असमर्थ हैं। वे स्वयं तो इसके प्रति जागरूक अब तक भी नहीं हैं, परन्तु सच में देखा जाये तो सरकारी तंत्र भी इसके प्रति एक लम्बे समय तक अचेत ही रहा। और, अब जो कुछ चेतना जगी भी है तो क्रियाशीलता की भारी कमी है। दुर्भाग्यवश, चिकित्सक भी अपनी भूमिका का निर्वाह नहीं कर रहें हैं।

अतः यह अति आवश्यक है कि सरकार कोई भी हो, तम्बाकू उद्योग को शीघ्रातिशीघ्र विदा देने की योजनाबद्ध तैयारी ही नहीं करे, इस हेतु प्रतिबद्ध हो इसे फलीभूत भी करे- इस हेतु अपनी स्वयं की जिम्मेदारी और निष्क्रियता, लापरवाही या अनदेखी किये जाने पर दण्डों के निर्धारण सहित!

ऐसी सरकार को तत्काल प्रभाव से तम्बाकू उद्योग से अपने निवेश वापस लेना होगा। और, उसका ऐसा क़दम और भी अधिक उपयोगी हो जाएगा यदि वह इस उद्योग के सी.एस.आर. व इससे मिलने वाले राजस्व को केवल तम्बाकू नियंत्रण पर खर्च करेगी। साथ ही, उसे इस उद्योग से किसी भी प्रकार का पार्टी-फण्ड/चंदा लेने पर पूरी रोक लगानी होगी। इसके अतिरिक्त, तम्बाकू पदार्थों के उत्पादन के नियमन और केवल लाइसेंस प्रक्रिया के अंतर्गत खुदरा बेचान बिना किसी रियायत के समानता व पारदर्शिता से करना होगा।

क्योंकि तम्बाकू पदार्थ व्यसनकारी होते हैं, इन्हें एन.डी.पी.एस. अधिनियम के अंतर्गत समाहित करना और इन्हें केवल इसके व्यसनकारी उपभोगियों को एक निश्चित समयावधि तक ही इस शर्त पर ही बेचा जाना होगा ताकि वे इसे एक प्रमाणीकृत तम्बाकू उपचार क्लिनिक/केंद्र जा पूर्व-निर्धारित समयावधि में इन्हें छोड़ देंगे।

देखते हैं, भविष्य के पिटारे में, किस सरकार में होगा इतना दमख़म..!?

भारत में कॉप–7 समापन की रिपोर्ट:

जानें, इस द्विवार्षिक वैश्विक तम्बाकू नियंत्रण गोष्ठी में क्या खोया–पाया?

विश्व स्वास्थ्य संगठन की अंतर्राष्ट्रीय संधि– एफ.सी.टी.सी. (फ्रेमवर्क कन्वेंशन ऑन टोबेको कंट्रोल) के अंतर्गत कांफ्रेंस ऑफ़ पार्टीज– काप–7, भारत में पहली बार वर्ष 2016 में 7 से 12 नवम्बर तक देहली संपन्न हुई। कॉप, एफ.सी.टी.सी.– का प्रबंध निकाय है। एक सौ बरयासी सदस्य राष्ट्रों से निर्मित इस निकाय (कॉप) में, जो कि विश्व की 90% जनता का प्रतिनिधित्व करता है, इसके 140 सदस्यों ने भाग लिया। कितना सफल हो पाया कॉप–7 का आयोजन, आइये जानें इसके परिणामों के विश्लेषण से।

पिछले लेख में यह तो हमने अपने पाठकों को बताया ही था कि कॉप का कार्य संधि के प्रोटोकॉल, अनुबंधों और संशोधनों को अपनाना और उन्हें लागू कर नियमित समीक्षा करने के साथ, यदि आवश्यक हो तो संधि के उद्देश्यों की प्राप्ति हेतु सहायक निकाय स्थापित करना है। छः दिनों के मिश्रित परिणामों और खींचतान के चलते कॉप–7 की सबसे महत्वपूर्ण उपलब्धि रही– एफ.सी.टी.सी. के प्राण–रक्षक उपायों को राष्ट्रीय स्तर पर तेजी से लागू करने हेतु मार्ग की रुपरेखा का निर्माण। परिभाषित प्राण–रक्षक उपायों को इस प्रकार वर्गीकृत किया गया: (1) तम्बाकू पदार्थों की दर और कर; (2) तम्बाकू पैकेट्स पर सचित्र चेतावनियाँ के आकार में बढ़ोतरी; (3) 100% धूम्रपान–रहित लोकस्थान; (4) तम्बाकू की मार्केटिंग पर प्रतिषेध; (5) तम्बाकू उपभोग छोड़ने वालों को सहायता; और, (6) तम्बाकू नियंत्रण में तम्बाकू उद्योग की दखल को रोकना।

गोष्ठी ने एफ.सी.टी.सी. हेतु एक सामरिक ढाँचा निर्मित करने का निर्णय भी लिया गया जिसमें (अ) संधि हेतु आवश्यक संसाधनों को अधिकता से आकर्षित करने और (ब) तकनीकी सहायता देने और संसाधनों की आवश्यकता पूरी करने हेतु सदस्य राष्ट्रों की प्रगति के पुनरीक्षण के निर्णायक कार्य को समाहित किया गया।

एक विशेषज्ञ समूह ने कार्यान्वयन निरीक्षण कमेटी निर्मित करने की अनुशंसा भी की गयी जो कि सदस्य राष्ट्रों द्वारा संधि को लागू करने में आने वाली बाधाओं को पहचान उनको पार करने के तरीके सुझा सकेगी।

एफ.सी.ए. (फ्रेमवर्क कन्वेंशन अलायंस) के कार्यकारी निदेशक, फ्रांसिस थॉमस, ने बतलाया कि हालाँकि इस अनुशंसा को स्वीकार नहीं किया जा सका परन्तु फिर भी जिस प्रस्ताव को स्वीकृत किया गया उसमें ऐसी योजना को विकसित करने की क्षमता है जो कि संधि को लागू करने हेतु व्यापक समर्थन उत्पन्न कर सकता है। उनका यह भी मानना था कि एक बार कॉप में सम्पूर्ण योजना पर आम सहमती बन जायेगी तो कॉप में चर्चाओं को आयोजित करने, सदस्यों की प्रमुख तकनीकी सहायता की आवश्यकताओं को पूरा करने और कॉप–6 में स्वीकृत तम्बाकू उपभोग में 30% कमी करने के अभिलाषी लक्ष्य को प्राप्त करना आसान होगा।

कॉप–7 ने एक पूर्वानुमानित कोष की प्राप्ति हेतु तम्बाकू नियंत्रण और मानवाधिकारों, तम्बाकू उत्पादित करने वाले किसानों के स्वास्थ्य और संधि हेतु सदस्य राष्ट्रों के भुगतान को स्वेच्छिक निर्धारित अंशदान के बजाय निर्धारित अंशदान नामांकित करने जैसे मुद्दों पर प्रगति करी।

इसके अतिरिक्त गोष्ठी ने सदस्य राष्ट्रों से ई–सिगरेट (इलेक्ट्रॉनिक सिगरेट– इलेक्ट्रॉनिक निकोटिन डिलीवरी सिस्टम) को प्रतिषेधित अथवा नियंत्रित करने, और इन्हें अपने (राष्ट्रीय) कानून में तम्बाकू उद्योग के उत्पादों से हानि पर नागरिक जवाबदेही (सिविल लायबिलिटी) विकसित करने को भी कहा। साथ ही, जो देश तम्बाकू का उत्पादन नहीं कर रहें हैं उनसे कहा गया कि वे इसकी खेती कभी ना करें। सभी देशों को तम्बाकू उपभोग, तम्बाकू नियंत्रण और तम्बाकू से बच्चियों–महिलाओं व बच्चों–पुरुषों के अतिरिक्त, समाज के कमजोर वर्गों के स्वास्थ्य के सामाजिक अवधारकों (सोशल डेटरमिनेंट्स ऑफ़ हेल्थ) के सन्दर्भ में अनुसंधान करने को कहा।

हाँ, पर यह भी एक उपलब्धि ही मानी जानी चाहिए कि पहली बार

कॉप-7 की रिपोर्ट को, मई 2017 में विश्व स्वास्थ्य असेम्बली में जो कि विश्व स्वास्थ्य संगठन की प्रबंध इकाई है, प्रस्तुत किया जायेगा ताकि इन दोनों इकाइयों में सहक्रियता को मजबूती मिल सके।

परन्तु, सदस्य राष्ट्रों में तम्बाकू उद्योग के तम्बाकू नियंत्रण में हस्तक्षेप से निपटने पर सहमती नहीं बन पायी। इस हस्तक्षेप को कॉप-7 की कार्यवाहियों में स्पष्ट से देखा गया जिसने ना केवल पूर्व में आयोजित कॉप के निर्णयों को कमजोर करने का प्रयास किया बल्कि संधि के सिद्धान्तों पर भी प्रश्न उठा दिए। इन मतभेदों के चलते जिनेवा में होने वाली आगामी कॉप में तम्बाकू के गैर-क़ानूनी व्यापार वाले संधि के प्रोटोकॉल पर चर्चा किये जाने हेतु एक मजबूत निर्णय नहीं लिया जा सका। भारत का तम्बाकू उद्योग और उसका कवच तम्बाकू-किसान समूह असंतुष्ट और नाराज रहा क्योंकि उसे इस गोष्ठी में सम्मिलित नहीं किया गया। परन्तु, यह आयोजकों का इनकी हानिकारक, नकारात्मक और कुटिल कार्यप्रणालियों और तरीकों के

चलते एक सैद्धांतिक निर्णय था जिसे अंतर्राष्ट्रीय स्तर पर मान्यता प्राप्त है।

गोष्ठी के समापन समारोह की अध्यक्षा, श्रीमती अनुप्रिया पटेल, स्वास्थ्य मंत्रालय में स्टेट मिनिस्टर की उपस्थिति में, जिनेवा स्थित संधि के सचिवालय की प्रमुख, वेरा लुइज़ा दी कोस्टा इ सिल्वा ने कहा कि हमारे ऊपर तम्बाकू उत्पादन श्रृंखला के कमजोर वर्ग को सुरक्षित रखने की जिम्मेदारी है, परन्तु यह कार्य हम तम्बाकू की पैदावार को प्रोत्साहित करने की अपेक्षा (जैसा कि तम्बाकू उद्योग करता है) मजबूत दीर्घकालिक विकल्पों को विकसित करते हुए करेंगे ताकि तम्बाकू की खेती करने वाले किसान और उनके परिवारों को एक बेहतर भविष्य मिल सके।

नोट- साभार यह लेख एफ.सी.ए. के मार्टी लोगान, बिज़नेस स्टैण्डर्ड और दी इकनोमिक टाइम्स द्वारा प्रकाशित रिपोर्ट से संकलित है।

वैश्विक तम्बाकू नियंत्रण: कॉप 8 की रिपोर्ट

सभी साझेदार 'दोषी' हैं...!

विश्व स्वास्थ्य संगठन की तम्बाकू नियंत्रण पर अंतरराष्ट्रीय संधि- एफ.सी.टी.सी. (फ्रेमवर्क कन्वेंशन ऑन टोबेको कण्ट्रोल) की आठवीं कॉप (कांफ्रेंस ऑफ़ पार्टीज) की गोष्ठी, जिनेवा में इसी वर्ष अक्टूबर के पहले सप्ताह में सम्पन्न हुई। संदर्भ के लिए, पाठक यह भी जान लें कि सातवीं कॉप का आयोजन दो वर्ष पहले भारत में नई देहली में हुआ था।

इस बार की गोष्ठी में एफ.सी.टी.सी. के 142 सदस्य राष्ट्रों के अतिरिक्त 6 गैर-सदस्य राष्ट्र, 4 अंतरराष्ट्रीय संगठनों और 13 गैर-सरकारी संगठनों ने भी भागीदारिता करी। यह निश्चित ही गर्व का विषय है कि **इसकी अध्यक्षता - भारत के स्वास्थ्य एवं परिवार कल्याण मंत्रालय की सचिव, प्रीति सुदन ने की।** संयुक्त राष्ट्रसंघ के सेक्रेटरी जनरल, श्री गुटेरेस के सन्देश को साझा करते हुए उन्होंने कहा कि अभी हाल ही में **संयुक्त राष्ट्रसंघ के गैर-संक्रामक रोगों की रोकथाम और नियंत्रण पर संपन्न हुए सत्र में** (न्यूयार्क, 27 सितम्बर) संघ ने **इन रोगों से होती मृत्युओं की रोकथाम हेतु डब्ल्यू.एच.ओ. के ऐफ.सी.टी.सी. की अहम् भूमिका को स्वीकारा है** क्योंकि तम्बाकू नियंत्रण ही सतत विकास के लक्ष्यों (एस.डी.जीस्.- सस्टेनेबल डेवलपमेंट गोल्स) के स्वास्थ्य-सम्बन्धी लक्ष्य 3 को प्राप्त करने और मानवाधिकारों व जलवायु-परिवर्तन का सामना कर पाने हेतु प्रभाविकता प्रदान करता है।

तत्पश्चात, संयुक्त राष्ट्रसंघ के महानिदेशक, श्री मोलर की ओर से प्रतिभागियों को उद्बोधित करते हुए उनके कैबिनेट-प्रमुख श्री चिक्वेंद्ज़े ने कहा कि **धूम्रपान दुनिया के 80% कम आयवर्ग के राष्ट्रों के पहले-से-ही-सीमित स्वास्थ्यतंत्रों के संसाधनों को और भी खाली कर उन्हें गरीबी में धकेल रहा है।** अतः युवा, जो कि इन देशों की जनसंख्या का एक अहम् भाग हैं, उन्हें तम्बाकू की रोकथाम हेतु प्रभावी नीतियों और क़ानूनी प्रावधानों के द्वारा सम्बोधित किया जाना चाहिए। तम्बाकू के खतरों (हानियों) के प्रति जागरूकता बढ़ाने वाले अभियानों को सफल बनाने हेतु गैर-सरकारी संस्थानों, खेल-कूद संस्थाओं, प्राइवेट सेक्टर, मास-मीडिया और अन्य संसाधनों से भागीदारिता करना अत्यंत आवश्यक है। इस सन्दर्भ में एफ.सी.टी.सी. सहभागिता से भागीदारिता बढ़ाने, तम्बाकू नियंत्रण से प्राप्त सीखों को साझा करने और वर्तमान की इसकी चुनौतियों का समाधान खोजने व लागू करने हेतु एक अच्छा उदाहरण है।

डब्ल्यू.एच.ओ. के महानिदेशक, डॉ. टेड्रोस ने कहा कि अब **दुनिया के 60% देश एमपॉवर (MPOWER) के प्रावधानों को अपना चुके हैं।** जहाँ केन्या, यूगांडा, जैसे देशों ने तम्बाकू नियंत्रण के कानूनों को सम्पूर्णता से अपना लिया है , दुनिया के अन्य देश तम्बाकू पदार्थों पर टैक्स में बढ़ोतरी के साथ इन पर सचित्र चेतावनियों और प्लेन पैकेजिंग को लागू करने के साथ-साथ सार्वजनिक स्थलों को अधिकता से धूम्रपान-रहित करने हेतु सततता से आगे बढ़ रहे हैं। ऑस्ट्रेलिया में तम्बाकू पदार्थों को प्लेन पैकेजिंग में बेचने को अब विश्व व्यापार संघ ने भी इसे अपने नियमों के अनुरूप मान लिया है। उन्होंने उन सदस्य राष्ट्रों का भी आव्हान किया जो कि अब तक तम्बाकू तस्करी को रोकने के प्रोटोकॉल को अपनी सरकारों द्वारा स्वीकृत नहीं करा पाए हैं। उन्होंने संयुक्त राष्ट्रसंघ के सदस्य राष्ट्रों द्वारा **तम्बाकू-मुक्त वित्तीय शपथ को स्वीकार करने की मुहीम** का भी उल्लेख किया जिसके अंतर्गत अब सदस्य राष्ट्रों में **तम्बाकू उद्योग को उधार देने, उसमें धन लगाने (इन्वेस्ट करने) और उसका बीमा करने पर रोक के प्रति जागरूकता को बढ़ावा मिले।** साथ ही , उन्होंने 26 सितम्बर को संघ के तत्वाधान में सदस्यों ने टी.बी. को नियंत्रित करने हेतु तम्बाकू उपभोग में कमी लाने के निर्णय की भी जानकारी दी। निचली- और मध्यम- आय वर्ग के राष्ट्रों में तम्बाकू नियंत्रण में अब तक पर्याप्त प्रगति नहीं पर उन्होंने दुःख भी साझा किया और कॉप 8 के प्रतिभागी राष्ट्रों को अपने-अपने देशों में तम्बाकू पदार्थों पर टैक्स की बढ़ोतरी, तम्बाकू के विज्ञापनों, प्रोत्साहन और प्रायोजनों पर सम्पूर्ण रोक और स्वास्थ्य-तंत्र में, विशेषकर प्राथमिक स्वास्थ्य सेवाओं में सार्वभौमिक स्वास्थ्य कवरेज (तम्बाकू खाना-पीना छुड़वाने की सेवा की सतत् उपलब्धता) बढ़ाने का भी आव्हान किया।

गोष्ठी के मुख्य वक्ता के तौर पर **कन्वेंशन सचिवालय की प्रमुख, वेरा डी कोस्टा ने कहा एफ.सी.टी.सी. में अब तक बहुत कुछ उपलब्धि प्राप्त की जा चुकी है-** जैसे (अ) कॉप में पर्यवेक्षकों के नेटवर्क को बढ़ावा, (ब) कन्वेंशन सचिवालय के ज्ञान केंद्र और (स) तम्बाकू उद्योग की छद्म नीतियों पर निगरानी रखने हेतु ऑब्सर्ववेटोरीज (चौकियों) की स्थापना। साथ ही, संयुक्त राष्ट्रसंघ के स्तर पर सतत् विकास के तीसरे लक्ष्य में (1) डब्ल्यू.एच.ओ. एफ़.सी.टी.सी. को लागू किये जाने हेतु एक प्रयोजन की तरह मान्यता, (2) तम्बाकू उद्योग को संयुक्त राष्ट्रसंघ की सामाजिक जिम्मेदारी वाली प्राइवेट कंपनियों की सूची से हटाना, (3) संयुक्त राष्ट्रसंघ की आर्थिक और सामाजिक कौंसिल द्वारा संयुक्त राष्ट्रसंघ सदस्यों से तम्बाकू उद्योग से कोई भी फंडिंग न स्वीकारने हेतु नीति अपनाना और (4) तम्बाकू तस्करी को रोकने हेतु प्रोटोकॉल को अनुमति से एफ.सी.टी.सी. को अतिरिक्त गति मिली है। **तम्बाकू पदार्थों की प्लेन पैकेजिंग को भी अब तम्बाकू-से-मुक्ति (एंड गेम) हेतु एक महत्वपूर्ण तरीका (टूल) माना जा रहा है।**

आमंत्रित वक्ताओं के तौर पर:

1. **ब्राज़ील की एटोर्नी जनरल, ग्रेस मेंडोंका ने बताया की** उनके देश ने (1) सभी तम्बाकू पदार्थों की एक न्यूनतम दर निर्धारित कर दी है, (2) तम्बाकू पदार्थों पर टैक्स बढ़ा दिए हैं, (3) सभी सार्वजनिक स्थलों पर इनके उपभोग को प्रतिषेधित कर दिया है और (4) सिगरेट पर टार और कार्बन की मात्रा का प्रमाणित-समायोजन (स्टैण्डर्ड-सेटिंग) कर दिया है; और

2. **यूरोपियन कमीशन की महानिदेशक, सुश्री एन बूचर ने** युवाओं को आसानी से उपलब्ध तम्बाकू पदार्थों पर चिंता व्यक्त की, विशेषकर ई-सिगरेट, ई-शीशा और सुगन्धित तम्बाकू पदार्थों के प्रचलन की। उन्होंने बताया कि **यूरोपियन संघ में तम्बाकू नियंत्रण के सतत विकास को अब सभी क्षेत्रों में सम्मिलित किया जा रहा है,** मुख्यत: तम्बाकू पदार्थों के वातावरण पर प्रभाव- विशेषकर समुद्री जगत पर और खेती पर इसके आर्थिक प्रभाव को। उन्होंने कहा कि वर्ष 2030 के लिए निर्धारित सतत् विकास के लक्ष्यों को प्राप्त करने के लिए यह आवश्यक होगा कि स्वास्थ्य को प्रत्येक नीति में समाहित किया जाये क्योंकि तब ही वर्तमान और भावी पीढ़ियों को सुरक्षित किया जा सकेगा।

कॉप 8 की मीटिंग का एजेंडा को स्वीकृत करने के पहले प्रतिभागियों ने इसके आइटम 7.1 (एफ.सी.टी.सी. को लागू करने के उपायों को मजबूती देने हेतु समन्वय और सहयोग) और आइटम 8.2 (पार्टीज के प्रतिनिधियों, कॉप व इसकी पूरक/सहायक मीटिंगों में आये पर्यवेक्षकों और डब्ल्यू.एच.ओ. एफ.सी.टी.सी. के अन्य मीटिंगों के प्रतिभागियों द्वारा अधिकतम पारदर्शिता) को आइटम 6 (संधि के उपकरण और तकनिकी मुद्दे), आइटम 7 (रिपोर्टिंग, लागू करने हेतु सहायता, अंतरराष्ट्रीय सहयोग), आइटम 8 (बजट और संस्थानिक मुद्दे) पर कार्यान्वयन करने से पहले विचार विमर्श किया।

अतः ऐसी आशा है कि **उपरोक्त इन सभी महत्वपूर्ण व सकारात्मक वैश्विक निर्णयों से तम्बाकू नियंत्रण और अधिक मज़बूत होगा और तम्बाकू उद्योग पर निरंतरता से कसता शिकंजा उसे और कड़ी जकड़न में बाँधेगा।** यह सामयिक होगा कि भारत सरकार भी इन सुझावों को सम्पूर्णता से अपनाये और लागू कर इनके प्रत्याशित लाभ जनमानस को शीघ्रातिशीघ्र दे।

तम्बाकू नियंत्रण की गड़बड़ियाँ

सभी साझेदार 'दोषी' हैं...!

विश्व में प्रतिदिन 22,000 से अधिक तम्बाकू उपभोगियों का मर जाना राष्ट्र-अधिनायकों को चिंताजनक तो अवश्य ही लगता होगा, किन्तु व्यक्तिगत रूप से विचलित ना करता हो! किन्तु जब बात अपने ही देश में हो रही तम्बाकूजनित मृत्युओं की हो रही हो तो क्या यह आँकड़ा फिर भी प्रभावित नहीं करेगा!? भारत के सन्दर्भ में कहें तो यहाँ प्रतिदिन होती 4,000 से अधिक मृत्युओं से केवल तम्बाकू नियंत्रण कार्यकर्ता ही प्रभावित होते दिखते हैं; उनमें से कईयों के लिए भी तब तक ही, जब तक कि तम्बाकू नियंत्रण में उनका कार्य करना एक जीविका-अर्जन करने का माध्यम है!

क्या ऐसा इसलिए है कि तम्बाकूजनित मृत्युओं पर एक निदानित रोग से मरने का लेबल लग जाता है, जिसे चिकित्सक द्वारा आमजन को समझाने में आसानी होती है; अन्यथा, क्या यह हमारे तंत्र की ही सबसे बड़ी कमी नहीं है कि हम कारकों से अधिक परिणामों को महत्व देते हैं? विस्तार से देखें तो दोनों ही विचार सही प्रतीत होते हैं, क्योंकि जहाँ **चिकित्सक - प्रदत्त रोग का लेबल** रोगी व रिश्तेदारों के लिए ''रोग के प्रबंधकों रोग के कारक से'' केवल महत्वपूर्ण ही नहीं बनाता है, सभी सहभागियों को इस आत्मग्लानि से भी बचा देता है कि काश, समय रहते से इसे (कारक को) साध लेते तो रोगी बीमार ही नहीं पड़ता। परन्तु, हमारे तंत्र में इतनी अधिक चापलूसी भरी है कि यदि शीर्ष के नेतृत्व के मौलिक विचारों को आप समर्थित करते रहें तो आपकी निर्भीक-निष्क्रियता पर कोई भी प्रश्न नहीं उठाएगा।

तो, ऐसा ही कुछ घटित हो रहा है भारत के निरन्तर प्रगतिशील तम्बाकू नियंत्रण में, जहाँ **केंद्र सरकार में स्वास्थ्य मंत्रालय की एक छोटी सी टीम** अपनी पूर्ण प्रतिबद्धता के साथ जुटी है तम्बाकू नियंत्रण में। यह टीम, जो भी कुछ नया-अच्छा वैश्विक स्तर पर विश्व स्वास्थ्य संगठन और कुछ अन्य संस्थाओं की सहभागिता से घट रहा है, उसे नीतियों का प्रारूप दे प्रदेशों की सरकारों को परोसती रहती है, बिना आकलन-मूल्यांकन के, इस सोच के साथ कि: (अ) प्रादेशिक सरकारी नेतृत्व और उसके चिकित्सा और स्वास्थ्य विभाग के आला

अधिकारी उसे सामयिकता-प्रभाविकता से लागू करवा पायेंगे; और, (ब) कहीं यह ठन्डे बस्ते में बंद तो नहीं हो गयी!

परिणामवश, प्रदेशों में दिखावे के तौर कुछ छुटपुट गतिविधियों के रूप में समय-समय से इन्हें प्रतिपादित कर दिया जाता है। **कोटपा** (सिगरेट व अन्य तम्बाकू उत्पाद अधिनियम, 2003) व राष्ट्रीय तम्बाकू नियंत्रण कार्यक्रम **(एन.टी.सी.पी.)** के विभिन्न आयामों के साथ तम्बाकू उद्योग द्वारा वर्तमान में जारी किये जा रहे कम-हानि वाले तम्बाकू उत्पादों के नियंत्रण के साथ भी ऐसा-ही कुछ हो रहा है।

साथ ही, स्वास्थ्य मंत्रालय ना तो कोटपा में चिर-प्रतीक्षित सुधार को फलीभूत कर पाया जिसकी वर्तमान सरकार से आशा थी, ना ही अंतर-मंत्रालयिक सामंजस्य बिठा: (अ) तम्बाकू खेतिहरों को वैकल्पिक-व्यवसायों की उपलब्धिता को बढ़वा पाया; और, (ब) ना ही तम्बाकू उद्योग को मिल रहे सतत प्रोत्साहन-मान-सम्मान व लाभों को कम करा पाया।

वर्तमान में कोटपा के चार में से केवल एक नियम- **नियम 4,** धूम्रपान पर लोकस्थानों, लोकवाहनों और कार्यस्थलों पर प्रतिषेध- की ही पालना संतोषजनक तरीके से होती मानी जा सकती है। परन्तु, पिछले 15 वर्षों के लम्बे अंतराल में अन्य नियमों की सुगम पालना में **(अल्पव्यस्कों का बचाव, तम्बाकू पदार्थों के छद्म विज्ञापनों पर पूर्ण प्रतिषेध और उन पर छपती सचित्र चेतावनियाँ),** व्यास चुनौतियों और अवरोधों को अब तक भी इस प्रकार से दूर नहीं किया जा सका है कि इनको सर्वत्र और समरुपता से समूचे देश में लागू किया जा सके। मजे की बात है यह है अब तक भी प्रादेशिक- व जिला- स्तरों पर इसके प्रवर्तन के प्रशिक्षण के कार्यक्रम चलते रहते हैं, किन्तु इसके अपेक्षित परिणामों की जानकारी आपको, पारदर्शिता-से राष्ट्रीय-स्तर पर डिजिटल इन्डिया छोड़, प्रादेशिक स्वास्थ्य विभागों की वेबसाईट पर भी ढूंढे नहीं मिलेगी। और, यदि आपने इसे **प्रादेशिक तम्बाकू नियंत्रण प्रकोष्ठ** से जाननी चाही तो जवाब मिलने के बजाये

यह सुनने मिलेगा कि आपके साथ जानकारी साझा करी तो आप हमारी ही आलोचना करोगे या हमारे लिए एक नयी मुसीबत खड़ी कर दोगे!

एक और धक्का लगा है, एन.टी.सी.पी. को अन्य राष्ट्रीय स्वास्थ्य कार्यक्रमों के साथ, **राष्ट्रीय स्वास्थ्य मिशन** के सामूहिक छाते के नीचे ला खड़े करने से। क्योंकि, अब तम्बाकू नियंत्रण प्रकोष्ठ, प्रमुख स्वास्थ्य सचिव के बजाये एक ऐसे मातहत-अफसरी के जंजाल में फँस गया है, जहाँ तम्बाकू नियंत्रण उसके ढेरों कामों में से एक और काम से अधिक कुछ नहीं है। साथ ही, अब एन.टी.सी.पी. के अंतर्गत विशिष्ट रूप से रोजगार पाते **मानवीय संसाधन** को अन्य कार्यों में जोत लिया जाता है बजाए उसे लक्ष्य-निर्धारण के साथ केवल तम्बाकू की हानियों और उसे छोड़ने के लाभों का जनजागरण में वृद्धि के अतिरिक्त जिला-स्तर पर अन्तर-विभागीय सामंजस्य बिठा कोटपा प्रवर्तन को मजबूती और निरंतरता दिलवाने के अतिरिक्त तम्बाकू उपचार को घर-घर व जन-जन तक पहुँचाने हेतु काम में लिये जाने के।

ऐसी ही निराशाजनक अप्रभाविकता **स्वास्थ्यकर्मियों** में भी भरपूर दिखती है , जब कि इनसे यह आशा करना अनुचित न होगा कि सुरसा-समान बढ़ते गैर-संक्रामक रोगों के एक महत्वपूर्ण कारक से युद्ध-स्तर पर निपटने में ये अपना पूरा-पूरा योगदान दें: (अ) नीति-निर्धारकों को एक विशेषज्ञ-**सन्देशकर्मी** की तरह, (ब) समाज को एक रोल-**मॉडल** की तरह; (स) रोगियों हेतु तम्बाकू पर निर्भरता या व्यसन के **उपचारक** की तरह; और, साथ ही, इनसे यह अपेक्षा करना भी अनुचित ना होगा कि (द) ये अपने कार्यस्थलों को नीतिगत रूप से **तम्बाकू-मुक्त** बनायें ताकि अन्य कार्यस्थल इसका अनुकरण करने को प्रेरित-प्रोत्साहित हों व जनमानस में भी यह सन्देश जाये कि ''**तम्बाकू उपभोग एक रोग है व इसका उपभोगी एक रोगी।**''

साथ-ही, कुछ-अपवादों को छोड़ **मीडिया** भी तम्बाकू-नियंत्रण की अनुपलब्धताओं का दोषी है। यह बजाये इसकी निरंतर बढ़ते रोगों और मृत्युओं की महामारी से युद्ध-स्तर पर निपटने हेतु (अ) सभी को निरन्तरता से सूचित-प्रोत्साहित करने (ब) सरकारों व प्रशासनिक व्यवस्था को आड़े हाथों लेने (स) **तम्बाकू उद्योग की काली करतूतों** को उजागर करने की अपेक्षा, तम्बाकू उद्योग से मिलते अपने व्यावसायिक लाभों को जनस्वास्थ्य पर प्राथमिकता देता है। यह आश्चर्यजनक ही है कि देश में प्रतिदिन होती 4,000 से अधिक मृत्युओं को पर यह चुप्पी साधे बैठा है जब कि अन्यथा आये दिन, हर एक-दो, पाँच-दस-पचास मृत्युओं पर इसकी हेडलाइंस या तो पहले पन्ने पर छप जाती हैं या फिर टेलिविज़न की अनेक चेनलों पर दिनभर/दिनोंदिन चलती रहती हैं!

अंत में, एक लोकतान्त्रिक-व्यवस्था में **जनमानस** को भी दोषी मानना ही होगा जो अपने नेताओं से तम्बाकू-नियंत्रण को मजबूत ना बनवा सके। स्वतंत्रता-प्राप्ति के साथ हमारी निष्क्रियता और आत्मसमर्पण (गुलामी) का भाव समाप्त हो जाना चाहिए था। किन्तु, हम आज भी **अपने वोट की ताकत से जनस्वास्थ्य/जनहित के कार्य** हेतु फलीभूत नहीं करवा पाए हैं। तो आइये, इस बार नेताओं से माँग लें तम्बाकू-नियंत्रण पर वांछित-मजबूती की और **नामुमकिन को मुमकिन करवा लेनी की।**

तम्बाकू का नियंत्रण ही क्यों, इससे मुक्ति क्यों नहीं?

तम्बाकू नियंत्रण में कार्यरत रहने के लगभग **20 वर्षों** का आकलन किया जाये तो परिणाम की अनुभूति मिश्रित-सी लगती हैं- खट्टी-मीठी, संतोष-असंतोष से परिपूर्ण।

संतोष होने के कई कारण हैं: आज वैश्विक स्तर पर तम्बाकू नियंत्रण में निरन्तरता से आगे बढ़ते रहने के लिए एक वृहद्तम अंतर्राष्ट्रीय संधि है। 182 देश इसके सदस्य हैं। मात्र पर्यावरण-संधि ही में ही सदस्य-राष्ट्रों की संख्या इससे से अधिक है। इस संधि, **फ्रेमवर्क कन्वेंशन ऑन टोबेको कण्ट्रोल (एफ.सी.टी.सी.)** में तम्बाकू नियंत्रण के सभी आयामों का मात्र उल्लेख ही नहीं है, उन्हें सावधानी और सजगता से इस तरह संरचित और अनुशंसित भी किया गया है कि सदस्य राष्ट्र अपने संवैधानिक-क़ानूनी ढाँचे के अन्दर कार्यरत हो कर भी अंतर्राष्ट्रीय मान्यता प्राप्त, प्रमाणिक अनुशंसाओं को अपनी क्षमता के अनुसार लागू कर सकें। और, स्थानीय और क्षेत्रीय लक्ष्यों को फलीभूत करते हुए अंतर्राष्ट्रीय मानकों को भी प्राप्त कर सकें।

साथ ही, आज देश में तम्बाकू नियंत्रण कानून **(कोटपा)** का कालानुसार सिद्ध होता एक परिपक्व स्वरूप है जिसने देश को व्यापकता से लोकस्थानों और लोकवाहनों में धूम्रपान-रहित वातावरण प्रदान किया है। कार्यस्थलों में भी इसकी मजबूत पकड़ अनुभव की जा सकती है। तम्बाकू पदार्थों के परोक्ष विज्ञापन अब इतिहास की बात हो गए हैं। भारतीय फिल्मों और इलेक्ट्रॉनिक मीडिया में तम्बाकू पदार्थों के उपभोग सदैव एक निर्धारित चेतावनी के साथ ही दिखते हैं। शिक्षण संस्थाओं में भी एक तम्बाकू-मुक्त वातावरण उभरने लगा है और इनकी कानून-निर्धारित 100 गज की परिधि में तम्बाकू के विक्रय पर रोक का आंशिक असर देखा जा सकता है। वर्तमान में खुदरा तम्बाकू पदार्थों पर सचित्र चेतावनियों का एक वृहद्तम आकार देश के लिए एक विशिष्ट उपलब्धि है।

इन क़ानूनी प्राप्तियों के साथ-साथ कानून के अधिघोषित नियमों के उचित प्रवर्तन हेतु राष्ट्रीय तम्बाकू नियंत्रण कार्यक्रम को देश-व्यापी स्तर पर लागू कर लिया गया है। इसमें निहित विशिष्ट मानव-संसाधन और वितीय-अनुदान से इस कार्यक्रम ने स्वास्थ्य-सेवा के हर स्तर को एक अमली ढाँचा भी प्रदान कर दिया है। देश में तम्बाकू नियंत्रण में तम्बाकू उपभोग छुड़वा पाने की अब तक जो एक बड़ी कमी दिखाई दे रही थी, उस हेतु भी कुछ प्रगति दिखाई देने लगी है- तम्बाकू-मुक्ति क्लीनिकों की जिला स्तर पर स्थापना के साथ राष्ट्रीय क्विटलाइन और एम-सीजेशन की राष्ट्रव्यापी उपलब्धता के माध्यम से। तम्बाकू पर टैक्स के सन्दर्भ में जी.एस.टी. में सभी तम्बाकू खुदरा पदार्थों को उच्चतम टैक्स-स्लैब में रख सरकार ने तम्बाकू नियंत्रण के प्रति अपनी गंभीरता को भी दर्शाया है।

तो, प्रश्न उठता है कि **तम्बाकू उद्योग अथवा इसके उत्पादों के प्रति इतना असंतोष क्यों है** जिसको मिटाने हेतु इतना सब कुछ कर पड़ रहा है? तम्बाकू को ही क्यों झेलना पड़ रहा इतना सब नियंत्रण की नीति-योजनाओं और कार्यवाहियों का बोझ जो कि जनस्वास्थ्य की दृष्टि से पर्याप्त नहीं है!? तो, ऐसा इसलिए है क्योंकि अभी भी:

1. **क़ानूनी प्रावधान कमजोर हैं;** उनका उल्लंघन आम बात है क्योंकि कानून के अधिघोषित नियमों की दंड-राशि प्रभावी नहीं है; और, प्रवर्तन एजेंसियों की अक्षमताओं/गैर-जिम्मेदाराना निष्क्रियता को दण्डित करने हेतु प्रावधान मात्र अनुपस्थित ही नहीं हैं, इसके प्रति उन्हें एक प्रतिरोधक सुरक्षा भी प्राप्त है;

2. समयानुसार, संज्ञान ले क़ानूनी प्रावधानों में संशोधनों की आवश्यकता के प्रति एक स्पष्टता से दिखाई देती **राजनैतिक, क़ानूनी व प्रशासनिक निष्क्रियता है;**

3. सचित्र चेतावनियों, चबाने वाली तम्बाकू और फिल्मों-मीडिया में तम्बाकू पदार्थों के उपभोग या ब्रांड को दिखाते-बढ़ाते अपरोक्ष विज्ञापनों के नियंत्रण के क्षेत्रों में जो भी अब तक प्राप्त हुआ है, उनमें से अधिकाँश हेतु एक लम्बी क़ानूनी लड़ाई लड़नी पड़ी है; आज फिर भी सचित्र चेतावनियों की कुछ खुदरा तम्बाकू पदार्थों से अनुपस्थिति/उल्लंघन और शहरों की दीवालों, विज्ञापन-

बोर्डों, दुकानों, पाठ्यक्रम-सामग्रियों, इत्यादि, पर मुँह-चिढ़ाते **अपरोक्ष विज्ञापन तम्बाकू नियंत्रण की विफलता का एक गंदा सच हैं;**

4. **गैर-सरकारी संस्थाओं** की तम्बाकू-नियंत्रण के प्रति गंभीरता, झुझारुपन, विशेषज्ञता, प्रतिभा, इत्यादि, **को** राष्ट्रीय कार्यक्रम में संसाधनों की सतत उपलब्धिता से वंचित तो रखा ही जा रहा है, उन पर विदेशी एजेंसियों से धन प्राप्त कर देश के तम्बाकू उद्योग और उससे मिलने वाले अपर्याप्त राजस्व को हानि पहुँचाने का आरोप लगा **प्रताड़ित किया जा रहा है;**

5. दूसरी ओर, तम्बाकू को उद्योग को बढ़ावा देने हेतु सरकारी तम्बाकू बोर्ड तो है ही, तम्बाकू की खेती और उद्योग के विकल्पों का विकास नगण्य है; **अंतर-मंत्रालयिक समूह की निष्क्रियता-अप्रभाविकता** तो जग जाहिर है- तम्बाकू नियंत्रण को स्वास्थ्य मंत्रालय का खर्चीला आयाम मानकर, तम्बाकू उद्योग से राजनैतिक- और प्रशासनिक संस्थाओं- अधिकारियों का अंतर्राष्ट्रीय संधि के विरुद्ध अवांछित मेल-मिलाप, तम्बाकू नियंत्रण को इसकी जड़ों तक खोखला कर रहा है; और,

6. जी.एस.टी. ने उच्चतम कर-सीमा में तो खुदरा तम्बाकू पदार्थों को ले लिया है परन्तु **तम्बाकू पदार्थों की अनुपातिक खुदरा दर** अंतर्राष्ट्रीय मानकों से अब भी बहुत कम है।

तो, फिर एक और प्रश्न यह भी उठता है कि क्या तम्बाकू नियंत्रण की उपलब्धियाँ अधिक हैं या चुनौतियाँ व अवरोध? इस सन्दर्भ में एक आँकड़ा सच्चाई से खड़ा दिखाई देता है। जैसे मृत्यु को कोई झुठला नहीं सकता है, वैसे ही हम तम्बाकूजनित मृत्युओं के राष्ट्रीय आँकड़ों को भी झुठला नहीं सकते हैं। अत: भले ही हम गेट्स-2 के आँकड़ों में भारत में तम्बाकू उपभोग में 6 प्रतिशत की कमी आई है, वर्ष 2000 में जहाँ मृत्युओं की संख्या ~1800 प्रतिदिन थी, आज वह बढ़कर 4,000 से भी अधिक हो गयी हैं। पिछले 17 वर्षों में जनहानि में यह 75% बढ़ोतरी, निश्चित ही तम्बाकू नियंत्रण के प्रयासों की अप्रभाविकता वाले पहलू से भी सामना कराती है।

अतः क्या यह प्रश्न उठाना उचित नहीं होगा कि **हम कब तक तम्बाकू नियंत्रण की बात करते रहेंगे, तम्बाकू-मुक्ति की माँग क्यों नहीं करते हैं?** जब तक तम्बाकू उद्योग पूरी तरह से प्रभावित नहीं होगा तब तक क्या मानवमात्र तम्बाकू की पीड़ाओं और त्रासदी से अपने को बचा पायेगा। और, तम्बाकू नियंत्रण कार्यकर्ताओं में क्यों संकोच है इसकी मांग करने में, जब कि लक्ष्य तो अंततः यह ही है। संभवतः असंभव लगती इस बेबाक माँग से सरकारी तंत्र के उनसे नाराज होने की संभावना इन्हें रोकती हो। तो, आइये बदल लें अपनी संकुचित सोच और भय-मुक्त हो, साहस से वो माँगे जो हर स्तर पर अधिकाँश को भी उचित लगता है (एक तम्बाकू-मुक्त भारत); और, जिससे वास्तव में तम्बाकूजनित रोगों-मृत्युओं में कमी होगी और जिसके परिणामस्वरुप जनहानि पूर्णरूप से बंद होगी।

तम्बाकू नियंत्रण में अनुसंधान हो!

देश में तम्बाकू नियंत्रण के प्रभावी प्रयास, कोटपा अधिनियम, 2003 के अधिघोषित नियमों के वर्ष 2004 से लागू होने के साथ मजबूत होते गए हैं। कुछ समय पहले रिलीज़ हुए राष्ट्रीय परिवार स्वास्थ्य सर्वेक्षण के आँकड़े भी यह दर्शा रहे हैं कि तम्बाकू उपभोग पुरुषों और महिलाओं में राष्ट्रीय- और प्रादेशिक- स्तरों पर कम हुआ है। तो फिर **क्यों आवश्यकता है तम्बाकू नियंत्रण में अनुसंधान की ?** इसका सीधा-सरल उत्तर है- मौटे तौर पर इसकी उपयोगिता इस अभियान की प्रभाविकता जानने हेतु; और, प्राप्त निष्कर्षों के आधार इसके विभिन्न पहलूओं में यथोचित व सामयिक बदलाव और सुधार लाने की। ऐसा नहीं है कि इसे किया नहीं जा रहा है, परन्तु इनको करने वालों का स्तर, उद्देश्य और तरीके, लक्ष्य एक ही होते हुए (तम्बाकू नियंत्रण में निरंतर सुधार), कई बार अलग ही नहीं स्थानीय उद्देश्यों और आवश्यकताओं से परे भी होते हैं। तो आइये जाने ऐसा क्या कुछ हो जो कि प्रादेशिक- अथवा स्थानीय- स्तर पर अधिक लाभकारी हो सकता है:

1. **धूम्रपान प्रतिषेध हेतु कोटपा नियम (4):** यह निश्चित ही सबसे अधिक प्रभाविकता से लागू नियम है। कई लोकस्थान, लोकवाहन या कार्यस्थल कभी तम्बाकू के धुएँ की दुर्गन्ध और दमघोंटू वातावरण से भरे होते थे, अब वहाँ की हवा में ताजगी भले ही न हो परन्तु साँस लेने में हिचक या कठिनाई भी नहीं है। परन्तु, यदि इस नियम की अनुशंसाओं की पालना और प्रवर्तन का हाल देखें तो पता लगता है कि अब भी बहुत कुछ किया जाना है। तो इस हेतु जो अनुसंधान योग्य प्रश्न उभर कर आते हैं वे हैं:

(1) शहर, कस्बे, पंचायत या गाँव में कितने स्थान ऐसे हैं जहाँ अब भी अनुशंसित आकार (6030 से.मी.) का फ्लेक्स नहीं लगा है?

(2) कितने लोकस्थानों, कार्यस्थलों और लोकवाहनों में अब भी सक्रिय धूम्रपान जारी है? और, इससे जनमानस किस सीमा तक प्रभावित है?

(3) उपरोक्त स्थानों और वाहनों की वायु में तम्बाकू के धुएँ से प्रदूषण का स्तर कितना प्रभावित है?

2. **अवयस्कों को तम्बाकू पदार्थ नहीं बेचे जाने हेतु नियम 6 (अ):** तम्बाकू नियंत्रण के अत्यधिक महत्वपूर्ण कड़ी है अवयस्कों को तम्बाकू पदार्थों के उपभोग से दूर रख पाना। ये उनकी पहुँच से भी दूर रहें, इस हेतु इस नियम को बनाया गया। क्या ऐसा हो पा रहा है, इसे जानने हेतु निम्न प्रश्नों के उत्तर जानना आवश्यक होगा:

(1) कितने खुदरा व्यापारियों के यहाँ इस नियम की जानकारी हेतु अनुशंसित आकार का पोस्टर नहीं लगा हुआ है ?

(2) कितने अवयस्क अब भी आसानी से इन खुदरा-विक्रय स्थानों पर कोई भी तम्बाकू पदार्थ खरीद सकते हैं?

(3) कितने खुदरा विक्रय स्थान ऐसे हैं जहाँ एक अवयस्क तम्बाकू पदार्थों के विक्रय में संलग्न है?

(4) क्या चुनौतियाँ और अवरोध हैं तम्बाकू के खुदरा व्यापारियों के जो उन्हें वैकल्पिक व्यापार करने से रोकते हैं ?

3. **शिक्षण संस्थानों के 100 गज की परिधि में तम्बाकू पदार्थों के विक्रय पर प्रतिषेध हेतु नियम 6 (ब):** केंद्र और कुछ प्रदेश सरकारों ने इस हेतु नीति तो लागू कर दी कि सभी शिक्षण संस्थाओं को पूरी तरह से तम्बाकू-मुक्त रखा जाये। पर इस आदर्शवादिता से भरे लक्ष्य को छोड़ प्रश्न ये हैं कि:

(1) अब तक कितनी संस्थाएँ में उनके मुख्य द्वार पर इस नियम की सूचना हेतु अनुशंसित फ्लेक्स किन कारणों से नहीं लग पाया है; और, इनके समाधान के प्रभावी तरीके क्या हो सकते हैं

(2) अब तक कितनी संस्थायें/स्कूल इसके प्रवर्तन हेतु कार्यवाही नहीं कर पायें हैं और उनकी चुनौतियाँ व/अथवा अवरोध क्या है?

4. **तम्बाकू पदार्थों के विज्ञापनों पर रोक और इन पर सचित्र चेतावनियों हेतु कोटपा नियम 5 और 7:** इन नियमों के प्रवर्तन की जटिलताओं के चलते प्रायः इनकी प्रवर्तन-कार्यवाहियाँ अब तक टलती आयी हैं। अतः मुख्य अनुसंधान बिंदु निम्न हो सकते हैं:

(1) कितने विक्रय स्थानों पर इन दोनों ही नियमों की पालना नहीं हो रही हैं?

(2) अपरोक्ष विज्ञापनों के प्रभाव को किस प्रकार पूरी तरह से रोका जा सकता है?

(3) प्रवर्तन कार्यवाहियों की चुनौतियाँ और अवरोध क्या हैं; और किन तरीकों से उन पर सफलता प्राप्त की जा सकती है?

उपरोक्त सभी नियमों के सम्बन्ध में निम्न प्रश्न अनुसंधान योग्य हो सकते हैं:

(1) इन विभिन्न नियमों हेतु निर्धारित प्रवर्तन एजेंसियों में से कितनी वास्तव में सक्रिय हैं, क्या उनके द्वारा की गयी कार्यवाहियों का विवरण जानकारी हेतु उपलब्ध है और अब तक की गयी प्रवर्तन कार्यवाहियों से क्या लाभ प्राप्त हुए हैं?

(2) जो एजेंसियाँ सक्रिय नहीं हैं, उनके विरुद्ध क्या अब तक कोई विभागीय कार्यवाही की गयी है और नहीं, तो इसके कारण, चुनौतियाँ, अवरोध और समाधान क्या हैं?

5. **राष्ट्रीय तम्बाकू नियंत्रण कार्यक्रम (एन.टी.सी.पी.):** देश में तम्बाकू उपभोग के बोझ को प्रभावी रूप से कम करने हेतु, वर्ष 2007 से प्रारंभ, इस कार्यक्रम की पालना देश के सभी 647 जिलों में जिलाधीश और मुख्य चिकित्सा और स्वास्थ्य अधिकारी के कार्यालयों के अंतर्गत जिला तम्बाकू नियंत्रण प्रकोष्ठों के दलों द्वारा प्रादेशिक तम्बाकू नियंत्रण प्रकोष्ठ के सहयोग से होने लगी है। जहाँ इस मानवीय संसाधन की सबसे बड़ी जिम्मेदारी कोटपा कानून के नियमों के मजबूती से प्रवर्तन की है, इनकी सहभागिता से इन जिलों में कार्यरत चिकित्सकों को तम्बाकू उपभोगियों को तम्बाकू छोड़ने हेतु उचित उपचार प्रदान करने हेतु सशक्तिकरण भी प्रदान किया गया है। अतः उपरोक्त उल्लेखित सभी प्रश्नों के अतिरिक्त निम्न प्रश्नों को भी तम्बाकू-नियंत्रण अनुसंधान में जोड़ा जाना उचित होगा:

(1) कितने अस्पतालों में तम्बाकू उपचार सेवा का रिकॉर्ड रखा जा रहा है?

(2) कितने चिकित्सक अपने तम्बाकू उपभोगियों को तम्बाकू छोड़ने के उपचार से जोड़ पा रहे हैं?

(3) इन चिकित्सकों की सफलता-विफलता का प्रतिशत कितना-कितना है और इनके कारण/गुणक क्या हैं?

और भी कई प्रश्न हैं जो कि तम्बाकू नियंत्रण के विभिन्न आयामों के आकलन हेतु पूछे जा सकते हैं जो कि जुड़े हैं:

(1) तम्बाकू पदार्थों पर लागू टैक्स प्रणाली में कमियों से;

(2) सरकारों, राजनैतिक पार्टियों, व्यक्तिगत नेताओं, तम्बाकू व्यापार व्यवस्था (थोक एवं खुदरा व्यापारियों) और तम्बाकू उपभोगियों पर तम्बाकू उद्योग के प्रभाव से;

(3) तम्बाकू के पीड़ितों और उनके परिवारों पर आती आर्थिक व सामाजिक कठिनाईयों से;

(4) तम्बाकू की खेती से इसमें जुटे किसानों, बीड़ी बनाने वाले गैर-पंजीकृत परिवारों, तेंदू पत्ता एकत्रित करने वाले आदिवासियों की दुर्दशा से;

(5) तम्बाकू से वातावरण के नाश और इसके प्रदूषण से, इत्यादि।

अंत में, यदि हम भारत में प्रतिदिन होती 4,000 से भी अधिक तम्बाकूजनित मृत्युओं में कमी लाने हेतु तत्पर हैं तो उचित और प्रभावी तम्बाकू नियंत्रण हेतु इसमें निरन्तरता से अनुसंधान करते रह पाना एक ऐसा विषय है जिसमें बहुत सारा कार्य किया जाना अभी शेष है। और, इसे शीघ्रता से कार्यान्वित करते रहना चाहिए- इस हेतु विशिष्ट आर्थिक अनुदान की व्याख्या व उपलब्धिता के साथ।

भारतीय तम्बाकू नियंत्रण में एन.जी.ओ. का योगदान

भारतीय तम्बाकू नियंत्रण में स्वयंसेवी संगठनों (एन.जी.ओ.) की अब तक एक महत्वपूर्ण भूमिका रही है। किन्तु, अकस्मात रूप से, पिछले वर्ष देश की राजधानी, दिल्ली, के स्वास्थ्य विभाग के तम्बाकू नियंत्रण प्रकोष्ठ के एक तैमूरी निर्देश ने एक अहम् राष्ट्र-स्तरीय एन.जी.ओ.-सीड्स (सोशियोइकोनोमिक एंड एजुकेशनल डिवेलप्मेंट सोसाइटी) को राजधानी में तम्बाकू नियंत्रण कार्य करने से रोक दिया। सभी राष्ट्रीय और प्रादेशिक तम्बाकू नियंत्रण कार्यकर्ताओं और संस्थानों को दु:खद झटका इसलिए भी लगा क्योंकि जिस अधिकारी ने यह किया उसने इस हेतु ना केवल अपने उच्च अधिकारियों से इस हेतु कोई अनुमति ही नहीं ली, उसने सीड्स को,जिसने बिहार और झारखण्ड में तम्बाकू नियंत्रण में एक प्रशंसनीय योगदान दिया, अंतर्राष्ट्रीय स्तर पर प्रख्यात एजेंसी, ब्लूमबर्ग फिलेंथ्रोपी से मिले अनुदान का उचित प्राधिकारी से प्रमाणिकता मिलने तक कार्य ना करने का आदेश दे डाला। किन्तु, प्रशंसा करनी होगी दिल्ली सरकार के स्वास्थ्य विभाग के आला अधिकारियों की जिन्होंने इस सर्वथा निरुत्साहित करने के आदेश को अपने ध्यान में ला उस अधिकारी को तत्काल प्रभाव से हटा तम्बाकू नियंत्रण प्रकोष्ठ की बागड़ोर एक अन्य अधिकारी को सौंप दी ताकि दिल्ली में एन.जी.ओ. द्वारा हो रहे तम्बाकू नियंत्रण के कार्यों को त्वरितता और अपेक्षित सफलता समयानुसार मिलती रहे। सम्भवत: ऐसा नहीं हो पाता, यदि तम्बाकू नियंत्रणकर्ताओं और संस्थाओं व राष्ट्रीय मीडिया एजेंसियों के अतिरिक्त भारत सरकार के स्वास्थ्य मंत्रालय और डब्ल्यू.एच.ओ. का समर्थित प्रयास, समय से फलीभूत ना हो पाता। तम्बाकू नियंत्रणकर्ताओं को इस घटना ने आंशिक रूप से विचलित तो किया किन्तु उन्हें यह संतोष भी है कि इस कठिन परिस्थिति को समय रहते सुलझा लिया गया!

यहाँ यह उल्लेखित करना उचित होगा कि इसी एन.जी.ओ.-सीड्स ने बिहार और झारखण्ड प्रदेशों में स्थानीय सरकारी विभागों और मीडिया एजेंसियों के साथ, निरन्तरता, कठिनता और कर्मठता से सहभागिता कर सात वर्षों के अन्तराल में (गेट्स 1 और 2 के बीच क्रमश: वर्ष 2008-09 और 2016-17 में हुए भारत के लिए किये गए वैश्विक व्यस्क तम्बाकू सर्वेक्षणों के आधार पर) बिहार में सम्पूर्ण तम्बाकू उपभोग में 27.5% और झारखण्ड में चबाने वाली तम्बाकू में 12.5% की कमियाँ अर्जित करी। ब्लूमबर्ग फिलेंथ्रोपी ने भी पिछले दशक में भारत के कई प्रदेशों में कई अन्य एन.जी.ओ. के साथ अनुदानित सहभागिता कर तम्बाकू नियंत्रण के विभिन्न आयामों को मजबूती देने हेतु उत्कर्ष कार्य किया है। यह अनुदान व्यापकता से विज्ञापित उत्पन्न प्रतिस्पर्धात्म उचितता के अंतर्गत निष्पक्ष तरीके से मूल्यांकन करके सम्पूर्ण पारदर्शिता के साथ ही दिया जाता है।

इस घटना ने हमें भी भारत के तम्बाकू नियंत्रण में एन.जी.ओ. के एक संक्षिप्त योगदान की जानकारी पाठकों तक पहुँचने को प्रेरित किया है:

यूं तो भारत में तम्बाकू के विरुद्ध मुहीम 1980 के दशक में गोवा के डॉ. एस.जी. वैद्या द्वारा आरम्भ हो चुकी थी। परन्तु, इसको एकजुट हो, प्रभावी रूप से देशभर में लागू किया वर्ष 2001 में, **एडवोकेसी फोरम फॉर टोबेको कण्ट्रोल (ए.एफ.टी.सी.)** ने, जो कि तब 7 एन.जी.ओ. की सहभागिता से और वैश्विक स्तर की सबसे बड़ी एन.जी.ओ.- **अमेरिकन केन्सर सोसाइटी** के सहयोग से निर्मित हुआ। इसने भारत सरकार के स्वास्थ्य मंत्रालय के साथ मिलकर और सांसदों के समर्थन से पार्लियामेंट के दोनों सदनों से सिगरेट व अन्य तम्बाकू उत्पाद अधिनियम, 2003 को एक बिल के रूप में पारित करवा **कोटपा** की संरचना में अपना योगदान प्रभाविकता के साथ दिया। इस हेतु तब काफी कुछ किया गया था, देशभर में प्रेस कांफ्रेंस और मीडिया से सहभागिता कर, सांसदों तक सूचना हेतु पोस्टकार्ड अभियान, रेलियाँ, युवाओं के साथ प्रदर्शन, इत्यादि, के द्वारा।

समानान्तर तरीके से, इसे वैश्विक स्तर पर भी विश्व स्वास्थ्य संगठन के **टोबेको फ्री इनिशिएटिव** और फ्रेमवर्क कन्वेंशन ऑन टोबेको कण्ट्रोल (एफ.सी.टी.सी.) से भी इसे समर्थन मिला और इसके कई सदस्य एक वैश्विक एन.जी.ओ. समूह-फ्रेमवर्क कन्वेंशन

अलायन्स **(एफ.सी.ए.)** से भी जुड़े ताकि पारस्परिक रूप से एक दूसरे को समर्थित भी किया जा सके। परिणामस्वरूप, केंद्र सरकार से एफ.सी.टी.सी. को मिले संसदीय अनुमोदन और अनुसमर्थन (रेटीफिकेशन) के साथ भारत, वैश्विक तम्बाकू नियंत्रण में, एक अग्रणी देश के रूप में उभरा।

इसके अगले दशक में, देशव्यापी स्तर पर अन्य एन.जी.ओ. के जुड़ने से ए.एफ.टी.सी. के सदस्यों के संख्या में भी बढ़ोतरी हुई और इसकी संगठित ताकत में भी। इसका श्रेय मूल रूप से और सम्मिलित तरीके से नवी मुंबई के डॉ. प्रकाश गुप्ता और दिल्ली के श्रीनाथ रेड्डी को जाता है। इन्होंने ना केवल राष्ट्रीय और अंतर्राष्ट्रीय स्तर पर इस संगठन को प्रमाणिकता दिलवायी, किन्तु इसके सभी सदस्यों की कार्यक्षमता बढवाने हेतु कई मंचों पर उन्हें वैश्विक और राष्ट्रीय विशेषज्ञों द्वारा प्रशिक्षित करवा एक समुचित सशक्तिकरण भी दिलवाया। परिणामस्वरूप, इस समूह के सदस्यों ने स्वास्थ्य मंत्रालय द्वारा कोटपा के अधिघोषित नियमों को प्रादेशिक स्तर पर पुन: अधिघोषित तो करवाया ही, प्रादेशिक सरकारों से, विशेषकर इनके चिकित्सा एवं स्वास्थ्य और पुलिस विभागों में सामंजस्य बिठा, इनको विभागीय- व जिला- स्तरीय सशक्तिकरण प्रदान किया। इससे कोटपा के नियमों की पालना हेतु सततता से की जाने वाली प्रवर्तन कार्यवाही को प्रदेश के प्रत्येक जिले में लागू करवा एक नियमित निगरानी हेतु उनके विभागीय तंत्रों में भी सम्मिलित भी करवाया जा सका।

साथ ही, ए.एफ.टी.सी. के सदस्यों ने परिस्थिति- या समय- अनुसार, कोटपा के नियमों में अधिनियमानुसार अपेक्षित प्रभाविकता प्रदान करने हेतु आवश्यक संशोधनों के लिए भी कई स्तरों पर संयुक्त देश-व्यापी मुहीम जागृत कर और सरकार पर समुचित दबाव बना कोटपा को ना केवल सुदृढ़ता दिलवाई है, कई अनूठे परिणाम भी प्राप्त किये, मुख्यत: सरकारी- व क़ानूनी- स्तरों पर,

जिनसे तम्बाकू उद्योग अधिकतम सीमा तक   नियंत्रित किया जा सका है। उदाहरणार्थ:

(1)   सचित्र खुदरा तम्बाकू पदार्थों की पैकेजिंग की दोनों/प्रमुख सतहों पर पर सचित्र चेतावनियों का आकार-85%;

(2)   जी.एस.टी. के अन्तर्गत सभी तम्बाकू पदार्थों को उच्चतम टैक्स-स्लैब (28%) में सम्मिलित करना;

(3)   चबाने वाली तम्बाकू की प्लास्टिक पैकेजिंग को वातावरण हेतु विनाशकारी बता उसकी वैकल्पिक व्यवस्था को स्थापित करवाना, इत्यादि।

इन सबके साथ, आज भी देश के अधिकांश भागों में, अनेक तम्बाकू नियंत्रणकर्ता जो कि अब राष्ट्रीय तम्बाकू नियंत्रण कार्यक्रम (एन.टी.सी.पी.) में कार्यरत हैं, धूम्रपान-रहित अभियान की प्रभाविकता, अल्पव्यस्कों का तम्बाकू उपभोग से बचाव, प्रदेशों और जिलों में नीतिनिर्धारकों व अधिकारियों से नियमित चर्चाएँ, प्रशिक्षण और सभी सहभागियों का सशक्तिकरण, विभिन्न संचार माध्यमों द्वारा जागरूकता, सूचनाओं का आदान-प्रदान व सहभागिता, चिकित्सकों व परिचारिकाओं का प्रशिक्षण, सरकारी तम्बाकू नियंत्रण में तम्बाकू उद्योग के हस्तक्षेप पर रोक, इत्यादि में सततता व समर्पित भाव से जुटे हुए हैं।

अंततः, एन.जी.ओ. किसी भी उन्नत समाज अथवा देश की उन्नति-प्रगति का एक अभिन्न होते हैं। अतः इनके कौशल को एन.टी.सी.पी. के अंतर्गत नीतिगत-रूप से एक उचित मानदेय दे उपयोग में ले पाना, तम्बाकू नियंत्रण को राष्ट्रीय स्वास्थ्य सेवा के हर स्तर पर न केवल अपेक्षित मजबूती देगा अपितु जनस्वास्थ्य के लिए अत्यंत उपयोगी भी होगा। इस हेतु इनको सभी राष्ट्रीय सरकारी व गैर-सरकारी सहभागियों से एक उचित और वांछित समर्थन की अपेक्षा भी है और आशा भी।

राष्ट्रीय तम्बाकू नियंत्रण संगोष्ठियों की घोषणाएँ

भारत में तम्बाकू नियंत्रणकर्ताओं की राष्ट्रीय संगोष्ठी- तम्बाकू या स्वास्थ्य पर राष्ट्रीय संगोष्ठी (एन.सी.टी.ओ.एच.- नेशनल कांफ्रेंस ऑन तंबाकू ऑर हेल्थ), पिछले दशक में हर चार वर्षों में सफलता से मुंबई में सम्पन्न होती आयी हैं। फरवरी 2019 के दूसरे सप्ताहांत में चौथी चतुर्वर्षीय संगोष्ठी (फोर्थ एन.सी.टी.ओ.एच.), टाटा मेमोरियल अस्पताल के सभागार में भारत सरकार के स्वास्थ्य मंत्रालय और विश्व स्वास्थ्य संगठन के भारत-स्थित कार्यालय की सहभागिता से इसे मुंबई की गैर-सरकारी संस्था- सलाम बॉम्बे फाउंडेशन के तत्वावधान में संपन्न हुई।

वैश्विक स्तर पर होती आयी ऐसी चतुर्वर्षीय गोष्ठियों (डब्ल्यू.सी.टी.ओ.एच.) के समान इस द्विवर्षीय गोष्ठी के अंत में भी एक घोषणा-पत्र (कांफ्रेंस डिक्लेरेशन) जारी किया जाता है ताकि इस संगोष्ठी के सभी प्रतिभागियों के अतिरिक्त तम्बाकू नियंत्रण से सम्बद्ध अन्य सभी सरकारी व गैर-सरकारी संस्थाओं के अतिरिक्त इस क्षेत्र में कार्यरत अन्य सभी सहभागियों को अगले दो वर्षों तक प्रभाविकता से कार्यरत रहने हेतु समुचित और सामयिक एक संरचनात्मक ढाँचा मिल सके। तो आइये देखें, क्या कुछ घड़ा-सोचा गया था एन.सी.टी.ओ.एच. की पिछली दो गोष्ठियों में (वर्ष 2010 और वर्ष 2014 में); और, वर्ष 2019 में क्या घोषित होना चाहिए था।

वर्ष 2010 में हुई दूसरी द्विवर्षीय संगोष्ठी तक भारत तम्बाकू नियंत्रण में अपनी स्थिति को सकारात्मक तरीकों से और मजबूती देने की ओर अग्रसर था। भारत ने प्रादेशिक- के अतिरिक्त राष्ट्रीय-अंतर्राष्ट्रीय-स्तरों अब तक जो उपलब्धियाँ प्राप्त की थी, उससे प्रतिभागियों में उत्साह-उमंग भी भरपूर था। अतः राष्ट्रीय तम्बाकू नियंत्रण कार्यक्रम के सभी सहभागियों से आगे आकर इस कार्यक्रम को मजबूती प्रदान करने हेतु कहा गया। सभी प्रादेशिक सरकारों से भी यह माँग की गयी कि वे इस हेतु उचित मानवीय संसाधन उपलब्ध करायें, जिससे उसे नियमित प्रशिक्षणों, निगरानी और मूल्यांकन द्वारा सशक्त किया जा सके। साथ ही, तम्बाकू नियंत्रण के ध्येयों को प्राप्त करने हेतु एक नियमित और प्रभावी सामंजस्य स्थापित किया जाये।

इन ध्येयों की प्राप्ति के मापदंडों को राष्ट्रीय और प्रादेशिक परिस्थितियों के अनुसार परिभाषित करने का बिंदु भी उल्लेखित किया गया। सभी प्रतिभागियों से जनसाधारण में तम्बाकू की हानियों की जानकारी बढ़ाने, कोटपा के उचित प्रवर्तन, तम्बाकू छोड़ने और तम्बाकू नियंत्रण पर अंतर्राष्ट्रीय संधि (एफ.सी.टी.सी.) की अनुशंसाओं की पालना के लाभों को बढ़ाने हेतु भी कहा गया। गैर-सरकारी संगठनों से सचित्र चेतावनियों को अंतर्राष्ट्रीय मापदंडों के अनुसार लागू करने हेतु अपने एडवोकेसी प्रयासों को बढ़ाने का आव्हान किया गया और भारत के एक बड़े शहर-मुंबई, को धूम्रपान-रहित करने के लक्ष्य भी रखा। अंत में, भारत में चबाने वाली तम्बाकू के अधिकतम उपभोग को ध्यान में रख, तम्बाकू चबाने वालों को सहायता देने हेतु सभी सहभागियों से कार्यस्थलों को तम्बाकू-मुक्त करवाने को समर्थित करने को कहा गया।

वर्ष 2014 में सम्पन्न हुई तीसरी द्विवर्षीय संगोष्ठी में तम्बाकू और गरीबी के सन्दर्भ यह स्वीकारा गया कि वर्तमान सदी में तम्बाकू देश के विकास की राह में एक बड़ा अवरोध है क्योंकि प्रतिवर्ष 10 लाख से अधिक असामयिक तम्बाकूजनित मृत्युओं के परिणामवश इनके परिवारों के गरीब होने के खतरा मंडराने लगता है। एक बार फिर केंद्र और प्रदेशों के समन्वय से कोटपा के कड़े प्रवर्तन के साथ मानवाधिकार के अंतर्गत महिलाओं, बच्चों और उपेक्षित जनसँख्या वर्गों में भी तम्बाकू नियंत्रण की विशिष्ट आवश्यकताओं के साथ इस क्षेत्र में उनके योगदान की क्षमताओं को उभारने पर बल दिया गया। इस हेतु भारत सरकार के स्वास्थ्य मंत्रालय के नेतृत्व में एक अंतर-मंत्रालयिक और गैर-सरकारी संगठनों की सहभागिता की आवश्यकता की ओर भी ध्यान आकर्षित किया गया। साथ ही, सरकार को तम्बाकू उद्योग के हस्तक्षेप, उससे सहयोग करने और उससे मिलने वाले अपेक्षित लाभों से बचने की सलाह भी दी गयी। इस हेतु सभी सहभागियों से: (1) क़ानूनी संरचना को मजबूती देने और प्रवर्तन एजेंसियों की जिम्मेदारी तय करने हेतु जुड़े रहने को कहा गया; (2) तम्बाकू की हानियों की जानकारियों को- नीतिनिर्धारकों से

लेख संख्या : 44

उपेक्षित वर्ग तक पहुँचाने हेतु, जनसाधारण को सशक्त करने को सुझाया गया; (3) महिलाओं के नेतृत्व को मजबूती देने और उनके द्वारा स्वयं, परिवार और समाज को सुरक्षित करने हेतु उन्हें भी सशक्त करने का आव्हान किया गया; (4) केंद्र व प्रदेशों से तम्बाकू नियंत्रण के प्रयासों में तम्बाकू उद्योग द्वारा अवरोध उत्पन्न करने वाली नीतियों को अधिघोषित करवाने को कहा गया, विशिष्ट रूप से सचित्र चेतावानियों को उलटने देने के मंडराते खतरे के सन्दर्भ में; (5) तम्बाकू नियंत्रण की निरंतरता बनाये रखने हेतु जनसाधारण के साथ प्राइवेट सेक्टर को भी संसाधनों को उपलब्ध कराने हेतु जोड़ने को कहा गया, इस सावधानी के साथ कि इस कार्य में तम्बाकू उद्योग अथवा उससे सम्बंधित इंडस्ट्रीज ना जुड़ पायें।

वर्ष 2019 में संपन्न होने वाली चौथी द्विवर्षीय संगोष्ठी (फोर्थ एन.सी.टी.ओ.एच.) के घोषणा-पत्र में संगोष्ठी के लक्ष्य- तम्बाकू-मुक्त पीढ़ी के सन्दर्भ में निम्न बिन्दुओं को सम्मिलित किये जाने का प्रस्ताव था:

1. सततता से:

(1) तम्बाकू की हानियों और इसके उपभोग को छोड़ने के लाभों हेतु जागरूकता और शिक्षा को व्यापकता से उपलब्ध कराये जाने के साथ तम्बाकू उपचार को समूचे देश में मजबूती दिलाई जाये;

(2) कोटपा की खामियों को संवैधानिक संशोधन के साथ त्वरितता से सुधारा जाये;

(3) केंद्र सरकार को तम्बाकू उद्योग में किये गए विनियमों- एल.आई.सी. (लाइफ इंश्योरेंस कॉर्पोरेशन) व अन्य, से शीघ्रातिशीघ्र हटने को प्रेरित किया जाये;

(4) तम्बाकू खेतीहरों और उद्योग-कर्मियों हेतु वैकल्पिक रोजगार

उपलब्ध कराये जायें; और, इनके मानवाधिकारों को भी सुरक्षित करवाया जाये; और,

(5) तम्बाकू से वातावरण को होती हानि को तत्काल रोका जाये।

2. युवाओं की सुरक्षा हेतु:

(1) चबाने वाली तम्बाकू के नियंत्रण को प्राथमिकता से मजबूती दी जाये;

(2) देशभर में हुक्का-बारों और ई-सिगरेट व अन्य समान आधुनिक विकल्पों पर प्रभाविकता से पूरी रोक लगे;

(3) तम्बाकू के सभी परोक्ष-अपरोक्ष विज्ञापनों पर (डिजिटल मीडिया सहित) रोक पूरी-पूरी हो;

(4) भारत में तम्बाकू-मुक्त पीढ़ी की दिनांक 1 जनवरी 2007 निर्धारित हो।

3. तम्बाकू उद्योग का हस्तक्षेप प्रभावी तौर से रुके: (अ) एफ.सी.टी.सी. के अनुच्छेद 5.3 की सर्वत्र पालना के साथ, तम्बाकू उद्योग की सी.एस.आर. राशि का निवेश में तम्बाकू नियंत्रण में ही हो; (ब) सभी तम्बाकू उत्पादों पर अंतर्राष्ट्रीय मानकों के अनुसार टैक्स लगे (पाठक नोट करें कि जी.एस.टी. में अब तक भी ऐसा नहीं हो पाया है); और (स) तम्बाकू पदार्थों की तस्करी व कर-चोरी पूरी तरह से प्रतिबंधित हो।

4. गैर-संक्रामक रोगों व गरीबी से बचने हेतु राष्ट्रीय स्वास्थ्य कार्यक्रमों में तम्बाकू नियंत्रण को प्राथमिकता दी जाये।

अंत में, यह आशा की गयी कि जो अगले दो वर्षों के लिए घोषित-निर्धारित किया गया था उसको मापा भी जायेगा ताकि घोषणाएँ, मात्र घोषणाएँ ही ना रहें अपितु फलीभूत भी हों; और, भारत में तम्बाकू नियंत्रण को और अधिक मजबूती मिल सके।

सुधरे प्रादेशिक तम्बाकू नियंत्रण

विश्व तम्बाकू निषेध दिवस 2016 पर

नोट- हालाँकि यह लेख राजस्थान के संदर्भ में लिखा गया है किंतु इसकी उपयोगिता प्रत्येक प्रदेश के लिए होगी। अतः अन्य प्रदेशवासी, जब इसे अपने स्थानीय संदर्भ में पढ़े- समझेंगें, तब ही उन्हें यह अपने लिए अधिक उपयोगी भी लगेगा।

तम्बाकूजनित रोगों से विश्व में हर वर्ष अस्सी लाख से अधिक और अकेले भारत में पन्द्रह लाख मृत्युएँ, निश्चित रूप से विश्व स्वास्थ्य संगठन द्वारा तम्बाकू खाने-पीने को एक रोग और इसके उपभोगी को एक रोगी वर्गीकृत करने को समर्थित करती हैं। परन्तु, क्या प्रादेशिक स्तर पर हम इसे स्थापित कर पाए हैं? और, यदि अब तक ऐसा नहीं हो पाया है तो क्या कमियाँ-चुनौतियाँ हैं, राज्य के चिकित्सा और स्वास्थ्य विभाग में लगभग चार वर्षों से कार्यरत प्रादेशिक तम्बाकू नियंत्रण प्रकोष्ठ की?

सन् 2008 में विश्व स्वास्थ्य संगठन ने विश्वभर में तम्बाकू नियंत्रण में समानता और गुणवत्ता लाने हेतु ''एमपावर'' (MPOWER) योजना प्रतिपादित करी। इसके अक्षरों को उलटे क्रम में पढ़-समझ कर राजस्थान में तम्बाकू नियंत्रण में सुधार हेतु प्रादेशिक स्थिति का आकलन कर वे उपाय जानें जिन्हें तत्काल लागू तम्बाकू त्रासदी को प्रदेश में कम किया जा सके।

अक्षर आर (R- Raise tax on tobacco) के अनुसार सभी रिटेल तम्बाकू पदार्थों पर समानता से टैक्स, मूल्य का 75% होना चाहिए ताकि युवा और गरीबवर्ग के तम्बाकू उपभोगी इसे ना खा-पी पायें। यदि इस बढ़ोतरी को सदैव के लिए मूल्य-सूचकांक से जोड़ दें तो तम्बाकू पदार्थों की कुल दर को मुद्रास्फीति से प्रभावित होने से बचाया जा सकता है। राजस्थान सरकार ने सन् 2010 से सन् 2013 तक सभी तम्बाकू पदार्थों पर 65% टैक्स लगा, सन् 2014 में विश्वभर में वाहवाही लूटी। पिछले तीन वर्षों के अंतराल में इसमें बदलाव ना होने से और 65% टैक्स को घटा 45% करने वाले मामले के राजस्थान उच्च न्यायालय में लंबित होने से रिटेल तम्बाकू पदार्थों की दरें पुनः एक बार आमजन की पहुँच में आ गयी है। और भी चिंता की बात है, इन पदार्थों का आवश्यक खाद्य पदार्थों से सस्ता होना।

निश्चित ही इससे तम्बाकू खाना-पीना बढ़ा है। अतः यह आवश्यक है कि राज्य सरकार न्यायालयिक कार्यवाही वापस ले रिटेल तम्बाकू टैक्स को एक ही बार 75% तक बढ़ा कर इसे वार्षिक मूल्य-सूचकांक से जोड़ दे ताकि वह हर बार बजट में फेर-बदल करने की झंझट से सदैव के लिए बच जाये और तम्बाकू आमजन, विशेषकर बच्चों और गरीबों, की पहुँच से पुनः दूर हो जाये।

अक्षर ई (E- Enforcement of Legislative Rules) का प्रादेशिक सन्दर्भ में औचित्य राष्ट्रीय तम्बाकू नियंत्रण अधिनियम, 2003 (कोटपा) के घोषित नियमों के सभी प्रावधानों को प्रदेशभर में प्रभावी तरीके से लागू करना है। ऐसा करके:

(1) गैर-धूम्रपायियों को लोकस्थानों, लोक वाहनों और कार्यस्थलों पर धूम्रपान से उत्पन्न धूएँ से बचाया जा सकता है (नियम 4);

(2) अवयस्कों की तम्बाकू से दूरी बढ़ायी जा सकती है (नियम 6- अ और ब); और,

(3) युवाओं और निचले सामाजिक-आर्थिक वर्ग में इसका विज्ञापनजनित आकर्षण कम कर (नियम 5) व प्रभावी सचित्र चेतावनियों के द्वारा (नियम 7) इसे खाने-पीने से रोका जा सकता है।

वर्तमान में इस पर लिपा-पोती की विचित्र स्थिति है। अभी प्रवर्तन की प्रक्रिया तभी लागू की जाती है जब केंद्र सरकार निर्देशित करे या फिर प्रादेशिक राजधानी, जयपुर में स्थित कुछ गैर-सरकारी संस्थाएँ इस पर आवाज बुलंद करने लगे। समस्यायें इसलिए बनी हुई हैं क्योंकि निर्धारित प्रवर्तन एजेंसियाँ इसे एक बोझ मानकर प्रायः निश्क्रिय ही बनी रहती हैं; और, तम्बाकू व्यापारी संगठन, विक्रेता और उपभोगी के साथ कई सरकारी और प्राइवेट प्रतिष्ठान इसका सरेआम उल्लंघन करते रहते हैं। दक्षिणी राजस्थान में एक बड़े तम्बाकू उत्पादक ने तो राजनीतिक पहुँच के चलते, उदयपुर- और राजसमन्द- जिलों में नियम 5 की घोर अवहेलना कई वर्षों से कर

रखी है। यहाँ तक कि संभाग के उच्चतम स्वास्थ्य संस्थान में भी अपना विज्ञापन धडल्ले से किया हुआ है। अतः जब तक कोटपा के नियमों का प्रवर्तन निर्धारित एजेंसियों द्वारा सततता, नियमितता और पारदर्शिता से नहीं किया जायेगा, इनका शर्मनाक उल्लंघन जारी रहेगा। यह आवश्यक है कि प्रवर्तन एजेंसियाँ किसी भी प्रशासनिक या राजनैतिक दबाव में आये बिना साहस से अपनी जिम्मेदारी निभायें। यह दु:खद स्थिति अब समाप्त होनी ही चाहिए, विशेषकर जब राज्य-स्तर पर इस हेतु प्रादेशिक प्रकोष्ठ और समूचे राज्य में जिला-स्तर पर जिलाधीशों और मुख्य चिकित्सा एवं स्वास्थ्य अधिकारी की इस हेतु निर्धारित जिम्मेदारी के साथ-साथ आधे जिलों में अब जिला तम्बाकू नियंत्रण दल स्थापित किया जा चुका है। पंचायतीराज विभाग के द्वारा पंचायतों को सशक्त कर उनसे ग्रामीण इलाकों में प्रवर्तन कार्यवाही करा इसे विशिष्ट मजबूती दी जा सकती है। (नोट- केंद्र सरकार के स्वास्थ्य मंत्रालय के लिए यह अति आवश्यक है कि वह कोटपा के अंतर्गत लिए जाने वाले दण्ड में समयानुसार बढ़ोतरी की व्यवस्था शीघ्रता से करे क्योंकि प्रभावहीन दण्ड इस क़ानून की उपयोगिता को आज के समय में वैसे ही अत्यधिक कम कर चुका है।)

अक्षर डब्ल्यू (W- warnings) का सम्बन्ध सभी तम्बाकू पदार्थों की पैकेजिंग पर स्पष्ट और सारगर्भित सचित्र चेतावनियों से है जो कि तम्बाकू की हानियों से इसके उपभोगियों को सचेत करती हों। स्वास्थ्य मंत्रालय ने 1 अप्रैल 2016 से सभी तम्बाकू पदार्थों के पैकेजिंग के 85% अगले और पिछले भागों के ऊपरी हिस्से में सचित्र चेतावनियों का होना अनिवार्य कर दिया था। प्रादेशिक प्रकोष्ठ ने कुछ संज्ञान ले और कुछ गैर-सरकारी एजेंसियों के दबाव में प्रवर्तन कार्यवाही राज्यभर में की भी, किन्तु आंशिक प्रारम्भिक सफलता के बाद इसमें व्यापकता और सततता की कमी के चलते आज भी पुरानी, छोटी चेतावनियों वाले उत्पाद प्रदेशभर में बिक रहें हैं। प्रवर्तन एजेंसियों को चाहिए कि गरीब, अशिक्षित तम्बाकू उपभोगियों के हित में, तम्बाकू विक्रेताओं से बिना आतंकित हो, वे निरंतरता से तब तक कार्य करें जब तक तम्बाकू कंपनियों द्वारा नई सचित्र चेतावनियों को पूर्णता से लागू ना कर दिया जाये। पुलिस और खाद्य-निरिक्षणकर्ताओं की सहभागिता और समन्वयता इसमें पहले से सुनिश्चित किये बिना ऐसा कर पाना असंभव लगता है।

अक्षर ओ (O for offer cessation) खाना-पीना छोड़ने से है। हर आयु में ऐसा करना लाभकारी होता है। यदि शरीर में कोई रोग उत्पन्न ना हो चुका हो तो एक पूर्व तम्बाकू उपभोगी 15 वर्षों बाद तम्बाकू के सभी संभावित खतरों से बच जाता है। प्रादेशिक प्रकोष्ठ

अब तक तम्बाकू छोड़ने के लाभों की आई.ई.सी. प्राथमिकता से नहीं कर पाया है। यदि इसे व्यापकता से पिछले छः माहों से 17 जिलों में प्रशिक्षित चिकित्सकों और निशुल्क सरकारी दूरभाष चिकित्सा हेल्पलाइन न. 104 की उपलब्धता की जानकारी हेतु लागू किया जा सके तो जनमानस को इस घातक व्यसन से सफलता से मुक्ति दिलाई जा सकेगी। तम्बाकू पर प्रभावी टैक्स लगाने और 85% सचित्र चेतावनियों के साथ इसे किसी भी आयु में इसे शीघ्रातिशीघ्र छुड़वा पाने की सफलता इसकी मांग कम कर तम्बाकू उद्योग की रीढ़ की हड्डी तोड़ सकती है।

अक्षर पी (P for protection from secondhand smoke) का अर्थ है गैर-धूम्रपायियों का तम्बाकू के धूएँ से बचाव। कोटपा कानून के नियम 4 की महती पालना के चलते इसमें कमी तो हुई है, परन्तु फिर भी सरकारी अस्पतालों, कार्यालयों और लोकवाहनों में सक्रिय धूम्रपान अभी भी दिख जाता है। जब तक प्रवर्तन एजेंसियाँ ऊँचे सरकारी और प्राइवेट प्रतिष्ठानों और पदासीन अधिकारियों को इस हेतु नियमानुसार व नियमितता से दण्डित नहीं कर पाती हैं, तब तक इसमें और अधिक कमी अब नहीं आ सकती है। साथ ही, जनमानस को भी चाहिए कि वे युवाओं को धूम्रपान के आकर्षण से बचाएँ और अपने घरों को, जहाँ सरकार की क़ानूनी पहुँच नहीं है, धूम्रपानरहित रखें। इससे निश्रिय धूम्रपान से होने वाली 10% धूम्रपानजनित मृत्युओं को भी रोका जा सकता है।

आखिर अक्षर एम (M- monitoring) से है। बिना इस आयाम की पालना के तम्बाकू नियंत्रण की प्रभाविकता को नहीं जाना जा सकता है। समाज में कितना तम्बाकू उपभोग हो रहा है- पूर्व की तुलना में इसकी उपभोग-दर में क्या बदलाव आया है, कितने रोगी तम्बाकूजनित रोगों से पीड़ित हैं, कितनी मृत्युएँ तम्बाकू के कारण हैं, इत्यादि, को जानने से ही तम्बाकू की विकराल त्रासदी के आकार को जाना-समझा और कम करने के उपायों को लागू किया जा सकता है। अब क्योंकि राष्ट्रीय तम्बाकू नियंत्रण कार्यक्रम के अंतर्गत 18 डाटा-एंट्री ऑपरेटर प्रादेशिक प्रकोष्ठ के अंतर्गत हैं, इनका समुचित और सामयिक उपयोग, राज्य में तम्बाकू नियंत्रण को सुदृढ़ता प्रदान कर सकता है।

यदि प्रादेशिक तम्बाकू नियंत्रण प्रकोष्ठ उपरोक्त युक्तियों को सामयिकता, तत्परता, सहभागिता और पारदर्शिता से लागू कर पाये, और समस्त जनमानस भी इसमें भागीधारिता निभाये, तब ही प्राप्त होगी इस वर्ष के विश्व तम्बाकू निषेध दिवस की सफलता।

सार्थक बनायें, विश्व तम्बाकू निषेध दिवस को

हर वर्ष नहीं, अपितु हर दिन मनायें इसे

समूचे जगत में, प्रत्येक वर्ष, विश्व तम्बाकू निषेध दिवस (वर्ल्ड नो टोबेको डे-डब्ल्यू.एन.टी.डी.) 31 मई को मनाया जाता है। ऐसा इसलिए किया जा रहा है क्योंकि वैश्विक स्तर पर 130 करोड़ तम्बाकू उपभोगियों में अकेली तम्बाकू जिम्मेदार है- प्रत्येक 10 में से 1 मृत्यु के लिए (प्रतिवर्ष कुल 70 लाख मृत्युएँ) ; और, निरंतरता से बढ़ते, केवल गैर-संक्रामक रोगों से होने वाली प्रत्येक 6 में से 1 मृत्यु के लिए। इससे उलट, सकारात्मक और महत्वपूर्ण पक्ष यह है कि **यदि तम्बाकू उपभोग को वर्ष 2020 तक 20%-25% तक कम किया जा सकेगा तो भविष्य में 10 करोड़ मृत्युओं को होने से रोका जा सकेगा।**

विश्व तम्बाकू निषेध दिवस को सर्वप्रथम विश्व स्वास्थ्य संगठन की 40वीं वर्षगाँठ मनाते हुए वर्ष 1988 में विश्व स्वास्थ्य दिवस (7 अप्रैल) पर विश्व धूम्रपान निषेध दिवस (वर्ल्ड नो-स्मोकिंग डे) के नाम से मनाया गया था। तत्पश्चात, इसे 31 मई को मनाया जाने लगा। इसका उद्देश्य था जनमानस को तम्बाकू से होने वाली हानियों के प्रति जागरूक कर इससे उत्पन्न समस्यों के प्रति उसका ध्यान केन्द्रित करना ताकि वे तम्बाकू-मुक्त विश्व और एक स्वस्थ समाज की ओर अग्रसर हो सकें। साथ ही, इसका उद्देश्य वर्तमान के तम्बाकू उपभोगियों को जागरूक करना था कि वे किसी भी प्रकार की तम्बाकू उपभोग में तत्काल कमी लायें; और, अंततः या आरम्भ से ही इसको पूरी तरह छोड़ें। तो, यह तो हुआ **सूक्ष्म-स्तरों** पर कार्यान्वयन। **वृहद्-स्तर** पर इन अपेक्षित परिवर्तनों के लाने हेतु आवश्यक होता है अंतर्राष्ट्रीय-, राष्ट्रीय-, प्रादेशिक- और स्थानीय- नीतियों की संरचना करना; और, उन्हें प्रभावी तरीके से एक पूर्व निर्धारित समय-सीमा में एक सुनिश्चित कार्यविधि द्वारा लागू करवाना।

इस वार्षिक दिवस को लगभग सभी राष्ट्रीय सरकारें और कई गैर-सरकारी संगठन बड़े उत्साह से मनाते हैं। अब वे संस्थाएँ या संगठन भी, जो विरोधाभासी हो सरकारी तम्बाकू उघ्योग को प्रोत्साहन दे रहे हैं अथवा वो सरकारें जिनकी अपनी राष्ट्रीय सिगरेट कम्पनियाँ आज भी फल-फूल रही हैं, वैश्विक दबाव अथवा लोक-लाज़ से इस दिवस को मनाने लगी हैं। इसका एक बड़ा कारण अंतर्राष्ट्रीय गठजोड़ है- वैश्विक स्वास्थ्य संगठन के नेतृत्व में **वैश्विक तम्बाकू नियंत्रण संधि (फ्रेमवर्क कन्वेंशन फॉर टोबेको कण्ट्रोल-एफ.सी.टी.सी.)** की सक्रियता और इससे जुड़ी अनुशंसाओं से निर्धारित लक्ष्य और सदस्यों की वार्षिक गोठियाँ **(कांफ्रेंस ऑफ पार्टीज- कॉप)।** और, दूसरा कारण है, तम्बाकू उद्योग और उपभोग से किसान, घरेलू उत्पादक और उपभोगियों के अतिरिक्त आर्थिक हानि के भंवरजाल में फँसी सरकारें- क्योंकि जहाँ राजस्व प्रासि इनके लिए एक बहुत छोटा आर्थिक लाभ है, इनका तम्बाकूजनित रोगों के प्रबंध पर किया खर्च, जो कि बहुत भारी भी है, वर्ष-दर-वर्ष बढ़ता ही जा रहा है।

इस दिवस को मनाने हेतु **विभिन्न प्रकार के कार्यक्रम** किये जाते हैं- संगोठियाँ, जन-प्रदर्शन, रेलियाँ, विज्ञापन व बैनर्स, शिक्षण और सशक्तिकरण कार्यक्रम, प्रवर्तन मुहिमों सहित अनेक तम्बाकू विरोधी गतिविधियाँ, तम्बाकू नियंत्रणकर्ताओं का अभिनन्दन, सम्मान, इत्यादि। आमजन तक पहुँच का एक सुलभ तरीका है सभी तरह के मीडिया माध्यमों- प्रिंट, टेलीविज़न, रेडियो, आदि, से सहयोग-समन्वय, सहयोग, सहभागिता, इत्यादि, द्वारा। यह अच्छा है कि आम तौर पर महत्वपूर्ण दिवसों पर राष्ट्रीय अवकाश घोषित करने की अपेक्षा इस दिवस को सक्रियता से मनाये जाने को एक परम्परागत स्वरुप मिला हुआ है। यह जन स्वास्थ्य के एक महत्वपूर्ण पक्ष को न केवल अति प्रभावी रूप से दिखाता है, किन्तु इसके प्रबंध की खामियों को सामने ला उनके समाधान के नये तरीके परिभाषित कर उन्हें लागू करने को भी प्रोत्साहित करता है।

प्रत्येक वर्ष, इस दिवस का एक **वैश्विक थीम** भी होता है जो कि समूचे विश्व को सामूहिकता से तम्बाकू नियंत्रण के तब के (उस समय के) किसी एक पहलू से (जो कि सामयिक हो) बांधता भी है तो उसे सहभागिता से उस वर्ष प्रत्येक सहभागी (स्टेकहोल्डर) के साथ, जो कि तम्बाकू नियंत्रण से जुड़ा हो, उससे मिलजुल कर कार्य करने हेतु एक एजेंडा भी प्रदान करता है। जहाँ **वर्ष 2000 में थीम था** तम्बाकू

मारक है, धोखा न खाएँ, आगामी वर्षों में ये थे- तम्बाकू मारक है- किसी भी रूप में अथवा अपरोक्ष रूप से भी (**वर्ष 2006**); सभी तरह के तम्बाकू विज्ञापनों, प्रोत्साहन और प्रायोजकता को रोकें (**वर्ष 2013**); तम्बाकू पर टैक्स बढ़ायें (**वर्ष 2014**); तम्बाकू पदार्थों की तस्करी रोकें (**वर्ष 2015**); प्लेन पैकेजिंग हेतु तैयार हों (**वर्ष 2016**); तम्बाकू-विकास के लिए खतरा (**वर्ष 2017**), इत्यादि।

इसी परम्परा से जुड़ा इस वर्ष (2018) का थीम है- तम्बाकू दिलों को तोड़ता है। तो आइये, जाने इस वार्षिक थीम से जुड़ी कुछ विशेष बातें:

सभी मृत्युओं में से सबसे अधिक मृत्युएँ हृदय रोगों के कारण होती हैं। प्रमुख हृदय रोगों में हैं- कोरोनरी आर्टरी रोग, स्ट्रोक (पक्षाघात) और पेरिफेरल वैस्कुलर रोग (जो कि प्रायः पाँवों और हाथों की अँगुलियों में सड़न याने गैंग्रीन के रूप में दृष्टिगत होते हैं)। **उच्च रक्त-चाप के बाद हृदय रोगों का दूसरा सबसे बड़ा कारक तम्बाकू ही है।**

इस थीम को प्राथमिकता देना इसलिए उचित जान पड़ता है क्योंकि तम्बाकू से उत्पन्न हृदय की स्वस्थता के हानिकारक प्रभावों को जान लेने और तम्बाकूजनित हृदय रोगों के उपचार के तरीकों को स्थापित कर लिए जाने के बाद भी जनमानस के बड़े भाग में तम्बाकू उपभोग से होने वाले जानलेवा हृदय रोगों की जानकारी अभी भी बहुत कम है। अभी यदि आप किसी से यह पूछें कि तम्बाकू से क्या हानियाँ होती हैं तो अधिकांश का मानना है कि तम्बाकू से केन्सर होता

है जबकि केन्सरों की अपेक्षा हृदय रोगों से कुल मृत्यु चार गुना अधिक होती हैं।

अतः इस वर्ष के थीम तम्बाकू और हृदय रोग की मुहीम से निम्न जागरूकताओं में वृद्धि की अपेक्षा है:

1. तम्बाकू और, स्ट्रोक सहित, हृदय व संचार तंत्र रोग, जो कि वैश्विक स्तर पर मृत्युओं के प्रमुख कारण जाने गए हैं, उनमें **एक सम्बन्ध (लिंक)** स्थापित करना;

2. सरकारों और जनमानस सहित अन्य सभी समूहों में कार्यान्वित किये जा सकने वाले **तरीके व उपाय** स्थापित करना जो कि तम्बाकू के खतरों से हृदय के स्वास्थ्य को सुरक्षित रखते हों;

3. जनमानस को निष्क्रिय धूम्रपान से होने वाली हानियों की जानकारी में वृद्धि क्योंकि लगभग धूम्रपान से होने वाली 10% मृत्युएँ दूसरों का धुआँ पीने (निष्क्रिय धूम्रपान) से होती हैं; इसीलिए, कार्यस्थलों और घरों को **धूम्रपान-मुक्त** रखना एक महत्वपूर्ण प्राथमिकता होनी चाहिए; और,

4. सभी सदस्य राष्ट्रों द्वारा एफ.सी.टी.सी. में समाहित विश्व स्वास्थ्य संगठन द्वारा अनुशंसित नीति "एमपॉवर" के आयामों- तम्बाकू पदार्थों पर प्रभावी टैक्स, तम्बाकू उपचार की सर्वत्र उपलब्धता, सचित्र चेतावनियों को लागू करना, इत्यादि।

तो आइये, हम सब सहभागिता से सार्थक करें, इस दिवस को।

विश्व तम्बाकू निषेध दिवस..

एक दिन ही क्यों, वर्षभर प्रतिदिन क्यों नहीं..??

विश्व तम्बाकू निषेध दिवस हर वर्ष 31 मई को मनाया जाता है। इसका मुख्य उद्देश्य समूचे विश्व में प्रत्येक को हर दिन (24 घंटे) हर प्रकार की तम्बाकू से बचे रहने और यदि वह इसका उपभोगी है तो उसे इसे शीघ्रातिशीघ्र छोड़ने हेतु प्रेरित करना है। साथ ही, इसका उद्देश्य तम्बाकू के व्यापक उद्योग से होने वाली सभी हानियों और इसके विभिन्न उत्पादों के उपभोग से हर वर्ष होने वाली ~80 लाख से अधिक मृत्युओं की संख्या से सभी को सचेत करना है क्योंकि इन अपरिपक्व मृत्युओं से होने वाले वैश्विक और राष्ट्रीय आर्थिक नुकसान को रोका जा सकता है- मात्र तम्बाकू को ना कह कर!

सन् 1987 से स्थापित हुए इस वार्षिक जनस्वास्थ्य दिवस को संयुक्त राष्ट्र संघ के सभी 192 सदस्य देश अभूतपूर्व उत्साह से मनाते हैं। वर्षभर के लेखेजोखे से प्राप्त अनुभवों के साथ नयी रूपरेखाओं और घोषणाओं के साथ, जहाँ तम्बाकू नियंत्रण को समर्पित सरकारें, गैर-सरकारी संगठन, मीडिया संस्थान व अन्य इसे अपना भरपूर समर्थन देते हैं, तम्बाकू उद्योग व इसके आमुख सहयोगी समूह इस दिन विश्व में बढ़ रहे तम्बाकू नियंत्रण के विभिन्न आयामों को प्रतिरोधित करने वाली कार्यवाहियों में जुट जाते हैं क्योंकि उन्हें उनका अस्तित्व और लाभ दिनोंदिन घटता दिखाई देता है।

यह विश्व स्वास्थ्य संगठन द्वारा अधिकृत आठ दिवसों में से एक है। अत: इसकी पालना हेतु इसके सभी क्षेत्रीय और राष्ट्रीय कार्यालय, राष्ट्रीय स्वास्थ्य मंत्रालयों को भरपूर सहयोग दे अपने सदस्य राष्ट्रों द्वारा जनस्वास्थ्य के इस महत्वपूर्ण पहलू को आमजन तक पहुँचा एक विशिष्ट जागरूकता प्रदान करते हैं। संगठन की **"तम्बाकू-मुक्ति पहल ईकाई (Tobaco-free Initiative Unit- T.F.I.)** इस हेतु वैश्विक तम्बाकू नियंत्रण के अनेक पहलूओं में से **वर्तमान के सबसे ज्वलंत पहलू को हर वर्ष एक वार्षिक थीम में निर्धारित करती है।** उदाहरणार्थ, इस वर्ष का थीम "प्लेन पैकेजिंग" इसलिए रखा गया है ताकि अपरिपक्व , निर्णयात्मक क्षमता वाले युवा यदि प्रयोगात्मक तौर पर भी तम्बाकू पदार्थ खाने-पीने की सोचें तो निरुत्साहित करने वाली अनाकर्षक भूरी पैकेजिंग उन्हें इसके उपभोग से दूर रखे, जिसके ऊपरी भाग (85%) में बड़ी सचित्र चेतावनी और निचले भाग (15%) में तम्बाकू पदार्थ का मात्र ब्रांड और प्रकार सादे अक्षरों में लिखा हो। **वार्षिक थीम का निर्धारण उस विषय पर हुए व्यापक वैज्ञानिक अध्ययनों से प्राप्त स्पष्ट परिणामों के आधार पर ही सुनिश्चित किया जाता है।** जैसे प्लेन पैकेजिंग के थीम का इस वर्ष हेतु निर्धारण, ऑस्ट्रेलिया में सन् 2012 में तम्बाकू उपभोग की दर में 3% गिरावट और 1 लाख वार्षिक मृत्युओं की कमी वाले परिणामों के आधार पर किया गया। निश्चित ही ये थीम तम्बाकू उद्योग के भयावह सच को उजागर करने के साथ इसके उपभोग की भ्रांतियों को भी दूर करते हैं। जैसे कि वर्ष 2000 का थीम **"धोखा ना खाएँ, तम्बाकू मारक है (Tobacco kills, don't be duped)"** या वर्ष 2006 का थीम **"तम्बाकू किसी भी रूप में या छुपे स्वरूप में मारक है ((Tobacco is deadly in any form or disguise)"**।

विश्व तम्बाकू संगठन, इस दिन से सम्बंधित तथ्यात्मक जानकारी अपनी वेबसाइट (http://www.who.int/tobacco/wntd/en/)) के माध्यम से विश्वभर में प्रचारित-प्रसारित-और-समर्थित करता है ताकि (1) समूचा विश्व उस वर्ष हेतु निर्धारित थीम को एक विशिष्ट समानता के साथ मना पाये, (2) वर्ष 2003 में हुई अन्तराष्ट्रीय तम्बाकू नियंत्रण संधि (फ्रेमवर्क कन्वेंशन फॉर तंबाकू कण्ट्रोल- एफ.सी.टी.सी.) की अनुशंसाओं को मजबूती दे पाये और (3) वैश्विक महामारी में प्रभावी कमी ला पाये। विश्व स्वास्थ्य संगठन, इसी दिन, विश्व के सभी छः महाद्वीपों में कार्यरत स्वास्थ्य मंत्रालयों, संगठनों और व्यक्तियों को उनके तम्बाकू नियंत्रण में किये गये उत्कृष्ट कार्य हेतु चयनित कर हर महाद्वीप को छः विश्व स्वास्थ्य संगठन महानिदेशक पुरस्कार और उतने ही मान्यता प्रमाणपत्रों से प्रोत्साहित कर विश्वभर में तम्बाकू नियंत्रण की मुहिम को अतिरिक्त मजबूती देता है।

राजस्थान में विश्व तम्बाकू दिवस मनाने की परम्परा

राजस्थान केन्सर फाउंडेशन द्वारा सन् 2002 में स्थापित की गयी। अब तो प्रादेशिक और जिला स्तरों पर, राज्य सरकार के चिकित्सा एवं स्वास्थ्य विभाग के तम्बाकू नियंत्रण प्रकोष्ठ, गैर-सरकारी संगठनों, कुछ जिला प्रशासनों व शिक्षण संस्थाओं द्वारा इसे एक प्रमुख जनस्वास्थ्य दिवस के रूप में सततता और भरपूर उत्साह से मनाया जाने लगा है। अब तक राजस्थान को तीन विश्व स्वास्थ्य संगठन महानिदेशक पुरुस्कार भी मिल चुके हैं – दो राज्य के चिकित्सा और स्वास्थ्य– और वित्त– विभागों को क्रमश: उनके तम्बाकू नियंत्रण को राष्ट्रीय नेतृत्व और समूचे देश में सभी खुदरा तम्बाकू पदार्थों पर समानता से सबसे अधिक कर (65%) लगाने हेतु वर्ष 2013 और वर्ष 2014 में; और एक राजस्थान केन्सर फाउंडेशन के अध्यक्ष, डॉ. राकेश गुप्ता को दक्षिण–पूर्वी महाद्वीप में तम्बाकू नियंत्रण में उनके व्यक्तिगत योगदान के लिए दिया गया।

अंत में, **तम्बाकू की समस्या इतनी विकराल है कि वर्ष के हर दिन को तम्बाकू नियंत्रण को इस दिवस को समर्पित करना आवश्यक ही नहीं, उचित और सामयिक भी होगा। क्योंकि तब ही प्राप्त हो सकेगी इस दिवस की पालना की उपयोगिता।**

(नोट– राजस्थान सरकार के चिकित्सा व स्वास्थ्य विभाग ने इस पुरस्कार को वर्ष 2019 में ''प्रदेश भर में तम्बाकू नियंत्रण हेतु व्यापक जागरूकता बढ़ा'' पुन: प्राप्त कर एक नया कीर्तिमान स्थापित किया है। इस बार यह पुरूस्कार संयुक्त रूप से दिल्ली स्थित वल्लभभाई पटेल चेस्ट इन्सांटट्यूट के निदेशक डॉ. राजकुमार के साथ प्राप्त हुआ।)

तम्बाकू पर टैक्स वृद्धि : क्या यह पर्याप्त है?

चाहे अनचाहे, हर किसी को बजट का इन्तजार रहता है। बजट आता है और चला जाता है, अधूरे सपनों को फिर एक बार संपूर्णता दिखा या चकनाचूर कर। इसी तरह, जनस्वास्थ्य कार्यकर्ता, विशेषकर जो कि तम्बाकू नियंत्रण में काम कर रहें हैं, उनके लिए भी बजट में तम्बाकू पर टैक्स (कर) की घटत-बढ़त अत्यधिक महत्वपूर्ण होती है। आइये जाने, ऐसा क्यूँ है और इस बार के बजट (वर्ष 2016) ने किस तरह से इसे प्रभावित किया है- एक तम्बाकू नियंत्रण कार्यकर्ता के साथ आमजन को भी।

वर्ष 2003 में हुए एक अंतर्राष्ट्रीय समझौते (फ्रेमवर्क कन्वेंशन फॉर टोबेको कण्ट्रोल- **एफ.सी.टी.सी.**) के अंतर्गत **अनुच्छेद छ:** में तम्बाकू की दर और टैक्स की महती भूमिका कि "**तम्बाकू पर प्रभावी टैक्स बढ़ोतरी इसके उपभोग को घटाती है**" को स्वीकारते हुए सदस्य-राष्ट्रों को इसकी मांग घटाने हेतु सुझाव दिए गये हैं , विशेषकर युवाओं में।

वर्ष 2014 में संपन्न इनकी छठी संगोष्ठी (कांफ्रेंस ऑफ़ पार्टीज-कॉप) में सदस्य-राष्ट्र पहली बार इस पर सहमत हुए कि एक **अच्छी तम्बाकू टैक्स नीति** हेतु क्या अच्छा है और क्या नहीं। निम्न निष्कर्ष निकले गए:

(1) क्योंकि तम्बाकू पदार्थों पर मात्र थोडा-सा टैक्स हर वर्ष बढ़ाना पर्याप्त नहीं है, इस **वृद्धि को नियमितता से मूल्य सूचकांक और मुद्रास्फीति से भी जोड़ा जाना चाहिए** अन्यथा इस कर-वृद्धि का अपेक्षित लाभ गरीबों और युवाओं तक नहीं पहुँच पायेगा।

(2) **टैक्स में वृद्धि, बिना किसी जटिलता के,** उत्पाद- व बिक्री-करों के मिश्रित स्वरुप को बढ़ा कर **की जाये** ना कि अन्य करों के द्वारा जैसे कि इनकम टैक्स, लाइसेंस शुल्क, वैट अथवा जी.एस.टी. द्वारा।

(3) **यह विशिष्ट टैक्स वृद्धि सभी तम्बाकू पदार्थों पर समान रूप से की जाये** ताकि तम्बाकू उपभोगी सस्ते तम्बाकू पदार्थों या एक

विशिष्ट तम्बाकू पदार्थ के सस्ते प्रकार से, अपने शौक, आदत या व्यसन पूरा ना कर पायें, उदाहरणार्थ महंगी सिगरेट के बजाये एक अपेक्षाकृत सस्ती छोटी बिना फ़िल्टर की सिगरेट या बीडी पीना अथवा पाउच में बिकने वाली चबाने वाली तम्बाकू का उपभोग।

अब यदि भारतवर्ष और राजस्थान में तम्बाकू पर टैक्स वृद्धि का कुछ पिछले वर्षों के आंकड़ों का मूल्यांकन करें तो यह स्पष्ट दिखाई देगा कि **अब तक के सरकारी कदम अपर्याप्त हैं** और उपरोक्त वर्णित छठी कॉप के निष्कर्षों के सर्वथा विपरीत. इन सरकारों ने वर्ष 2016 के बजट में 10 से 15 प्रतिशत वृद्धि सहित, मूलतः विशिष्ट सिगरेटों पर ही करी है। बीडी को हर बार या तो अछूता छोड़ा गया है अथवा इसकी टैक्स दरों को दिखावे-मात्र के लिए अप्रभावी रूप से बढ़ाया गया है। और, चबाने वाली तम्बाकू पर कर वृद्धि का प्रभाव ना के बराबर ही रहा है जब तक यह सस्ते पाउचों के रूप में बिकती रहेगी।

इसी वर्ष फरवरी माह में **स्वास्थ्य मंत्रालय, भारत सरकार** द्वारा जारी एक रिपोर्ट- "**भारत में तम्बाकू टैक्स: एक अनुभवात्मक आंकलन**" इन निष्कर्षों को समर्थित कर यह बतलाती है कि: **(1) अब तब की गयी टैक्स-वृद्धियाँ (2006 से 2013 तक) अपर्याप्त हैं;** और, **(2) वास्तव में तम्बाकू पदार्थ की कीमतें खाद्य पदार्थों की तुलना में घटी हैं।**

अतः **इस रिपोर्ट ने अनुशंसा करी कि सभी तम्बाकू पदार्थों पर प्रभावी टैक्स वृद्धि हो** और तम्बाकू टैक्स-प्रणाली को विस्तारित कर इसके अनियंत्रित उत्पाद-तंत्र को भी इसमें सम्मिलित कर बीडी उध्योग को दी जाने वाली राहत (सब्सिडी) को समाप्त किया जाये।

राजस्थान में तम्बाकू टैक्स में वृद्धि का दौर वर्ष 2010-11 से प्रारंभ हुआ. अगले दो वर्षों में हुई बढ़ोतरी से इसे भारत में तम्बाकू पर सर्वाधिक कर (65%) लगाने वाले प्रदेश के रूप में अंतर्राष्ट्रीय ख्याति भी मिली। परन्तु, क्या इससे प्रदेश में तम्बाकू उपभोग कम

हुआ? हालाँकि इसे निश्चित रूप से तो अगले वर्ष प्राप्त होने वाले भारत के लिए किये गए ग्लोबल एडल्ट तंबाकू सर्वे (गेट्स) के दूसरे चक्र द्वारा ही जाना सकेगा किन्तु निश्चित रूप से पिछले वर्ष (सन्दर्भ-वित्तीय वर्ष 2015-16) की सरकारी अनुशंसा कि तम्बाकू पदार्थों पर लगने वाला 65% टैक्स घटा कर 45% कर दिया जाये, एक प्रभावी तम्बाकू नियंत्रण के मापदंडों पर एक प्रतिगामी (रेग्रेसिव) कदम ही माना जा रहा है।

अतः बीडी सहित सभी तम्बाकू पदार्थों पर समान रूप से टैक्स वृद्धि, कम से कम वर्तमान स्तर से दो गुना करके सदैव के लिए इसे मूल्य-सूचकांक और मुद्रास्फीति दर से जोड़ दिया जाना चाहिए। तब ही हो सकेगी अंतर्राष्ट्रीय और राष्ट्रीय अनुशंसाओं की पालना और गरीबों व युवाओं का तम्बाकू की महामारी से बचाव। अन्यथा मात्र तम्बाकू उद्योग और उसे हितधारक ही लाभान्वित होते रहेंगे।

नोट- अब भारत में जी.एस.टी. लागू तो हो गयी है और सभी तम्बाकू पदार्थों पर टैक्स भी उच्चतम सीमा (28%) तक का लगाया गया है। किंतु, इसकी प्रभावहीनता को जान यह अत्यंत आवश्यक है कि इस सीमा का पुनर्मूल्यांकन किया जाये और टैक्स सीमा को अंतरराष्ट्रीय मापदंडों तक बढ़ा दिया जाए, विशेषकर बीड़ी और चबाने वाली तम्बाकू पर, क्योंकि देशभर में इन्हीं तम्बाकू पदार्थों की खपत अधिकतम है।

तम्बाकू पर टैक्स- मझधार में!

भारत में पहली बार स्वास्थ्य मंत्रालय द्वारा अक्टूबर, 2014 में तम्बाकूजनित रोगों के आर्थिक बोझ (चिकित्सा खर्चा, अपरोक्ष खर्चे व समयपूर्व जीवन की हानि से उत्पादकता की हानि) पर जारी एक रिपोर्ट से स्पष्ट प्रमाण प्राप्त हुआ कि मात्र उस वित्तीय वर्ष (2011-12) में ही सरकार ने तम्बाकू पदार्थों पर टैक्स से जो प्राप्त राजस्व प्राप्त किया वो तम्बाकूजनित रोगों पर कुल खर्च का केवल 17% ही था।

क्योंकि विषय सामयिक है, अतः आवश्यक है कि एक बार फिर जान लें कि केंद्र- और प्रादेशिक- सरकार इस बारे में क्या सोच रही हैं और क्या उन्हें प्रभावी तम्बाकू नियंत्रण और उससे होते अपेक्षित जनस्वास्थ्य हेतु अपनी नीतियों और कार्यन्वयन पर पुनर्विचार करने की आवश्यकता है:

अ. **केंद्र सरकार-** वर्तमान में सभी का मानना है कि जी.एस.टी. जब तक लागू नहीं हो जाता तब तक स्थिति अस्पष्ट है। यह तो सुनने में आ रहा है कि केंद्र सरकार तम्बाकू पर **सिन (पाप) टैक्स** (सबसे ऊँचे वर्ग में- 28%) के अंतर्गत रखने का मानस बना चुकी है, परन्तु जिस तरह से इस वित्तीय वर्ष (2017-18) में लगभग सभी प्रकार के तम्बाकू पदार्थों पर बुनियादी आबकारी कर (बेसिक एक्साइज ड्यूटी) को मात्र 6% प्रतिशत बढ़ाया (जो कि पिछले छ: वर्षों के बजटों की सबसे कमतर बढ़ोतरी है), तम्बाकू उद्योग के दबाव और उसको निरंतरता से लाभान्वित करने की सरकारी मंशा को नकारना कठिन है। क्यों किया वित विभाग ने ऐसा इसका कोई स्पष्टीकरण नहीं है। पर, एक बात साफ़ है कि इस तरह की कार्यवाही से, विशेषकर जबकि देश की वृद्धि-दर 6.75% से 7.5% और मुद्रास्फीति 5% से कम रहने का अनुमान है, प्रभावी तम्बाकू नियंत्रण के प्रति केंद्र सरकार में सिवाय स्वास्थ्य एवं परिवार कल्याण मंत्रालय के, कोई अन्य मंत्रालय, विशेषकर वित्त मंत्रालय तो कतई चिंतित नहीं लगता है।

यह और भी निराशाजनक इसलिए है कि विगत वर्षों में भारत में आमजन की आर्थिक समृद्धि के चलते सिगरेट खरीद सकने की क्षमता बढ़ गयी है और सरकार सिगरेट की खुदरा बिक्री पर अंतर्राष्ट्रीय संधि (एफ सी टी सी) द्वारा अनुशंसित टैक्स दर (70%) से 21% पीछे भी है। बीडी के सन्दर्भ में तो हाल और भी बुरा है- एक तो इसे वित्तीय अनुदान (सब्सिडी) की श्रेणी में बनाये रखा जा रहा हैं जबकि भारत में 97% धूम्रपायी बीडी ही पीते हैं, सिगरेट नहीं। साथ ही, इस बजट में जो 25% टैक्स बढाया गया है वह उस 2% बीडी के प्रकार पर है जो कि कागज में बंधी होती है- याने शेष 98% बीडी जो कि तेंदू पत्ते अथवा हाथ से बनी होती है उसे टैक्स दायरे से फिर एक बार मुक्त रखा गया है। यह दु:खद है और विरोधाभासी भी कि प्रादेशिक चिकित्सा एवं स्वास्थ्य विभाग और जनप्रतिनिधियों के अतिरिक्त आमजन भी चुप है, यह जानकर भी कि हर दिन 4,000 से अधिक मृत्युएँ तम्बाकू के उपभोग से हो रही हैं।

ब. **प्रदेश सरकार-** प्रदेश सरकार (राजस्थान) के वित्तीय वर्ष 2017-18 के बजट का बेसब्री से इन्तजार है हालाँकि जी.एस.टी. के जुलाई माह से लागू होने की संभावना के साथ इसके अंतर्गत केंद्र सरकार द्वारा राज्यों को होने वाले आर्थिक हानि की भरपाई होने के प्रावधान के कारण प्रदेश सरकार आश्वस्त लगती है कि चाहे प्रदेश में तम्बाकू पर टैक्स-दर घट जाये, अगले पाँच वर्षों तक इसकी भरपाई केंद्र सरकार येन-केन-प्रकारेण करेगी ही।

फिर भी यह जान लेना उचित होगा कि अब तक क्या हुआ है। प्रदेश वित्तीय वर्ष 2013-14 तक खुदरा तम्बाकू पदार्थों पर समान रूप से 65% टैक्स लगा समूचे देश में अग्रणी था। वर्तमान सरकार ने तम्बाकू पर घटते राजस्व का ठीकरा पडोसी प्रदेशों से होती तम्बाकू की तस्करी पर फोड़ इसे 20% घाटा 45% करने की घोषणा तो कर दी, परन्तु शीघ्र ही यह जान भी लिया कि ऐसा करना आर्थिक घाटे में बढ़ोतरी करेगा। अतः अगले दो वर्षों में बीडी पर 65% टैक्स बनाये रखने के साथ, अंशों में चार बार सिगरेट पर टैक्स वृद्धि को 73%-

86% तक ला, वर्ष 2015-16 में तम्बाकू टैक्स को प्राथमिकता से इकठ्ठा कर (कर-चोरी और तस्करी की रोक हेतु छापे की कार्यवाहियों को क्रमश: 985% और 596% बढ़ा) तम्बाकू से मिलने वाले कुल राजस्व में 38% राजस्व लाभ अर्जित कर लिया! यह बात और है कि (और जिससे **तम्बाकू उध्योग से सांठ-गाँठ** की बू आती है) चबाने वाली तम्बाकू जिसके कि राजस्थान में कुल उपभोगी धूम्रपायियों के बराबर ही हैं (13.5%; धूम्रपायी 13.5%; शेष 5%- दोनों तरह की तम्बाकू के उपभोगी), उस पर 52.5% की हानि उठाते हुए भी टैक्स 45% ही बनाये रखा! इसका खामियाजा पान-मसाले पर टैक्स (जिसे कमर्शियल टैक्स विभाग टैक्स-वसूली हेतु व्यावहारिक सीमितताओं के चलते तम्बाकू चूरी से अलग नहीं कर पाता है) को और अधिक घटा 35% कर दिया- वो ऐसे कि एक तो इनके (पान मसाला) व्यापकता से होने वाले विज्ञापनों से भटके युवाओं में इसके उपभोग की वृद्धि से आमदनी निश्चित ही बढ़ेगी और दूसरे तम्बाकू नियंत्रण कानून के कमजोर प्रवर्तन के चलते पान-मसाले के साथ जबरदस्ती बिकने वाली चबाने वाली तम्बाकू से स्वत: ही नए तम्बाकू उपभोगी बढ़ने से राजस्व की संभावित कमी का खतरा भी टल जायेगा।

और, हुआ भी कुछ ऐसा ही- पान मसाले से मिलने वाले राजस्व में वर्ष 2015-16 में लाभ-वृद्धि 144% हो गयी। उम्मीद है कि भविष्य में राजस्थान सरकार, स्वास्थ्य मंत्रालय की वित्तीय वर्ष 2011-12 की रिपोर्ट से संज्ञान ले, तम्बाकू उद्योग के बजाये तम्बाकू से आमजन को होने वाली हानियों और उन की व्यवस्था पर हुए परोक्ष-अपरोक्ष खर्चों को ध्यान रख जन-स्वास्थ्य के पक्ष में ही कार्य करेगी।

अंत में, केंद्र सरकार से आशा है कि वह तम्बाकू पर **गुड्स एंड सर्विसेज टेक्स (जी.एस.टी.)** के अंतर्गत लगाये जाने वाली कर की दर, अंतर्राष्ट्रीय मानकों के समकक्ष लागू करेगी। साथ ही, इस वर्ष तम्बाकू पदार्थों पर निर्धारित की गयी बुनियादी आबकारी कर (बेसिक एक्साइज ड्यूटी) की दर पर पुनर्विचार कर इसे सभी तम्बाकू पदार्थों पर समानता से लागू कर, राजस्व वृद्धि में महती लाभकारी बढ़ोतरी के साथ-साथ तम्बाकू पदार्थों के उपभोग की दरों में कमी ला तम्बाकू नियंत्रण को एक विशिष्ट मजबूती प्रदान करेगी।

तम्बाकू पदार्थों पर जी.एस.टी.– कितना असरदार..?

जुलाई 2017 में गुड्स एंड सर्विसेज टेक्स (जी.एस.टी.) लागू होने से पहले भारत में तम्बाकू पदार्थों पर टैक्स दो भागों में विभक्त था:

(1) केंद्र सरकार के द्वारा लगाया गया **आबकारी (एक्साइज) टैक्स** जो कि उत्पाद पर लगाया जाता था:

(अ) सिगरेट और बीड़ी पर यह टैक्स संख्या आधारित था (प्राय: 1,000 सिगरेट या बीड़ी पर) ; जहाँ **सिगरेट** में इसे फ़िल्टर/ नोन-फ़िल्टर और उसकी लम्बाई की तीन श्रेणियों (65 मिलीमीटर से छोटी, 65- 75 मिलीमीटर और 75 मिलीमीटर से लम्बाई), **बीड़ी** के सन्दर्भ में यह दो प्रकार से वर्गीकृत था- मशीन से उत्पादित अथवा हाथ से बनी (जोकि कुल बीड़ी उत्पाद का 98% है) ;

(ब) गैर-धूम्रपायी (मुख्यत: **चबाने वाली**) तम्बाकू के सन्दर्भ में टैक्स, मशीन की उत्पादन क्षमता के अनुसार, कुल अनुमानित उत्पादन पर लगाया जाता था ;

(स) इसके अलावा केंद्र सरकार दो और तरीकों से तम्बाकू पदार्थों को टैक्स लगाती थी- **नेशनल केलेमिटी कोन्टिजेंसी ड्यूटी (एन.सी.सी.डी.)** और **हेल्थ सेस।**

इनके अतिरिक्त,

(2) प्रादेशिक सरकारें तम्बाकू पदार्थों पर टैक्स उनके विक्रय पर लगाती थीं जिसे कि **ऐड वेलोरम टैक्स या वेट** के रूप में जाना जाता था ; और, यह भी फिर केंद्र सरकार के द्वारा वर्गीकृत श्रेणियों के अनुसार सिगरेट, बीड़ी और चबाने वाली तम्बाकू के ऊपर भिन्न-भिन्न हुआ करता था, जिसे कि प्रादेशिक सरकारें अपने सामाजिक- राजनैतिक परिपेक्ष्य के अनुसार निर्धारित कर लगाती थीं।

तम्बाकू पदार्थों पर जी.एस.टी. इस आशा से लागू की गयी थी कि इन पर लगते आये विभिन्न करों की जटिलता और प्रादेशिक विषमतायें तो समास हो ही सकेंगी और, परिणामवश, इससे प्रशासनिक बोझ कम होने के साथ-साथ उपभोगियों द्वारा इसकी पालना में भी सुधार हो सकेगा।

इस नयी व्यवस्था के अनुसार अब सभी तम्बाकू पदार्थों पर समान रूप से, केवल एक ही बार, 28% टैक्स उनके उत्पाद के स्रोत पर ही लगाया जाता है। इसके अतिरिक्त, सिगरेट और गैर-धूम्रपायी तम्बाकू पर **कम्पन्सेशन सेस** भी लगाया गया है ताकि कुछ प्रदेशों को इससे होने वाली राजस्व हानि की भरपाई की जा सके। साथ ही, **एन.सी.सी.डी.** को सभी तम्बाकू पदार्थों पर यथावत रखा गया है। राजस्व के तौर पर जी.एस.टी. से प्रास राशि को आधा-आधा (50% ; फिफ्टी-फिफ्टी) केंद्र **(सी.जी.एस.टी.)** और प्रदेशों **(एस.जी.एस.टी.)** में बाँटा जाना है, परन्तु, कम्पन्सेशन सेस और एन.सी.सी.डी. से प्रास सम्पूर्ण राशि केवल केंद्र सरकार को ही मिलेगी।

अब आइये, जाने किस प्रकार जी.एस.टी. ने केंद्र और राज्यों को प्रभावित किया है (इस हेतु अर्थशास्त्री रिजो जॉन और उनके सहयोगियों द्वारा किया गए प्रकाशित अध्ययन का सम्पूर्ण सहयोग उल्लेखित करना उचित लगता है):

(1) **केंद्र पर प्रभाव:**

(अ) **सिगरेट** पर टैक्स का भार लगभग नगण्य हुआ है- जी.एस.टी.-पूर्व 52.6% से बढ़ कर जी.एस.टी.-पश्चात् 52.8%। परिणामस्वरूप, इसकी खुदरा दर में मात्र 0.18% की बढ़ोतरी हुई है। इसके आधार पर यह अनुमानित है कि सिगरेट से मिलने वाले कुल राजस्व में 0.17% बढ़ोतरी के साथ इसका उपभोग केवल 0.3% (23 करोड़ स्टिक्स) ही कम होगा ;

(ब) **बीड़ी** पर भी टैक्स में हुई बढ़ोतरी मामूली ही है-जी.एस.टी.- पूर्व 16% से बढ़ कर जी.एस.टी.-पश्चात् 22%।

लेख संख्या : 50

परिणामस्वरूप, इसकी खुदरा दर में बढोतरी 8.8% हुई है (एक रु. 30 पैसा प्रति 25 बीड़ी)। इसके आधार पर यह अनुमानित है कि बीड़ी से मिलने वाले कुल राजस्व में बढोतरी तो 35% होगी किन्तु इसका उपभोग मात्र 10% (260 करोड़ स्टिक्स) ही कम होगा; इसी प्रकार,

(स) **चबाने वाली तम्बाकू** पर टैक्स का बोझ 5% से 60% तक बढ़ने के साथ इसके खुदरा दामों में 6% की वृद्धि होगी। परिणामस्वरूप, जहाँ इसके उपभोग में 6% कमी होने की आशा है, इससे मिलने वाले राजस्व में केवल 4.7% की ही बढोतरी होगी; और, साथ ही,

(द) सिगरेट और चबाने वाली तम्बाकू पर कम्पन्सेशन सेस 72% और 75% रखा गया जिसे अन्य पदार्थों से प्राप्त कम्पन्सेशन सेस में जोड़ जी.एस.टी. व्यवस्था से राज्यों को होने वाली हानि हेतु काम में लाया जायेगा।

(2) राज्यों पर प्रभाव:

एक गुणक जो सभी तम्बाकू पदार्थों से मिलने वाले राजस्व और उनके उपभोग को समान रूप से प्रभावित करेगा, वह है इन पर जी.एस.टी.-पूर्व लगाये जाना वाला वेट जहाँ यह 30% या उससे अधिक था, वहाँ राजस्व की कमी अत्यधिक देखने को मिलेगी, क्योंकि अब जो एस.जी.एस.टी. (प्रादेशिक जी.एस.टी.) के अंतर्गत राजस्व प्राप्ति है, वह मात्र 14% ही है– वह भी बिना किसी आपूर्ति सेस के! साथ ही, तम्बाकू पदार्थों का उपभोग भी उनके सस्ते हो जाने से बढ़ जायेगा। किन्तु, जहाँ वेट लगाया ही नहीं जा रहा था अथवा इसकी दर अत्यधिक कम थी, वहां राजस्व प्राप्ति में प्रभावी बढोतरी के साथ तम्बाकू पदार्थों का उपभोग भी अनुपातिक रूप से घटेगा, ऐसी सम्भावना है और आशा भी:

(1) **सिगरेट**– राजस्थान जहाँ पर जी.एस.टी.-पूर्व वेट की दर 65% थी, वहाँ सिगरेटों से प्राप्त राजस्व में 86% की गिरावट तो आयेगी ही, सिगरेटों का उपभोग भी 8% बढ़ेगा। इसी प्रकार अन्य नौ प्रदेशों में (गुजरात, झारखण्ड, पंजाब, पश्चिमी बंगाल, महाराष्ट्र, हिमाचल प्रदेश, मध्य प्रदेश, जम्मू-कश्मीर और उत्तर प्रदेश) में भी (राज्यों के दिए गए नामों के अनुसार) क्रमवार 70% से 80% राजस्व-हानि के साथ, सिगरेट के उपभोग की बढोतरी 0.1% से 3.6% की होगी;

(2) **बीड़ी**– राजस्थान एक बार फिर सबसे अधिक प्रभावित राज्य होगा– यहाँ बीड़ी से मिलने वाले राजस्व में 75% की कमी के साथ इसका उपभोग 25% बढ़ जायेगी। अन्य राज्य जहाँ बीड़ी से मिलने वाले में कमी आयेगी, वे हैं– गोवा, नागालैंड, गुजरात, मेघालय, मिजोरम, असम, मध्य प्रदेश और जम्मू-कश्मीर। इन राज्यों में क्रमवार 45% से 63% की राजस्व हानि के साथ उपभोग 0.7% से 11.6% तक बढ़ेगा; और,

(3) **चबाने वाली तम्बाकू**– सभी राज्यों में 50% से भी अधिक राजस्व-हानि होगी। अन्य 4 राज्यों– राजस्थान, उत्तर प्रदेश, जम्मू-कश्मीर और हिमाचल प्रदेश के साथ मध्य प्रदेश सबसे अधिक प्रभावित प्रदेश होगा जहाँ 83% राजस्व-हानि के साथ इसका उपभोग 9% से भी अधिक बढ़ेगा।

अंत में, जहाँ राष्ट्रीय स्तर पर जी.एस.टी. व्यवस्था, सिगरेट उपभोग पर प्रभावहीन है और बीड़ी व चबाने वाली तम्बाकू के दामों में बढोतरी के साथ इनका उपभोग घटायेगी, प्रादेशिक स्तर पर 50% से अधिक होने वाली सम्भावित राजस्व-हानि की भरपाई अगले पाँच वर्षों के बाद भी नहीं हो सकेगी। क्योंकि तम्बाकू पदार्थों पर कर-भार विश्व स्वास्थ्य संगठन की अनुशंसा से अभी भी कम ही हैं, मूल प्रश्न यह है कि भविष्य में जी.एस.टी. कौंसिल, विपरीत-विभिन्न राजनैतिक विरोधाभासों से उभर कर, पर्याप्त राजस्व प्राप्ति के सरकारी अभियान व प्रयासों के साथ, उपभोक्ताओं द्वारा तम्बाकू पदार्थों को खरीदने के सामर्थ्य से कैसे दूर रख पायेगी।

क्या तम्बाकू का अर्थशास्त्र जानना ही पर्याप्त है ?

विश्वभर में तम्बाकू उपभोग से उत्पन्न आर्थिक संकट किसी से छुपा नहीं है। भारत सरकार के **स्वास्थ्य मंत्रालय** ने अक्टूबर, 2014 में अर्थशास्त्रियों की सहभागिता से जारी **एक रिपोर्ट** द्वारा केवल एक **वित्तीय वर्ष (2011-12)** में तम्बाकूजनित रोगों से देश पर आये कुल आर्थिक बोझ (चिकित्सा खर्चा, अपरोक्ष खर्चे व समयपूर्व जीवन की हानि से उत्पादकता की हानि) पर स्पष्ट रूप से तीन निष्कर्ष दिए:

1. उस एक वर्ष में तम्बाकूजनित रोगों के प्रबंध से देश को 1 लाख 4 हजार करोड़ रुपये की हानि हुई;

2. यह खर्च समूचे जीडीपी का 1.16% भाग; और, केन्द्रीय और प्रादेशिक सरकारों द्वारा किये गए समूचे खर्च से भी 12% अधिक था; और,

3. उस वर्ष सरकार ने तम्बाकू पदार्थों पर टैक्स से जो राजस्व प्राप्त किया वो तम्बाकूजनित रोगों पर कुल खर्च का केवल 17% ही था।

दूसरा आँकड़ा भी सब को पता ही है कि **भारत में हर दिन 4,000 से भी अधिक मृत्युएँ तम्बाकू खाने-पीने से ही होती हैं; वर्ष भर में कुल 15 लाख से अधिक!**

तो यह एक प्रश्न साधारण रूप से प्रत्येक आमजन उठा सकता है कि फिर भी सरकार को तम्बाकू उद्योग को क्यों बने रहने देने चाहिए..!! तम्बाकू उद्योग इसके उत्तर में पूछता है कि इसमें कार्यरत लगभग 3.6 करोड़ लोगों और उनके परिवारजनों का क्या होगा। सरकारें भी इस उद्योग को बने रहना देना चाहती है (लेख के प्रारंभ में सरकारी संदर्भित रिपोर्ट के बावजूद भी), केवल इस तर्क के आधार पर ही नहीं कि तम्बाकू पर लगे टैक्स से आय वृद्धि (कुल राजस्व 14 करोड़) तो होती ही है, किंतु इस तर्क के साथ भी कि **भारत विश्वभर में तम्बाकू आयात करने वाला दूसरा देश है** और इस तरह तम्बाकू सभी कृषि-आयातित पदार्थों से प्राप्त आय का 4% भाग कमा कर भी देता है। तो **यक्ष प्रश्न** यह है कि क्या सरकार को यह तम्बाकूजनित

कमाई और उससे उत्पन्न रोगों-मृत्युओं का सिलसिला यूँ ही चलते रहने देना चाहिए या वह इसे रोक दे.. ?

अधिकांश जनमानस (अनौपचारिक रूप से 90% से भी अधिक) तो इसे पूर्णतया रोक देने के पक्ष में है- इनमें वे भी सम्मिलित हैं जो कि वर्तमान में इसके उपभोगी हैं, क्योंकि 15 लाख से अधिक मृत्युओं और आर्थिक हानि का उपरोक्त लेखा-जोखा व्यावसायिक लाभों से कहीं बड़ा है। साथ ही, इस बात के भी पर्याप्त प्रमाण हैं कि यदि (1) तम्बाकू की खेती करने वाले किसानों को वैकल्पिक खेती व (2) बीड़ी व अन्य तम्बाकू उत्पाद इकाइयों में कार्य करने वालों को क्रमबद्ध तरीके से और एक निश्चित समय सीमा में वैकल्पिक व्यवसायों की ओर मोड़ा जाये तो अधिक नहीं तो समतुल्य लाभ तो मिल ही सकता है।

परन्तु, जब तक इस आदर्श स्थिति को प्राप्त नहीं कर लिया जाये, तब तक क्या कुछ ऐसा किया जा सके कि तम्बाकू उपभोगी इसे खाने-पीने में कमी कर सकें? **दो हल आसान प्रतीत होते हैं** जिन्हें यदि राजनैतिक और प्रशासनिक इच्छा-शक्ति पर्याप्त हो तो लागू भी किया जा सकता है: (1) युवाओं की पंहुँच से इसे दूर कर दिया जाये; और, और (2) इसके खाने-पीने वाले को इसे छोड़ने हेतु उचित सुविधाएँ सर्वत्र उपलब्ध की जायें।

युवाओं की पहुँच से दूरी बनाए के निम्न उपाय उपयोगी हो सकते हैं:

(1) तम्बाकू पदार्थों पर टैक्स में तत्काल बढ़ोतरी, अंतर्राष्ट्रीय मानकों के आधार पर, समूचे देश भर में एक साथ लागू हो। अन्यथा, हर वित्तीय वर्ष में इसकी छोटी-छोटी बढ़ोतरियों, निरंतर उन्नत होती आर्थिक-सामाजिक समृद्धि, आर्थिक अवमूल्यन, तम्बाकू उद्योग की इस बढ़ोतरी को सोख लेने की क्षमता, इत्यादि, ना तो कभी लाभकारी सिद्ध हों पायेंगी और ना ही इनके अपेक्षित परिणाम मिल पायेंगे;

(2) उपभोग की स्वीकृत आयु सीमा 18 वर्ष से बड़ा 25 वर्ष कर

दी जाये; तम्बाकू पदार्थों के विक्रय के प्रवर्तन को कड़ाई से लागू किया जाना अत्यंत आवश्यक हैं अन्यथा उचित कानून होते हुए भी (जैसे सन् 2003 से लागू **कोटपा नियम 6 (अ)** और पिछले वर्ष लाया गया किशोर न्याय अधिनियम– **जुवेनाईल जस्टिस एक्ट, 2016**) युवाओं में तम्बाकू उपभोग रुक नहीं पाया है;

(3) सभी शिक्षण संस्थाओं के परिधि से निर्धारित 100 गज दूरी पर मिलने वाले तम्बाकू पदार्थों के विक्रय के (अ) प्रवर्तन को तो मजबूती मिले ही, (ब) **इस दूरी को बढ़ाकर 200 गज कर दिया जाये** और (स) इस नियम के उल्लंघनकर्ताओं और उस क्षेत्र के निष्क्रिय प्रवर्तनकर्ताओं पर भी कठोरतम कार्यवाही हो ; और,

(4) मात्र स्कूल ही नहीं, **सभी शिक्षण – व प्रशिक्षण– संस्थाएँ नीतिगत रूप से तम्बाकू-मुक्त की जायें**, अवमानना के कठोरतम दण्डों के साथ; व तम्बाकू-मुक्त जीवन के लाभों वाले सतत जागरूकता और हर बार **"साहस के साथ इसके उपभोग को ना कह सकने वाली क्षमता"** उत्पन्न करने वाले कार्यक्रमों को, निरन्तरता से, करते रहने के साथ।

तम्बाकू छोड़ने हेतु सुविधा– निम्न उपाय लाभकारी होंगे, यदि उन्हें एक साथ लागू किया जा सके:

(अ) तम्बाकू उपभोगियों हेतु एक सघन और सतत सामाजिक अभियान चलता रहे जो उन्हें उनके "एक रोगी" होने की जानकारी दे; और, उन्हें इसकी उपचार सुविधाओं तक पहुँचने-मांगने हेतु प्रेरित- निर्देशित करता रहे;

(ब) चिकित्सा और स्वास्थ्य तंत्र में यह सुविधायें आसानी से सर्वत्र मिलें- गुणवता सहित, कम-से-कम गरीबी रेखा से नीचे वालों हेतु पूर्णतया नि:शुल्क रूप से व उपभोगियों के इसे पूरी तरह छोड़ पाने की संतुष्टि हो जाने तक (यानि उनके पूर्णतया उपचारित हो जाने तक) ; और,

(स) यह तब ही हो पायेगा जब चिकित्सा और स्वास्थ्य मंत्रालय और इससे संबद्ध सभी प्रादेशिक विभाग, तम्बाकू उपभोग और व्यसन को, समूचे देश में हर चिकित्सा इकाई द्वारा, विश्व स्वास्थ्य संगठन के द्वारा निर्देशित तरीके से हर तम्बाकू उपभोगी को रोगी की तरह वर्गीकृत (कोडिंग) करने हेतु नीतिगत बाध्यता लागू कर देंगे।

अतः तम्बाकू का अर्थशास्त्र जानना उपयोगी है पर यह तब ही लाभकारी है जब इससे मिले निष्कर्षों के आधार पर उपलब्ध उचित एवं प्रमाणित उपायों को सामयिक नीतियों के अंतर्गत प्रभावी रूप से और प्राथमिकता से कार्यान्वयित व प्रवर्तित किया जा सके। अन्यथा, सभी जानते हैं बिना उचित कार्यवाही के कोई भी जानकारी व्यर्थ ही होती है..।।

लेख संख्या : 52

बीमा कंपनियों का तम्बाकू कंपनियों में निवेश– कितना सही?

यह प्रश्न विगत दो माहों में चर्चा में आया है कि क्या बीमा कंपनियों को तम्बाकू कंपनियों में निवेश करना चाहिए? हुआ यों कि टाटा केन्सर अस्पताल, मुंबई के एक सिर और गर्दन के केन्सरों के एक शल्य चिकित्सक, डॉ. पंकज चतुर्वेदी, ने एक **आर.टी.आई.** के अधिकार के अंतर्गत, भारत सरकार के उपक्रम के समान, भारतीय जीवन बीमा निगम (एल.आई.सी.) से यह जानना चाहा कि क्या उसने आई.टी.सी. (इंडियन टोबेको कंपनी) व अन्य तम्बाकू उत्पाद कंपनियों में कोई निवेश किया है? और, साथ ही यह भी जानना चाहा कि क्या एल.आई.सी. धूम्रपायियों से अन्य निवेशकों की अपेक्षा अधिक प्रीमियम वसूलती है? बीमा कंपनी से मिले **उत्तर** से पता चला कि न केवल एल.आई.सी. ने आई.टी.सी. में निवेश कर रखा है, बल्कि विगत के वर्षों में यह निवेश दोगुना तो हो ही गया है। साथ ही, उसने अन्य तम्बाकू उत्पाद कंपनियों– चारमीनार सिगरेट निर्माता वी.एस.टी. व बाबा छाप चबाने वाली तम्बाकू की निर्माता धर्मपाल सत्यपाल लिमिटेड में भी निवेश किया हुआ है। एल.आई.सी. ने यह भी स्वीकारा कि वह उसके कुछ धूम्रपायी ग्राहकों से अधिक प्रीमियम भी उगाहती है।

(पाठक यह भी जान लें कि एल.आई.सी. के साथ जनरल इंश्युरेंस कंपनी ऑफ़ इंडिया, ओरिएण्टल इंश्युरेंस कंपनी लिमिटेड, नेशनल इंश्युरेंस कंपनी लिमिटेड, इत्यादि, सहित कुल पाँच इंश्युरेंस कंपनियों के अतिरिक्त यूनिट ट्रस्ट ऑफ़ इंडिया की विशिष्ट उपक्रम की आई.टी.सी. में कुल भागीदारिता 32% है– याने 76,505 करोड़! इतना ही नहीं, इन पाँच निवेशकों की गिनती आई.टी.सी. के दस बड़े निवेशकों में की जाती है।) ''....

प्राप्त उत्तरों से डॉ. चतुर्वेदी के समतुल्य कोई भी कार्यरत भारतीय अथवा वैश्विक केन्सर रोग विशेषज्ञ हताश भी होगा और क्रोधित भी, क्योंकि ना केवल अधिकांश भारतीय एल.आई.सी. के पालिसी धारक हैं, **भारत में पुरुषों के लगभग 50%– व महिलाओं के लगभग 17%– केन्सर तम्बाकू जनित हैं**; और, जब सरकार का स्वास्थ्य मंत्रालय

तम्बाकू नियंत्रण को समर्थित कर तम्बाकू उपभोग से होने वाले रोगों और मृत्युओं में भरसक कमी को प्रयासरत है, कैसे कोई अन्य सरकारी संस्था अथवा उपक्रम, तम्बाकू उत्पादक कंपनी में निवेश कर सकता है, विशेषकर जब सरकार को मात्र एक वर्ष (वित्तीय वर्ष 2011–12) में तम्बाकू रोगों से 1 लाख 4 हजार करोड़ रुपयों की हानि उठानी पड़ी थी!

सरकारी विरोधाभास और भी गहरा जाता है जब यह पता लगता है कि ये निवेश भारतीय संविधान के अनुच्छेद 21 और अनुच्छेद 47 का भी उल्लंघन करते हैं जिनके अंतर्गत जीने का अधिकार और सरकार के द्वारा उन कदमों को उठाना निहित है जो कि मादक पदार्थों के उपभोग को प्रतिषेधित करते हैं और स्वास्थ्य में सुधार के लिए (आवश्यक) हैं।

साथ ही, **भारत सरकार**, बावजूद वर्ष 2003 से अंतर्राष्ट्रीय तम्बाकू नियंत्रण संधि (फ्रेमवर्क कन्वेंशन ऑन टोबेको कण्ट्रोल– एफ.सी.टी.सी.) का एक अहम् सदस्य होते हुए भी, इस **संधि के अनुच्छेदों 5.3 और 7.2 का भी उल्लंघन कर रही है।** क्योंकि जहाँ अनुच्छेद 5.3 सदस्य देशों को जनहित की नीतियों को तम्बाकू नियंत्रण के सन्दर्भ में बनाने और लागू करने हेतु राष्ट्रीय कानूनों के अनुसार इन्हें (नीतियों को) तम्बाकू कंपनियों के व्यापारिक व अन्य लाभों से बचाने हेतु अनुशंसित करता है, वहीं अनुच्छेद 7.3 सुझाता है कि जिन राष्ट्रों की स्वयं अपनी तम्बाकू कम्पनियाँ नहीं हैं, वे तम्बाकू उद्योग अथवा उससे सम्बंधित किसी भी उपक्रम में निवेश ना करें।

पाठक के लिए यहाँ **सिक्के का दूसरा पहलू** भी जान लेना भी उचित होगा। इंश्युरेंस कंपनियों का कहना है कि उनकी जिम्मेदारी उनके लाखों पालिसी होल्डर्स के प्रति है। अतः उनके लिए आवश्यक है और अपेक्षित भी कि वे उन्हें उनके निवेश पर एक निम्नतम जोखिम उठा एक अधिकतम और सुरक्षित प्रतिफल (लाभ) प्रदान करें। ऐसा करना उनकी कोर्पोरेट जिम्मेदारी भी है और एल.आई.सी. के अधिनयम की पालना भी। उनका यह भी दावा है कि आई.टी.सी. में

निवेश उसकी अच्छी कार्यप्रणाली और अब तक की उसकी उपलब्धियों पर आधारित हैं। साथ ही, उनका निवेश केंद्र सरकार के कानून और नियमों के अंतर्गत तो है ही, अब तक ऐसा कोई कानून भी नहीं है जो उन्हें ऐसा करने से रोकता हो-सिगरेट व अन्य तम्बाकू उत्पाद अधिनियम भी तम्बाकू के उत्पाद, विक्रय, वितरण और उपभोग तक ही सीमित है।

तो, क्या जनहित में यह उचित है? बिल्कुल नहीं। इंश्युरेंस कंपनियों का सुनिश्चित और अधिकाधिक व्यावसायिक लाभ हेतु तम्बाकू कंपनियों में निरंतर बढ़ता निवेश भारतीय संविधान के द्वारा प्रदत्त जीने के अधिकार के विरुद्ध तो है, यह अनैतिक भी है, क्योंकि तम्बाकू उपभोग से प्रतिदिन 4,000 से अधिक व्यस्क भारतीय (~15 लाख प्रतिवर्ष) तम्बाकूजनित रोगों से (बेमौत) मर जाते है। इंश्युरेंस कंपनियों का कहना है कि यदि तम्बाकू इतना हानिकारक है तो सरकार इसे बंद क्यों नहीं कर देती है। और, यों तो कार का धुआँ भी हानिकारक है, तो क्या कारों पर भी रोक नहीं लगा देनी चाहिए? किन्तु, क्या ये प्रत्युत्तर उचित है, अगर सही ना भी हों तब भी!?

अगर **इंश्युरेंस की परिभाषा** पर गौर करें (ऑक्सफ़ोर्ड डिक्शनरी के अनुसार) तो जीवन बीमा किसी कंपनी को एक पूर्वनिर्धारित राशि नियमित रूप से जमा कराने के बदले बीमाधारक को उसकी सम्पति के नुकसान अथवा हानि, या उसकी अकस्मात मृत्यु अथवा चोट से सम्बंधित क्षतिपूर्ति है। अतः जब इंश्युरेंस कम्पनियाँ या सरकारें उनके ग्राहकों अथवा जनमानस के कल्याण हेतु स्थापित हैं तो उनका किसी ऐसी (तम्बाकू) कंपनी में निवेश कैसे उचित माना जा सकता है जिसके पदार्थ को 'मारक' के रूप में इंगित किया जाता है- **टोबेको किल्स**!?

क्यों ना सरकार अपनी नीति में परिवर्तन कर एल.आई.सी व अन्य सरकारी बीमा कंपनियों के इस निवेश को वापस ले ले और आगे से इसे (अन्य सभी सरकारी उपक्रमों हेतु भी) प्रतिषेधित कर दे!? ये ही प्रश्न बॉम्बे हाईकोर्ट ने केंद्र सरकार और बीमा कंपनियों से पूछे हैं ताकि श्रीमती पेढ़नेकर (जिन्होंने अपना पति मुँह के केन्सर से खोया), डॉ. चतुर्वेदी व अन्य 5 याचिकाकर्ताओं को उनका जवाब मिल सके। प्रिय पाठक, आप भी दें अपनी राय ताकि इस चर्चा को और अधिक मजबूती एवं अतिरिक्त समर्थन भी मिल सके।

तम्बाकू नियंत्रण को जुड़वायें, चुनावी घोषणापत्र में

मई 2018 के लोकसभा के चुनावों के संदर्भ में

चुनावी दंगल का शोर दिनों-दिन बढता जा रहा है। हर पाँच वर्षों में आने वाले इस लोकतंत्र के उत्सव का जहाँ भरपूर स्वागत है, वहाँ एक अनिश्चितता और निराशा भी है कि क्या फिर उन्हें ही चुनना होगा जो नाकारा ही नहीं, भ्रष्ट भी हैं। किन्तु, अब जब वे विनम्रता से, लोकहित का लोलीपोप ले, जनमानस के घर-द्वार को खटखटा रहें हैं, तो यक्ष प्रश्न यह है कि किस तरह से **हम**, इनके वोट-बैंक, इन्हें बाध्य कर सकें कि अगले पाँच वर्षों हेतु यह अपने कार्यकलाप की योजनाओं का ऐसा ढाँचा बनायेंगे कि जनमानस आश्वस्त हो इन्हें **वोट** कर सके और उसे **नोटा** का उपयोग नहीं करना पड़े!

तो तम्बाकू नियंत्रण को चर्चा में लाते हैं, जिसे राजनैतिक पार्टियों के चुनावी घोषणापत्र में एक उचित स्थान प्रमुखता से मिलना भी चाहिए क्योंकि तम्बाकू 4000 अधिक व्यस्क भारतीयों का जीवन समाप्त कर देता है! इसलिए भी, क्योंकि पिछले बीस वर्षों में इस स्थिति को बद-से-बदतर बनाने में अगर सबसे अधिक कोई जिम्मेदार है, कपटी तम्बाकू उद्योग के बाद, तो वे हैं, ये राजनैतिक पार्टियाँ। अपने शासनकाल में ये सभी तम्बाकू नियंत्रण के नाम पर, सिवाय इनके स्वास्थ्य मंत्रालय और विभागों के (जिन्हें तो नीतियों और दिशा-निर्देशों के अंतर्गत यह करना ही है), अब तक मात्र खाना-पूर्ति ही करती हैं।

अतः क्या चाहेंगे हम इस बार इन राजनैतिक पार्टियों के प्रतिनिधियों, प्रत्याशियों और प्रतिस्पर्धियों से? निम्न सुझाव देने उचित जान पड़ते हैं:

1. **कोटपा में सुधार लाने हेतु जिम्मेदारीपूर्ण वादा लें**- देश के तम्बाकू नियंत्रण कानून का संक्षिप्त नाम ''कोटपा'' है। यह मई, 2003 में अस्तित्व में आया था। इसके 4 अधिसूचित नियमों के संशोधनों को भी समय-समय पर लागू किया जाता रहा है। किन्तु, इसकी दो प्रमुख खामियाँ दूर किये जाने को प्राथमिकता दी जानी चाहिए- (1) नियमों के उल्लंघन पर जो दण्ड-राशि वर्ष 2003 में तय की गयी थी, उसमें तब से अब तक रूपये में हुए

अवमूल्यन और जीवन-स्तर हेतु उपयोग में लिए जा रहे मापदंडों के समतुल्य बढ़ोतरी की जानी चाहिये। इस हेतु सुझावों को कार्यान्वित करने हेतु नवम्बर 2014 में भारत सरकार के स्वास्थ्य एवं परिवार कल्याण मंत्रालय ने एक शुरुआत भी करी थी। किन्तु, फिर तब के स्वास्थ्य मंत्री ही हटा दिए गए! अतः चुनावी प्रत्याशियों से ठंडे बस्ते में पड़ी इस फाइल को पुनर्जीवित कर सुझाये प्रावधानों को लागू करने का वचन लें ताकि इसका अपेक्षित लाभ तो मिल सके। दण्ड कितना हो? उल्लंघनकर्ता कोई भी हो वह उसे आसानी से वहन ना कर पाए याने जेब पर चोट ऐसी हो कि वह गलती दोहराने का साहस ना करे- उदाहरणार्थ यदि 200 रु. की दण्ड-राशि बढ़ा के 2,000 रु. कर दी जाये तो सार्वजनिक-/कार्य- स्थलों पर अब भी धूम्रपान करने वालों से बहुत अधिक राहत मिल सकेगी; और, साथ ही (2) प्रवर्तनकर्ताओं और इनकी एजेंसियों की निर्धारित जिम्मेदारियों के प्रति निष्क्रियता पाए जाने पर इनको भी दण्डित किये जाने के प्रभावी प्रावधान निश्चित किये जाएँ;

2. **युवाओं को तम्बाकू से बचाने हेतु वचनबहता लें**- भारत के व्यस्क तम्बाकू उपभोगियों के 7 वर्ष के अन्तराल से हुए दो सर्वेक्षणों (गेट्स 1 और 2) से यह पता लगा कि तम्बाकू उपभोग आरम्भ करने की औसत आयु 17 वर्ष से बढ़ कर 18 वर्ष हो गयी है। किन्तु, उसका एक नकारात्मक और चिंताजनक प्रभाव भी देखा गया- 20-34 वर्ष के आयु वर्ग में, जिसमें अब अधिक तम्बाकू उपभोग का आरम्भ देखने को मिला है। गेट्स-2 के 1 वर्ष बीत जाने के बाद भी सरकार इस आयुवर्ग में तम्बाकू उपभोग आरम्भ करने से रोकने हेतु एक विशिष्ट नीति तैयार नहीं कर पायी है। तो इस प्रस्तावित नीति को लागू करने हेतु राजनैतिक पार्टियों से वचन लें कि वे: (1) **तम्बाकू उपभोग हेतु अल्पव्यस्कों की आयु को बढ़ा कर 25 नहीं तो 21 वर्ष तो निश्चित ही कर देंगी;** (2) **तम्बाकू-मुक्त पीढ़ी** के अंतर्गत 1 जनवरी 2008 से जन्मे बच्चों को तम्बाकू सर्वथा अनुपलब्ध रहेगी; और, (3) इन दोनों

प्रावधानों का उल्लंघन करने पर तम्बाकू विक्रेता को तो जुवेनाइल जस्टिस एक्ट के प्रावधानों के अंतर्गत दण्डित करवायेंगी ही, अल्पव्यस्क उपभोगियों और उसके अभिभावकों को भी दण्डित करने के प्रावधान सुनिश्चित करेंगी; और, (4) साथ ही, इस आयुवर्ग के वर्तमान-उपभोगियों को इसे छोड़ने हेतु सुविधाएँ प्राथमिकता से उपलब्ध करवायेंगी;

3. इसके अतिरिक्त, इन राजनैतिक पार्टियों से यह वचन लें कि **तम्बाकू का विक्रय केवल लाइसेंसधारी ही कर पायेंगे-** फुटकर (खुदरा) व्यापारियों की दूकानों पर तम्बाकू की आसान उपलब्धिता पर प्रभावी अंकुश लगाने हेतु चुनावी प्रत्याशियों से यह वचन लेना अत्यधिक लाभकारी होगा। युवा तो बचेंगे ही, डिजिटल मेंपिंग द्वारा कोटपा प्रवर्तन को प्रभाविकता से लागू कर इसकी निगरानी कर पाना आसान हो सकेगा;

4. राजनैतिक पार्टियों से यह भी वचन लें कि वे **तम्बाकू की खेती, उत्पाद और निर्यात को समयबद्ध तरीके से वर्ष-दर-वर्ष कम करने की नीति** का निर्माण करेंगी। हालाँकि लघुगामी रूप में यह नीति राष्ट्रीय टोबेको बोर्ड, तम्बाकू उत्पादकों और वर्तमान में देश द्वारा किये जा रहे निर्यात के लिए घातक लगे, फिर भी जितनी प्रभाविकता और शीघ्रता से इसे लागू किया जा सकेगा, उतनी ही कमी तम्बाकू उपभोग व तम्बाकूजनित रोगों और मृत्युओं में हो सकेगी। क्या वे इसे अपने घोषणापत्र में सम्मिलित करने से ना कर पायेंगी!?

5. **राजनैतिक पार्टियाँ और चुनावी प्रत्याशी तम्बाकू उद्योग से चंदा नहीं लेंगे-** यह तो स्थापित हो ही चुका है कि तम्बाकू उद्योग, जनस्वास्थ्य ही नहीं मानवता के अस्तित्व हेतु भी विरोधाभासी है। तम्बाकू उद्योग ही सरकारों को:

(1) बाध्य करता है कि उसके नियमन व निगरानी के तरीके मजबूत व प्रभावकारी ना हों अपितु लचर बनें रहें;

(2) नामी-गिरामी वकीलों की फौज इक्कठी कर कोर्ट-कचहरी में खींच ले जाने अथवा लंबित मामलों को और उलझाने या उनमें निर्णय न होने देने को डराता-धमकाता रहता है;

(3) बाध्य करता है उसकी वृद्धि को बढ़ाने हेतु प्रावधानों को आसानी से, कम लागत में स्थापित करने हेतु सुविधाएँ दे और समर्थित भी करे; और,

(4) उनकी अंतर्राष्ट्रीय मंच पर दी गयी प्रतिबद्धता के प्रति भी झुठलाता है जब तम्बाकू उद्योग से सांठ-गांठ होने से वे संधि (एफ.सी.टी.सी.) के प्रावधानों को उचित तरीके और समयानुसार लागू नहीं कर पाती हैं। अत: यह आवश्यक होगा कि आमजन राजनैतिक पार्टियों से यह वादा लें कि आगामी सरकार ऐसी नीति की संरचना करेगी जो कि तंबाकू उद्योग की इस कुप्रवृति पर प्रभावी रोक लगा सकेगी; और, साथ ही, तम्बाकू उद्योग की सरकारी दख़ल को रोकने के साथ अन्य क्षेत्रों में इसकी सहभागिता को तात्कालिक प्रभाव से उलट/रोक सकेगी; उपरोक्त बिन्दुओं के अतिरिक्त;

6. सभी चुनावी प्रत्याक्षी व उनकी राजनैतिक पार्टियाँ, आगामी सरकार बनाने पर, **तम्बाकू उद्योग के कॉर्पोरेट सोशल रेस्पॉंसिबिलिटी (सी.एस.आर.) का धन और तम्बाकू टैक्स से मिले राजस्व को केवल और केवल तम्बाकू नियंत्रण को मजबूती देने हेतु ही उपयोग में लेने हेतु वचनबद्ध रहेंगी।**

तो, कोशिश नहीं सुनिश्चित करें कि इस बार ही नहीं भविष्य में भी राजनैतिक पार्टियों और उनके सभी प्रत्याशी तम्बाकू नियंत्रण के लिए भी काम करेंगे।

तम्बाकू बेचान – लाइसेंस से ही हो

जुलाई, 2018 में राष्ट्रीय स्तर और प्रादेशिक स्तर पर नशे-से-जुड़ी दो घटनाएँ हुई। पहली का जुड़ाव नशे की गिरफ्त से जुड़ी व्यक्तिगत व्यथा को दर्शाती थी (संजय दत्त की बायोपिक) तो दूसरी नशे को सरेआम बिना-नियंत्रण बेचने की स्थिति को यथावत बनाये रखने की **(फैडरेशन ऑफ रिटेलर्स असोसीएशन ऑफ इण्डिया तथा पिंकसिटी पान मर्चेन्ट संस्था की)** माँग से जुड़ी थी। आइये, जानें इनको विस्तार से:

1. पहली घटना : समूचे भारत के अतिरिक्त विदेशों में भी एक **पिक्चर रिलीज़ हुई- संजू।** विख्यात माँ-बाप की पुत्र-संतान संजय दत की बायोपिक को राजकुमार हिरानी के निर्देशक-दल ने रणवीर कपूर को संजय के किरदार में ले सम्पूर्णता से चित्रित कर सफलता प्रास की- यह लोगों व मीडिया-सहित अन्य कई की राय है। मित्रों का कहना है कि क्योंकि मैं नशा-मुक्ति, विशेषकर तम्बाकू नशा-मुक्ति से जुड़ा हूँ तो मुझे भी इसे अवश्य देखना चाहिये कि संजय दत्त, जो कि आज एक चहेते बॉलीवुड स्टार हैं, किस प्रकार नशे से मुक्त हो एक नवीन सकारात्मक जीवन की ओर मुड़ सफलता प्रास कर लेते हैं। हालाँकि मैं भी इस पिक्चर को कई कारणों से देखना चाहता था पर मात्र नशे पर प्रास की गयी इस सफलता को आत्मसात करने के लिए नहीं! इसके दो कारण थे- **एक,** कतिपय कारणों से संजय दत नशा-मुक्ति के एक सम्पूर्ण रोल मॉडल नहीं माने जा सकते हैं; और, **दूसरा, नशा-मुक्ति एक राष्ट्रीय महामारी है** जिसे केंद्र सरकार व प्रादेशिक सरकारों के अतिरिक्त स्वास्थ्य प्रबंधकों को **जिस तत्परता से प्रबंधित करना चाहिए,** उसमें अभी भी एक भारी सूनापन-रिक्तता है और **इसके लिए केवल एक पिक्चर पर्यास नहीं है।** यहाँ पाठकों को यह भी बताना उचित होगा कि समूचे भारत के तम्बाकू नियंत्रण में कार्यरत रहते पिछले सात वर्षों में तम्बाकू उपभोग से उपजे नशेड़ियों/व्यसनियों की संख्या में मात्र 1.7% ही कमी आयी है (गेट्स 1 में 60.2% से घट कर गेट्स 2 में 58.5%)।

फिर भी, जिस तरह से बॉक्स-ऑफिस पर इस पिक्चर ने सफलता प्रास करी है, मुझे लगा कि यह निश्चित ही कुछ युवाओं के लिए तो एक सबक की तरह उपयोगी होगी कि अंतत: **नशा-मुक्त जीवन ही श्रेष्ठ जीवन है-** नशे को प्रारम्भ में ही साहस और दृढ़ता से ना कहना तो सर्वश्रेष्ठ है ही, परन्तु यदि वर्तमान में आप नशे की गिरफ्त में हैं, तो छोड़ें इसे येन-केन-प्रकारण और जितना जल्दी हो इस हेतु उपचार लेने से हिचके नहीं। तो यह रहा पहली घटना का सन्दर्भ-सार।

2. दूसरी घटना : यह प्रादेशिक स्तर पर उसी ससाह राजस्थान की राजधानी जयपुर में घटी। इसे आयोजित किया गया फैडरेशन ऑफ रिटेलर्स असोसीएशन ऑफ इण्डिया तथा पिंकसिटी पान मर्चेन्ट संस्था की ओर से। मुद्दा था स्वास्थ्य मंत्रालय, भारत सरकार की ओर से समूचे देश में खुदरा व्यापारियों द्वारा तम्बाकू उत्पादों के साथ अन्य खाद्य पदार्थों की बिक्री प्रतिबंधित किए जाने का। कई कारण दिये गए इस प्रदर्शन के, जिन्हें उन पर तम्बाकू नियंत्रण के परिपेक्ष्य में की गयी प्रतिक्रियाओं के साथ जानना अधिक उचित होगा:

1) खुदरा व्यापारी छोटी दुकानों और कियोस्क से रोजाना उपयोग के उत्पाद जैसे कि बिस्किट, कन्फेक्शनरी, पैन, बीड़ी-सिगरेट, ज्यूस और कोल्ड ड्रिंक्स, शैम्पू, खाना बनाने के मसाले, चाय-कॉफी, छोटे साबुन, स्नैक्स, इत्यादि, बेचकर बड़ी मुश्किल से अपनी आजीविका और परिवारों को चलाते हैं;

प्रतिक्रिया- इसका अर्थ यह हुआ कि इनका व्यवसाय पहले से ही मंदा चल रहा है तो इन्होंने उसमें सुधार के उल्लेखनीय प्रयास अब तक क्यों नहीं किये और क्यों समान व संगठित तरीके से इससे पहले इस परिस्थिति को उजागर नहीं किया?

2) सुझाई गयी नीति (इसे नामांकित किया गया- नई तम्बाकू वेंडर्स पॉलिसी) के परिणामवश व्यवसाय करने की लागत में बढ़ोतरी हो जाएगी तथा कुल आय 40 प्रतिशत तक की गिर जायेगी;

प्रतिक्रिया- क्या इसको यों समझा जाये कि इन व्यापारियों की

औसत आय 40% तक ही रह जाएगी यदि इन्हें तम्बाकू पदार्थ नहीं बेचने दिए जायेंगे!? अर्थात, तम्बाकू से इनको मिलने वाला लाभ प्रतिशत अनुपातिक रूप से अत्यधिक है जो कि तम्बाकू उद्योग की व्यापार नीति का एक स्थापित कुख्यात तथ्य भी है कि ''**अत्यधिक अनुपात में क्षणिक लाभ दे तम्बाकू पदार्थों के बेचान को अनुचित तरीकों से प्रोत्साहित करते रहो**'';

3) ऐसी स्थिति में खुदरा व्यापारी ही बेरोजगार नहीं हो जायेंगे उनके परिवारजन भी बेरोजगार हो जायेंगे;

प्रतिक्रिया- यह एक अनावश्यक भय पैदा करने के समान है। क्यों इन्होंने पिछले चार वर्षों में भारत सरकार द्वारा चलाये गए कई नए और अभिनव विकल्पों के अतिरिक्त कम आय-वर्ग के लोगों को कम ब्याज पर नए स्टार्ट-अप शुरू करने और अपनी क्षमताओं को बढ़ाने के कई अनूठे सरकारी कार्यक्रमों से लाभ उठाने के प्रयास नहीं किये? एक और बिंदु यह भी कि क्या सभी खुदरा व्यापारियों के परिवारजन मात्र इस एक व्यवसाय से ही जुड़े हैं या वे कोई अन्य रोजगार भी करते हैं ..!?

4) सभी विक्रेता स्थलों के भीतर तम्बाकू पदार्थों के विज्ञापनों को प्रतिबंधित करने का प्रस्ताव लागू किया जा रहा है, जो कि व्यापारियों के मौलिक अधिकारों का हनन करता है;

प्रतिक्रिया- यह दुखद है कि कोटपा के नियम 5 और 6 (अ) के कमजोर और अनियमित प्रवर्तन का सभी खुदरा व्यापारी पिछले 17 वर्षों से लगातार लाभ उठाते आये हैं। यदि इन नियमों से इनके मौलिक

अधिकारों का हनन हो रहा था तो इन्होंने कानून में संशोधन हेतु अब तक क्यों कुछ भी नहीं किया?

5) भविष्य में सरकारी अधिकारियों द्वारा इन विज्ञापनों को हटाने की कार्यवाही कर खुदरा व्यापारियों को परेशान किया जायेगा;

प्रतिक्रिया- कोटपा का प्रवर्तन अब तक अनियमित और कमजोर ही है। यदि इसे बेटी बचाओ अभियान के लिए मजबूती से चलाये गए पी.सी.पी.एन.डी.टी.एक्ट के समान ताकत मिल जाती और, साथ ही, वर्ष 2016 में लागू किये गए जुवेनाइल जस्टिस एक्ट की शक्तियाँ भी जुड़ गयी होती तो बहुत पहले से ही कई लाखों युवाओं को तम्बाकू के नशे में लिप्त होने से बचा लिया गया होता।

ऐसा नहीं है कि इन व्यापारियों की अपेक्षित कठिनाइयों के साथ तम्बाकू नियंत्रणकर्ताओं और सरकार की सहानुभूति नहीं है। परन्तु, **जब अन्य नशीले पदार्थों को खुले-आम नहीं बेचा जा सकता है तो कैसे कब तक तम्बाकू को बिना लाइसेंस बिकने दिया जा सकता है? और, कितने खुदरा व्यापारी स्वयं उनके परिवारजनों को तम्बाकू के नशे में जुड़ने की स्वीकृति दे देंगे.. ?**

अतः खुदरा व्यापारी, बिना तम्बाकू उद्योग से संचालित हो, खुले दिमाग से तम्बाकू बेचान हेतु लाइसेंस-धारक होने और सरकारी नीतियों से उभरते वैकल्पिक व्यवसायों की उपलब्धता को देश-हित में अपनाएँ ताकि देश के तम्बाकू-बोझ को कम करने में भागीदार बन अपना योगदान भी दे सर्कें।

तम्बाकू के खुदरा विक्रेताओं के दु:खद सच..

इन्हें प्रतीक्षा है सुखद भविष्य की..

चीन के बाद, **भारत, विश्व का दूसरा सबसे बड़ा तम्बाकू उत्पादक है**, प्रतिवर्ष 72.5 करोड़ किलोग्राम तम्बाकू उत्पादन के साथ। साथ ही, आयात के विषय में भी भारतवर्ष आगे है- सन् 2008-09 में 60 करोड़ किलोग्राम तम्बाकू के आयात के द्वारा, जो कि पिछले वर्ष से 9.7 करोड़ किलोग्राम (19.25%) अधिक था। भारत में तम्बाकू- चबाने वाली तम्बाकू, बीड़ी और सिगरेट की तरह क्रमश: 48%, 36% और 16% की मात्राओं (6:4.5:2 के अनुपात) में बिकता है।

भारत में तम्बाकू पदार्थ मुख्यत:दो बड़े तम्बाकू व्यवसायियों, इंडियन तंबाकू कंपनी (आई.टी.सी.) और गोडफ्रे फिलिप्स इंडिया के अलावा कई प्रादेशिक (और जिला) स्तरीय तम्बाकू कम्पनियों (दिलबाग, विमल, तानसेन, मिराज, अंकुर, अम्बर, जयंती, दिनेश, इत्यादि) द्वारा बेचे जाते हैं। यों तो **तम्बाकू का व्यापार भी**, एक सामान्य व्यापार की पद्धति पर, क्रमश: उत्पादक, थोक व्यापारी, वितरक और खुदरा व्यापार-श्रृंखला के अनुसार ही होता है, परन्तु **इनकी कुछ विशिष्टताएँ भी** देखने में आती हैं- (1) एक अपेक्षाकृत बड़ा लाभ, (2) व्यापार में पारदर्शिता की कमी, (3) टैक्स की चोरी में संलग्नता, (4) कठिन परिस्थितियों में एक अनूठा साझापन-प्रवर्तन एजेंसियों द्वारा धर-पकड़ का पुरजोर विरोध, (5) प्रशासनिक और राजनैतिक दबाव, इत्यादि।

इन सभी चुनौतियों के चलते खुदरा व्यापार को सूक्ष्म-स्तर पर जानने हेतु कुछ खुदरा व्यापारियों से व्यक्तिगत साक्षात्कारों से **निम्न जानकारियाँ प्राप्त हुई:**

1. **अधिकांश खुदरा व्यापारियों के लिए यह अपनी रूचि का व्यापार नहीं है**; और निश्चित रूप से वे अपनी भावी पीढ़ी को इससे दूर ही रखना चाहते हैं। उनका यह कहना कि जहर बेचने में कौन सा सुख है, साहब! जितना सत्य है उतना ही दु:खद भी;

2. **व्यापार का लाभ भी धीरे-धीरे सिमटता और कमतर हो रहा है**

(परन्तु, आमतौर पर देखें तो इनका औसत लाभ 10% से 15% है जो कि कम भी नहीं है, क्योंकि अन्य वस्तुओं व खाद्य पदार्थों का लाभ प्रतिशत इससे बहुत कम तो होता ही है, साथ ही उनके सड़ने-फिकने अथवा वापस-ना होने की संभावना भी अधिक होती है);

3. **तम्बाकू कंपनियों से सीधे-सीधे मिलने वाली लाभप्रद स्कीमें, विगत कुछ वर्षों में इन तक नहीं पहुँच पा रही हैं** और ना ही तम्बाकू थोक-व्यापारी इन्हें इनके बारे में कुछ बताते हैं; कुछ व्यापारी इस हेतु भी हताश होते दिखे;

4. **लगभग सभी खुदरा व्यापारी तम्बाकू की हानियों से परिचित होते हैं और 50% इसके उपभोग से अपनी और अन्य परिवारजनों की दूरी बनाये रखते हैं।** फिर भी निष्क्रिय धूम्रपान और तम्बाकू की पीक अपने पास थूके जाने को हालाँकि रोक तो नहीं पाते हैं, परन्तु भविष्य में अपने रोगी होने की संभावनाओं से डरते अवश्य हैं;

5. हालाँकि इस व्यापार बढ़ाने के लिए इन्हें कोई विशिष्ट मार्केटिंग प्रयास नहीं करने पड़ते हैं क्योंकि ग्राहक आदतानुसार या व्यसनवश स्वयं ही चला आता है और अधिकाँश इनसे उनके आत्मीय व्यवहार/आसानी से उधार दे देने से बंधे रहते हैं, फिर भी **अपने से कम आयु के तम्बाकू-व्यसनियों से कई बार अपमानित होना अत्यंत दु:खद होता है**, विशेषकर उन युवा व्यापारियों द्वारा जो स्नातकोत्तर शिक्षा के पश्चात् पारिवारिक कठिनाइयों/विवशताओं के चलते से इससे जुड़े हुए हैं;

6. **अवयस्कों को तम्बाकू पदार्थ बेचना कई बार स्वयं को भी आत्मग्लानि से भर देता है** (कई सारे विचारों के उठते कि (i) कहीं मेरा बच्चा भी ऐसी लत में ना पड़ जाये, (ii) अपने बच्चों के जानने से पहले कि उनके पिता ने जहर बेच उनका लालन-पालन किया इस व्यापार को बंद कर कुछ और धंधा कर लूँगा या (iii)

ईश्वर क्या मुझे कभी इस बात के लिए क्षमा करेगा कि मैं बच्चों तक को भी जहर बेचता था, इत्यादि)। परन्तु, साथ ही, इनमें उन बच्चों के पिताओं के प्रति भी रोष दिखा जो कि खुद अपने वाहन पर बैठे या घर से इन्हें बीडी-सिगरेट-जर्दा खरीदने भेज देते हैं; और,

7. **कुछ खुदरा व्यापारी तम्बाकू नियंत्रण की मुहीम से डरे-सहमें भी दिखे** हालाँकि अधिकाँश का यह मानना है कि इससे अब तक तो कोई भारी हानि कभी नहीं उठानी पड़ी है। अधिकांश समय, क्योंकि ऐसी क्रियाशीलता कुछ विशिष्ट अभियानों, दिवसों, इत्यादि- विशेषकर, विश्व तम्बाकू निषेध दिवस- 31 मई, के आसपास ही होती है तो उस समय थोडा सावधान रहने से काम चल जाता है। और, फिर चालान की राशि भी अधिक नहीं है।

तो क्या हो सकते हैं इनकी समस्याओं के हल ?

(अ) **सबसे महत्वपूर्ण उपाय** होगा इन्हें सरकारी- और गैर-सरकारी संस्थाओं द्वारा **सशक्तिकरण** (शिक्षा और प्रशिक्षण के द्वारा) प्रदान कराना कि किस प्रकार ये वैकल्पिक व्यवसायों को शीघ्रता से अपना सके। क्योंकि अन्य देशों (कैलिफ़ोर्निया, अमेरिका) से इसके प्रमाण हैं कि ये व्यापारी ऐसा कर न केवल एक **आत्मसम्मान-भरा जीवन** जीने लगते हैं बल्कि उनका लाभ प्रतिशत भी बढ़ जाता है (क्योंकि उनके ग्राहक भी उन्हें इस बात के लिए और अधिक पसंद करने लगते हैं), यह सामयिक होगा कि उन्हें इस हेतु उचित सरकारी योजना के अंतर्गत रियायतें आसानी से मिले;

(ब) **दूसरा उपाय** होगा तम्बाकू नियंत्रण के प्रवर्तन को और अधिकता से समर्थित करना और कड़ाई से लागू करना, बढ़ी हुई चालान राशि के साथ। ताकि ये कर-चोरी वाले, सचित्र चेतावनियों- रहित सामान को, विशेषकर अवयस्कों को, उनके शिक्षण संस्थाओं के आस-पास बिलकुल भी न बेच पायें;

(स) **तीसरा उपाय** होगा कि तम्बाकू पदार्थों केवल लाइसेंसधारी खुदरा तम्बाकू-व्यापारी ही बेच पायें न कि हर गली-नुक्कड़ पर स्थापित कोई भी किराना व्यापारी या थड़ी वाला ही; और, वह बिना किसी आकर्षक विज्ञापनों के (**प्लेन पैकेजिंग में**); और,

(द) इस पर निरंतरता से कड़ी निगरानी भी रखी जाये क्योंकि निरन्तर बढ़ते हुए तम्बाकू उपभोग का एक महत्वपूर्ण कारण है- खुदरा तम्बाकू पदार्थों की आसानी से सर्वत्र उपलब्धता।

निश्चित ही, इन उपरोक्त उपायों को लागू करने पर या मात्र इस हेतु नीति की घोषणा करने पर ही तम्बाकू उत्पादक व थोक-व्यापारियों अथवा उनके अग्रिम समूहों का विरोध-प्रतिरोध अपेक्षित है। अतः यह आवश्यक होगा कि उससे निपटने की योजना भी साथ ही बना ली जाये।

अतः यदि केंद्र- और प्रादेशिक- सरकारें खुदरा व्यापारियों को पुनर्वासित करने का निश्चय कर लें तो न केवल इन खुदरा व्यापारियों और उनके परिवारों का भविष्य सुधर जायेगा बल्कि प्रतिदिन इनके माध्यम से पनपते लाखों अवयस्क बच्चे व युवा जहरीले तम्बाकू के व्यसन की चपेट में आने से बच जायेंगे।

तम्बाकू नियंत्रण हेतु संवैधानिक समाधान

देश के **संविधान के चैप्टर 3 के अंतर्गत मूलभूत अधिकार प्रदत्त हैं** जिन्हें दिया जाना (भारत) सरकार की जिम्मेदारी भी है- इसका दायरा विधान सभा, प्रशासन, स्थानीय प्राधिकारी, सरकारी कार्यालय, इत्यादि, तक फैला है; और इन सभी संस्थाओं को इसकी पालना करवाने के वैधानिक अधिकार दिए गए हैं।

इस चैप्टर का आर्टिकल 21 जीवन की सुरक्षा और व्यक्तिगत स्वतंत्रता प्रदान करता है। अतः यह गारंटी भी देता है कि किसी भी व्यक्ति को उसके जीवन और अथवा व्यक्ति गत स्वतंत्रता से वंचित नहीं रखा जायेगा सिवाय इसके कि जबकि ऐसा कानून में स्थापित किये गए तरीके से किया जाये। इसका अर्थ यह भी है कि जीने के अधिकार के अंतर्गत किसी भी व्यक्ति को एक अर्थपूर्ण, पूरी और गुणवत्ता भरा जीवन जीने का अधिकार है। अतः इसमें कोई आश्चर्य नहीं होता है कि सुप्रीम कोर्ट ने **आर्टिकल 21 को मूलभूत अधिकारों का हृदय कहा है।**

अब जब कि तम्बाकू उपभोग प्रतिदिन देश में 4,000 से अधिक मृत्युओं के लिए दोषी है (प्रतिवर्ष 15 लाख से अधिक) और जब कि इसके नशीले तत्व निकोटीन को हेरोइन, कोकेन, इत्यादि के नशे से भी अधिक हानिकारक माना जाता है, यह कहना गलत न होगा कि तम्बाकू पदार्थों की ओवर-दी-काउंटर की बेरोकटोक बिक्री संविधान के आर्टिकल 21 के अंतर्गत दिए गए जीने के अधिकार का सर्वथा उल्लंघन है। क्या सरकार और इससे सभी सम्बद्ध सरकारी संस्थाओं यह जिम्मेदारी नहीं है कि वे भारत के हर नागरिक को तम्बाकू से दूर रख पायें!?

इस बाधा को पार करने के लिए भारत सरकार ने वर्ष 2003 में सिगरेट और अन्य तम्बाकू पदार्थ अधिनियम (विज्ञापन और व्यापार व वाणिज्य, उत्पादन, वितरण और आपूर्ति का प्रतिषेध; **कोटपा**) संसद द्वारा पारित कराया। इसे यह भी स्पष्ट होता है कि सांसदों ने तम्बाकू को **रेस एक्स्ट्रा कोमर्सियम** को मानते हुए संविधान के आर्टिकल 47 में प्रदत्त जनस्वास्थ्य में सुधार को प्राथमिक कर्तव्य

मान और जैसा कि 39वीं और 43वीं विश्व स्वास्थ्य असेम्बलियों में अनुशंसित किया गया था- बालकों और युवाओं को तम्बाकू के व्यसन से बचाने हेतु, इस कोटपा कानून को पारित किया। **आर्टिकल 47** के अनुसार यह भी सरकार का ही कर्तव्य (ड्यूटी) है कि वह नशीले पेय पदार्थों और दवाओं को सिवाय मेडिसिनल उपयोग में लाने के इनके उपभोग को प्रतिषेधित करे।

कई प्रदेश सरकारों ने 1990 और 2000 के दशक के आरम्भ में अपने क्षेत्राधिकार में गुटके और/या पान मसाले को प्रतिषेधित किया। इन आदेशों को उनके प्रादेशिक उच्च न्यायालयों ने उचित भी माना। परन्तु, वर्ष 2004 में गोदावत पान मसाला उत्पाद कम्पनी बनाम यूनियन ऑफ इंडिया एंड अदर्स के मामले में उच्चतम न्यायालय ने इन्हें उलट दिया। इससे निपटने हेतु गोवा सरकार ने अपने जनस्वास्थ्य अधिनियम में संशोधन कर इसे पुन: प्रतिषेधित कर दिया। चबाने वाली तम्बाकू के नियंत्रण में वर्ष 2006 एक मील का पत्थर माना जाना चाहिए क्योंकि तब एक लम्बी क़ानूनी और प्रशासनिक खींचातानी के बाद उच्चतम न्यायलय ने उन सभी तम्बाकू उत्पादों को एफ.एस.ए.ए.- **फूड सेफ्टी एंड सेक्युरिटी अधिनियम** और इसके नए विनियमों के अंतर्गत प्रतिषेधित करना उचित माना जिनमें कि किसी खाद्य पदार्थ का अंश हो जैसे कि सुगन्धित खाद्य पदार्थों वाले तम्बाकू पदार्थ। इसके साथ उसने उन सभी प्रदेश सरकारों को, जिन्होंने इन्हें अब तक लागू नहीं किया था, नोटिस जारी कर इस प्रावधान को लागू किये जाने की रिपोर्ट प्राप्त कर उसे माननीय न्यायालय को सूचित करने हेतु निर्देशित भी किया। असम सरकार ने वर्ष 2013 में एक और कदम आगे लेते हुए **असम स्वास्थ्य अधिनियम 2013** (ज़र्दा, गुटका, पान मसाला, इत्यादि, जिनमें तम्बाकू और निकोटीन है, के उत्पाद, विज्ञापन, व्यापार, भण्डारण, वितरण, विक्रय और उपभोग पर प्रतिषेध) के अंतर्गत सभी प्रकार की धूम्रपान-रहित तम्बाकू को गैर-क़ानूनी घोषित कर दिया। हालाँकि इस जनस्वास्थ्य सम्बन्धी उपाय को गुवाहाटी उच्च न्यायालय ने रोक दिया है, देर-सबेर माननीय उच्चतम न्यायालय से इसे अन्य ऐसी

याचनाओं के साथ जोड़ने और शीघ्रातिशीघ्र एक उचित निर्णय लिए जाने की आशा रखी जानी चाहिए।

यहाँ यह भी जान लेना उचित होगा कि यदि किसी प्राइवेट व्यक्ति द्वारा किसी भी दूसरे व्यक्ति से उसकी जीवन की सुरक्षा और स्वतंत्रता छीनी जाये तो **कानून के इस उल्लंघन को, बजाये आर्टिकल 21 के, आर्टिकल 226 अथवा सामान्य कानून के द्वारा निपटाया जा सकता है।** तो फिर क्यों ना तम्बाकू की खेती करने वालों, इसके उत्पादकों अथवा व्यापारियों– होलसेल या खुदरा विक्रेता पर इसके (आर्टिकल 226 के) अंतर्गत कार्यवाही की जाये, यदि उन्हें अन्य अधिनियमों के अंतर्गत दण्डित ना भी किये जा सके तब भी? लेखक के सीमित क़ानूनी ज्ञान के आधार पर और जब कि वह भी मात्र अनुमानित ही है, यह ही जान पड़ता है कि इस प्रावधान का उपयोग तब ही किया जाता है या जाना चाहिए जब अन्य कोई विकल्प समान रूप से पर्याप्ता, आसानी और त्वरितता से उपलब्ध ना हो और जब आवेदक ने इस हेतु उच्च न्यायालय का दरवाजा खटखटाया हो। **इसका अधिक उचित विकल्प आर्टिकल 32 जान पड़ता है** जिसके अंतर्गत कोई भी व्यक्ति मूलभूत अधिकार का हनन होने पर एक निश्चित क़ानूनी समाधान के लिए उच्चतम न्यायालय में जा सकता है, सिवाय तब के जब कि राष्ट्रपति ने आर्टिकल 358 के अंतर्गत इमरजेंसी घोषित कर रखी हो।

अब इसमें एक संवैधानिक समस्या तम्बाकू की खेती करने वाले, इसके उत्पादक अथवा इसके व्यापारी– होलसेल या खुदरा विक्रेता के मूलभूत अधिकार की भी है जिसे संविधान के अंतर्गत जीविका अर्जित करने का अधिकार इसी आर्टिकल 21 के अंतर्गत तो मिला हुआ तो है ही, उन्हें यह अधिकार **आर्टिकल 19 (1) (जी)** के द्वारा भी प्रदत है। हालाँकि यह स्वतंत्रता अनियंत्रित नहीं है क्योंकि आर्टिकल 19 (1) (जी) के **उपनियम/उपधारा (6)** के अंतर्गत इसमें प्रतिबन्ध लगाने हेतु प्रावधान हैं यदि ये (अ) तर्कसंगत और (ब) जनहित में हों।

उच्चतम न्यायालय में सचित्र चेतावनियों के 85% आकार का केस इस वर्ष (सन्दर्भित वर्ष 2018), मार्च माह में, एक अंतिम निर्णय हेतु लंबित है। तब तक के लिए ऐसी आशा करी जानी चाहिए कि इसकी पूर्व में प्राप्त स्वीकारोक्ति पर माननीय न्यायालय द्वारा स्थाई रूप से मुहर लगाये जाने के साथ तम्बाकू को **एक रेस एक्स्ट्रा कोमर्सियम** का दर्जा भी दे दिया जायेगा। यदि ऐसा हो जाता है तो, एक व्यापक जनहित में, वर्तमान सरकार की जनस्वास्थ्य को समर्थित किये जाने वाले प्रयासों को फलीभूत किया जा सकेगा; व, तम्बाकू से होने वाले रोगों और मृत्युओं में भी प्रभावी कमी लायी जा सकेगी।

प्रदेश सरकारें दें तम्बाकू नियंत्रण को संवैधानिक धार

संविधान–धारा 47 में तम्बाकू को मादक द्रव्यों और औषधियों के बीच जोड़!

यह सर्वविदित है कि तम्बाकू मारक है– प्रतिदिन, विश्वभर में ~22,000 मृत्युओं के कारके तौर पर। विश्व स्वास्थ्य संगठन के अनुसार मृत्युओं के 8 वैश्विक कारणों में से 6 में तम्बाकू का योगदान है। और यदि एच.आई.वी./एड्स, क़ानूनी/गैरकानूनी औषधियाँ, सड़क दुर्घटनाओं, हत्याओं और आत्महत्याओं से होने वाली मृत्युओं को जोड़ लें तो भी तम्बाकू से हर वर्ष होने वाली मृत्युओं की संख्या कहीं अधिक है। भारत में तम्बाकू से मोटे तौर पर पुरुषों व महिलाओं में क्रमश: 14.3% और 4.7% मृत्युएँ होती है।

यूँ तो भारत ने वैश्विक तम्बाकू नियंत्रण संधि (फ्रेमवर्क कन्वेंशन ऑफ़ टोबेको कण्ट्रोल– एफ.सी.टी.सी.) के संधिक्रम (निगोशिएशन) के दिनों से ही तम्बाकू नियंत्रण के क्षेत्र में महत्वपूर्ण वैश्विक नेतृत्व प्रदान किया है। फिर भी, आइये जाने कि (अ) वर्ष 2003 में आये कोटपा कानून (सिगरेट अन्य तम्बाकू उत्पाद अधिनियम) और वर्ष 2004 से अब तक इसके अधिघोषित नियमों और उनमें हुए संशोधनों से, (ब) राष्ट्रीय तम्बाकू नियंत्रण कार्यक्रम को वर्ष 2008 से देशव्यापी स्तर पर लागू करके, (स) तम्बाकू उपभोक्ताओं से राष्ट्रीय क्विटलाइन और एम-सिजेशन जैसे इसको छुड़वाने जैसे कार्यक्रमों, इत्यादि, के अतिरिक्त तम्बाकू नियंत्रण के अन्य भागीरथी प्रयासों से कितना लाभ हम उठा पाए हैं?

हाल ही में जारी गेट्स–2 की झलकियों से वास्तविक स्थिति की तुलना करना से यह पता लगता है कि:

(1) देश में तम्बाकू उपभोग तो 6% कम हुआ है परन्तु प्रतिदिन तम्बाकू से होने वाली मृत्युओं की संख्या बढ़ती जा रही है (वर्तमान में 4,000 से अधिक);

(2) युवाओं में तम्बाकू उपभोग की औसत आयु में एक वर्ष की बढ़ोतरी तो हुई है परन्तु अब भी छठी कक्षा के विद्यार्थियों में आठवीं कक्षा के विद्यार्थियों में तम्बाकू उपभोग के संभवना की दर 2 से 4 गुना अधिक है;

(3) तम्बाकू उपभोग में लैंगिक अंतर सिमट रहा है– लड़कियों में इसके कम आयु में आरम्भ हो जाने से और शहरी युवतियों में इसके बढ़ते उपभोग के प्रचलन से;

(4) धूम्रपान के क़ानूनी प्रतिषेध से लोकस्थानों व लोकवाहनों में और, बढ़ती सामाजिक जागरूकता से, घरों में तो निष्क्रिय धूम्रपान कम हुआ है, परन्तु कार्यस्थलों पर इसकी स्थिति थोड़ी और बिगड़ी है– प्रभावी प्रवर्तन की कमी के चलते; और,

(5) धूम्रपान और तम्बाकू चबाने को छोड़ने की इच्छुकता में तो बढ़ोतरी हुई है, क्रमश: 55% और 50% तक, परन्तु अगले एक साल से पहले इसे छोड़ने की सोच और चिकित्सकों का इस हेतु अपेक्षित सहायता प्रदान करने की इच्छाशक्ति और प्रवृति के आँकड़े अभी भी यथावत ही हैं याने अपेक्षा से कहीं अधिक कम!

वर्ष 2011 में भारतीय खाद्य संरक्षा और मानक प्राधिकरण (ऍफ़.एस.एस.ऐ.आई.) ने किसी भी **खाद्य पदार्थ में तम्बाकू और/अथवा निकोटीन** होने पर उसकी बिक्री को **प्रतिषेधित कर दिया था**– विशेषकर गुटके को। वर्ष 2012 में मध्य प्रदेश से आरम्भ हुई इस मुहिम में एक-एक कर सभी प्रदेश जुड़ गए। कुछ राज्यों ने तो अन्य सभी धुआँ-रहित तम्बाकूओं इन खाद्य सुरक्षा कानून के अंतर्गत प्रतिषेधित कर दिया तो कुछ ने इस हेतु एक विशिष्ट अधिनियम भी पारित कर दिया।

पिछले कुछ वर्षों में **इलेक्ट्रोनिक सिगरेट और खुली सिगरेट की बिक्री** को भी कुछ प्रदेशों में प्रतिषेधित किया गया। और, अप्रैल 2016 से **खुदरा तम्बाकू पदार्थों पर सचित्र चेतावनियों** का आकार बढ़ा 85% कर दिया गया, इनकी पैकिजिंग की दोनों मुख्य सतहों पर। इसे कार्यान्वित कर हम जा पहुँचे विश्व में दूसरी पायदान पर।

इन सभी कार्यों से जहाँ तम्बाकू नियंत्रण को और बढावा

मिला है, आमजन की भी तम्बाकू की हानियों और इसे छोड़ने के लाभों के प्रति जागरूकता बढ़ी है। और, अब प्रदेशों और राष्ट्रीय स्तर पर ही नहीं वैश्विक स्तर पर भी तम्बाकू-मुक्ति के लक्ष्य की प्राप्ति की आवाज ने भी जोर पकड़ लिया है।

अतः यह आवश्यक है, उचित और सामयिक भी कि भारत सरकार के साथ-साथ प्रादेशिक सरकारें भी कुछ ऐसे मजबूत निर्णय लें ताकि देश में एक स्थायी और व्यापक तम्बाकू नियंत्रण के मार्ग का मानचित्र तैयार हो सके।

ऐसा बहुत पहले भी हो सकता था यदि हमसे एक संवैधानिक चूक नहीं हुई होती। वैसे तो हमारा संविधान बहुत वृहद्ता लिए हुए है कि सभी नागरिकों को सामाजिक, आर्थिक और राजनैतिक न्याय मिले- समानता और सम्मान के साथ। इसमें नागरिकों के जीवनयापन के स्तर और पोषण की जिम्मेदारी **स्टेट याने (प्रदेश)** सरकार को दी गयी है। उसे इस हेतु भी पाबंद किया गया है कि वह **मादक द्रव्यों और औषधियों के उपभोग को**, सिवाय मेडिकल कारणों के, **प्रतिषेधित करेगी** जिनकी एक अत्यधिक मात्रा स्वास्थ्य के लिए हानिकारक है। **बस चूक यहीं हो गयी कि इसमें तम्बाकू को सम्मिलित नहीं किया गया जो कि स्वास्थ्य के लिए उतना ही हानिकारक है।**

ऐसा नहीं था कि उस समय इस हेतु प्रयास नहीं हुआ। तब **कॉन्स्टीट्युएन्ट असेंबली (विधान सभा)** के सरदार भोपिंदर सिंह मान ने अपनी दूरदर्शिता से तम्बाकू को पेय द्रव्य और औषधि के बीच भारतीय संविधान के आर्टिकल 47 में रखने हेतु इस हाउस से विनती

भी करी। उन्होंने यह भी कहा कि इस संशोधन को प्रस्तुत करके हो सकता है मैं इस हाउस के प्रभावी सदस्यों के कोप का भागी बनूँ और यह भी अनुभव कर रहा हूँ कि मैं इस हाउस के बहुमत के विरुद्ध जा रहा हूँ। परन्तु, जैसी होनी अपेक्षित थी, वह ही हुआ! **सभा ने उनका यह प्रस्ताव पारित नहीं किया।**

एक स्वाभाविक प्रश्न है कि **क्या अब हो सकता है ऐसा?** निश्चित ही ऐसा कर पाना प्रादेशिक सरकारों के अधिकार क्षेत्र में आता है क्योंकि जनस्वास्थ्य (का रखरखाव) इन्हीं विषय है। अतः **यदि ये सरकारें चाहें तो तम्बाकू को अब भी आर्टिकल 47 में सम्मिलित करवा सकती हैं।**

तथ्य तो यह है कि कोटपा की प्रस्तावना में भी यह उल्लेखित है कि जनस्वास्थ्य में सुधार को पाने हेतु तम्बाकू के उपभोग को प्रतिषेधित करना एक उपाय है। तो क्या यह प्रादेशिक सरकारें स्वप्रेरणा से ऐसा कर सकेंगी? हमें लगता है **इस हेतु तम्बाकू नियंत्रण को निरंतर गतिशीलता देने इसमें जुटे कार्यकर्ताओं को प्रादेशिक राजनैतिक नेतृत्व का समर्थन जुटाना ही होगा।** और, यदि ऐसा हो जाता है तो तम्बाकू नियंत्रण को स्वत: ही तम्बाकू-मुक्ति का अपेक्षित स्तर प्राप्त हो जायेगा।

विश्वास रखें और आशा भी क्योंकि यकीन में बहुत ताकत होती है। और, यदि ऐसा नहीं हो पाएगा तो कोई अदालत ही करेगी केंद्रीय और प्रादेशिक सरकारों को निर्देशित, इस हेतु उचित व प्रभावी क़दम उठाने हेतु..।

तम्बाकू नियंत्रण और मानवाधिकार

मानवाधिकारों की संरचना और स्थापत्य जहाँ सरकारों के लिए एक महत्वपूर्ण शासनात्मक आयाम है, इनकी सर्वत्र उपलब्धता और पालन उस देश के लोगों के लिए एक महत्वपूर्ण आवश्यकता है क्योंकि इनके द्वारा उन्हें जीवन जीने, स्वतंत्रता, समानता और आत्म-सम्मान का संवैधानिक अधिकार, अंतर्राष्ट्रीय अनुबंधों के अंतर्गत प्राप्त होता है।

तम्बाकू नियंत्रण और मानवाधिकार विषय पर चर्चाएँ भी होती रही हैं क्योंकि यह आमजन के स्वास्थ्य के अधिकार से जुड़ा मुद्दा है जो न केवल उन्हें स्वास्थ्य सेवा की उपलब्धता और उनके निर्धारकों से जोड़ता है परन्तु उन्हें स्वास्थ्य के प्रति जानकारी और शिक्षा का अधिकार भी प्रदान करता है। यहाँ यह उल्लेख करना उचित होगा की **संयुक्त राष्ट्र संघ की आर्थिक, समाजिक और सांस्कृतिक मामलों की कमेटी** ने सन् 2000 में स्वास्थ्य सेवा और निर्धारकों की व्याख्या करते हुए उनकी उपलब्धता, पहुँच, वहन कर पाने की क्षमता और गुणवत्ता के साथ-साथ समाज के असुरक्षित और पिछड़े वर्ग को विशिष्ट रूप से ध्यान में रखने हेतु इसे अनुशंसित भी किया था। तब इस कमेटी ने यह भी कहा था कि सदस्य राष्ट्रों द्वारा **तम्बाकू उत्पादन, क्रय-विक्रय और उपभोग को ना रोक पाना, स्वस्थता के अधिकार की सुरक्षा को प्रदान करने के दायित्व की असफलता है।** कमेटी ने यह भी अनुशंसित किया था कि सदस्य तम्बाकू के सभी प्रोत्साहनों को बंद कर सभी लोकस्थानों (लोकवाहनों, कार्यस्थलों सहित) को तम्बाकू-मुक्त बनाये रखने हेतु कानून बनायें।

विश्व स्वास्थ्य संगठन ने भी तम्बाकू नियंत्रण की अंतर्राष्ट्रीय संधि– **एफ.सी.टी.सी.** को न केवल तम्बाकू उद्योग और उपभोग की हानियों से संदर्भित मानवाधिकारों को अपने संरचनात्मक आधारों का भाग बनाया है, परन्तु इसके अनुच्छेद 8 को निश्क्रिय धूम्रपान से सुरक्षा पर समर्पित भी किया है। विश्व स्वास्थ्य संगठन की गैर-संक्रामक इकाई के प्रमुख, डॉ. डगलस बेचर ने तीसरी मानवाधिकार और तम्बाकू नियंत्रण नेटवर्क (2013) की गोष्ठी में सुझाया था कि

हालाँकि **मानवाधिकार और तम्बाकू नियंत्रण** वैश्विक और राष्ट्रीय स्तरों पर अब तक अलग-अलग विकसित हुए हैं, अब समय आ गया है कि (अ) इन दोनों को **जोड़ दिया जाये** और (ब) इनकी कार्य-सूचियों में **एक मजबूत गठजोड़ स्थापित** हो ताकि सदस्य राष्ट्र ना केवल अपने जनमानस की स्वास्थ्य सुरक्षा के मूल अधिकार के दायित्व का निर्वाह कर पायें अपितु तम्बाकूजनित महामारी से होने वाले खर्च और अपरिहार्य व रोकी जा सकने वाली मृत्युओं से मुक्ति प्राप्त कर सकें।

तो, प्रश्न यह उठता है कि **क्या तम्बाकू उद्योग मानवाधिकारों के प्रति जागरूक और समर्पित है?** क्या वह अपना व्यवसाय चलने के साथ-साथ समानता, आत्मसम्मान, न्याय, भागीदारिता और जीने के मापदंडों को बनाये रखने के मानवाधिकारों में पारदर्शिता और उत्तरदायित्व का निर्वाह कर रहा है? क्या वह यह पारदर्शिता के साथ, आमजन सहित सभी संभागी ऐजेंसियों को सूचित कर रहा है कि: (1) किस प्रकार उसके द्वारा निर्णय लिए जाते हैं; (2) किस प्रकार वह अपना पैसा खर्च कर रहा है; (3) वह किसका ध्यान रख रहा है; (4) वह किसे सुनता-मानता है; (5) क्या वह आमजन की स्वस्थता बनाये रखने के प्रति पारदर्शी और सजग है; (6) क्या व्यापार से पनपे लघु-गामी आर्थिक लाभ प्राप्त करते रहना ही उसका उद्देश्य है; और, (7) कहीं ऐसा तो नहीं हो रहा है कि यह उद्योग अपने राजनैतिक प्रभाव का अनुचित उपभोग करने के साथ-साथ प्रचार-प्रसार और क़ानूनी पेचीदिगियों में सरकारों को उलझा तम्बाकू नियंत्रण की नींव खोखली कर रहा है?

अगर गहराई से देखें तो वास्तव में तम्बाकू उद्योग ऐसा ही कुछ कर रहा अन्यथा वह:

1) अपने लाभों को अर्जित करने के बजाये **मानवाधिकारों की सुरक्षा** करता!

2) तम्बाकू उपभोगियों को तम्बाकू पदार्थों से होने वाली हानियों

और परिणामवश होने वाली मृत्युओं की चिंता और सोच करता;

3) इसे अपने उद्योग में **सहकर्मी महिला-बच्चों** की चिंता-परेशानी और रोगग्रसित रहना दिखता है; विशेषकर, जो बीडी उद्योग से जुड़े हुए हैं, उन्हें इससे मुक्त कर स्वस्थ व शिक्षित जीवन की ओर मोड़ता;

4) तम्बाकू की खेती करने वालों **किसानों** को बजाये उनको उधार-से-बंधे जीवन देने और अपनी स्वार्थ-सिद्धि हेतु अपना अग्रणी समूह बनाने के बजाये उन्हें वैकल्पिक व्यवसायों से जोड़ने में सहायक होता;

5) **युवाओं** को अपने ग्राहक बनाने के प्रयासों के अंतर्गत काम में लिए तम्बाकू पदार्थों के परोक्ष-अपरोक्ष विज्ञापनों को पूरी तरह से समास करता;

6) **सक्रिय धूम्रपान** को एक व्यक्तिगत निर्णय के बजाये **एक व्यक्तिगत भूल** कहता;

7) **निष्क्रिय धूम्रपान के नियमों** की प्रभाविकता हेतु क़ानूनी संरचना में **हस्तक्षेप** ना करता;

8) **अवयस्कों** में तम्बाकू पदार्थों के उपभोग को रोकने और उनकी सुरक्षा हेतु बने कानूनों को कमजोर कराने वाली कुटिलताओं में प्रशासकों और खुदरा व्यापारियों को प्रोत्साहित ना करता;

9) **सचित्र चेतावनियों** के बढते आकार व उनकी विविधता से उपलब्धिता का पुरजोर विरोध करने के बजाये उन्हें समर्थित करता और,

10) **सरकारों** और सरकारी **तम्बाकू नियंत्रण में कार्यरत कर्मियों** को क़ानूनी पेचीदगियों में उलझा देने या इसकी संभावना अथवा राजनैतिक दबावों से भयभीत ना किया हुआ होता।

अतः अब समय आ गया है कि **समूचे देश में तम्बाकू नियंत्रण हेतु सर्वत्र पहुँच मानवाधिकार-युक्त हो**; और, बजाये अपरोक्ष रूप से तम्बाकू उद्योगकर्मियों को राजनैतिक संरक्षण देने अथवा तम्बाकू नियंत्रण के नियमों के प्रवर्तन में ढिलाई दे तम्बाकू महामारी बढाने के, यह स्वास्थ्य के अधिकार को सुरक्षा देता हुआ इसकी नीतियों, प्रावधानों और कार्यक्रमों का निरंतरता से पुरजोर समर्थन करे। तब ही स्थापित हो पायेगा तम्बाकू नियंत्रण और मानवाधिकार का मजबूत गठजोड़।

तम्बाकू, बच्चों के अधिकार और यूनिसेफ

वर्ष 2003 से 2016 तक तम्बाकू कम्पनियाँ यूनिसेफ के साथ बच्चों के अधिकारों के मुद्दों पर छद्म रूप में सफलता से जुड़ उसकी नीतियों को खोखला कर उचित तम्बाकू नियंत्रण हेतु बच्चों के अधिकारों को बढ़ावा देने से रोकती रही हैं। अतः यूनिसेफ को तम्बाकू उद्योग व उसके सभी सहयोगी समूहों से अपनी साझेदारी तुरंत प्रभाव से समाप्त कर देनी चाहिये।

जिनकी भी आयु 18 वर्ष से कम है उन्हें अवयस्क/बच्चों की श्रेणी में रखा जाता है। बच्चों को जो मूलभूत अधिकार प्रदत हैं, वे उन पर की जाने वाली हिंसा, शोषण, अनुचित व्यवहार और अनदेखी से सुरक्षा, शिक्षा, स्वास्थ्य-सेवा, आश्रय और सुपोषण से जुड़े हैं। पर क्या सभी बच्चों को ये अधिकार मिल रहे हैं? **तम्बाकू** के सन्दर्भ में देखें तो वैश्विक स्थिति इसके विपरीत अधिक दिखती है क्योंकि इसकी **खेती, उत्पादन और व्यापार, बच्चों के स्वास्थ्य के अधिकारों के पर एक गंभीर खतरा है।**

क्योंकि बच्चों को स्वयं अपने निर्णय लेने का क़ानूनी तौर पर अधिकार नहीं है, उनके व्यस्क होने तक उनके बारे में यथोचित निर्णय उनके माता-पिता, अध्यापक, इत्यादि, द्वारा परिस्थिति के अनुसार लिए जाते है। परन्तु, बच्चों को शोषण व अनुचित व्यवहार से सुरक्षित रखने हेतु विशिष्ट सुरक्षा के अधिकार, बच्चों के अधिकारों पर निर्मित अंतरराष्ट्रीय संधि- कन्वेंशन ऑन दी राइट्स ऑफ़ चाइल्ड **(सी.आर.सी.)** के अंतर्गत मिले हुए हैं। सर्वप्रथम वर्ष 1924 में लीग ऑफ़ नेशन्स में तैयार किये गए इसके प्रारूप को वर्ष 1959 में संयुक्त राष्ट्र संघ में एक वृहद रूप में दुनिया के सभी 196 राष्ट्रों द्वारा अंगीकार किया गया, सिवाय अमेरिका के! अतः राष्ट्रीय-, प्रादेशिक- और स्थानीय- स्तरों पर तम्बाकू नियंत्रण को और अधिक सशक्त बनाने हेतु सी.आर.सी. एक महत्वपूर्ण और अत्यंत उपयोगी साधन बन सकता है, यदि इसे प्रभावी रूप से लागू किया जा सके।

इस तरह **यूनिसेफ** (यूनाइटेड नेशन्स चिल्ड्रेन्स फण्ड), जो कि सी.आर.सी. के प्रवर्तन की निगरानी करता है, वैश्विक तम्बाकू नियंत्रण में भी एक सामर्थ्यवान नेता की तरह भागीदार बन सकता है। परन्तु, 1990 के दशक के बाद के वर्षों में तम्बाकू नियंत्रण की पहल में एक सक्रिय भूमिका निभाने के बाद 2013 से 2016 तक यूनिसेफ का योगदान अल्पतम ही रहा। कारण था **तम्बाकू उद्योग की एक सोची-समझी साज़िश** के अन्तर्गत स्वयं को यूनिसेफ के सहयोगी की तरह स्थापित करना, परन्तु तम्बाकू नियंत्रण के मुद्दों पर उसको केवल न्यूनतम साथ देना- मूलतः युवाओं में धूम्रपान पर रोकथाम (वाय.एस.पी.- यूथ स्मोकिंग प्रिवेंशन) और बाल-श्रम का विरोध। जहाँ इनका कार्यान्वयन वह स्वयं न कर पाया, इस हेतु उसने **तीसरे पक्ष** (थर्ड-पार्टी) या अपने **आमुख दलों** (फ्रंट ग्रुप्स, एन.जी.ओ., इत्यादि) को काम में लिया। परन्तु, इसकी **कॉर्पोरेट सामाजिक सहभागिता (सी.एस.आर.)** का उद्देश्य एक नैतिक व्यापारिक व्यवहार स्थापित करने हेतु ईमानदार प्रयास करने की अपेक्षा अनेक राजनैतिक तरीकों से अपनी विश्वसनीयता में सुधार ला सहयोगितायें प्राप्त करना, नीति-निर्धारकों तक पहुँच पाना और नीति-सम्बन्धी निर्णयों से अपने अलगाव को रोकना था।

मगर, तम्बाकू-उद्योग से आर्थिक-रुप से समर्थित युवाओं में धूम्रपान की रोक के कार्यक्रम (युवा स्मोकिंग प्रिवेंशन प्रोग्राम- **वाय.एस.पी.**) कभी भी अपना लक्ष्य प्राप्त नहीं कर सके, और ना ही इसने बाल-श्रम को रोकने हेतु कोई सार्थक कदम उठाये। बल्कि, इसने केवल उन्हीं योजनाओं में भागीदारिता करी जहाँ इन मुद्दों से इसका सरोकार न्यूनतम हो जैसे कि स्कूलों व कुँओं का निर्माण करवाना। ऐसा करके तम्बाकू उद्योग ने संयुक्त राष्ट्र के साथ अपने आप को जोड़ने में सफलता प्राप्त करने के अतिरिक्त तम्बाकू नियंत्रण की अंतरराष्ट्रीय संधि-**एफ.सी.टी.सी.** (फ्रेमवर्क कन्वेंशन ऑफ़ टोबेको कण्ट्रोल) को एक युवाओं हेतु संधि के रूप में कमजोर ही नहीं किया, अपितु समूचे वैश्विक तम्बाकू नियंत्रण को भी खोखला करने का प्रयास किया।

तम्बाकू उद्योग अपनी मार्केटिंग और कार्यों में बच्चों को लक्षित

कर एफ.सी.टी.सी. को निर्बल तो करता ही है, साथ-साथ सी.आर.सी. द्वारा प्रदत्त **बच्चों के जीने के अधिकार** (सी.आर.सी. अनुच्छेद 6), **स्वास्थ्य** (सी.आर.सी. अनुच्छेद 24), **हानिकारक औषधियों से सुरक्षा** (सी.आर.सी. अनुच्छेद 33) और **शोषण** (सी.आर.सी. अनुच्छेद 36) का भी उल्लंघन करता है। साथ ही, बजाये जिम्मेदारी से प्रभावी तम्बाकू नियंत्रण तरीकों की पालना करने के, छद्म रूप से बच्चों के अधिकारों के समर्थक के रूप में अपने आप को, युवाओं में धूम्रपान रोकने हेतु (वाय.एस.पी.) और बाल-श्रम के विरोधी के तौर पर विज्ञापित कर, अपनी कारस्तानियों से सब का ध्यान हटाने में निरंतर लगा रहता है।

खैर, देर आये, दुरुस्त आये कहावत को चरितार्थ करता यूनिसेफ का वर्ष 2012 में लिया गया निर्णय हर्षित करता है क्योंकि इस वर्ष यूनिसेफ ने व्यापारिक व्यवहार में बच्चों के अधिकारों को अधिकता से दर्शाने हेतु बच्चों के अधिकार और व्यापारिक सिद्धान्तों को लॉन्च (आरम्भ) किया। इन सिद्धान्तों का उद्देश्य उद्योगों में उन मानकों को स्थापित करना था जो कि ये बताएँगे कि किस प्रकार वे अपने कार्य-व्यवहार में बच्चों पर होने वाले नकारात्मक प्रभावों को न्यूनतम करेंगे। अब तक तम्बाकू कम्पनियाँ इन सिद्धान्तों का उल्लंघन करती आयी हैं क्योंकि उनका व्यापार तम्बाकू बेचना है जो कि एक मारक और व्यसनी पदार्थ है; और, साथ ही, ये उन नीतियों का भी विरोध करती हैं जो कि बच्चों के जीवन को सुरक्षित करती हैं जैसे कि धूम्रपान-रहित बने रहने के कानून, तम्बाकू पदार्थों की मार्केटिंग पर लगे प्रतिबन्ध, तम्बाकू पदार्थों पर टैक्स व सचित्र चेतावनियाँ, इत्यादि।

पिछले वर्ष, संयुक्त राष्ट्र की अन्य एजेंसियों ने भी तम्बाकू कंपनियों से उनकी सहभागिताओं को सीमित करना शुरू कर दिया है। अब यह आवश्यक प्रतीत होता है कि यूनिसेफ भी यह स्वीकारे कि **तम्बाकू उद्योग उसके (यूनिसेफ के) मूल सिद्धान्तों का आधारभूत रूप से विरोधी है।** क्योंकि, तब ही वह तम्बाकू उद्योग व उसके आमुख समूहों, गैर-सरकारी संस्थाओं, इत्यादि, से अपने कॉर्पोरेट अनुबंधों की उन सभी मार्गदर्शिकाओं को संशोधित कर पायेगा जो वर्तमान में उसके तम्बाकू नियंत्रण के प्रयासों को निर्बल करती हैं। और, तब ही यूनिसेफ और अन्य संयुक्त राष्ट्र एजेंसियाँ, तम्बाकू उद्योग से अपनी सहभागिता तोड़ बच्चों के अधिकारों के अंतर्गत (सी.आर.सी. के द्वारा) उनको तम्बाकू से सुरक्षित कर पायेंगी और तम्बाकू-नियंत्रण को मजबूत बना पायेंगी।

साभार: अमेरिकन अकादमी ऑफ़ पीडियाट्रिक्स के जर्नल पीडियाट्रिक्स में छपे तम्बाकू उद्योग और बच्चों के अधिकार शीर्षक लेख से संकलित (लेखक- य्वेट वान दर एइज्क, स्टेला ए. बिअलोउस व स्टेनटन ग्लान्त्ज़)।

आइये, बचाएं युवाओं को, घातक तम्बाकू से..

छेड़ें प्रादेशिक ही नहीं राष्ट्रव्यापी अभियान..

सन् 2009 में भारत में हुए वैश्विक युवा तम्बाकू सर्वेक्षण से कुछ तथ्यों का पहली बार पता लगा। यह तो पिछले लेख में भी बताया गया था कि इनमें 14% तम्बाकू खाने-पीने वाले हैं- 19% लड़के और 8% लड़कियाँ; और इन सभी में गैर-धूम्रपायी तम्बाकू (अधिकांशतः चबाने वाली तम्बाकू) का उपभोग सिगरेट के धूम्रपान से अधिक है। साथ ही, यह जानना   भी उपयोगी होगा कि प्रतिदिन 5,500 अतिरिक्त बच्चों के तम्बाकू उपभोग में जुड़ जाने के साथ, **हर वर्ष, पूरे भारत में 20 लाख से अधिक बच्चे तम्बाकू उपभोगी हो जाते हैं।**

यदि यह जानना हो कि क्यों बढ़ रही यह समस्या, तो इसका एक सबसे प्रमुख कारण जान पड़ता है, **तम्बाकू पदार्थों की आसान व सर्वत्र उपलब्धता और इनकी अत्यंत कम खुदरा दरें..।** जो तम्बाकू कुछ वर्षों पहले मात्र पान की दुकानों पर ही मिलता था और जहाँ यदि गलती से कोई बच्चा चला जाता था तो वहां खड़े खरीददार ही नहीं, दुकान-मालिक भी, उसे भगा देता था, **पिछले दशक से यह गली-मोहल्लों की थड़ियों, ठेलों, रेड़ियों, किराणा दुकानों, इत्यादि, याने हर कहीं बिकने लगा है।** कीमत देखो तो इतनी कम कि कोई गाँव या झुग्गी-झोंपड़ी में रहने वाला गरीब बच्चा भी अपने जेब-खर्च या छोटा-मोटा, घंटे-दो घंटे का, काम कर इन्हें खरीद सकता है।

अतः यह आवश्यक है कि:

(1)   **हर तम्बाकू विक्रेता लाइसेंसधारी हो** जैसा कि पंजाब में लागू किया गया है;

(2)   हाल ही में जारी स्वास्थ्य मंत्रालय की **तम्बाकू टैक्स** रिपोर्ट में इन्हें कई आवश्यक खाद्य पदार्थों से भी सस्ता बताया है; इसलिए:

(2अ)   **बीड़ी और चबाने वाली तम्बाकू पर टैक्स हर वर्ष उतने अनुपात में ही बढ़े जितना कि सिगरेटों पर बढ़ता है;** और, इसे यदि मूल्य-सूचकांक वृद्धि से जोड़ दिया जाये तो

तम्बाकू उद्योग के दबाव में साल-दर-साल की गयी असमान वार्षिक विषमता से भी बचा जा सकता है;

(2ब)   **इन्हें वर्तमान में मिल रही कर-रियायत को पूरी तरह समाप्त कर देना चाहिए** और इनके उत्पादकों द्वारा हो रही हो कर-चोरी को पूरी तरह से रोका जाना चाहिए; उनके द्वारा इन सुझाये गए प्रावधानों के उल्लंघन पर प्रभावी दण्डों के प्रावधानों के सहित; साथ ही,

(2स)   **इनकी पैकेजिंग कागजों के बजाये कम-से-कम 50 से 100 रुपयों वाले टिन के बड़े डब्बों में ही बेचा जाये** ताकि इनको गरीब ग्रामीण और बच्चे तो बिल्कुल ना खरीद सके।

एक और समस्या है बच्चों के तम्बाकू पदार्थों के लुभावने विज्ञापनों से प्रभावित होने की। यह तो अच्छा है कि कोटपा के नियम 5 के अंतर्गत इनका सीधा-सीधा विज्ञापन रुक गया है। परन्तु, बच्चे जब इन्हें आते-जाते तम्बाकू के (पान)विक्रेताओं के यहाँ देखते हैं या इनको पानमसाले वाले छद्म रुप से पत्रिकाओं, अख़बारों और टेलीविज़न में विज्ञापित देखते हैं तो ये उनके अपरिपक्व मानसपटल पर इन में कभी तो, प्रयोगात्मक स्तर पर ही सही, इनका उपभोग कर लेने की इच्छा जगा ही देते होंगे। और, बस, यह ही तो तम्बाकू कंपनियां चाहती हैं।

इसके लिए आवश्यक है कि: (क) जहाँ भी **तम्बाकू पदार्थ बिकते हैं, उन्हें बच्चों की दृष्टि से दूर रखा जाये;** इस हेतु ही कोटपा नियम 6 (अ और ब) बनाये गए हैं; आवश्यकता है तो इनके प्रभावी प्रवर्तन की; साथ ही, **(ख) अपरोक्ष या छद्म विज्ञापनों पर भी प्रभावी रोक लगे;** सूचना और प्रसारण मंत्रालय द्वारा, महज व्यावसायिक कारणों से, स्वास्थ्य मंत्रालय के निर्देशों की अनदेखी किया जाना युवा पीढ़ी के लिए हानिकारक प्रमाणित हो रहा है।

साथ ही, यह अत्यंत अवश्य है कि **तम्बाकू उद्योग के युवाओं से**

मेलजोल बढाने के सभी प्रयासों पर पूरी तरह रोक लगे। वर्तमान में, तम्बाकू उद्योग, उनके शिक्षण परिसरों में मुफ्त तम्बाकू पदार्थों बाँटने से लगा उनके द्वारा सांस्कृतिक अथवा खेलकूद के कार्यक्रमों को प्रायोजित करने के साथ-साथ उनके द्वारा काम में ली जाने वाली शिक्षण सामग्रियों को अपने विज्ञापनों के साथ रियायती दामों में बेच कर युवाओं को तम्बाकू के घातक नशे की धकेलेने का पुरज़ोर प्रयास कर रहा है- **सड़े-मरे कोई भी, लोभी ने लाभ जो कमाना है!**

एक और युक्ति होगी, तम्बाकू-मुक्त पीढ़ी को साकार करने की। इसके अन्तर्गत सभी बच्चे जो कि 1 जनवरी, 2007 से जन्में हैं, वे किसी भी तम्बाकू पदार्थ का सेवन अपने जीवनकाल में कभी भी नहीं करें। इस हेतु केन्द्र व सभी प्रादेशिक केन्द्र-शासित इकाईयों को सम्मिलित रूप से सहभागी हो कार्य करना होगा।

साथ ही, तम्बाकू उद्योग की सम्पूर्ण समाप्ति पर भी केन्द्र व प्रादेशिक सरकारों के अतिरिक्त केन्द्रशासित इकाईयों को कार्य करना होगा। अंततः यह ही तम्बाकू-मुक्ति का सबसे प्रभावी कदम होगा। इन्हें अपने राजस्व प्राप्ति के तात्कालिक लाभ को अनदेखा कर तम्बाकू से होने वाले रोगों पर सरकारी खर्च और तम्बाकू उपभोगियों की असामयिक मृत्यु से होती उत्पादकता-हानि को समाप्त करने वाले दीर्घावधि लाभ को प्राप्त करने का निर्णय करना होगा।

उपरोक्त उपायों से ही साकार होगा हमारी युवा पीढ़ी को तम्बाकू-मुक्त रखने का ध्येय।

तम्बाकू और गरीबी..

समाप्त हो सकता है यह सम्बन्ध, यदि इसे मिल पाये सरकारी प्राथमिकता..

एक ओर केंद्र और राज्य सरकारें यह प्रयास कर रही हैं कि जनमानस गरीबी से राहत पा सके और दूसरी ओर तम्बाकू उद्योग को बढ़ावा देने के साथ इस तथ्य की भी अनदेखी कर रही हैं कि **समूचे देश में लगभग डेढ़ करोड़ परिवार, मात्र तम्बाकू उपभोग के कारण गरीबी रेखा के नीचे हैं।** उदाहरणार्थ, राजस्थान में देश की 5% जनसंख्या के साथ यह अनुमानित किया जा सकता है कि लगभग साढ़े सात लाख परिवार तम्बाकू उपभोग के कारण गरीबी रेखा की नीचे हैं।

यह तथ्य सर्वप्रथम मिला सन् 2011 में भारतवर्ष में हुए एक अध्ययन से जिसमें यह जानने का प्रयास किया गया कि तम्बाकू उपभोग और उससे हुए रोगों के प्रबंध पर हुए खर्चे का गरीबी से क्या सम्बन्ध है। इसे ज्ञात करने के लिए परिवार में हुए मासिक खपत के खर्चों में से तम्बाकू उपभोग और उससे हुए रोगों के प्रबंध पर हुए खर्चे को घटाया गया। गरीबी को आंकने हेतु सन् 2004 के राष्ट्रीय नमूना सर्वेक्षण (नेशनल सेम्पल सर्वे)) के मापदण्ड को काम में लिया गया। परिणामों से जानकारी मिली कि **देश के ग्रामीण इलाकों के लगभग 118 लाख परिवार और शहरों में लगभग 23 लाख परिवार केवल तम्बाकू पर हुए परोक्ष रूप से खर्च के कारण गरीब हैं। इसमें यदि उनके द्वारा रोगों पर किये खर्च को भी जोड़ दें तो गाँवों के लगभग 7 लाख- और शहरों के लगभग ढाई लाख- अतिरिक्त परिवार तम्बाकू उपभोग से गरीब हो जाते हैं।**

इस अध्ययन के पहले हुए एक और अध्ययन, स्वास्थ्य मंत्रालय, भारत सरकार के द्वारा हुआ था। सन् 2010 में जारी इस रिपोर्ट को खंगालें तो यह भी पता लगता है कि तम्बाकू का उपभोग भी अधिकतम गरीब, पिछड़े, ग्रामीणों और अनपढ़ों द्वारा हो होता है। अतः यह स्पष्ट हो जाता है कि तम्बाकू और गरीबी का सम्बन्ध सीधा- सीधा है। इसकी पुन: पुष्टि पिछले वर्ष जारी आई.सी.एम.आर. (इंडियन काउन्सिल ऑफ़ मेडिकल), नई देहली, की एक अनुसंधान- रिपोर्ट के अध्ययन से भी की गयी जिसने यह बताया कि भारत में राज्यों के स्तर पर भी आर्थिक-सामाजिक विषमता का जुड़ाव तम्बाकू उपभोग से भी है। इसमें राज्यों की उन्नत होती आर्थिक स्थिति के साथ उनमें तम्बाकू उपभोग भी कम होता देखा गया है।

तो, प्रश्न यह उठता है कि **गरीब और कम पढ़े-लिखे अथवा अनपढ़ सामाजिक वर्गों में तम्बाकू अधिकता से क्यों खाया-पीया जाता है?** सन् 2003 में तब तक के हुए सबसे वृहद् अध्ययन से- जिसमें तम्बाकू के अधिक उपभोग की संभावनाओं का आकलन किया गया, यह पता लगा कि:

(1) **परिवार में शिक्षा का स्तर उसके आर्थिक स्तर से कहीं अधिक महत्वपूर्ण कारक है।** ऐसा इसलिए माना गया क्योंकि गरीब और अनपढ़ तम्बाकू के हानिकारक प्रभावों अपेक्षाकृत अनजान होते हैं। जिस वातावरण में वे पल-रह होते हैं, वहाँ की परिस्थितियाँ उन्हें छोटी आयु से ही तम्बाकू के उपभोग को शुरू करने की ओर आकर्षित कर देती हैं; साथ ही,

(2) **इस वर्ग में अधिकांशतः व्याप्त एक निराशाजनक भाग्यवादी- और किसी भी खतरे के प्रति लापरवाही- वाला रवैया भी इन्हें** तम्बाकू उपभोग की ओर ढकेलता है।

इस समस्या के समाधान हेतु निम्न सरकारी उपाय कारगर हो सकते हैं:

1. यह नितान्त आवश्यक है कि निचले आर्थिक-सामाजिक वर्ग के अपेक्षाकृत कम पढ़े-लिखों को निरन्तरता से तम्बाकू के दुष्प्रभावों के प्रति जागरूक करने के प्रावधान स्थापित हों। एक तरीका इसका स्वास्थ्य एवं चिकित्सा विभाग के अधिनस्थ राष्ट्रीय तम्बाकू नियंत्रण कार्यक्रम का सूचना, शिक्षा और प्रचार **(आई.ई.सी.)** का बजट प्राथमिकता से इस अभियान पर ही केन्द्रित हो।

2. साथ ही, मात्र स्कूलों में ही नहीं, सभी शिक्षा-प्रशिक्षण केन्द्रों और चिकित्सा **इकाइयों को तम्बाकू-मुक्त शीघ्रातिशीघ्र किन्तु नीतिगत तरीके से किया जाये** (मात्र घोषणाओं के आधार पर

नहीं)- आरम्भ में, ग्रामीण- और झुग्गी-झोंपड़ी- इलाकों में चल रहे सभी सरकारी प्रतिष्ठानों में ताकि उनमें शिक्षारत विद्यार्थी अपने घरों तक तम्बाकू-मुक्त जीवन के लाभ परिवारजनों तक पहुँचा उन्हें लाभान्वित कर पायें।

3. **तम्बाकू नियंत्रण कानून (कोटपा) के प्रावधानों का प्रवर्तन सततता और मजबूती से हो,** विशेषकर इसके नियम 6 के भाग (अ) और (ब) की पालना जो कि अवयस्कों को तम्बाकू पदार्थों के विक्रय पर रोक और शिक्षण संस्थानों के 100 गज की परिधि में इनकी बिक्री ना होने से सम्बंधित हैं।

4. प्रादेशिक सरकार को चाहिए कि तम्बाकू पदार्थों का विक्रय सर्वत्र होने से रोके- थडियों-ठेलों, किराणा दूकानों, इत्यादि, पर तो मजबूती से पूरी रोक लगे। इस हेतु शराब की दूकानों के समान **तम्बाकू पदार्थों का विक्रय लाइसेंसधारियों द्वारा कराये** जाने हेतु केवल नीति ही नहीं बने बल्कि उसकी पालना भी हो।

5. **सभी खुदरा तम्बाकू पदार्थों पर अन्तराष्ट्रीय मानकों के समान टैक्स लगाना सबसे कारगर विकल्प होगा-** जितने महंगे होंगे तम्बाकू पदार्थ, उतनी ही दूर होगी गरीब-अनपढ़ की उनसे पहुँच। सरकारी वित-विभाग भयमुक्त हो टैक्स वृद्धि करें, मात्र सिगरेट पर ही नहीं, अपितु बीड़ी और चबाने वाली तम्बाकू पर भी- सिगरेट के समान। यदि इस सुझाई गई **टैक्स वृद्धि को वार्षिक मूल्य सूचकांक (या अवमूल्यन दर) के साथ सदैव के लिए जोड़ दिया जाये** तो यह भी विश्वसनीयता से कहा जा सकता है कि इस परिवर्तन के परिणामवश किसी भी राज्य को राजस्व-हानि तो आने वाले कई दशकों तक भी नहीं होगी।

सरकार चाहे तो क्या नहीं कर सकती है। तम्बाकू उध्योग के हित की बात त्याग देने में ही भलाई है, उसकी भी और गरीबों की भी।

तम्बाकू खाने-पीने वालों से उनके अपनों का दर्द

यह सब जानते हैं कि तम्बाकू स्वास्थ्य के लिए हानिकारक है। इससे केवल केन्सर ही नहीं, अन्य घातक रोग जैसे, मधुमेह, साँस-, हृदय- व रक्तसंचार- के रोग भी उत्पन्न होते हैं। फिर भी, यह जानते हुए कि भारत में 60% से भी अधिक व्यस्क तम्बाकू उपभोगी इसके व्यसनी हैं, समाज और परिवार में इसके उपभोग व उससे उत्पन्न व्यसनशीलता को हम नियंत्रित नहीं कर पा रहे हैं। अतः आइये आज करें इन पीड़ितों के पीड़ितों (Victims of Tobacco Victims) की व्यथा (दुःख, परेशानी या बेबसी) की बात।

भारत में 2016-17 में हुए दूसरे ग्लोबल एडल्ट टोबेको सर्वे के आँकड़ों से यह पता लगता है कि औसतन एक सिगरेट-, बीड़ी- और तम्बाकू चबाने वाला- अपनी एक औसत ख़रीद पर क्रमश: ₹29.96, ₹12.50 और ₹42.61 खर्च करता है; जब कि, सिगरेट और बीड़ी पर प्रतिमाह क्रमश: ₹1192.5 और ₹ 84.10 खर्च करता है।

यदि इन्हें राष्ट्रीय-अंतर्राष्ट्रीय संस्थाओं के विभिन्न आँकड़ों की दृष्टि से देखें तो लगता है कि यह खर्च अधिकाँश तम्बाकू उपभोगी उठा सकते हैं। पर जब इसे राष्ट्रीय सैंपल सर्वे ऑफिस (एन.एस.एस.ओ.- सन्दर्भ: http://indiatoday.intoday.in/story/india-rural-household-650-millions-live-on-rs-33-per-day/1/451076.html) की रिपोर्ट के आधार पर जाँचे जिसने यह बतलाया कि 75% ग्रामीण भारतीय प्रति दिन मात्र ₹33 जीविका पर आश्रित है, तो ग्रामीण बहुलता वाले भारत देश में, जहाँ 28 करोड़ में से 70% तम्बाकू उपभोगी गाँवों में रहते हैं, तम्बाकू पर किया खर्च एक सिगरेट-, बीड़ी- और चबाने वाली तम्बाकू- के उपभोगी की प्रतिदिन की आय का क्रमशः 35%, 17% और 18% होता है। क्योंकि इनमें से अधिकांश तम्बाकू उपभोगी बीड़ी पीने - अथवा तम्बाकू चबाने - वाले ही फिर भी हैं, उनका अपनी आय का औसत 17.5% खर्च इन तम्बाकू पदार्थों के उपभोग पर कर देना उनके परिवार के अन्य सदस्यों की आवश्यकताओं (खाना-पीना, कपड़े-लत्ते, बच्चों की फीस, पौष्टिक भोजन, सुविधापूर्ण घर, इत्यादि) को पूरी कर पाने हेतु कष्टकारक तो होता ही होगा।।

और, यदि इस खर्च को जब कोई भी तम्बाकू उपभोगी वर्षों उठाता रहता है*- बजाये इस पूरी राशि का उचित निवेश के* तब इससे किश्तों में हर दिन हुए मामूली खर्च की कीमत अत्यधिक महत्वपूर्ण हो जाती है। यदि उचित वितीय नियोजन के तौर पर दिन- और महीने- के आधार पर हुए खर्च के अनुसार आँका जाये तो ग्लोबल एडल्ट टोबेको सर्वे के पहले चक्र (2009-10) के आँकड़ों पर आधारित निम्न सारिणी से यह आभास हो जायेगा कि विभिन्न आयु वर्ग सिगरेट-, बीड़ी- अथवा तम्बाकू चबाने वाले उपभोगी इसका उपयोग आरम्भ करने की आयु से लगा उनकी 65 वर्ष की आयु तक इनका

उपभोगी की आयु	तम्बाकू उपभोग की आयु	सिगरेट पर प्रति दिन खर्च ₹11.5	सिगरेट पर मासिक खर्च ₹345	बीडी पर प्रतिदिन खर्च ₹ 5.6	बीडी पर प्रतिमाह खर्च ₹ 168	चबाने वाली तम्बाकू पर प्रतिदिन खर्च ₹ 6
25	65	9323238	10640152	4540011	75720904	5815397
30	65	4808921	5488185	2341736	39056806	3156305
35	65	2439020	2783533	1187696	19809081	1713075
40	65	1207375	1377917	587939	9805981	929761
45	65	576076	657447	280524	4678738	504618
50	65	258742	295290	125996	2101438	273874

* उपरोक्त आंकड़े भारत के ग्लोबल एडल्ट टोबेको सर्वे 2009-10 से उपलब्ध दैनिक और मासिक खर्च के अतिरिक्त 8% मुद्रास्फीति और 12% लाभ के आधार पर निकले गए हैं। आभार- विकास अग्रवाल, प्रमाणिक वितीय निवेशक, जयपुर।

उपभोग करके कितने हजारों -लाखों ही नहीं, करोड़ों रुपया व्यर्थ ही खर्च कर देते हैं:

क्या इन परिवारों की पीड़ा मात्र एक आर्थिक बोझ ही है ? कदापि नहीं। क्योंकि एक तम्बाकू उपभोगी, मात्र इसे खाने-पीने के आर्थिक बोझ से ही परिवारजनों को पीड़ा नहीं देता है, वह उन्हें उसे होने वाले आरम्भ में मामूली- रोगों, और तत्पश्चात, अधिक खर्चीले जानलेवा- रोगों के उपचार के खर्च से भी बारम्बार आर्थिक कठिनाइयों में तो डालता ही रहता है। रोगी के साथ उपचार हेतु अस्पतालों के उनके चक्कर व उनकी अपनी नौकरी/धंधे में से समय निकाल पाने की कठिनाई के साथ अन्य पारिवारिक - व सामाजिक- दायित्व और शारीरिक-मानसिक पीड़ाएँ भी उनकी अनेक परेशानियों के कारण बन जाते हैं। और, यह कठिनाइयाँ उन्हें तम्बाकू-उपभोगी के जीवन काल में ही नहीं होती हैं बल्कि उसकी मृत्यु के बाद भी परेशान करती रहती हैं - मात्र एक पीढ़ी ही नहीं कई बार अनेक पीढ़ियों के लिए भी !

क्या है इसका समाधान ? वैश्विक और राष्ट्रीय स्तरों पर इस ओर प्रयास जारी हैं जिसके तहत समूचे विश्व में वर्ष 2025 तक तम्बाकू उपभोग में 30% कमी का लक्ष्य रखा हुआ है। प्रादेशिक स्तर पर भी समाधान उपलब्ध हैं यदि सरकार के चिकित्सा और स्वास्थय विभाग में कार्यरत तम्बाकू नियंत्रण प्रकोष्ठ के अतिरिक्त तम्बाकू की खेती, उत्पादन और व्यापार से जुड़े अन्य विभाग (विशेषकर वित-, कर-, पंचायती राज-, पुलिस-, शिक्षा, समाज कल्याण-, महिला एवं बाल कल्याण-, पर्यावरण-, इत्यादि) भी अपनी जिम्मेदारी मानते हुए तम्बाकू नियंत्रण के विभिन्न पहलूओं को मजबूत करने हेतु हर संभव सहायता प्रदान करें। इसके साथ तम्बाकू उपभोगी और उनके परिवार भी इस हेतु अपने दायित्व को समझें। और, यदि वे एक सामयिक उचित निर्णय नहीं कर पायें तो उनके द्वारा इस हेतु एक व्यावसायिक और प्रमाणिक वितीय निवेशक से राय भी ले लेना लाभकारी हो सकता है।

सौ बात की एक बात, तम्बाकू खाना-पीना किसी भी व्यक्ति का अपरिपक्व आयु में किया गया गलत निर्णय हो सकता है, परन्तु यदि आप को यह समझ आ गया अथवा आपके परिवार ने इस हेतु आप को अपनी परिवार के प्रति जिम्मेदारी से अवगत करा दिया, तो फिर **इस व्यसन को छोड़ तम्बाकू -रहित जीवन जीने में ही आपकी ही नहीं आपके सारे परिवार की भी भलाई है।** अन्यथा , आप अपने व्यसन के लिए अपने परिवारजनों को एक भारी संकट में डाल रहें हैं जो कि उनके लिए मात्र आर्थिक ही नहीं, शारीरिक, मानसिक और सामाजिक कठिनाइयाँ भी खड़ी कर रहा है, बिना उनके किसी दोष के। यह तो इस कहावत को भी सिद्ध करता है कि **करे कोई और भरे कोई!**

तम्बाकू की खेती- कितनी गुणकारी..?

विश्व के 124 देशों के 45 लाख हेक्टेयर भूमि से 75 लाख टन तम्बाकू पैदा किया जाता है। आज दुनिया के सर्वाधिक तम्बाकू उत्पादक देशों में चीन (39%) के बाद भारत (8.3%), ब्राज़ील (7.0%), अमेरिका (4.6%) और अर्जेंटीना आते हैं। पिछले 40 वर्षों में तम्बाकू की खेती में 128% बढ़ोतरी देखी गयी है। जहाँ इन वर्षों में विकसित राष्ट्रों में इसमें कमी हुई है, विकासशील राष्ट्रों में तम्बाकू की खेती बढ़ोतरी पर है- वर्तमान में 20 से अधिक अफ्रीकी राष्ट्र भी इससे जुड़ गए हैं।

भारत में मुख्यत: आंध्र प्रदेश, कर्नाटक और गुजरात के प्रदेशों में उपजाऊ भूमि के 0.25% भाग को तम्बाकू की खेती के काम में लिया जाता है। जहाँ 97,000 किसान इस हेतु पंजीकृत हैं, कहीं अधिक इससे बिना पंजीकरण के ही जुड़े हुए हैं। तम्बाकू की खेती आंध्र प्रदेश के गुंटूर शहर में स्थित **तम्बाकू बोर्ड** द्वारा प्रोत्साहित है। इसी बोर्ड के 7 में से 4 क्षेत्रीय केंद्र इसी प्रदेश में कार्यरत हैं। इसके अतिरिक्त, भारतीय कृषि अनुसंधान कौंसिल के अंतर्गत कार्यरत **केन्द्रीय तम्बाकू अनुसन्धान संस्थान** भी इसमें अपना योगदान देता है। इस प्रकार वैश्विक स्तर पर भारत का योगदान एक **क्षेत्रवार के रूप में** 10% है; और, **उत्पादक के रूप में 9%।**

तम्बाकू की खेती से जुड़ी समस्याएँ निम्न हैं:

1. **बच्चों और युवाओं का शोषण-** बच्चे जहाँ अपने परिवारों के खेतों पर तो कार्यरत होते ही हैं, वहीं इनका शोषण बड़े खेतों के मालिकों द्वारा भी किया जाता है। शारीरिक और मानसिक शोषण के अलावा इन्हें न केवल कम पारिश्रमिक दिया जाता है, इनके काम के घंटे भी अधिक होते हैं। शरीर के लम्बे समय तक तम्बाकू की पत्तियों के संपर्क में आने से और इनमें उपस्थित व्यसनी निकोटीन को त्वचा द्वारा तीव्रता से सोखे जाने से तम्बाकू की खेती में कार्यरत तीन-चौथाई बच्चे (और व्यसक भी) **ग्रीन टोबेको सिकनेस** नाम का रोग से पीड़ित होते

हैं। क्योंकि बच्चों के शरीर में निकोटीन की एक जहरीली मात्रा (लगभग 50 सिगरेट पी लेने के समान) प्रविष्ट हो गयी होती है, इसके तीव्र विषाक्तपन से ये बच्चे जी मिचलाने, उल्टी, चक्कर आने जैसे लक्षणों से पीड़ित होते है। लम्बी अवधि के संपर्क से अंतत: इन बच्चों के मस्तिष्क में संरचनात्मक और क्रियात्मक बदलाव भी होने लगते है। साथ ही, पारिवारिक खेतियों में जुटे बच्चे अधिकांशत: शिक्षा से वंचित रह जाते हैं क्योंकि इन गरीब किसानों के परिवारों द्वारा इनको शिक्षित करवाना या इनके द्वारा श्रम करवाने में से एक को चुनना होता है;

2. **आर्थिक शोषण-** तम्बाकू की खेती जिन देशों में भी होती है, उसके परिणाम भी आर्थिक रूप से नकारात्मक ही होते हैं, विशेषकर उन देशों में जो अभी भी विकसित नहीं हो पायें हैं। इन देशों (और उनके किसानों को) निम्न में से एक से अधिक तरीकों द्वारा शोषित किया जाता है:

(1) जो संसाधन भोज्य पदार्थों की पैदावार हेतु उपयोग में लाये जाने होते हैं उन्हें तम्बाकू की खेती में झोंक दिया जाता है। इससे उन देशों में पहले से व्याप्त **खाद्यान संकट** में और भी बढ़ोतरी हो जाती है। लगभग 25% तम्बाकू-उत्पादक देशों में तम्बाकू-जनित कुपोषण की दर 10% से अधिक है (11% से 27% तक); भारत में यह दर 17% जानी गयी है;

(2) साथ ही, तम्बाकू क्यूरिंग के लिए जलाने हेतु लकड़ी को काम में लाया जाता है जो कि जंगलों को काटने से प्राप्त होती है। इससे **जंगलों का नाश** तो होता ही है, इस कारण से ठंडे प्रदेशों में उर्जा के स्रोत के रूप में और अन्यत्र खाना पकाने के लिए काम में लायी जाने वाली लकड़ी की भी कमी हो जाती है;

(3) वैश्विक कंपनियाँ विकासशीलदेशों में उपलब्ध सब्सिडी का भी लाभ उठाती हैं जिसके चलते उनके द्वारा समर्थित अथवा

प्रायोजित स्थानीय तम्बाकू पैदावार की अधिकता से निपटने के लिए ''पहले से ही उधार से पीड़ित'' **गरीब किसान** को विवश हो इसे औने-पौने दामों पर इन्ही धनी कंपनियों को बेचना पड़ता है। यदि आर्थिक अवमूल्यन के तौर पर देखें तो मात्र 15 वर्षों में (सन् 1985 से सन् 2000) तम्बाकू के दाम 37% घटे। इससे यह तथ्य समर्थित होता है कि तम्बाकू की खेती में जुटा गरीब किसान और गरीब होता जाता है और तम्बाकू कम्पनियाँ बाज़ार में उनसे सस्ता माल खरीद और अधिक धनवान होती जाती हैं। और, जब तक यह क्रम टूटेगा नहीं, तम्बाकू की खेती करने वाला किसान, एक व्यसनशील तम्बाकू उपभोगी के समान, कभी भी गरीबी से उभर नहीं सकेगा!

3. **वातावरणीय दुष्प्रभाव-** तम्बाकू वातावरण के लिए एक नाशवान पैदावार है या यों कह लें कि मानव मात्र के लिए इसका होना मात्र हानिकारक ही है। आइये, जाने इसके वातावरण पर दुष्प्रभाव:

(1) जहाँ इस लेख में पहले से ही तम्बाकू की खेती से जंगलों के विनाश के बारे में बताया जा चुका है, पाठकगण यह भी जान लें कि जंगलों के कट जाने से **भू-स्खलन, बाढ़, इत्यादि** और अंतत: वातावरण पर इसका दुष्प्रभाव एक अत्यंत गम्भीर वैश्विक चिंता का विषय है;

(2) साथ ही, तम्बाकू की खेती में कीटाणुनाशकों और उर्वरकों के अत्यधिक मात्रा में बारम्बार उपयोग किये जाने से मिटटी की गुणवत्ता और उत्पादकता में कमी के साथ-साथ **खाद्य पदार्थों और भूमिगत पानी के दूषित होने का खतरा** भी बढता देखा गया है;

(3) उर्वरकों और कीटाणुनाशकों में व्याप्त केन्सरकारकों जैसे रेडियम, यूरेनियम, पॉलोनियम, शीशा, एस्बेस्टस, इत्यादि, को सूंघते रहने से अथवा इनके त्वचा से सोखे जाते रहने से फेंफड़ों के **केन्सर से होने पीड़ित होने की दर** बढ़ जाती है;

(4) बच्चों में, वयस्कों के समान फेंफड़ों के केन्सर से होने पीड़ित होने के अलावा, **नसों (न्यूरो)- और प्रतिरक्षा (इम्यून)- तंत्रों के रोगों का होना** पाया गया है।

कैसे निपटा जाये इन समस्यायों से? लघुगामी प्रयास के अंतर्गत किसानों और उनके परिवारजनों में **ग्रीन टोबेको सिकनेस की रोकथाम सिलाई-रहित प्लास्टिक के दस्ताने पहनने की नीतिगत बाध्यता द्वारा की जा सकती है।** क्योंकि तम्बाकू की खेती करने वाला किसान कभी भी गरीबी से मुक्त नहीं हो सकता है, दीर्घावधि प्रयास के अंतर्गत किसानों को पूरी तरह से **वैकल्पिक खेती** करने हेतु बाध्य करना आवश्यक होगा।

समस्या जटिल और कठिन है, परन्तु यदि सरकारें चाहें तो **उचित राष्ट्रीय नीति** लागू कर ऐसा कर सकती हैं। चीन, केन्या, इत्यादि, देशों ने तो इसे प्रयोगात्मक स्तर पर करके भी दिखलाया है। उन्होंने यह भी प्रदर्शित किया है कि मशरूम, अंगूर, बाँस, इत्यादि की पैदावार 4 से 10 गुना अधिक आर्थिक लाभ देती है।

तम्बाकू उद्योग, तम्बाकू बोर्ड और इनसे जुड़ी संस्थाओं का विरोध-प्रतिरोध अपेक्षित है, परन्तु (अ) क्या किसानों और उनके परिवारों को गरीब-कुपोषित-अशिक्षित बेसहारा छोड़ दिया जाये, (ब) क्या जंगलों को बर्बाद होने दे पर्यावरणीय दुष्प्रभावों की बढोतरी होने दी जाये, और (स) गरीब राष्ट्रों को और गरीब होने दिया जाये? इन प्रश्नों के उत्तर इस लेख में ही हैं। **निर्णय पाठक स्वयं करें कि क्या तम्बाकू की खेती फिर भी होने दी जाये या इसे शीघ्रता से सर्वथा रोक देना ही समूची मानवता और तम्बाकू की खेती से जुड़े राष्ट्रों के लिए कल्याणकारी होगा..।।**

तम्बाकू से वातावरण का भी सत्यानाश

तम्बाकू मानव स्वास्थ्य के लिए तो हानिकारक है ही, समूचा विश्व भी वातावरण पर इसके दुष्प्रभाव से चिन्तित है। विश्व ने वर्ष 1995 में सर्वप्रथम बेलाजिओ के कथन से संज्ञान लिया कि तम्बाकू ना केवल स्वास्थ्य के लिए एक भारी खतरा खड़ा कर रहा है अपितु वातावरण को स्थायित्व देने के लिए भी। विश्व स्वास्थ्य संगठन के अनुसार ''तम्बाकूजनित की वैश्विक जन स्वास्थ्य की कीमत'' को अनदेखा नहीं किया जा सकता है। **तम्बाकू की खेती, उत्पादन और उपभोग, पृथ्वी को इसके प्राकृतिक, मानवीय और आर्थिक स्त्रोतों से वंचित कर रहे हैं।** विश्वभर में तम्बाकू की खेती और उपभोग एक विशुद्ध हानि का प्रतिनिधित्व करते हैं।

विश्व स्वास्थ्य संगठन के उप-महानिदेशक के डॉ. ओलेग चेस्तोनोव के अनुसार तम्बाकू अब एक व्यक्तिगत समस्या कि बजाये एक मानवीय समस्या है। यह मात्र धूम्रपायियों या उनके धूम्रपान से उत्पन्न से प्रभावित उनके आस-पास के लोगों अथवा तम्बाकू उत्पादकों की ही समस्या नहीं है अपितु इससे समूची पृथ्वी का भविष्य जुड़ा है। (अतः) एक वैश्विक क्रियान्वयन ही इस वैश्विक समस्या का समाधान दिला सकता है। क्योंकि तम्बाकू विश्व के स्थायी विकास में एक बाधा है, इसके निराकरण (नियंत्रण) को स्थायी विकास (सस्टेनेबल डेवलपमेंट सतत विकास) के तीसरे लक्ष्य (गोल) में सम्मिलित किया गया है।

फ्रेमवर्क कन्वेंशन ऑन टोबेको कण्ट्रोल (एफ.सी.टी.सी.) के सचिवालय की पूर्वाध्यक्षा डॉ. वेरा लुइज़ा के अनुसार संधि के अनुच्छेद 18 के अंतर्गत सदस्य राष्ट्रों ने अपनी भौगोलिक सीमाओं में, वातावरण और लोगों के स्वास्थ्य की सुरक्षा के मद्देनजर, तम्बाकू की खेती और उत्पादन से वातावरण पर वांछित ध्यान देने हेतु सहमती बनायी है। क्योंकि (1) जहरीले तम्बाकू की खेती, उत्पादन, उपभोग और कचरे से वातावरण पर हुए प्रमाण पर्यास नहीं हैं, विशेषकर स्वास्थ्य और अर्थ-व्यवस्था पर हुए परिणामों को जानने हेतु; और, (2) नीति-निर्धारकों को इसकी वातावरण पर हो रही हानि की कीमत की पूरी जानकारी नहीं है, तम्बाकू कम्पनियाँ इन कीमतों को नकार कर अथवा मामूली बता इसकी जिम्मेदारी अब तक करदाता पर डालते हुए एक अदृश्य राहत का लाभ लेती रही हैं।

आईये जाने कि तम्बाकू वातावरण के साथ क्या कुछ खिलवाड़ कर रहा है:

(1) तम्बाकू की पैदावार में कीटनाशकों का उपयोग- तम्बाकू की मात्र एक फसल प्राप्त करने में औसतन 16 बार कीटनाशकों का उपयोग किया जाता है। ये छोटे कीड़ों, पक्षियों को हानि के साथ मिट्टी की उर्वरकता को भी समाप्त करते हैं;और, मिथाइल ब्रोमाइड जैसे रसायन से ओजोन सतह को भी पतला करते हैं। जो किसान परिवार इसकी खेती में जुटे हैं उनमें यह कीटनाशक तीव्र विषाक्तता, केन्सर, तंत्रिका-सम्बन्धी रोग व जन्म दोष का कारण जाने गए हैं। इनके अतिरिक्त ये खेतिहर, त्वचा द्वारा तम्बाकू के व्यसनी पदार्थ निकोटीन को अत्यधिक सोख लेने से, **ग्रीन टोबेको सिकनेस** नामक रोग से भी पीड़ित होते हैं, जिसे कमजोरी, चक्कर आना, सिरदर्द, उबकाई, उल्टी, मांसपेशियों में जकड़न और साँस में कठिनाई जैसे लक्षणों से पहचाना जा सकता है। क्योंकि तम्बाकू अधिकता से विकासशील देशों में पैदा किया जाता है, तम्बाकू उद्योग उनमें वातावरण सम्बन्धी कानून की अनुपस्थिति का लाभ उठाता है और किसानों को रक्षा-आवरणों से वंचित रख उनको बेवजह हानि पहुँचाता है।

(2) **जंगलों का विनाश-** विश्व के 100 देशों में से 80 देश विकासशील हैं (मलावी, जिम्बाब्वे, तंजानिया, इत्यादि) जिनमें 53 लाख हेक्टेयर उपजाऊ भूमि तम्बाकू की पैदावार हेतु काम में ली जाती है। तम्बाकू को उपभोग हेतु बनाने हेतु इसे जलाना होता है जिसमें प्रति वर्ष 2 से 5 करोड़ पेड़ों को काटा जाता है याने 20 हजार हेक्टेयर जंगल का विनाश! यह विनाश मात्र कार्बन-दी-ऑक्साइड की अधिकता से ओजोन

सतह पर प्रतिकूल प्रभाव ही नहीं डालता परन्तु पानी का पुन:चक्रण भी बाधित करता है, बाढ़ की तीव्रता की दर को बढ़ाता है और सामुद्रिक जलीय चट्टानों को पतला करता है; व मिट्टी की उर्वरकता को कम करने के साथ उपयोगी कीट-पतंगों और पक्षियों की उपजातियों को लुप्त भी कर रहा है।

(3) **भुखमरी और कुपोषण–** जब उपजाऊ भूमि को तम्बाकू की खेती के लिए काम में लाया जाता है और खेतिहर व उनके परिवार गरीबी के चलते पोषण हेतु पर्याप्त धन नहीं जुटा पाते हैं, तब भुखमरी और कुपोषण की दरें बढ़ जाती हैं। दुनिया के प्रथम 10 देशों में जहाँ तम्बाकू अधिकता से पैदा की जाती है उनमें से 6 देशों में कुपोषण का प्रतिशत 5% से 27% है। वर्तमान में समूचे विश्व में 53 लाख हेक्टेयर उपजाऊ भूमि पर तम्बाकू की खेती होने के कारण 1 से 2 करोड़ किसान परिवार भुखमरी का सामना कर रहे हैं।

(4) **प्रदूषण–** कुछ आँकड़े पुराने होते हुए भी चौंकाने वाले हैं जैसे अमेरिका में सिगरेट का सम्पूर्ण उपभोग समाप्त करना वहाँ सड़कों पर चलती 40 लाख कारों से वातावरण के प्रदूषण को रोक लेने के समान होगा। वर्ष 1995 में विश्वभर में तम्बाकू उत्पादन से 225 करोड़ किलोग्राम ठोस कचरा और 20.5 करोड़ रासायनिक कचरा उत्पन्न हुआ। अकेली पिछली सदी में 1,000 खरब सिगरेट के पैकेट बनाने में 11,000 करोड़ किलो के बराबर कागज, स्याही, पन्नी, गूंध, इत्यादि, काम में लिया गया। सिगरेट का धुआँ मात्र निष्क्रिय धूम्रपान से इससे होने वाली 10% मृत्युओं (~8 लाख) का कारण ही नहीं हैं, इसमें विद्यमान 172 विषैले पदार्थों को नियंत्रित, हानिकारक, खतरनाक अथवा केन्सरकारक वायु-प्रदूषकों की तरह वर्गीकृत किया हुआ है। इन सबके अतिरिक्त, हर वर्ष उत्पन्न 1160 करोड़ किलो सिगरेट के ठूँठ, ठोस कचरा पैदा करने के अलावा मिट्टी और/या पानी को हानिकारक रसायन अथवा भारी धातु से प्रदूषित कर कई कीटाणुओं या मछलियों की उपजातियों को लुप्त करने के साथ पालतू जीवों और शिशुओं की मृत्यु का भी कारण हैं।

अंत में, यह उचित होगा कि **वातावरण की सुरक्षा व रख-रखाव के लिये दक्षिणी एशिया, विशेषकर भारत में बीड़ी के धूम्रपान व चबाने वाली तम्बाकू को भी संबोधित किया जाये।** इनसे वातावरण को होने वाली हानियों के प्रति सजगता तो बढ़ी है परन्तु इसका औपचारिक आकलन अभी शेष है। संक्षेप में, बीड़ी के धुएँ व इसके ठूठों से उत्पन्न मिट्टी–, पानी– व वायु– प्रदूषण को और चबाने वाली तम्बाकू की पीक थूकने से टी.बी., स्वाईन फ्लू, कोविड-19 (कोरोना), जैसे श्वसन-सम्बन्धी संक्रमणों के अतिरिक्त घर-बाहर को बदरंग करती गन्दगी व इसके पाउचों से निरंतर बढ़ते कचरे को भी शीघ्रता से नियंत्रित करना होगा। तब ही, हम भी जुड़ पायेंगे उस वैश्विक मुहिम से जो तम्बाकू से हो वातावरण को हो रही हानि को समाप्त करने हेतु अब एकजुट है।

धूम्रपान और वायु प्रदूषण: एक-दूजे से अलग क्यों हैं

सर्वोच्च न्यायालय ने देश की राजधानी दिल्ली में इस दीपावली (संदर्भ वर्ष 2018) **पटाखे छोड़ने** पर दो घंटों की **समय-सीमा** तय कर दी। केंद्र सरकार ने इसे **ग्रीन पटाखों के उपयोग** के प्रोत्साहन से जोड़ दिया। किन्तु, जनमानस ने इन दोनों बातों की धज्जियाँ उड़ा दी क्योंकि अगले दिन दिल्ली के अनेक स्थानों पर वायु प्रदूषण का स्तर खतरनाक मिला। विशेषज्ञों द्वारा इसे दिन भर में किसी भी व्यक्ति के द्वारा 8- 20 सिगरेट फूँक लेने के समतुल्य और फेंफड़े के केन्सर को एक अपेक्षाकृत छोटी आयु में पाए जाने के लिए भी इसे एक महत्वपूर्ण कारक माना जा रहा है। तो प्रश्न यह उठता है कि क्या वायु प्रदूषण को धूम्रपान के समतुल्य मान लेना चाहिए? आइये देखें-जानें इस पर कुछ केन्सर- और तम्बाकू- नियंत्रणकर्ताओं की मिलीजुली प्रतिक्रियाएँ:

1. कुछ समय से लगातार बढ़ते वायु प्रदूषण की तुलना धूम्रपान से करी जा रही है। निश्चित रूप से दोनों ही जन-स्वास्थ्य के समतुल्य और महत्वपूर्ण मुद्दे हैं। वातावरण नियंत्रण से जुड़े समूह को धूम्रपान को वायु प्रदूषण से जोड़ना उचित इसलिए लगता है कि ऐसा कर लोगों को वायु प्रदूषण की भयावहता के बारे में आसानी समझाया जा सकता है, विशेषकर भारत जैसे देशों में, जहाँ जनसंख्या के एक बहुत बड़े भाग में शिक्षा का स्तर नीचे है अन्यथा उन तक इससे उत्पन्न हानियों का सन्देश आसानी से नहीं पहुँचाया जा सकेगा। किन्तु, तकनीकी तौर पर इसे सही नहीं कहा जा सकता है क्योंकि तम्बाकू नियंत्रण की समस्या कहीं अधिक बढ़ी और बहुआयामी है;

2. यह तुलना इसलिए भी अनुचित है क्योंकि धूम्रपान से होने वाली हानियाँ जो कि महामारी समतुल्य हैं, समुचित तम्बाकू नियंत्रण प्राप्त करके ही पूरी तरह से रोकी जा सकती हैं। यहाँ पाठकों हेतु यह दोहरा देना उचित जान पड़ता है कि समूचे विश्व में धूम्रपान से प्रतिदिन ~22,000 लोग मर जाते हैं; और, इस सदी के अंत तक इससे मरने वालों की संख्या 100 करोड़ तक पहुँच जायेगी।

3. धूम्रपान, वायु प्रदूषण से इसलिए भी भिन्न है क्योंकि सतत्

धूम्रपान का प्रमुख कारक तम्बाकू में पाये जाने वाला नशीला पदार्थ निकोटिन है। दूसरे शब्दों में इसे यों जान लें कि यदि तम्बाकू में व्यसनी निकोटीन ना हो तो अधिकांश लोग धूम्रपान नहीं करेंगे। किन्तु, क्योंकि यह धूम्रपायियों को, इसके मानसिक- व सामाजिक- कारकों के साथ, शारीरिक स्तर पर चुस्ती-फुर्ती के अनुभव के साथ भूख में कमी और तनाव-मुक्ति भी प्रदान करता है, इसके अधिकांश उपभोगी इसे बिना उचित उपचार के छोड़ भी नहीं सकते हैं;

4. वायु प्रदूषण की समस्या एक सतत वर्ष-दर-वर्ष समस्या नहीं अपितु इसका प्रकोप वर्ष के एक विशिष्ट समयकाल (मौसम) और देश के कुछ भागों में ही (समुचित व्यवस्थाओं के अभाव में) देखने में आता है, जबकि सभी सक्रिय और निष्क्रिय धूम्रपायी पूरे देश भर में हर दिन और दिन में कई बार इसके विषैले धुएँ को सूँघते हैं। अतः एक धूम्रपायी किसी वायु-प्रदूषित शहर को छोड़ इससे मुक्ति पा सकता है किन्तु उसके लिए स्वत: ही धूम्रपान छोड़ना लगभग असंभव होता है;

5. वायु प्रदूषण को धूम्रपान से मापना-आंकना इसलिए भी अनुचित है क्योंकि यह सोच मात्र ही तम्बाकू नियंत्रण हेतु सरकारों के अतिरिक्त गैर-सरकारी संस्थाओं, जन-स्वास्थ्यकर्ताओं और अन्य वैश्विक संस्थानिक भरसक व सुदृढ़ प्रयासों को कमजोर करती है। यह तम्बाकू उद्योग के अस्तित्व को भी सही ठहराती है जिसका अस्तित्व न केवल जन-स्वास्थ्य विरोधी है अपितु मानव-अस्तित्व विरोधी भी है। भारत जैसे देशों के लिए यह विशेषरूप से हानिकारक होगा जहाँ एक अतिरिक्त समस्या चबाने वाली तम्बाकू के उपभोग की विकराल बहुलता भी है;

6. एक और विचारणीय बिंदु है वायु प्रदूषण से प्रदूषित वायु में पाए जाने वाले हानिकारक तत्वों की उपस्थिति। विवेचना के रूप में इसे तैरते कणीय तत्व (**पार्टिकुलेट मेटर-पी.एम.**) की संख्या से बताया जाता है। धूम्रपान की तुलना इनकी प्रतिदिन की संख्या

और समूचे जीवन में इनको सूंघने की मात्रा दो-सौ गुना कम होती है। इसके अतिरिक्त, जहाँ प्रदूषित वायु में सामान्यतया कार्बन-मोनो-ऑक्साइड, कार्बन डाइऑक्साइड, नाइट्रोजन ऑक्साइड व ज्वलनशील आर्गेनिक पदार्थ पाए जाते हैं, धूम्रपान से उत्पन्न धूएँ में 7,000 रसायन होते हैं जिनमें 70 केन्सरकारक भी होते हैं। अतः रासायनिक दृष्टि से भी वायु प्रदूषण की तुलना धूम्रपान से करना अनुचित है;

7. इस तरह की तुलना से पहले से ही भ्रमित जनमानस के और अधिक भ्रमित होने का भय है जो कि यह सोचने लगे कि धूम्रपान वायु प्रदूषण से कम नहीं तो समानरूप से ही हानिकारक है। यह कथन धूम्रपान को आरम्भ करने, उसे करते रहने अथवा सफलतापूर्वक छोड़ने के पश्चात फिर से शुरू करने हेतु तार्किक तौर पर भी काम में लाया जा सकता है, किन्तु यह प्रभावी धूम्रपान नियंत्रण के पिछले सभी प्रयासों को हल्का या निरस्त करने के समान होगा;

8. यह भी जानना-मानना आवश्यक है कि वायु प्रदूषण के सुरक्षित स्तर की जानकारी से इससे बचा जा सकता है किन्तु धूम्रपान से उत्पन्न धुआं जहरीला होने से सर्वथा हानिकारक तो होता ही है, इसकी थोड़ी सी मात्रा को भी सूंघने से जीन-उत्परिवर्तन (म्युटेशन) अथवा जीनोटोक्सिसिटी का खतरा उत्पन्न हो जाता है;

9. अब यदि वायु प्रदूषण के स्त्रोतों का ध्यान करें तो यह वे स्त्रोत हैं जिन्हें हम प्रतिदिन की आवश्यकतापूर्ति के संसाधनों की तरह काम में लाते हैं, उदाहरणार्थ, उद्योग-, मोटर-गाड़ी- अथवा घरों- में काम में लाया गया ईंधन। अतः इनकी हानियों के बावजूद भी हम इनके बिना रह नहीं सकते हैं। इनकी अपेक्षा धूम्रपान हमारे लिए नितांत अनुपयोगी ही नहीं है बल्कि इसके जीवनपर्यन्त उपभोग से हर तीसरे धूम्रपायी की मृत्यु तम्बाकूजनित रोगों से निश्चित है; और,

10. अब तक के वायु प्रदूषण की रोकथाम के अनुसंधानों से यह जाना गया है कि इसका प्रभाव मुख्यतः फेफड़ों पर ही होता है जो कि तात्कालिक और उलटनीय (रिवर्सिबल) है जब कि धूम्रपान की हानियों के आधी सदी के अनुसंधानों से यह तथ्य स्थापित हो चुका है कि यह सिर-से-पाँव तक शरीर को रोगी तो बनाता ही है, इससे हुई हानियों से न तो तात्कालिक अथवा लघुगामी और ना ही दीर्घगामी रूप से निश्चितता के साथ बचाया जा सकता है।

अतः यह नितांत आवश्यक होगा कि **धूम्रपान को वायु प्रदूषण के नियंत्रण के चश्मे से ना देखा जाये।** साथ ही, यह भी आवश्यक होगा कि आंतरिक वायु प्रदूषण (धूम्रपान, घरेलू ईंधन) से प्राथमिकता से बचा जाये क्योंकि हम अपना अधिकांश समय खुले स्थानों की बजाये बंद जगहों में ही व्यतीत करते हैं।

साभार- डॉ. पंकज चतुर्वेदी, उप-निदेशक, टाटा मेमोरियल अस्पताल, मुंबई व डॉ. प्रकाश गुप्ता, निदेशक, हेअलिस सेकसरिया जन-स्वास्थ्य संस्थान, नवी मुंबई।

''अर्थ डे'' यानी तम्बाकू से भी मुक्ति

समूचा विश्व हर वर्ष 22 अप्रैल को अर्थ डे मनाता है। हालाँकि जॉन मेकोनेल वर्ष 1969 में ही यूनेस्को में इसे हर वर्ष 21 मार्च को मनाने हेतु प्रस्तावित कर चुके थे, इसकी औपचारिक शुरुआत वर्ष 1970 में अमेरिकी सांसद, नेल्सन गेथ्लोर्ड के द्वारा हुई थी। इसका कारक बना, उनके देश के एक सूबे सांता बारबरा में एक भारी मात्रा में तेल का बह जाना और उसके अपेक्षित दुष्प्रभाव। वर्ष 1990 में डेनिस हयेस के प्रयासों से इसे वैश्विक स्वरूप मिला; और, अब दुनिया के 192 देश इस दिवस को मानते हैं। वर्ष 2018 में **इसका थीम था** प्लास्टिक से बढ़ते प्रदूषण के प्रति जागरूकता को बढ़ाना और इसको काम में लेने से रोकने की त्वरित आवश्यकता।

यह तो हमें पता है कि तम्बाकू मारक है पर क्या हम इस बात से अब तक अनजान हैं कि **तम्बाकू वातावरण के प्रदूषण का एक प्रमुख कारण भी है।** हालाँकि हम इस विषय को लेख संख्या 64 में भी उठा चुके हैं, आइये कुछ नए तथ्यों और इसके विभिन्न पहलूओं से पुनः जागरूक हों, नई उर्जा और उत्साह के साथ और तम्बाकू नियंत्रण को मजबूती देने हेतु:

वर्ष 2010 में एरिक पिका और शेरील हिल्टन ने मौसम और उर्जा के सन्दर्भ में प्रश्न किया कि तम्बाकू से होती मौतों के बारे में तो हम जानते हैं, परन्तु क्या हम इसके विषैले तत्वों से पारिस्थिकी तंत्र (ईको सिस्टम) को दुष्प्रभावित करने से भी परिचित हैं!? तब वार्षिक तटों की सफाई अभियान ने यह रिपोर्ट किया गया था कि **सिगरेट के 30 लाख ठूंठों से पटे विश्वभर के समुद्री तट कचरे का सबसे बड़ा स्त्रोत है।** धूम्रपायी इन्हें बिना विचारे कहीं पर भी फेंक देते हैं, संभवतः यह मान कर कि तम्बाकू क्योंकि जैविक (ओर्गानिक) है, इसका कूड़ा भी हानिरहित ही होना चाहिए। किंतु, ऐसा बिलकुल नहीं है, क्योंकि इसके विषैले तत्व, निकोटीन, भारी धातुयें और अन्य जहरीले पदार्थ, खाद्य पदार्थों और पानी को प्रदूषित कर पुनः हमें ही हानि पहुँचाते है। इन कीटनाशकों से पक्षियों व अन्य छोटे जानवरों को तो हानि होती है, इनमें उपस्थित रसायनों, उदाहरणार्थ, मिथाइल ब्रोमाइड से ओजोन

सतह का भी नाश होता है।

यह भी सब तथ्य हैं कि: (1) तम्बाकू की खेती मिट्टी की अवनति (डीग्रेडेशन) करती है; (2) इसकी खेती हेतु काम में लिए जाने वाले कीटनाशकों से वातावरण प्रदूषित होता है; और, (3) तम्बाकू को उपभोग-युक्त बनाने हेतु इसे जलाने हेतु लकड़ी की आवश्यकता होती है जिसके लिए जंगलों को काटना पड़ता है। क्योंकि जंगलों के कटने से उत्पन्न हुई पेड़ों की कमी के कारण वातावरण में व्यास कार्बन-डाई-ऑक्साइड की अधिकता को नियंत्रित नहीं किया जा सकता है, **तम्बाकू की उपज और उपभोग वैश्विक उष्णता (ग्लोबल वार्मिंग) का एक महत्वपूर्ण कारक है।**

तम्बाकू दुनिया के 100 देशों में 53 लाख हेक्टेयर उपजाऊ भूमि उगाया जाता है। इनमें से 80 देश विकासशील समूह से हैं- चीन, मालावी, ज़िम्बाब्वे, तंजानिया, इन देशों में प्रमुख हैं। तम्बाकू को जला उपभोग युक्त बनाने हेतु प्रतिवर्ष 20,000 हेक्टेयर भूमि से जंगलों को काटा जाता है। क्योंकि प्रति हेक्टेयर 1,000 से 2,500 पेड़ लगे होते हैं, पेड़ों की प्रकृति के अनुसार, **मात्र तम्बाकू उपभोग हेतु प्रतिवर्ष 20 से 50 लाख पेड़ हर वर्ष काटे जाते हैं।**

तम्बाकू उत्पादकता भी वातावरण के लिए विनाशकारी है। अकेले वर्ष 1995 में ही समूचे वैश्विक तम्बाकू उत्पादन से 2,300 करोड़ किलोग्राम विनिर्माण (मैन्युफैक्चरिंग) कूड़ा और 21 करोड़ किलोग्राम रासायनिक कूड़ा निकला। एक और रोचक किन्तु चिंता करने वाला आँकड़ा भी जानने को मिला- वह यह कि पिछली सदी में दुनिया भर में 10 ट्रिलियन (10 लाख करोड़) सिगरेट के पैकेट फूंके गए। क्योंकि हर खाली सिगरेट के पैकेट का वजन 5 ग्राम होता है, इन सभी पैकेटों में काम आये कागज, स्याही, सिगरेट लपेटने के लिए पारदर्शी पन्नी, फोइल और गोंध से लगभग 5,000 करोड़ किलोग्राम कचरा भी पनपा। इसमें वह कचरा सम्मिलित नहीं है जो कि सिगरेट के ठूंठों से पैदा हुआ जो कि प्राकृतिक तरीके से सड़नशील नहीं है अर्थात यह स्वतः ही प्रकृति में समाहित नहीं होता है। मुझे लगता है यदि भारत

में कभी इस तरह का अध्ययन हो जहाँ **बीड़ी का उपभोग** सिगरेटों से कहीं अधिक होता है तो आंकड़े और भी चौंकाने वाले होंगे।

तो क्या तम्बाकू उपजाने वाला किसान इससे खुशहाल और सम्पन्न है..!? बिल्कुल भी नहीं। जहाँ एक ओर छोटे खेतिहर स्वास्थ्य की हानि, मिट्टी की घटती उर्वरकता और बाल-श्रम जैसे मुद्दों से पीड़ित रहते हैं, तो दूसरी ओर बिचोलियों के रहते, खेती में काम में लिए उर्वरकों व कीटनाशकों पर किये गए खर्च की तुलना में उपज का पूरा मूल्य नहीं मिल पाने से इनको आर्थिक दृष्टि से समतुल्य लाभ भी नहीं मिल पाता है।

फिर भी, किसान तम्बाकू की खेती में जुटा रहता है क्योंकि: (अ) तम्बाकू की पैदावार पर कमाई, चाहे वह कम क्यों ना हो, मिलती अवश्य है; (ब) अन्य कार्यों के लिए आर्थिक सहायता आसानी से उपलब्ध नहीं है; और, (स) इससे शिक्षा और स्वास्थ्य हेतु आवश्यक नकदी मिल जाती है। **अधिकतर तम्बाकू खेतिहर अपने द्वारा किये गए खर्च की अपेक्षा सम्भावित लाभ को अधिक सोच इस दुष्चक्र से निकल नहीं पाते हैं।** यह स्थिति इसलिए भी अधिक बिगड़ती जा रही है क्योंकि **कम- और माध्यम- आय वर्ग के राष्ट्रों की सरकारें भी बजाये किसानों को लाभान्वित करने के, राष्ट्रीय तम्बाकू बोर्डों के माध्यम से तम्बाकू उद्योगपतियों का भला पहले सोचती हैं।**

जब कि तम्बाकू नियंत्रण हेतु अंतर्राष्ट्रीय संधि के परिशिष्ट 17 के अन्तर्गत सदस्य राष्ट्रों को तम्बाकू खेतिहरों को वैकल्पिक व्यवसाय हेतु प्रोत्साहित करना चाहिये, कुछ ही सरकारों ने ऐसा प्रयास किया है। **वैकल्पिक खेती के उदाहरण कई हैं- बाँस, मिर्च, मक्का, चावल, आलू, मूँगफली व काजू की खेती।**

अतः इस लेख से यह तो स्पष्ट हो जाता ही है कि वातावरण को बचाने-बनाये रखने-सुधारने हेतु और **भूमि दिवस (अर्थ डे) की सार्थकता** हेतु सरकारें: (अ) अपने तम्बाकू बोर्डों को निष्प्रभावी-निरस्त कर; (ब) तम्बाकू की खेती को लाइसेंस-युक्त करने के अतिरिक्त; (स) वैकल्पिक खेती के आयामों को प्रोत्साहित करें; और, (द) देश को शीघ्रातिशीघ्र तम्बाकू-मुक्त बनायें।

वातावरण को बचाये रखने का एक और आसान उपाय है, **तम्बाकू-उद्योग मुक्त समाज और जीवन।** इस स्थिति की प्राप्ति के लिए: (1) जो इसे नहीं खाते-पीते हैं, वे इसको सदैव और साहस से ना कहें; (2) जो इसके वर्तमान के उपभोगी हैं, वे इसे शीघ्रातिशीघ्र छोड़ें; और, (3) इसके पूर्व-उपभोगी इसका सेवन फिर से ना करें। फिर ना तो तम्बाकू के नए ग्राहक होंगे और ना ही इसका अस्तित्व व आवश्यकता। भाई, मैं तो सहमत हूँ इस कथन से, पर क्या आप भी हो सकेंगे सहमत इससे..?

बचें तम्बाकू उद्योग से: कमायें करोड़ों, बचायें लाखों जीवन

जीवन सुरक्षा और आर्थिक वृद्धि पर तम्बाकू उपभोग से लगी रोक

विश्व स्वास्थ्य संगठन ने वर्ष 2017 के जनवरी माह में तम्बाकू और तम्बाकू नियंत्रण के अर्थशास्त्र पर एक 700 पेज की रिपोर्ट जारी की। एक बार फिर इस संस्था ने, अपनी मुहीम कमायें अरबों और बचाएं करोड़ों जीवन के अंतर्गत, यह प्रयास किया कि किस प्रकार तम्बाकू नियंत्रण की नीतियों के अंतर्गत तम्बाकू पदार्थों पर कर- और दाम- बढ़ाकर सरकारें स्वास्थ्य और विकास कार्य के लिए अधिक राजस्व प्राप्त कर सकती हैं। परन्तु, यदि ऐसा नहीं किया जा सकेगा तो वैश्विक आर्थिक तंत्र को तम्बाकू उद्योग और उसके मारक तम्बाकू उत्पादक पदार्थों के खाने-पीने से 1,000 अरब डॉलर से भी अधिक हानि उठानी पड़ेगी- स्वास्थ्य सेवा पर खर्च और उत्पादकता की हानि के कारण।

इस रिपोर्ट के अनुसार:

1. **भारी वैश्विक तम्बाकूजनित स्वास्थ्य- और आर्थिक- बोझ को** अधिकता से निम्न- और मध्यम- आय वाले राष्ट्रों को ही उठाना पड़ रहा है, क्योंकि इनमें विश्व की 80% जनसंख्या रहती है जो कि गरीब होने के साथ-साथ असुरक्षित भी है;

2. **वैश्विक संधि- एफ.सी.टी.सी.** के अंतर्गत परिभाषित, प्रमाणित और प्रभावी नीतियों और कार्यक्रमों को अब तक भी पूरी तरह से लागू नहीं किया जा सका है;

3. **तम्बाकू नियंत्रण हेतु मांग- और वितरण-** की नीतियों को और कार्यक्रमों को लागू किये जाने से ना तो आर्थिक व्यवस्थाएं प्रभावित होंगी और ना ही रोजगार की स्थितियाँ। अतः (यह आवश्यक होगा कि) तम्बाकू खेती- और उद्योग- कर्मियों को वैकल्पिक व्यवसाय हेतु प्रोत्साहन और सुविधाएँ दी जायें;

4. **विश्व में अब तम्बाकू उपभोग कम होने लगा है, परन्तु इस कमी में निरन्तरता और वृद्धि आवश्यक है;** अन्यथा, जहाँ यह बढ़ रहा है या इसके बढ़ने की संभावनाएँ हैं, इससे वैश्विक तम्बाकू नियंत्रण के प्रभावित होने का भय है;

5. **वैश्विक तम्बाकू उद्योग का 85% मात्र 5 कंपनियों के पास है-** हालाँकि इसकी प्रमाणिकता उपलब्ध नहीं है, फिर भी यह आशा की जा सकती है कि इनको नियंत्रित कर तम्बाकू उपभोग कम किया जा सकता है।

आइये अब यह जानें कि भारत किस प्रकार से प्रभावित हो रहा है, तम्बाकू उद्योग से ;और, उपाय क्या हो सकते हैं, उसके इससे त्रासदी से बचने के:

1. आज भी, भारत के अंतर्राष्ट्रीय संधि में सम्मिलित होने के 14 वर्षों पश्चात्, इस संधि की सुझाई युक्तियों की पालना सम्पूर्णता से नहीं हो पा रही है। प्रमुख कारण स्वास्थ्य मंत्रालय की प्रतिबद्धता में कमी नहीं है। कमी है, अन्य मंत्रालयों की भागीदारिता की और/या उनके द्वारा तम्बाकू उद्योग के हितों को सुरक्षा प्रदान करते रहना;

2. तम्बाकू की मांग कम करने के तरीकों में सबसे अधिक झोल है:

   (1) **तम्बाकू उत्पादकों पर कर-वृद्धि में-** अब नाकामियों की पुरानी गाथा को छोड़ भी दें तो जी.एस.टी. कौंसिल ने इन्हें उच्चतम कर-सीमा (28%) में ले तो लिया है, परन्तु इसकी प्रभाविकता पर चूक गयी! परिणामवश, सिगरेट और चबाने वाली तम्बाकू सस्ती हो गये और बीड़ी के दाम मात्र 3% ही बढ़े। अब सिगरेट पर तो सेस पुन: बढ़ाया है परन्तु चबाने वाली तम्बाकू और बीड़ी को अछूता छोड़ना लाभकारी नहीं होगा;

   (2) **कोटपा के प्रवर्तन में-** कमजोर तम्बाकू नियंत्रण कानून (कोटपा) के प्रवर्तन की देशव्यापी ढिलाई के कारण तम्बाकू उद्योग की बाजारिक गतिविधियों पर प्रतिषेध असंतोषजनक ही है। राष्ट्रीय- और प्रादेशिक- तम्बाकू कंपनियों ने तो अपने प्रचार-प्रसार व अपनी ब्रांड की पहचान बनाने हेतु अन्य कई क्षेत्रों में घुसपैठ कर इस

कानून को ही लचर और लाचार बना दिया है। साथ ही, इनकी उपभोग बढ़ाने हेतु प्रोत्साहन- और प्रायोजक- गतिविधियों पर सरकारी पकड़ भी ढीली है, जब कि इसे मजबूती मिलनी ही चाहिए थी। परन्तु, यह तब ही हो पायेगा जब प्रवर्तन अधिकारियों पर तम्बाकू व्यापारियों का राजनैतिक प्रभाव समाप्त हो जायेगा;

(3) **सचित्र चेतावनियों को लागू करने में देरी से–** तम्बाकू उद्योग ने पहले तो तम्बाकू पदार्थों की पैकेजिंग पर सचित्र चेतावनियों को लागू करने में रोड़े अटकाये; फिर, इनके आकार का पुरजोर विरोध ही नहीं किया और करवाया किन्तु सरकारी सेंध लगा इन्हें कमजोर भी बनाये रखा; अब भी मात्र दो ही चेतावनियाँ लग पा रही हैं जब कि आवश्यकता यह है कि हर आयु-, सामाजिक- व आर्थिक- वर्ग हेतु, ऑस्ट्रेलिया, थाईलैंड, इत्यादि के समान, इन पर कई चेतावनियों हों;

(4) **सर्वत्र व यथोचित तम्बाकू उपचार दे पाने में–** यह एक और समस्या है क्योंकि वर्तमान के तम्बाकू उपभोगी इसे छोड़ नहीं पा रहे हैं। यह आश्चर्य ही है कि तम्बाकू नियंत्रण की सरकारी मुहिम इसके उपभोग की हानियाँ तो बताती है, परन्तु साथ-साथ इसे छोड़ने के लाभों की जानकारी जनमानस को नहीं देती है। परिणामवश, 60%-70% उपभोगी आज भी इसे आने वाले एक वर्ष में भी छोड़ने का नहीं सोच रहे हैं। इसके अतिरिक्त, चिकित्सकीय प्रतिबद्धता-, तैयारी- या पाबन्दी- की कमी भी दु:खद ही है। साथ ही, तम्बाकू कम्पनियाँ जो कि मात्र अपने मुनाफे के लिए 4,000 से भी अधिक व्यस्क भारतीयों की मृत्यु के लिए जिम्मेदार हैं, इन उपभोगियों से तम्बाकू छुड़वाने हेतु निकोटीन-एवजी (रिप्लेसमेंट) पदार्थों को विज्ञापित भी कर रही हैं। इससे

भी अधिक हास्यापद है कि खुद अपने अस्पताल खोलना- पहले लोगों को रोगी करो; और, बाद में उन्हें खर्चीली स्वास्थ्य सेवा दे उनको और गरीब बना दो। सरकार इस सेवा को, राष्ट्रीय क्विटलाइन (1800-11-2356) के अतिरिक्त, यदि प्रादेशिक मेडिकल हेल्प लाइनों (प्रादेशिक क्विटलाइनों) के माध्यम से नि:शुल्क प्रदान कर पाए तो निश्चित ही जनमानस अपने फ़ोन से अपनी सुविधानुसार कॉल कर सर्वत्र लाभान्वित होगा;

3. **तम्बाकू पदार्थों की तस्करी रोकना–** यह तम्बाकू उपभोग को कम कर जन मानस के स्वास्थ्य और आर्थिक स्तर को सुधारने हेतु इनके वितरण-पक्ष को नियंत्रित करने का एक महत्वपूर्ण तरीका है। परन्तु (अ) भ्रष्टाचार की व्यापकता, (ब) तस्करी को रोकने के प्रति निष्क्रियता अथवा/और (स) कमजोर सीमा-शुल्क सेवा व कर-प्रशासन की उपस्थिति के चलते ऐसा नहीं हो पा रहा है। इसके अतिरिक्त, तम्बाकू उद्योग द्वारा राष्ट्रीय- और प्रादेशिक- सरकारों को कर-वृद्धि से तम्बाकू-तस्करी में बढ़ोतरी का आधारहीन भय बता इस उपाय की उपयोगिता को खोखला तो करता रहा ही है, तस्करी हेतु नित नए तरीकों को काम में भी ला रहा है। अकेले राजस्थान में जहाँ वित्तीय वर्षों 2009-10 से 2014-15 तक तम्बाकू तस्करी से जो राजस्व मात्र 0.657% था, सरकारी चौकसी बढ़ाने से जब वर्ष 2015-16 में उसमें 2167% बढ़ोतरी हुई। अब देखना यह होगा कि जी.एस.टी. की व्यवस्था इसे किस तरह से प्रभावित करेगी!

अत: बेहतर होगा कि उपरोक्त खामियों को दूर करने हेतु, हमारी केंद्र और प्रादेशिक सरकारें, डब्ल्यू.एच.ओ. की थीम जीवन सुरक्षा और आर्थिक वृद्धि पर रिपोर्ट में सुझायी गयी युक्तियों को कार्यान्वित कर, तम्बाकू उद्योग को प्रभावी रूप से नियंत्रित करे। और, बिना उससे किसी भी प्रकार प्रभावित हुए कमायें करोड़ों, बचायें लाखों जीवन।

तम्बाकू पदार्थों की तस्करी का तोड़

तस्करी (अवैध व्यापार) किसी एक घर, भवन, सीमा के पार अथवा जेल के अंदर व्यास कानून अथवा विनियम को तोड़ वस्तुओं, सूचनाओं या लोगों के अवैध परिवहन (लाना अथवा ले जाने) की प्रक्रिया है। औषधियों, युद्ध-हेतु औजारों, मानवीय-तस्करी, कर-चोरी अथवा जेल में कैदियों को निषिद्ध वस्तुएँ पहुँचाने जैसे अवैध व्यापार को करने के कई कारण हो सकते हैं। आइये जाने तम्बाकू पदार्थों के सन्दर्भ में इस समस्या को:

तम्बाकू पदार्थों की तस्करी का बोझ- वैश्विक स्तर पर तम्बाकू पदार्थों की तस्करी स्वास्थ्य और आर्थिक व सुरक्षा चिन्ताओं के लिए एक बड़ा खतरा है। विश्व स्वास्थ्य संगठन की अंतरराष्ट्रीय संधि-एफ.सी.टी.सी. (फ्रेमवर्क कन्वेंशन ऑन टोबेको कण्ट्रोल) के सचिवालय की प्रमुख वेरा लुइज़्ज़ा दे कोस्टा इ सिल्वा के अनुसार:

1. यह अनुमानित है कि समूचे विश्व की सिगरेट व अन्य तम्बाकू पदार्थ का 10% बाजार तस्करी के परिणामस्वरूप उपलब्ध है (याने 68 अरब डॉलर; यूरोमोनिटर के अनुसार वर्ष 2016 में सिगरेटों का वैश्विक खुदरा व्यापार 683.4 अरब डॉलर था);

2. साथ ही, आयातित तम्बाकू पदार्थों के एक तिहाई भाग का व्यापार गैर-क़ानूनी तरीके से होता है जो कि तम्बाकू उपभोग में कमी लाने हेतु किये गए उपायों में एक बहुत बड़ा अवरोध है;

3. क्योंकि तस्करी किया गया पदार्थ, कम दामों पर, युवाओं और समाज के वंचित वर्गों को आसानी से मिल जाते हैं, ये तम्बाकू उपभोग बढ़ाने का एक अति महत्वपूर्ण कारक हैं; और,

4. क्योंकि कमजोर प्रवर्तन के चलते इनको वांछित रूप से विनियमित नहीं किया जा रहा है और ना ही इन पर सचित्र चेतावनियाँ ही उपस्थित होती हैं, इनके संदेही व्यापार को जो कि प्रायः अंतरराष्ट्रीय अपराधी और आतंकी संगठनों द्वारा पैसा जुटाने के लिए किया जाता है, इसे सही-सही आँका भी नहीं जा सका है।

तस्करी में तम्बाकू उद्योग की भूमिका- तम्बाकू पदार्थों की तस्करी में हर स्तर पर होती है- एक छुटभैये (सड़कछाप/मामूली) चोर/अपराधी से ले कर संगठित अपराधी गिरोहों तक। अब यह स्पष्टता से प्रमाणित हो चुका है कि तम्बाकू पदार्थों की तस्करी को संचित करने (बढ़ाने-पालने) में तम्बाकू इंडस्ट्री की भागीदारिता एक सक्रिय सहभागी की ही है। यह इंडस्ट्री कई प्रकार से इन आरोपों से अपना बचाव करती है। एक ओर तो यह इस बात पर जोर देती है कि बिना इसकी भागीदारिता के तम्बाकू पदार्थों के अवैध व्यापार को रोका नहीं जा सकता है, जबकि दूसरी ओर सार्वजनिक स्तरों पर इस अवैध व्यापार को प्रभावी रूप से रोकने की सरकारी व गैर-सरकारी मुहिमों के विकास और स्वीकृति में स्वयं केवल अनेक अवरोध ही नहीं खड़े करती है, अपने समर्थित अग्रणी समूहों के माध्यम से पुरजोर विरोध करवाती है और तम्बाकू नियंत्रण के प्रस्तावों व प्रयोजनों को अधिक-से-अधिक कमजोर करने के प्रस्तावों की स्वीकृति पर जोर देती है। इसका सबसे सटीक उदहारण देखा जा सकता है, एफ.सी.टी.सी. (फ्रेमवर्क कन्वेंशन ऑन टोबेको कण्ट्रोल) की संगोष्ठियों में।

इसके आंतरिक दस्तावेजों से अब यह भी पता लग चुका है कि अपनी ब्रांडों को प्रोत्साहित करने या/और बाजार में अपनी हिस्सेदारी बढ़ाने में इस उद्योग का तस्करी करने या/और करवाने में योगदान कितना बड़ा है। अपने पदार्थों की तस्करी को यह इंडस्ट्री गोपनीय शब्दों जैसे 'कर भुगतान नहीं किया गया है (ड्यूटी नॉट पेड)', 'पारगमन (ट्रांजिट)' या 'सामान्य व्यापार (जनरल ट्रेड)' जैसे शब्दों से इंगित करता है। तम्बाकू इंडस्ट्री की अपने पदार्थों की तस्करी में परोक्ष-अपरोक्ष भागीदारिता, अफ्रीका, एशिया, मध्य-पूर्व, यूरोप और लेटिन अमरीकी देशों में कितनी बड़ी है, यह इसके अपने आंतरिक आलेखों, विभिन्न अदालतों में स्वयं तस्करी से जुड़ाव को स्वीकारने और माननीय अदालतों के निर्णयों से स्पष्ट से जानी जा सकता है। वर्ष 2004 से अब तक विश्व की चार प्रमुख तम्बाकू कम्पनियों ने यूरोप और कनाडा में सिगरेट की तस्करी के मामलों में

कई अरबों डॉलर दंड-राशि और मामले के निस्तारण या/और अदायगी के रूप में चुकाये हैं; और, अभी भी इसकी तस्करी में संलिप्तता (जुड़ाव) के कई मामले दुनिया के इसकी अनेक देशों की अदालतों में लंबित हैं। मूल रूप से तम्बाकू उद्योग का व्यवहार इसकी अनेक गतिविधियों के समान तस्करी में भी विरोधाभासी ही है- चोरी-छुपे तस्करी को बढ़ावा देने के साथ-साथ राष्ट्रीय व अंतरराष्ट्रीय मंचों पर तम्बाकू की तस्करी को रोकने का पुरजोर समर्थन और इसके प्रति अपनी अटूट प्रतिबद्धता (जो कि वास्तव में एक दिखावा मात्र ही होता है!)।

तम्बाकू पदार्थों की तस्करी का नियंत्रण- इस संदर्भ में एफ.सी.टी.सी. के अनुच्छेद 15 को जानना अति आवश्यक है। इस अनुच्छेद के अनुसार 'सभी सदस्य राष्ट्रों को तम्बाकू पदार्थों के अवैध व्यापार को, जिसमें तस्करी, अवैध उत्पादकता और जालसाजी (नकली माल/काउन्टरफ़िटिंग) सम्मिलित हैं, पूरी तरह से समाप्त करने के प्रावधानों को काम में लेने को कहा गया है'। इस सन्दर्भ में विश्व स्वास्थ्य संगठन की तत्कालीन प्रमुख मार्गरिट चेन ने एक विशिष्ट वैश्विक मुहिम- 'तम्बाकू पदार्थों के अवैध व्यापार को संधि लागू किए जाने के अगले पाँच वर्षों में समाप्त करने हेतु प्रोटोकॉल (आई.टी.पी.)' को नवम्बर 2012 में पाँचवी कॉप में एक 'गेम चेंजिंग संधि' के रूप में आरंभ किया गया और इसको लागू करने की सभी आवश्यकताओं को पूरा करने के 90 दिनों के पश्चात सितम्बर 2018 में कार्यान्वित कर दिया गया। इसके निर्धारित उद्देश्य थे- तम्बाकू पदार्थों की तस्करी और नकल को रोकने हेतु एक अंतरराष्ट्रीय ट्रैकिंग (निगरानी) और ट्रेसिंग (अनुरेखण) तंत्र स्थापित करना ताकि अंतरराष्ट्रीय सहभागिता से ऐसे उपाय/तरीके काम में लाये जा सकें कि क़ानूनी प्रवर्तन के साथ-साथ इन पर नजर भी रखी जा सके और

उनकी उपस्थिति के स्थान का पता भी लगाया जा सके। भारत सहित 40 देशों की सरकारों ने इस प्रोटोकॉल को अनुमोदन जून 2018 तक कर दिया था और यूरोपीयन कौंसिल व कई अन्य देशों के द्वारा ऐसा किए जाने की आशा थी; सितम्बर 2020 तक 61 देश इससे जुड़ गए हैं। इसके अनुसार सभी तम्बाकू उत्पादकों, एजेंटों, वितरकों और विक्रेताओं को तम्बाकू व्यापार/विक्रय हेतु लाइसेंस लेना होगा और यह सुनिश्चित करना होगा कि वे ही इसके असली व्यापारी हैं और उनका किसी अपराधी संगठन के साथ कोई सम्बन्ध नहीं है। सितम्बर वर्ष 2021 इन सभी देशों को तम्बाकू या तम्बाकू पदार्थों के उत्पादन और/या विनियम पर संधि में समाहित 47 परिच्छेदों के अनुसार सभी प्रभावी नियंत्रण के क़दम उठाने होंगे (https://tobaccotactics.org /wiki/illicit-trade-protocol-itp/)।

यह भी जान लें कि तम्बाकू के प्रभावी नियंत्रण में तम्बाकू उद्योग ना कभी भागीदार था और ना ही होगा। इसे तम्बाकू नियंत्रण की गोष्ठियों में परोक्ष-अपरोक्ष रूप से भागीदारिता करने हेतु इसलिए भी आमंत्रित नहीं किया जाना चाहिए क्योंकि (ना बुलाने पर भी, छद्म रूप से) यह केवल अपना लाभ अर्जित करने हेतु गोष्ठी के निर्णयों को प्रभावित ही नहीं करता है, अपितु विनियमों (रेगुलेशन) के प्रावधानों को या तो लागू नहीं होने देता है अथवा उन्हें यथा संभव कमजोर करने के प्रयास करता है। कॉप 8 जो कि वर्ष 2018 के अक्टूबर माह में जेनेवा, स्विटजरलैण्ड में आयोजित की गयी थी, में भी यह आशंका थी। अंत में, **क्योंकि तस्करी एक क्रॉस-बॉर्डर (प्रादेशिक- राष्ट्रीय- या अंतरराष्ट्रीय- सीमाओं से जुड़ा) मुद्दा है जो कि कोई भी सरकार अकेले नहीं सुलझा सकती है, सभी को इसको समाप्त करने हेतु सक्रिय सहभागिता निभानी होगी।**

लेख संख्या : 69

तम्बाकू नियंत्रण में प्रतिकूलता (कोन्फ़्लिक्ट ऑफ़ इंटरेस्ट)

प्रतिकूलता याने कोन्फ़्लिक्ट ऑफ़ इंटरेस्ट (सी.ओ.आई.), एक ऐसी स्थिति है जिसमें सरकार अथवा उसके प्रतिनिधि/ अधिकारी/संस्थाओं के निर्णय उनकी व्यक्तिगत रूचि से प्रभावित होते हों। क्योंकि तम्बाकू उद्योग/व्यापार का ध्येय केवल लाभ अर्जित करना ही होता है, इसमें प्रतिकूलताओं की संभावनाएँ भी अत्यधिक हैं। अतः इस विषय की वृहदता और इसके जनस्वास्थ्य के पहलू की गंभीरता में सोचे-देखे-समझे जाने की आवश्यकता महत्वपूर्ण भी प्रतीत होती है और सामयिक भी।

तम्बाकू नियंत्रण के सन्दर्भ में प्रतिकूलता को यूँ परिभाषित किया जा सकता है- तम्बाकू नियंत्रण में एक संस्था, जन-अधिकारी अथवा परामर्शदाता द्वारा प्रदत्त जनहित की सेवा (पब्लिक ड्यूटी) में प्रतिकूलता अथवा विरोधाभास (मेल न खाना) जो कि उनकी सेवा में तम्बाकू नियंत्रण के प्रति निहित ड्यूटी और जिम्मेदारी को निभा पाने को अनुचित रूप से प्रभावित करती है। यह उन परिस्थियों में होगी जब अधिकारी/संस्था द्वारा ड्यूटी के निर्वहन में पक्षपाती होने की संभावना हो। और, तब भी, जब कि उसका परिणाम अनैतिक अथवा अनुचित ना हो। यहाँ यह भी उल्लेखित कर लेना चाहिए कि **सरकारी स्तर पर केवल व्यक्ति/संस्था ही नहीं अपितु नीतियाँ भी प्रतिकूलता उत्पन्न कर सकती हैं**, विशेषकर स्थूल-स्तर पर नीतिगत प्रतिकूलता, मध्यम- व निचले- स्तर पर भी प्रतिकूलताओं को बढ़ावा देंगी। **इसका सबसे उचित उदाहरण टोबेको बोर्ड है**- यहाँ तम्बाकू व्यवसाय को बढ़ावा देने हेतु **सरकारी अधिकारियों और तम्बाकू उद्यमियों का मिलना** कई बार तो एक सप्ताह में भी एक-से-अधिक बार हो जाता है जबकि **विश्व स्वास्थ्य संगठन की तम्बाकू नियंत्रण हेतु अंतरराष्ट्रीय संधि (एफ़.सी.टी.सी.)** के अनुच्छेद 5.3 के अनुसार इनके बीच में मिलना कम-से-कम होना चाहिए और वह भी पूरी पारदर्शिता के साथ ही!

यहाँ **तम्बाकू उद्योग** को भी परिभाषित कर लेना उचित होगा जिसमें सभी तम्बाकू उत्पादक, खेतिहर (किसान), आपूर्तिकर्ता (सप्लायर्स), संसाधक (प्रोसेसर्स), वितरक, खुदरा विक्रेता और सम्बद्ध उत्पादों को सम्मिलित किया जाता है। भारत में गैर-धूम्रपायी तम्बाकू (मूलतः चबाने वाली तम्बाकू) का सेवन सबसे अधिकता से होता है, जिसके बाद बीड़ी, और अन्त में सिगरेट सबसे कम पी जाती है। बीड़ी उद्योग एक अत्यधिक वृहद अनौपचारिक क्षेत्र है, जिसके बारे में सार्वजनिक तौर पर जानकारी की उपलब्धता सीमित है।

बेंगलारु स्थित इंस्टिट्यूट ऑफ़ पब्लिक हेल्थ (आई.पी.एच.) व पद्मश्री इंस्टिट्यूट ऑफ़ पब्लिक हेल्थ के सहकर्मियों ने इस विषय पर एक खोजी अध्ययन वर्ष 2015 में टोबेको कण्ट्रोल जर्नल में प्रकाशित किया। इनके अनुसार **भारत में वर्ष 2011 से वर्ष 2014 तक तम्बाकू नियंत्रण के क्षेत्र में जो 100 प्रतिकूलतायें** (1) अख़बारों में छपी खबरों, (2) तम्बाकू उद्योग के दस्तावेजों, (3) साँसदों द्वारा अधिघोषित सम्पतियों, (4) सूचना के अधिकार से प्राप्त जानकारियों और (5) संसद में पूछे गए प्रश्नों के विश्लेषण से **प्राप्त हुईं**, उन्हें निम्न प्रकार से वर्गीकृत किया गया:

(1) **तम्बाकू उद्योग का जनसमर्थन**- इसके उदाहरण हैं (1) भारत के पूर्व राष्ट्रपति का तम्बाकू उद्योग की सहभागिता से प्रायोजित पुरूस्कार समारोह में भागीदारिता (सी.आई.आई.- आई.टी.सी. सस्टेनेबिलिटी अवार्ड्स); (2) आई.टी.सी. के फाउंडर-चेयरमैन को पद्मभूषण से सम्मानित करना; और (3) एक गुटका कंपनी के मालिक को भारत के एक पूर्व प्रधानमंत्री द्वारा नेशनल सिटिजन अवार्ड से सम्मानित करना;

(2) **तम्बाकू उद्योग में सहभागिता अथवा मालिकाना हक़**-इस वर्ग में सम्मिलित हैं: (1) तत्कालीन भारत के सरकार के एक प्रमुख मंत्री को एक बीड़ी कंपनी में निदेशक होने के पश्चात् भी तम्बाकू उत्पादों पर सचित्र चेतावनियों पर स्थापित मंत्रियों के एमपावर्ड ग्रुप का सदस्य बनाना; (2) आई.टी.सी. के प्रथम दस शेयरधारकों में से 6 कंपनियों का पब्लिक सेक्टर से होना; (3) केंद्र व कुछ प्रादेशिक सरकारों द्वारा तम्बाकू उत्पाद को

प्रोत्साहन देने हेतु कम्पनियाँ अथवा/और अनुसंधान केंद्र को चलाना, जैसे केन्द्रीय तम्बाकू अनुसंधान केंद्र, इत्यादि;

(3) **तम्बाकू उद्योग के साथ मानवीय संसाधनों की साझेदारी-** इसके उदाहरण हैं: (1) आई.टी.सी. के चेयरमैन का रिज़र्व बैंक ऑफ़ इण्डिया के बोर्ड में वर्ष 2012 से सदस्य होना; (2) एक संवैधानिक संस्था (बीमा नियामक और विकास प्राधिकरण) के सदस्य का आई.टी.सी. लिमिटेड के बोर्ड में सदस्य बनना; और, (3) तम्बाकू निर्यातक/ सुपारी व्यवसायी को इन्हीं उत्पादों पर स्थापित संसदीय परामर्श कमेटियों का सदस्य बनाना;

(4) **तम्बाकू उद्योग के साथ साझेदारी/समझौता-** इसमें प्रमुख हैं: (1) बेंगलुरु म्युनिसिपल कारपोरेशन जो कि तम्बाकू नियंत्रण कानूनों को लागू करने हेतु अधिकृत है उसके द्वारा जीरो गार्बेज प्रोजेक्ट में आई.टी.सी. से सहभागिता; (2) मेघालय सरकार द्वारा प्रदेश में सीमेंट प्लांटों को स्थापित करने के लिए चबाने-वाली तम्बाकू का उत्पाद करने वाली देश की एक प्रमुख कंपनी (धर्मपाल सत्यपाल समूह) से साझेदारी; (3) इंडियन आयल लिमिटेड, जो कि एक पब्लिक सेक्टर कंपनी है, का गोड्फ्रे फिलिप्स इंडिया के साथ 24×7 बिक्री केन्द्रों को चलाने का अनुबंध जहाँ यह सिगरेट कंपनी अपने उत्पाद भी बेच सकेगी;

(5) **प्रतिकूल नीतियाँ-** इसके उदाहरण हैं: (1) भारत सरकार के वाणिज्य और व्यापार मंत्रालय के अधीन इंडियन टोबेको बोर्ड, तम्बाकू उद्योग को बढ़ावा देने हेतु, एक संवैधानिक संस्था है; इसके अधिनियम के नियम 8(1) के अनुसार यह बोर्ड की ड्यूटी है कि भारत सरकार के नियंत्रण में वह तम्बाकू उद्योग को प्रोत्साहित करने हेतु उन सभी तरीकों को काम में ले जिनसे इस उद्योग का विकास होता रहे; (2) भारत सरकार के सूचना और प्रसारण मंत्रालय ने विज्ञापनों में ब्रांडों को बढ़ावा देने हेतु जो नियम प्रकाशित किये हैं, वे मूलतः तम्बाकू उत्पादों के छद्म विज्ञापनों को बढ़ावा देते हैं; (3) कम्पनीज एक्ट 2013 के नियम 135 के अंतर्गत बड़ी कंपनियों की कॉर्पोरेट सोशल रेस्पोंसिबिलिटी (सी.एस.आर.- कॉर्पोरेट सामाजिक दायित्व) में उनकी भागीदारिता व नियमित रिपोर्ट की आवश्यकता निहित है। जहाँ एफ.सी.टी.सी. के अनुच्छेद 5.3 में ऐसी गतिविधियों के नियमन और उलटने की आवश्यकता अनुशंसित की गयी हैं, तम्बाकू उद्योग की सी.एस.आर. में भागीदारिता, जनस्वास्थ्य के ध्येयों के साथ मूलभूत रूप से प्रतिरोधी हैं; और,

(6) **तम्बाकू उद्योग को अनुदान और प्रोत्साहन-** इनके अंतर्गत: (1) भारत के टोबेको बोर्ड ने फ्लू-क्युर्ड विर्जिनिया तम्बाकू की पैदावार-वृद्धि के लिए मात्र वर्ष 2012-13 में 3.73 करोड़ रु. अनुदानित किये; (2) केन्द्रीय आबकारी शुल्क अधिनियम, 1985 के अंतर्गत 2 लाख-से-कम के बीडियों के उत्पादन पर निर्माताओं को पूरी छूट दे रखी है; और, (3) वर्ष 2013 में आंध्र प्रदेश की तत्कालीन सरकार ने तम्बाकू खेतिहरों को आई.टी.सी. से मशीनों की खरीद हेतु 50% अनुदान देना स्वीकृत किया।

अतः निश्चित ही, जनस्वास्थ्य और तम्बाकू नियंत्रण की प्राथमिकताओं को ध्यान में रखते हुए सरकार के हर मंत्रालय को अपनी सभी नीतियों, कार्यक्रमों और कार्यकलापों में उपरोक्त और उनके समान सभी प्रतिकूलताओं से बचने की आवश्यकता भी है और उसका कर्तव्य भी। यह तब ही हो सकेगा जब केन्द्र व प्रादेशिक सरकारें एफ.सी.टी.सी. के अनुच्छेद 5.3 को तत्परता, ईमानदारी व पारदर्शिता के साथ शीघ्रताशीघ्र लागू कर सकें (नोट - कृपया अगला लेख अवश्य पढ़े)।

तम्बाकू नियंत्रण- अनुच्छेद 5.3 जल्दी लागू हो

विश्व स्वास्थ्य संगठन की अंतर्राष्ट्रीय संधि- फ्रेमवर्क कन्वेंशन ऑन तंबाकू कण्ट्रोल (एफ.सी.टी.सी.) के अनुच्छेद 5.3 के अनुसार हर सदस्य राष्ट्र को तम्बाकू नियंत्रण सम्बंधित जनस्वास्थ्य की नीतियों को, तम्बाकू उद्योग के व्यावसायिक व अन्य निहित स्वार्थों (लाभों) से, राष्ट्रीय कानून के अनुसार सुनिश्चितता से सुरक्षित करना होगा, क्योंकि तम्बाकू उद्योग की रुचियाँ (इसे स्वार्थ भी पढ़ सकते हैं) जनस्वास्थ्य की नीतियों के हितों के बीच एक मूलभूत और (कभी न पट सकने वाला) बेमेल द्वन्द (कोनफ्लिक्ट याने टकराव) है।

क्योंकि भारत सरकार ने वर्ष 2004 में ही इस संधि को सत्यापित कर दिया था, उसके लिए एफ.सी.टी.सी. के एक सदस्य राष्ट्र के तौर पर यह आवश्यक हो जाता है कि वह इस संधि के अनुच्छेद 5.3 की अनुशंसाओं 4.9 और 8.3 को भी उचितता से लागू करे।

यहाँ पाठक यह जान लें कि:

1. **अनुशंसा 4.9** के अंतर्गत, कॉन्फ्रेंस ऑफ़ पार्टीज (सी.ओ.पी./कॉप) के निर्णयों के अनुसार, तम्बाकू उद्योग अथवा अन्य कोई भी ईकाई जो कि उसके स्वार्थों को बढ़ावा देती हों, उसे कॉप, इसकी मातहत ईकाइयों या अन्य कोई भी ईकाई (जो कि कॉप के निर्णयों के अनुसार स्थापित की गयी है) की मीटिंगो में भाग लेने हेतु अनुमोदित नहीं करेंगी; और,

2. सदस्य राष्ट्रों को यह भी सुनिश्चित करना होगा कि वे राष्ट्रीय (प्रादेशिक)- तम्बाकू उद्योग के प्रतिनिधियों को कॉप, इसकी मातहत ईकाइयों या अन्य कोई भी ईकाई (जो कि कॉप के निर्णयों के अनुसार स्थापित की गयी है) की मीटिंगों में उसके (राष्ट्रीय) दल के प्रतिभागी के तौर पर सम्मिलित नहीं करेगा।

भारत की उपरोक्त सन्दर्भों में सीमिततायें यह हैं कि उसने अनुच्छेद 5.3 को लागू करने हेतु कोई विशिष्ट कानून अब तक नहीं बनायें हैं। इसके अतिरिक्त, भारत सरकार के (अ) स्वास्थ्य मंत्रालय के तम्बाकू नियंत्रण के कानून और (ब) कॉमर्स और उद्योग मंत्रालय के मातहत कार्यरत भारतीय तम्बाकू बोर्ड (आई.टी.बी.- जो कि तम्बाकू की प्रगति को प्रोत्साहित करता है) की नीतियों के बीच एक विरोधाभास है. अतः इस परिस्थिति से निपटने-उभरने हेतु कुछ स्वयंसेवी संस्थाओं ने स्वास्थ्य मंत्रालय को एक प्रालेख भेजा है. इसके अनुसार, वर्तमान की स्थिति और उससे निपटने हेतु कारगर उपाय इस प्रकार है:

(1) वर्तमान की स्थिति:

1) हालाँकि तम्बाकू उद्योग भारत सरकार की नीति-निर्धारण में परोक्ष रूप से भागीदार नहीं है, किन्तु ऐसा यह अपरोक्ष रूप से अन्य मंत्रालयों में कार्यरत सम्बद्ध संस्थाओं के माध्यम से कर लेता है, उदाहरणार्थ, तम्बाकू की खेती को प्रोत्साहन, बीड़ी पर जी.एस.टी. के अंतर्गत सेस ना लगने देना, बीड़ी उत्पादकों को कर में राहत, इत्यादि;

2) तम्बाकू उद्योग द्वारा सी.एस.आर. (कॉर्पोरेट सोशिअल रेस्पोंसिबिलिटी) के अंतर्गत, गैर-सरकारी संस्थाओं को प्राथमिक शिक्षा, ई-चौपाल, स्वच्छता परियोजनाओं, स्वास्थ्य, इत्यादि, को प्रोत्साहित करने वाली गतिविधियों हेतु अनुदान;

3) तम्बाकू खेतिहरों और बीड़ी व्यवसाय लाभार्थ विभिन्न राहत और अन्य सहायता;

4) राष्ट्रीय और प्रादेशिक मंत्रियों, सांसदों और विधानसभा के सदस्यों का तम्बाकू उद्योग से अवांछित जुड़ाव और उसको प्रोत्साहित करती गतिविधियों में इनकी भागीदारिता;

5) राष्ट्रीय स्तर पर उन नियम-कानूनों का अभाव जो कि सरकारी अधिकारियों और तम्बाकू उद्योग के बीच हो रही मीटिंगों को पारदर्शिता से सूचित करें;

6) किसी भी ऐसे कानून का अभाव जो कि अधिकारियों अथवा अन्य संस्थाओं को तम्बाकू उद्योग से किसी सहायता/अनुदान (आर्थिक व अन्य) लेने से रोकता हो; और,

लेख संख्या : 70

7) हालाँकि सात प्रदेशों और दो जिलों तमिलनाडू, बिहार, पंजाब, मिजोरम, हिमाचल प्रदेश, जम्मू-कश्मीर, महाराष्ट्र, दार्जीलिंग (पश्चिमी बंगाल) और उडुपी (कर्नाटक) ने अनुच्छेद 5.3 के दिशानिर्देशों को लागू करने का अध्यादेश अधिसूचित भी कर दिया है, अब तक इस अनुच्छेद हेतु राष्ट्रीय दिशानिर्देश नहीं बनाये गए हैं।

(2) निपटने के उपाय जो कि राष्ट्रीय स्तर पर अनुच्छेद 5.3 को मजबूती से लागू किया जा सकते हैं, वे हैं:

1) गैर-स्वास्थ्य मंत्रालयों और संबद्ध प्रादेशिक विभागों को तम्बाकू पदार्थों के व्यसनी और हानिकारक स्वरूप एवं **तम्बाकू उद्योग के हस्तक्षेप की व्यापकता से जानकारी दी जाये** ताकि उनमें कार्यरत लोगों को यह पता चल सके कि किस प्रकार तम्बाकू उद्योग अनुसंधानकर्ताओं और संस्थाओं के माध्यम से उसके विरुद्ध प्रमाणित- स्थापित तथ्यों और रिपोर्टों को झुठलाने हेतु अनुदानित करता है;

2) **तम्बाकू उद्योग अपनी मित्र-संस्थाओं, अग्रणी समूहों या तृतीय-पक्ष** के द्वारा और अपने धन-बल से अधिकारियों तक पहुँच जनहित की नीतियों में हस्तक्षेप करता है। अतः **सभी सम्बद्ध जनप्रतिनिधियों और अधिकारियों को इनके मेल-मिलाप से सर्वथा दूर रहना चाहिए.** और, यदि, इनसे मिलना आवश्यक हो ही जाये तो इन जनप्रतिनिधियों और अधिकारियों हेतु एक **आचरण-संहिता** स्थापित हो, इनकी **मीटिंगों को पारदर्शिता से** सार्वजनिक रूप से **सूचित किया जाये;**

3) तम्बाकू उद्योग, **अधिकारियों को महँगे** उपहारों, उपकारी अनुदानों, इत्यादि, से आकर्षित कर प्रभावित करता है। सरकारों को भी **चाहिए कि वे ऐसे किसी भी लालच/योगदान को साहस से नकार दें;** और, किसी भी सरकारी संस्था/कर्मचारी द्वारा जिसका तम्बाकू उद्योग से कोई भी (कैसा भी) सम्बन्ध है, उसे कोन्फ्लिक्ट ऑफ़ इंटरेस्ट के अंतर्गत स्पष्टता से बताया जाये;

4) तम्बाकू उद्योग, संयुक्त राष्ट्र के कई कार्यक्रमों और गैर-सरकारी संस्थाओं से, गैर-स्वास्थ्य के मुद्दों पर सम्बन्ध स्थापित करने हेतु प्रयासरत रहता है। फिर, इससे उसे या उसकी गतिविधियों को मिली विश्वसनीयता का दुरूपयोग, वह तम्बाकू नियंत्रण की नीतियों के विरोध में काम में लेता है। अतः गैर-सरकारी **संस्थाओं के लिए भी यह आवश्यक है कि वे तम्बाकू उद्योग या उसको समर्थित ईकाइयों से दूरी बनाये रखें।** साथ-ही, यदि मुद्दा स्वास्थ्य-सम्बन्धी ना भी हो तब भी तम्बाकू इंडस्ट्री के साथ किये किसी भी वार्तालाप/विचार-विमर्श की नियमितता से निगरानी हो;

5) **तम्बाकू उद्योग की सामाजिक उत्तरदायित्व वाली गतिविधियों को असामान्य माना-जाना-पहचाना जाये** क्योंकि जनमानस और सरकार में इसकी अपनी विश्वसनीयता बनाये रखने के छद्म-भेष में यह अपने व्यावसायिक लाभों और पदार्थों के उपभोग को प्रोत्साहित करता है;

6) तम्बाकू ही एक ऐसा व्यवसायी क्षेत्र (सेक्टर) है जो कि इसके उगाने, (बीड़ी) रोलिंग और उत्पादन (अनौपचारिक घरेलू व्यवसाय के रूप) व उपभोग तक लाभकारी बना रहता है। क्योंकि इसके द्वारा दिए गया प्रोत्साहन और सब्सिडी (छूटें/रियायतें) इसके लाभार्थियों (खेतिहरों, बीड़ी बनाने वाले ग्रामीण परिवार, उपभोगी) तक अधिकांशतः नहीं पहुँचती पाती हैं, **इसे कोई भी छूट या टैक्स में राहत नहीं मिलनी चाहिए;**

7) अनुच्छेद 5.3 के राष्ट्रीय दिशानिर्देशों को तात्कालिक रूप से निर्धारित व लागू किया जाये ताकि समूचे देश में कहीं भी होने वाले इसके उल्लंघन को त्वरितता के साथ निपटाया जा सके.

अंत में, यह अति आवश्यक है कि स्वास्थ्य मंत्रालय/विभाग के अतिरिक्त अन्य मंत्रालय/विभाग के अधिकारी/कर्मचारी भी अनुच्छेद 5.3 के सभी पक्षों पर इसके महत्व को जान लें ताकि वे तम्बाकू उद्योग की स्वार्थपरक चालों से सुरक्षित रह पायें।

तम्बाकू उद्योग के कड़वे सच/बेशर्म झूठ (भाग 1)

कथनी-करनी में रात-दिन कर फर्क

इस लेख के मूल बिंदु पर आने से पहले पाठक यह जान लें कि तम्बाकू उद्योग जो समूचे विश्व में लगभग ~80 लाख से अधिक और भारत में ~15 लाख वार्षिक मृत्युओं के लिए जिम्मेदार हैं, उसमें कौन-कौन सम्मिलित है। तो, **जो भी व्यक्ति और कम्पनियाँ, तम्बाकू और इसके पदार्थों की पैदावार, उत्पादन, पैकेजिंग, क्रय-विक्रय, वितरण, विज्ञापन और उन्नति/प्रोत्साहन/समर्थन से जुड़ी हैं, वे तम्बाकू उद्योग का हिस्सा हैं।**

वैसे तो लेख के शीर्षक में कडवा सच शब्दों का उपयोग यह इंगित करता ही है तम्बाकू खाने-पीने के साथ कुछ तो गड़बड़ है, परन्तु कितनी बड़ी यह गड़बड़ है, आइये जाने, स्वयं तम्बाकू उद्योग के आंतरिक दस्तावेजों से खुले उसके अनकहे सचों से- उसकी अब तक की कारगुजारियों के बारे में:

1. **धूम्रपान और स्वास्थ्य:** हालाँकि तम्बाकू उद्योग सार्वजानिक रूप से (मुख्यतः वैश्विक सिगरेट कम्पनियाँ) सार्वजानिक तौर पर यह अब तक भी अस्वीकार करता रहा है कि धूम्रपान से केन्सर होता है, इन्हें **सन् 1950 के दशक से तम्बाकू के केन्सरकारक होने की जानकारी है;**

2. **निकोटीन और व्यसन:** अब से कुछ समय पहले तक तम्बाकू उद्योग अपने पदार्थों की व्यसनशीलता को नकारता रहा। बड़ी चालाकी से इसने अपनी व्यसनशीलता की परिभाषा की व्यापकता को बढ़ाते हुए उसमें रोजमर्रा की खरीददारी और इन्टरनेट उपयोग को भी सम्मिलित कर लिया। परन्तु, आंतरिक रूप से इसे 1960 के दशकों से पता है कि इसके उत्पादों (तम्बाकू पदार्थों) को बेचने में महत्वपूर्ण गुणक है इसके ग्राहकों की रासायनिक निर्भरता। **यह एक तथ्य है कि यदि तम्बाकू में व्यसनी निकोटीन नहीं होता तो तम्बाकू उद्योग नहीं होता;**

3. **बच्चों (अवयस्कों) को तम्बाकू पदार्थों की बिक्री:** तम्बाकू कम्पनियाँ ये भी दावा करती हैं कि ग्राहकी बढाने हेतु बच्चे (अवयस्क) उनका लक्ष्य कभी नहीं रहे। परन्तु उनके दस्तावेजों से यह स्पष्ट हो गया कि **युवाओं में तम्बाकू पदार्थों की बिक्री उनका महत्वपूर्ण विपणन (मार्केटिंग) बिंदु है।** एक तरह से यह उनका जूनून है, और चिंता और तल्लीनता भी, कि कैसे बच्चों को तम्बाकू उपभोग से जोड़ा जाये- अभी हाल ही का भारत का उदाहरण देख लें तो पता लगेगा कि किस प्रकार इस देश की सबसे बड़ी सिगरेट कंपनी ने चेन्नई और अन्य कई शहरों के स्कूली विद्यार्थियों की कापियों पर एक शक्तिवर्धक पदार्थ के विज्ञापन को प्रायोजित-समर्थित किया है;

4. **तम्बाकू कंपनियों के विज्ञापन:** ये दावा करती हैं कि इनके विज्ञापन मात्र इनके ब्रांडों की बाजार में उपस्थिति हेतु ही दिए जाते हैं और इनसे तम्बाकू उपभोग नहीं बढ़ता है। इन कम्पनियों की आंतरिक स्थिति स्पष्ट है कि **तम्बाकू पदार्थों के विज्ञापन का महत्वपूर्ण उद्देश्य और लक्ष्य युवाओं में इन पदार्थों के उपभोग को बढ़ाना होता है।** परन्तु वे इसे गलत तरीके से उनके उपभोग को जीवन के सकारात्मक मूल्यों जैसे मर्दानगी, बुद्धिमता, सफलता, आकर्षण, शारीरिक ताकत, इत्यादि, को बनाने अथवा बढ़ाने से जोड़ कर दिखाती हैं। अब जब से परोक्ष विज्ञापनों पर रोक लग गयी है, इन कंपनियों ने अपरोक्ष विज्ञापनों को अपना हथियार बना लिया है। राजस्थान की एक प्रादेशिक तम्बाकू कंपनी तो अपनी ब्रांड का प्रचार-प्रसार सांस्कृतिक-आध्यत्मिक कार्यक्रमों के आयोजन, पापड़ व नमकीन बना कर रही है, तो राष्ट्रीय सिगरेट कम्पनियाँ इस हेतु सौन्दर्य प्रसाधन, बिस्किट, रेडीमेड कपड़ों, इत्यादि, जैसे उत्पाद बना अथवा होटल उद्योग में जुड़ उनके विज्ञापनों का सहारा ले रही है;

5. **सिगरेट की संरचना:** सिगरेट कम्पनियाँ धूम्रपान को बढावा देने हेतु कई प्रकार की सिगरेटों को समय-समय पर चलन में लाती रहती हैं- फ़िल्टर सिगरेट से हुई शुरुआत के बाद स्लिम सिगरेट, मेंथोल या अन्य आकर्षक गंधों से युक्त सिगरेट या कम टार

वाली सिगरेट बाजार में, इसे स्वस्थता से जोड़ कर लाती रही है, जबकि **इनका मूल उद्देश्य निकोटीन के व्यसन को धूर्तता-पूर्व बनाये रखना अथवा बढ़ावा देना ही रहा है।** यथार्थ में, ये सिगरेटों को औषधि (व्यसन) की डिलीवरी का माध्यम-मात्र ही मानती हैं;

6. **निष्क्रिय धूम्रपान:** सिगरेट कम्पनियाँ अब तक गैर-धूम्रपायियों के द्वारा सिगरेट के धुएँ को सूंघने से हुई हानियों को नकारती रही हैं। ना केवल **इन्होंने इसकी हानियों के प्रमाणों को छुपाने-बदलने-कमजोर करने के अनेक प्रयास किये,** अपितु इन्होंने वैज्ञानिकों तक की खरीद-फरोक्त जैसे निंदनीय कदम भी उठाये **ताकि वे हानियों पर होने वाली चर्चा/वाद-विवाद को भी प्रभावित कर आम जन में एक भ्रान्ति या गलत-फहमी स्थापित कर सकें।** ये धूम्रपान-रहित क्षेत्रों के स्थापत्य और नियमों का भी विरोध करती हैं; या, इस हेतु हुए प्रयासों को कमजोर करने की पुरजोर कोशिशें करती रहती हैं- क्योंकि इन्हें भय है कि कहीं इससे इनका धूम्रपान-एक व्यक्तिगत निर्णय/स्वतंत्रता वाला कथन फीका ना पड़ जाये;

7. **नए बाजारों की तलाश:** जब से विकसित पश्चिमी राष्ट्रों ने तम्बाकू उद्योग पर कड़ाई बरतनी शुरू की- (1) धूम्रपान-रहित वातावरण हेतु कानून बना कर, (2) कंपनियों के विरुद्ध अदालतों में क़ानूनी दावे जीत कर या (3) फिर इनके पदार्थों पर भारी-भरकम टैक्स लगाकर, तब से **इन्होंने अपना बाजार विकासशील राष्ट्रों या अविकसित राष्ट्रों स्थापित कर दिया है।** अब तक चीन, भारत, इंडोनेशिया, मलेशिया व कई अफ्रीकी राष्ट्र इनके चंगुल में फँस चुके हैं। तम्बाकू की ये कम्पनियाँ न केवल इन देशों के राजनैतिक नीतियों-निर्णयों को प्रभावित कर रही हैं, **ये वहाँ की सरकारों द्वारा प्रभावी तम्बाकू नियंत्रण हेतु लिए गए निर्णयों को कमजोर करने का हर संभव प्रयास करती हैं-** (1) राजनैतिक पार्टियों/उनके नेताओं को व्यक्तिगत रूप से आर्थिक योगदान देकर, (2) अग्रणी समूहों के द्वारा विरोध-प्रतिरोध के माध्यम से, (3) सरकारों को क़ानूनी पेचीदगियों में उलझा अथवा (4) उन्हें भयभीत करके।

नोट- लंदन स्थित एक्शन फॉर स्मोकिंग एंड हेल्थ के दस्तावेज ''तंबाकू एक्सप्लैंड- तम्बाकू के सच के बारे में...उसी की जुबानी'' से साभार संकलित।

तम्बाकू उद्योग के कड़वे सच/बेशर्म झूठ (भाग 2):

रोंगटे खड़े कर देने वाले नकारात्मक कथनों का का पुलिंदा

पिछले लेख में पाठकों ने जाना होगा कि किस प्रकार तम्बाकू उद्योग कितनी बेशर्मी से अपने धन्धे को बनाए रखने के लिए अपने ग्राहकों को जानलेवा तम्बाकू बेचने में लिप्त है। आइये अब जाने, स्वयं तम्बाकू उद्योग के 1950 से 2000 तक दशकवार इतिहास के अंतर्गत **आंतरिक दस्तावेजों में मिली उसकी वास्तविक सोच** जो कि यह बताती है कि किस मजबूती से यह उद्योग इस हेतु प्रयासरत है कि कहीं उसका घिनौना सच खुल कर सामने ना आ जाये:

1. जब वर्ष 1952 में धूम्रपान से जुड़े फेंफड़े के केन्सर का सच सामने आया तो तो इस उद्योग ने वर्ष 1953 से ही इस **चिकित्सकीय तथ्य को नकारने हेतु न्यूयॉर्क की एक जनसंपर्क कंपनी– हिल एंड नोव्लटन की सहायता ली। इस कम्पनी से इसने कहा कि उद्योग को इस अंधे कुएँ से बाहर निकालो।** कम्पनी ने अपने कर्मचारियों को निर्देशित किया कि हमारा केवल एक अत्यावश्यक कार्य है..आम जन में (उभरी) अशांति को रोकना; इसमें केवल एक समस्या है..विश्वसनीयता, और कैसे इसे स्थापित लिया जाये; आम जन को आश्वस्त करना, और कैसे इसे उत्पन्न किया जाये; और, सबसे महत्वपूर्ण, किस प्रकार लाखों अमरीकियों को, अनेक प्रयासों के बावजूद, उस भययुक्त दोषाभाव से मुक्त रखना जो कि उनके जैविक गहराईयों की गर्त में उठता रहेगा जब भी वे हर बार एक सिगरेट जलायेंगे;

2. ब्रिटिश अमेरिकन कम्पनी (बेट) ने वर्ष 1957 में **केन्सर के 'सी' के लिए एक गुप्त शब्द** का उपयोग किया ज़ेफ्यर; इसने नोट किया कि कई सांख्यिकी सर्वेक्षणों से यह विचार उभरा है कि ज़ेफ्यर और तम्बाकू पीने में एक कारक का सम्बन्ध है;

3. तम्बाकू कम्पनियाँ अपने सच को बड़ी बेशर्मी से 1960 और 1970 के दशकों में भी नकारती रही जब कि **धूम्रपान और सांस की गंभीर बीमारियों को जोड़ने वाले अतिरिक्त चिकित्सकीय प्रमाण** उपलब्ध होते जा रहे थे। वर्ष 1976 में

फिलिप मोरिस के एक मेमो में कहा गया कि तम्बाकू के धुएँ में मिले कोई भी पदार्थ उस मात्रा में नहीं मिले हैं जिससे कि उन्हें हानिकारक माना जा सके। उसका कहना था कि यूँ तो कोई भी वस्तु हानिकारक हो सकती है; जैसे सेब का रस भी हानिकारक हो सकता है यदि इसे अधिकता से काम में लिया जाये;

4. तम्बाकू उद्योग के 1980 के दशकों के आंतरिक दस्तावेजों बताते हैं कि बंद दरवाजों के पीछे अब यह **शक** होने लगा था कि **क्या नकारात्मक कथनों को अब बहुत लम्बे समय तक बनाये रखा जा सकेगा;** बेट के एक आंतरिक दस्तावेज के अनुसार (धूम्रपान की) कारक के रूप में कंपनी की स्थिति (कि यह हानिकारक नहीं है) पर अधिकतम स्वतंत्र पर्यवेक्षकों, वैज्ञानिकों और चिकित्सकों विश्वास नहीं कर रहे हैं;

5. **निश्क्रिय धूम्रपान पर 1990 के दशक में आयी रिपोर्टों ने बम के विस्फोट सी भूमिका निभाई।** निश्क्रिय धूम्रपान को रोगावस्था से जोड़ा गया **जिससे धूम्रपान प्रतिषेध की माँग उठने लगी;** जहाँ 1992 में अमेरिका की वातावरणीय सुरक्षा एजेंसी (ई.पी.ऐ.) ने निश्क्रिय धूम्रपान पर रिपोर्ट जारी कर इसे केन्सरकारक बताया, तम्बाकू और स्वास्थ्य पर वैज्ञानिक कमेटी ने ना केवल इसे फेंफड़े के केन्सर और बाल्यकाल के सांस के रोगों से जोड़ा अपितु इससे हार्टअटैक, नवजात शिशुओं की बिस्तर में मृत्युओं और बच्चों में कान के संक्रमणों और अस्थ्मा के अटैक होना भी स्थापित किया;

6. **तम्बाकू कंपनियों ने निश्क्रिय धूम्रपान की हानियों को नकारना जारी रखा;** इसे ''जंक विज्ञान'' तक कह डाला। विश्व की सबसे बड़ी सिगरेट कंपनी फिलिप मोरिस के एक उपाध्यक्ष ने तो अपने मुख्य कार्यकारी को एक नोट लिख भेजा कि हमारा लक्ष्य प्रदेशों और शहरों के साथ-साथ व्यापारिक संस्थानों को (भी) निश्क्रिय धूम्रपान प्रतिषेधित करने से रोकना है;

7. आज अधिकतम तम्बाकू (सिगरेट) कंपनियों ने धूम्रपान और केन्सर के सच को स्वीकार लिया है। परन्तु, वे अब भी यह मानने को तैयार नहीं हैं कि निष्क्रिय धूम्रपान गैर-धूम्रापयियों में रोगावस्था का कारण है; अब जब इस उद्योग ने धूम्र-रहित कार्यस्थलों और लोकस्थानों की स्थापना पर अपनी हार मान ली है, उसकी अगली लड़ाई प्लेन-पैकेजिंग के विरुद्ध है, जिसके जारी होने पर सिगरेट के पैकेट्स पर उसके लोगो और ब्रांडों दिखने बंद हो जायेंगे; इस हेतु ये कम्पनियाँ उन अनुसंधानों के साक्ष्यों और परिणामों को नकारने में लगी हैं जो स्पष्ट रूप से बताते हैं कि प्लेन-पैकेजिंग से बच्चों और युवाओं में धूम्रपान प्रारंभ करने की प्रवृति में कमी होती है।

नोट– दी इंडिपेंडेंट में 1 सितम्बर, 2011 को प्रकाशित हुए लेख ''हेयर स्पलिटिंग ब्रेजन डिनायाल्स एन्ड सिक्स डिकेड्स ऑफ़ डर्टी ट्रिक्स'' से साभार संकलित।

तम्बाकू उद्योग के कड़वे सच/बेशर्म झूठ (भाग 3):

कॉर्पोरेट सामाजिक दायित्व (सी.एस.आर.) की आड़ में व्यापार को बढ़ावा!

कॉर्पोरेट सामाजिक दायित्व (सी.एस.आर.) के माने है, एक व्यापारिक संस्थान अपनी गतिविधियों को नीति, व्यवहार, व्यापार और लेन-देन के माध्यम से एवं सततता से सामाजिक मूल्यों को समाहित करे।

इसके कई तरीके हैं, जिनके अंतर्गत कॉर्पोरेट अपने लाभ का एक अंश दान/परोपकार पर खर्च करने से लगा अपने व्यापार को हरित क्रांति के आयामों से जोड़ते हैं, तो कुछ इसे नैतिक श्रम कार्यप्रणाली और अन्य इसे शिक्षा, स्वास्थ्य, आदि, क्षेत्रों में दी गयी स्वयंसेवा हेतु कार्य में लाते हैं।

अतः यों देखा जाये तो सी.एस.आर. गतिविधि हरेक सहभागी के लिए एक विजयी स्थिति हो सकती है, परन्तु क्या व्यापारिक संस्थान इसका उपयोग सही मायने में सामाजिक उत्थान हेतु करते हैं..!? अधिकतर संस्थानों के संदर्भ में उत्तर नकारात्मक ही होंगे, क्योंकि (1) जहाँ छोटे संस्थान सी.एस.आर. के माध्यम से अपनी संस्था को विज्ञापित करने के उद्देश्य से अपने आस-पास के क्षेत्रों में सामाजिक हित की गतिविधियों में योगदान देते हैं (मेधावी छात्रों को स्कालरशिप, टूर्नामेंट, सांस्कृतिक गतिविधि, समाज के उत्थान हेतु कार्यरत व्यक्तियों/संस्थाओं को पुरस्कृत करना, बाग-बगीचों का रख रखाव, इत्यादि), (2) बड़े (भारी-भरकम) संस्थान प्रादेशिक/राष्ट्रीय हितों के विरुद्ध जा स्वार्थवश इसका दायरा अपने लाभ के अंश को कहीं अधिक व्यापकता से खर्च कर, नेताओं की मिजाज-पुरसी, खातिरदारी व राजनैतिक पार्टियों को चंदा दे, अपने व्यापार हेतु सुगम नीतियाँ बनवाने और अन्य क्षेत्रों में व्यापारिक गतिविधियों को बढ़ाने हेतु करते हैं।

तो क्या तम्बाकू उद्योग इससे अछूता रह सकता है जिसका मूल उद्देश्य व्यापार से लाभ हेतु दिनों-दिन नए ग्राहक जुटाना है, क्योंकि जो इसके जीवनपर्यंत ग्राहक बन जाते हैं उनमें से आधे इसकी व्यसनशीलता के चलते, तम्बाकूजनित रोगों की भेंट चढ़, समयपूर्व ही अपनी जान गँवा देते हैं।

एक अंतर्राष्ट्रीय सिगरेट कंपनी के नीचे दिए जा रहे वक्तव्यों से **इसके दोहरे मापदंडों का खेल** स्पष्ट रुप से उजागर होता है:

(1) धूम्रपान से होने वाले हानिकारक प्रभावों में कमी करने हेतु क्रियाशील रहते हुए जो व्यस्क धूम्रपान का चुनाव करें उनके अधिकारों की रक्षा करें;

(ब) सी.एस.आर. मात्र एक प्रतिष्ठा का विषय ही नहीं है..यह संपर्क और छवि से परे व्यवहार से जुड़ा विषय है..(हालाँकि) हमारे लिए स्पष्ट रूप से अपने उत्पाद के मुद्दे हमारी सबसे बड़ी चिंता है..पर हमने एक चीज जान ली है कि **यदि हमें जिम्मेदार दिखना है तो हम अपने उत्पाद से सम्बंधित मुद्दों तक केन्द्रित होते ना दिखें**; और,

(स) **हमें तम्बाकू से जनमानस का ध्यान हटाना चाहिए** और उन बिन्दुओं पर केन्द्रित करवाना चाहिए जिससे कंपनी पहचानी जाये- अनुपालन, जिम्मेदारी, परोपकार, वातावरण, इत्यादि।

तो आइये देखें, क्या करता रहा है तम्बाकू उद्योग, विश्व और भारत में, अब तक अपनी छवि बनाने/सुधारने हेतु:

1. भुखमरी में कमी हेतु सहायता (सरकार/प्रशासन पर उसको भविष्य में लाभान्वित कराने हेतु एक अनचाहा नैतिक बोझ);

2. विपदा राहत में योगदान (अपना विज्ञापन);

3. तम्बाकू खेती/बीड़ी व्यवसाय में जुटे परिवारों को आंशिक आर्थिक सहायता (चकवर्ती ब्याज लगा उन्हें और गरीब बना);

4. किसानों हेतु:

अ) खेती में सुधार/व्यापारिक सहायता हेतु ई-चौपालों द्वारा (अपना व्यापार बढ़ाने हेतु सामाजिक पहुँच);

ब) सामाजिक और फार्म फॉरेस्ट्री स्थापित करके (हरितता को बढ़ावा देने की आड़ में अपना विज्ञापन);

स) पशुपालन केन्द्रों की स्थापना करके;

द) मिटटी और नमी रूपांतरण हेतु जल विभाजन करके;

5. अभूतपूर्व बहादुरी/जज्बे को पुरस्कृत करके (सामाजिक प्रतिष्ठा बढाने हेतु);

6. युवाओं को धूम्रपान से छुटकारा दिलाने के (छद्म) प्रयासों द्वारा;

7. हरितता को बनाये रखने हेतु बाग-बगीचों का रख-रखाव करके (किन्तु उनमें अपने विज्ञापन लगा अपनी ब्रांड को स्थापित करके/बढ़ावा देकर);

8. महिला सशक्तिकरण द्वारा (शहरी महिलाओं सिगरेट पीने की निरंतर बढ़ती प्रवृति);

9. प्राथमिक शिक्षा में योगदान करके (युवाओं में ब्रांड को स्थापित करना); इत्यादि।

इन सब उपरोक्त (छद्म) प्रयासों के मद्देनजर **भारत सरकार** के कॉर्पोरेट मामलों के मंत्रालय ने तम्बाकू उद्योग द्वारा सी.एस.आर. में जुड़ने/जुटने हेतु इसी वर्ष, 16 मई 2016 को, एक स्पष्टता प्रदान करी है। इसके अनुसार कोई भी उद्योग नये कम्पनी अधिनियम 2013 के अंतर्गत सन् 2003 के सिगरेट और अन्य तम्बाकू पदार्थ अधिनियम **(कोटपा)** का उल्लंघन ना करे। इसका यह भी अर्थ निकलता है कि **तम्बाकू उद्योग की सी.एस.आर. गतिविधियाँ अमान्य हैं** क्योंकि कोटपा अधिनियम का नियम 5 सिगरेट या अन्य तम्बाकू पदार्थों के ट्रेड मार्कों और ब्रांडों की प्रायोजकता को प्रतिषेधित करता है। इसके अतिरिक्त, तम्बाकू नियंत्रण हेतु अंतर्राष्ट्रीय संधि- फ्रेमवर्क कन्वेंशन ऑन टोबेको कण्ट्रोल (एफ.सी.टी.सी.) अनुच्छेद 5.3 के अनुसार तम्बाकू उद्योग की सी.एस.आर. योजनाएँ वास्तव में इन पदार्थों की मार्केटिंग का दूसरा नाम है जो कि संधि के निशा निर्देशों के विरुद्ध है।

अतः प्रदेश और देश में एक सफलतम तम्बाकू नियंत्रण हेतु यह अत्यन्त आवश्यक है कि तम्बाकू उद्योग की सी.एस.आर. में सहभागिता और भागीदारिता पर प्रभावी रोक लगे और तात्कालिक रूप से भी। यह तभी हो सकता है जब राजनेता और उनकी पार्टियाँ अपने स्वार्थ से ऊपर उठ जनहित का सोचें। तब ही रुक सकेगी तम्बाकू से दिनों-दिन बढ़ती जनस्वास्थ्य हानियाँ।

तम्बाकू उद्योग के कड़वे सच/बेशर्म झूठ (भाग 4):

तम्बाकू उद्योग पर क़ानूनी शिकंजा– कितना सफल..!?

तम्बाकू उद्योग से क़ानूनी लड़ाइयों की यात्रा अब तक काफी अधिक लम्बी, काँटों-भरी और समझौते वाली ही रही है; और, ऐसा प्रतीत होता है कि जब तक तम्बाकू उद्योग अस्तित्व में बना रहेगा यह भी चलती ही रहेगी।

वर्ष 1950 से वर्ष 1994 तक अमेरिका में तम्बाकू उद्योग पर **व्यक्तिगत रूप से लगभग 800 मुकदमों** दायर किये गए। दुर्भाग्यवश, आरम्भ में भारी फीस से जुटाए गए मँहगे-से-मँहगे प्रतिष्ठित वकीलों की हुनरमंद पैरवी और तम्बाकू पीड़ितों द्वारा प्रमाणों को प्रभाविकता से न दे पाने के कारण **अधिकांश मुकदमों में जीत तम्बाकू उद्योग की ही होती रही।** तम्बाकू उद्योग इसलिए भी जीतता रहा क्योंकि उसने धूम्रपान को एक व्यक्तिगत निर्णय बताने के साथ इसे एक सहभागी लापरवाही भी बताया।

परन्तु, जब तम्बाकू उद्योग ने तम्बाकू से होने वाली हानियों को केवल नकारा ही नहीं बल्कि उनके वैज्ञानिक आधारों को नकारने हेतु झूठे वक्तव्यों के देने के अलावा इन्हें मजबूती देने हेतु वैज्ञानिकों को खरीद झूठे प्रमाण प्रस्तुत करना आरम्भ किया, तो **वर्ष 1994 में मेसाचूसेट्स, अमेरिका** ने एक अनोखी पहल कर **प्रमुख सिगरेट उत्पादकों** (फिलिप मोरिस, यू.एस.ए., आर.जे.रेनोल्ड्स, ब्राउन एंड विलियमसंस और लोरिल्लार्ड) पर **तम्बाकू उपभोग की हानियों के परिणामस्वरुप बढ़ती प्रादेशिक स्वास्थ्य-सेवा दरों के चलते उपभोक्ता– और व्यापार-विरोधी (अविश्वासी) कानूनों के अंतर्गत दावे प्रस्तुत करना शुरू किया,** मुख्यतः इसलिये कि: (1) ये उत्पादक धूम्रपान, स्वास्थ्य और निकटीन व्यसन पर उनके द्वारा किए गए अनुसंधानों की जानकारी साझा करें; (2) जनस्वास्थ्य और तम्बाकू छोड़ने के उपचार का ख़र्च उठाएँ; और (3) मेसाचूसेट्स राज्य के द्वारा तम्बाकूजनित रोगों पर किए ख़र्च की भरपाई करें।

वर्ष 1997 तक, तीन अन्य प्रदेशों- मिन्नेसोटा, फ्लोरिडा और टेक्सास ने भी धूम्रपानजनित रोगों पर मेडिकेड और अन्य स्वास्थ्य खर्चों की भरपाई हेतु इन तम्बाकू उत्पादकों से एक समझौता किया। फिर जब ऐसे दावे अमेरिका के अन्य प्रदेशों में भी होने लगे, तो इन प्रमुख तम्बाकू उत्पादकों ने एक व्यापक समाधान हेतु अमरीकी संसद में गुहार लगाई। अमरीकी संसद तो इसमें नाकाम रही, परन्तु **नवम्बर 1997 में इन तम्बाकू उत्पादकों और अमरीकी प्रदेशों व इकाइयों के 51 महाधिवक्ताओं में कोर्ट के बाहर एक समझौता हुआ- दी मास्टर सेटलमेंट।**

इस 25 वर्षों के लिए हुए **205 बिलियन अमरीकी डॉलर के प्राइवेट समझौते के अंतर्गत** जहाँ प्रदेशों ने तम्बाकू कंपनियों को उनके विरुद्ध हुए तम्बाकू-जनित रोगों पर हुए मेडिकेड और व्यक्तियों द्वारा हुए स्वास्थ्य-सेवा खर्चों को देने हेतु दावों को समाप्त किया और इन कंपनियों पर भविष्य में तम्बाकू से क्षति वाले दावे ना लगाने का विश्वास दिलाया, इस महती राहत के बदले में **सभी अमरीकी प्रदेशों ने इन तम्बाकू कंपनियों द्वारा होने वाली तम्बाकू पदार्थों की मार्केटिंग को सीमित- अथवा समाप्त- कर दिया** (विशिष्ट रूप से युवाओं को बचाने हेतु) और एक सतत वार्षिक वृद्धि के रूप में प्रदेशों को तम्बाकू-क्षति से हुए खर्चों को (एक स्वतंत्र ऑडिटर के अंतर्गत) आंशिक रूप से भरपाई करने को स्वीकारा। साथ ही, धूम्रपान-विरोधी समर्थन समूह- दी लिगेसी फाउंडेशन को आर्थिक सहायता देने के लिए पाबंद किया और तम्बाकू संस्थान- "इनडोर-वायु अनुसंधान केंद्र" एवं "कौंसिल फॉर तंबाकू रिसर्च" जैसे तम्बाकू उद्योग समर्थक समूहों का अस्तित्व समाप्त कर दिया।

हालाँकि इस समझौते को सततता से लागू करने की जहाँ प्रदेशों की अपनी सीमाएँ बनी रही हैं, तम्बाकू उद्योग भी नियमित देयता को किसी-न-किसी कारण से रोकता रहता है अथवा मुद्रा अवमूल्यन की आड़ में इनमें अनावश्यक देरी करता रहता है। यहाँ यह ध्यानाकर्षण आवश्यक है कि **यह समझौता मात्र प्रदेश सरकारों पर ही लागू होता है; इससे तम्बाकू उद्योग को व्यक्तियों, श्रमिक संगठनों और प्राइवेट स्वास्थ्य बीमा नियोजकों द्वारा किये गए दावों से कोई राहत नहीं मिली।**

लेख संख्या : 74

मास्टर सेटलमेंट के बाद उसी वर्ष अमेरिका में ही इन प्रमुख तम्बाकू उत्पादकों से दो और समझौते हुए- (1) चबाने-वाली व अन्य धूम्रपान-रहित तम्बाकू से बचाव हेतु **स्मोक्लेस टोबेको मास्टर सेटलमेंट**; और, (2) फेज-2- तम्बाकू की खेती करने वाले किसानों को सिगरेटों की बढ़ती कीमती से होने वाली अपेक्षित हानि से बचाव हेतु **दी नेशनल टोबेको ग्रोवर्स सेटलमेंट।**

किन्तु भारत में स्थिति अमेरिका से भिन्न है। एक ओर, यहाँ तम्बाकू नियंत्रण की सफलता का एक महत्वपूर्ण श्रेय क़ानूनी संस्थानों (न्यायालयों और न्यायधीशों) को ही जाता है जिन्होंने जनहित याचिकाओं के आधार पर अथवा संज्ञान ले तम्बाकू नियंत्रण को मजबूती प्रदान की और तम्बाकू उद्योग पर कई पाबंदियां लगाई हैं (संलग्न बॉक्स देखें)। दूसरी ओर, राजनैतिक इच्छाशक्ति की कमी और तम्बाकू उद्योग से नेताओं की सांठ-गाँठ और इनका सरकारी सँस्थाओं में प्रतिनिधित्व होने से सरकारों द्वारा किये गए निर्णयों का तम्बाकू नियंत्रण पर विपरीत प्रभाव या उसे लम्बे समय तक कमजोर बनाये रखने की साजिशों के कई उदाहारणों को भी सूचीबद्ध किया जा सकता है।

प्रश्न यह है कि क्या भारत या अन्य देशों में भी तम्बाकू नियंत्रण को मजबूत करने हेतु और तम्बाकू उद्योग की निरंतर बढ़ती ज्यादतियों और मुनाफे को सीमित करने हेतु **अमेरिका में की गयी क़ानूनी प्रक्रियाओं अथवा मास्टर सेटलमेंट अग्रीमेंट जैसे प्रावधान को जनहित में प्रादेशिक- अथवा/और राष्ट्रीय- सरकारों द्वारा अपनाया जा सकता है?** तम्बाकू उद्योग पर कई दावे अनेक न्यायालयों में चल भी रहें है। कुछ में सुप्रीम कोर्ट ने उन्हें एक प्रादेशिक हाई कोर्ट में

लामबद्ध कर एक व्यापक समाधान देने हेतु निर्देश भी दिए हैं। फिर भी, तम्बाकू नियंत्रण में अपेक्षित सफलता अभी भी दूर की कौड़ी ही है, हालाँकि कुछ क़ानूनी सफलताएँ एक आशा भी जगाती हैं कि यदि थोड़ा और जोर हम न्यायालयिक प्रक्रियाओं द्वारा प्राप्त सफलताओं पर लगा लें तो भारत को तम्बाकू-मुक्त होने में भले ही समय लग जाये, तम्बाकू नियंत्रण तो निश्चित ही और अधिक मजबूती प्राप्त कर लेगा।

भारत में भी पिछले दो दशकों में तम्बाकू नियंत्रण में न्यायालयिक निर्णयों से ही प्राप्त हुई आंशिक किन्तु महती सफलताएँ:

1. हमें लोकस्थानों पर और लोकवाहनों में निष्क्रिय धूम्रपान (दूसरे द्वारा किये गए धूम्रपान से उत्पन्न धूएँ को सूँघने) से मुक्ति मिली;

2. वातावरण को प्रदूषित होने से बचाने हेतु चबाने वाली तम्बाकू को प्लास्टिक पाउचों में बेचने से पर रोक लगी; और

3. खुदरा तम्बाकू पदार्थों के पैकेट्स की दोनों बड़ी (मुख्य) सतहों 85% सचित्र चेतावनियों की छपाई होने लगी ताकि गरीब, अनपढ़ ग्रामीण या युवा इसके उपभोग से बच पायें।

नोट- पाठक अमेरिका में हुए मास्टर सेटलमेंट अग्रीमेंट की विस्तृत जानकारी हेतु इस संदर्भ लिंक को उपयोग में ले सकते हैं-https://www.mass.gov/information-for-tobacco-and-nicotine-retailers-and-manufacturers।

तम्बाकू उद्योग के कड़वे सच/बेशर्म झूठ (भाग 5):

सरकारी जनस्वास्थ्य नीति, नियंत्रण और नियमन का विरोध

तम्बाकू उद्योग का एक मात्र लक्ष्य अपने लाभांश को बनाये रखना है। इस हेतु यह किसी भी विरोध-प्रतिरोध को कुचलने में कोई संकोच नहीं करता है। इसके उत्पादकों ने निरंतर अपने उत्पादों से जन मानस और जनस्वास्थ्य को होती महती हानि को अनदेखा ही नहीं किया बल्कि उसे नकारने हेतु (1) विरोधियों को जबरन चुप करने, (2) वैज्ञानिक तथ्यों को तोड़-मरोड़ कर प्रस्तुत करने, (3) जनसाधारण की राय को प्रभावित करने, (4) लोकनीति को नियंत्रित करने और (5) अपनी कार्यनीति को क़ानूनी लड़ाई के अनुरूप समन्वित करने जैसे कई काम किये हैं।

इसकी संकीर्ण कॉर्पोरेट सोच, एक तम्बाकू कंपनी के मैनेजर के कथन से झलकती है। उनसे जब विश्व के गरीबों को तम्बाकू से पीड़ित होने पर तम्बाकू उद्योग के आचार नीति (ऐथिक्स) के बारे में पूछा गया तो जवाब मिला कि **मुझे नैतिक असंजसता के बारे में तो पता नहीं परन्तु एक उभरती बाजार व्यवस्था को अनदेखा करना मूर्खता होगी। हम यहाँ पर अपने शेयरधारकों को खुश रखने के व्यवसाय में हैं।** इसका सीधे तौर पर अर्थ यह होता है कि तम्बाकू कंपनी को समस्त साझेदारों के प्रति जिम्मेदार होने (जिसमें तम्बाकू उपभोगी एक ग्राहक भी सम्मिलित है) के बजाये लाभार्जन के तर्क को सार्थक बनाये रखने के लिए अपने शेयरधारकों के प्रति अखण्ड प्रतिबद्धता को बनाये रखना ही उचित लगता है।

मोटे तौर पर, विश्व तम्बाकू उद्योग का एक बड़ा भाग फिलिप मोरिस, ब्रिटिश अमेरिकन टोबेको, जापान टोबेको और चाइना नेशनल टोबेको कारपोरेशन द्वारा संचालित है। तम्बाकू उद्योग द्वारा कानून का जबरदस्त प्रतिरोध करते रहना और विकासशील राष्ट्रों में नए बाज़ारों को विकसित करते रहने का कुख्यात इतिहास यह भी दर्शाता है कि किस प्रकार विकसित देशों में इसके सिकुड़ते बाज़ारों के परिणामस्वरूप यह छोटे- और- माध्यम- आयवर्ग के देशों में अपने बाज़ारों को स्थापित करता रहा है। **एक कड़वी सच्चाई यह भी है कि जहाँ कहीं भी राष्ट्र सरकारें तम्बाकू उद्योग की सबसे कम प्रतिरोधी होती**

है और जहाँ जन मानस धूम्रपान (तम्बाकू) के हानिकारक प्रभावों के प्रति कम जागरूक होता है, वहाँ यह उद्योग शीघ्रता से अपनी जड़ें जमा लेता है।

तम्बाकू जहाँ स्वास्थ्य हेतु अत्यधिक हानिकारक है, वहाँ एक महत्त्वपूर्ण आर्थिक पदार्थ भी है। यदि यह हानिकारक ना होता तो इसे नियंत्रित करने की आवश्यकता भी नहीं थी। दूसरी ओर, यदि यह एक छोटा व्यवसाय ही होता तो इसके नियमन का इतना विरोध भी न होता। परन्तु इन दोनों कारकों (तम्बाकूजनित हानियाँ और तम्बाकू उद्योग का विश्वव्यापी जमावड़ा) के परिणामवश, स्वास्थ्य सेक्टर और तम्बाकू कॉर्पोरेट जगत की निरन्तर लड़ाई के चलते इससे जुड़ी जनस्वास्थ्य की नीति भी अस्थाई ही बनी रही है। इस पर तम्बाकू उद्योग और जन स्वास्थ्य समर्थन का एक मिलाजुला दबाव भी स्पष्ट रूप से दिखायी देता है।

इसके पिछले 50 वर्षों के गोपनीय दस्तावेजों के आकलन से यह तो स्पष्ट हो जाता है कि तम्बाकू कंपनियां सरकारी नियमनों का विरोध करने के लिए किस प्रकार राजनैतिक पार्टियों को चंदा दे खरीद लेती हैं, प्रचारकों को पैसा दे नीतियों को प्रभावित करती है, अग्रणी-समूहों और संवर्गी उद्योगों को काम में लेती हैं। परिणामस्वरूप, ऐसा करके यह नियंत्रण के क़ानूनी प्रावधानों को अस्थाई/स्थाई तौर पर कमजोर अथवा प्रभावहीन बना देती हैं।

वर्तमान में आवश्यकता इस बात की है कि एक सामाजिक कार्यन्वयन के अन्तर्गत जनस्वास्थ्य को कॉर्पोरेट लाभ पर वरीयता मिले। अतः तम्बाकू उद्योग के राजनैतिक प्रभाव को कम करने हेतु निम्न उपायों को सुझाया जा रहा है:

1. प्रत्येक तम्बाकू कंपनी अपने हर बाज़ार में पारदर्शिता से यह बताये कि तम्बाकू से होने वाली हानियों और व्यसनशीलता के बारे में उसे क्या पता है?

2. कब से उसे यह जानकारी उपलब्ध हुई? और,

3. इसका समाधान करने के लिए उसने कौन-कौन से कदम उठाये?

इसके साथ ही यह भी आवश्यक है कि:

(1) प्रत्येक तम्बाकू उपभोगी को उन सभी अधिकारों की जानकारी हो जो कि अंतर्राष्ट्रीय स्तर पर हर उपभोगी को आधारभूत रूप से उपलब्ध हैं और कैसे वह उनको तम्बाकू पदार्थों से होने वाली हानियों के सन्दर्भ में अपनी सुरक्षा हेतु इन अधिकारों को काम में ले सकता है; और,

(2) उन संगठन और उद्योग वर्गों को निरस्त/समाप्त किया जाये जो कि तम्बाकू उद्योग की वकालत करते हैं।

अंत में, क्योंकि विश्वभर में तम्बाकू उद्योग की समस्त गतिविधियाँ जनस्वास्थ्य नीति, नियंत्रण और नियमन की सर्वथा विरोधी होती हैं, किसी भी स्तर की सरकारों के लिए यह अत्यन्त आवश्यक है कि वे इसके विरोधभासी रुख को बिना और अधिक परखे इससे समस्त संबंधो को तत्काल प्रभाव से एक स्थायी विराम दें।

विशिष्ट रूप से यह अति आवश्यक है कि **राष्ट्रीय स्तर पर जिस प्रकार तम्बाकू उद्योग की कॉर्पोरेट सोशल रेस्पॉसिबिलिटी (सी.एस.आर.) के योगदान को अस्वीकार कर दिया गया, इसके किसी भी प्रकार के राजनैतिक जुड़ाव को सदा-सदा के लिए चुनावी मापदंडों के आधार पर तुरंत प्रभाव से अयोग्य घोषित कर दिया जाये**

(नोट – इस संदर्भ में चुनावी बॉंडों द्वारा कम्पनियों द्वारा राजनैतिक पार्टियों को दिए गए चंदे पर सरकारी पारदर्शिता की वर्तमान में उठ रही माँग उचित और सामयिक भी लगती है)।

तम्बाकू उद्योग का कड़वा सच (भाग–6)

सिगरेट कंपनियों द्वारा व्यसनी निकोटीन का बढ़ता व्यापार

इस लेख का मुख्य शीर्षक अब किसी को अचंभित नहीं करता है क्योंकि इसे एक तथ्य के रूप में स्वीकार कर लिया गया है। परन्तु, मानव जाति के रोगों से पीड़ित होने के इतिहास को देखें तो यह संघर्ष संक्रामक रोगों से होती महामारियों से होता हुआ वर्तमान के गैर-संक्रामक रोगों की वैश्विक आपदा तक व्यापक है। **गैर-संक्रामक रोग,** जो कि पिछली सदी में धनाढ्य देशों की जनस्वास्थ्य समस्या थे, अब निचले- और मध्यम- आय-वर्ग में बहुलता से हो रहे हैं। इस रोग समूह, **केन्सर, हृदय- और श्वास- रोग व मधुमेह के कारकों (रिस्क फैक्टर्स) में तम्बाकू, अस्वस्थ भोजन, शारीरिक गतिविधि की कमी और शराब का (अस्वस्थ) सेवन,** प्रमुखता से जाने जाते हैं। तम्बाकू, इस रोग समूह से होने वाली मृत्युओं में से 20% से 40% मृत्युओं का कारण है- यह ही उपशीर्षक का कारण और इस पर हाल ही में एक प्रख्यात मेडिकल जर्नल में नाटिंघम के जॉन ब्रिटन का एक प्रकाशित लेख। यहाँ पाठकों को यह भी जानना चाहिए कि जॉन ब्रिटन तम्बाकू नियंत्रण के क्षेत्र में एक विख्यात अनुसंधानकर्ता हैं।

श्री ब्रिटन के अनुसार चबाने वाली तम्बाकू मुख्यतः दक्षिण एशिया से सम्बद्ध एक क्षेत्रीय जनस्वास्थ्य समस्या है (हालाँकि अब यह कथन उचित नहीं प्रतीत होता है क्योंकि धूम्रपान के अतिरिक्त गैर-धूम्रपायी तम्बाकू भी अब एक वैश्विक समस्या बन चुकी है)। और, यदि इस तथ्य की अनदेखी कर दें तो ब्रिटन के अनुसार दुनिया में से प्रत्येक 4 में से 1 व्यक्ति धूम्रपायी है। परिणामवश, दुनियाभर में 93 करोड़ धूम्रपायी हैं जिनमें से 80% निचली- और माध्यम- आय-वर्ग वाले देशों में से हैं। हालाँकि इनमें से भी धूम्रपान की दर उन देशों में अभी भी कम है जिनका सामाजिक-जनसान्खिकीय (सोशियो-डेमोग्राफिक) स्तर नीचे है। अब जब चीन और भारत जैसे अन्य देशों में धूम्रपान की दर कम हो रही है, तब भी इनमें धूम्रपायियों की संख्या बहुत बड़ी है और, परिणामवश, धूम्रपान से हानि का बोझ बढ़ता ही जा रहा है। उनका कहना है कि इस आपदा के लिए वैश्विक तम्बाकू कम्पनियाँ ही जिम्मेदार हैं जिनके लिए मानव जीवन का मूल्य शेष मानवता से सर्वथा भिन्न है। जहाँ एक और अधिकांश देश मानव व

आर्थिक संसाधनों की कमी और स्वास्थ्य तंत्र की खामियों से अब तक जूझ रहें हैं, इन देशों में तम्बाकू कंपनियों के राजनैतिक हस्तक्षेप के चलते वैश्विक तम्बाकू नियंत्रण संधि (एफ.सी.टी.सी.) की अनुशंसाओं की पालना कराने में बहुत समय लगेगा। जो इनके कार्यकलापों से अनजान हैं, उनको संक्षिप्त में इतना बताना पर्याप्त होगा कि:

1) ये कम्पनियाँ वर्षों के सततत श्रम से किये गए वैज्ञानिक अनुसंधानों और अध्ययनों से प्राप्त स्थापित प्रमाणों को झुठलाने हेतु हर-सम्भव प्रयास भरसकता और निरंतरता के साथ करती रहती हैं;

2) ये सरकारों को तस्करी और कालाबाजारी के बढ़ने का भय दिखा कर तम्बाकू पदार्थों पर अनुशंसित कर (टैक्स) लागू करने से रोकती हैं;

3) राष्ट्रीय तम्बाकू नियंत्रण कानून बनाने में सहायता देने को तत्परता दिखाती हैं परन्तु इनका इसमें छुपा उद्देश्य कानून की प्रभाविकता को कमजोर करना होता है;

4) ये अपनी कॉर्पोरेट सामाजिक जिम्मेदारी (सी.एस.आर.) के नकाब में भी मात्र अपने व्यावसायिक लाभ को बढ़ाने का ही सोचती हैं; और,

5) यदि इन सब से भी उनका काम ना चले तो सरकारों को लम्बी क़ानूनी लड़ाइयों में खींच उनके देशों में एक उचित व प्रभावी तम्बाकू नियंत्रण या तो लागू ही नहीं होने देती हैं अथवा उसे लम्बे समय तक टलवाती रहती हैं।

इस प्रकार, **उपरोक्त तरीकों से, ये कुख्यात तम्बाकू कम्पनियां तम्बाकू की महामारी को दुनियां के धनाढ्य देशों से गरीब देशों को स्थानांतरित कर रही हैं।**

इनका अब एक नया तरीका (छलावा) सामने आ रहा है, धूम्रपान

के क्षेत्र में- इलेक्ट्रॉनिक सिगरेट (ई-सिगरेट व अन्य समान उत्पाद) के रूप में। ये अधूम्रपायी युवाओं में, परोक्ष-अपरोक्ष रूप से इसका चलन बढा रही हैं, सिगरेट के विकल्प के तौर पर, जब कि अब यह स्थापित हो चुका है कि ई-सिगरेट पीने वालों में अंतत: सिगरेट पीने की दरों में 3-5 गुना तक बढोतरी हो जाती है। साथ ही, इसको वयस्कों में भी बेचा जा रहा है- सिगरेट से होने वाली हानियों को कम करने के विकल्प के रूप में जब कि यह अब तक सुनिश्चित नहीं है कि ऐसा होता ही है अथवा होगा ही। इसके अतिरिक्त, ना तो इसके दूरगामी परिणाम ही अभी तक उपलब्ध हैं; और, जो जानकारियाँ निकटतम परिणामों से प्राप्त हो रही है, उनके अनुसार इसका फेफडों पर दुष्प्रभाव और निष्क्रिय धूम्रपान में भारी धातु के कणों की उपस्थिति एक अत्यधिक चिंता का विषय है।

यह भी प्रचलित किया जा रहा है कि ई-सिगरेट से धूम्रपान छोड़ना आसान हो सकेगा जब कि इसके प्रमाण नहीं हैं। इससे सर्वथा विपरीत यह एक बहुत बड़ा भय है, मुख्यतः तम्बाकू नियंत्रण के क्षेत्र में, कि इससे न केवल तम्बाकू छुड़वाने और धूम्रपानरहित क्षेत्रों को स्थापित करने की बढती वैश्विक और राष्ट्रीय मुहीमों को ठेस पहुँचेगी बल्कि जिन्होंने धूम्रपान करना छोड़ दिया था वे तो पुनः इस दुर्व्यसन से जुड़ेंगे ही, उनके अतिरिक्त, वर्तमान के धूम्रपायी भी ई-सिगरेट को तम्बाकू-युक्त सिगरेट के साथ पीने लगेंगे, विशेषकर क़ानूनी रूप से अधिघोषित धूम्रपान-वर्जित/ धूम्रपान-मुक्त क्षेत्रों में भी।

हाल ही में विश्व की समस्त स्वास्थ्य संस्थाओं को सबसे अधिक अचंभित किया है फिलिप मोरिस इंडस्ट्री (पी.एम.आई.) नामक वैश्विक सिगरेट कंपनी ने। दुनियाभर में तम्बाकू नियंत्रण की दिनों-दिन मजबूत होती स्थिति समझ और अपने सिगरेट के व्यापार को सिमटता-सिकुड़ता देख इसने जहाँ एक और तो भारत जैसे देशों में युवाओं में सिगरेट के प्रचलन को बढाने के लिए रात्रि-क्लबों में इसे मुफ्त बँटवाने जैसा कुटिल व गैर-क़ानूनी कार्य किया है, दूसरी ओर इसने अपनी ई-सिगरेट के उत्पाद को भुनाने के लिए 100 करोड़ डॉलर से एक **स्मोक-फ्री (धूम्रपान-मुक्त) फांउडेशन** की स्थापना भी कर दी। इस फांउडेशन के अंतर्गत अब यह उन स्थापित-प्रतिष्ठित तम्बाकू-नियंत्रणकर्ताओं को लुभाने-खींचने में जुटी है जिन्होंने अब तक विश्व को तम्बाकू-मुक्त किये जाने हेतु भीष्म प्रयास किये हैं। जहाँ एक ओर इंग्लैंड की राष्ट्रीय स्वास्थ्य नीति में ई-सिगरेट की स्वीकृति और सोशल मीडिया पर व्यस्त ई-सिगरेट के उपभोगी-दिग्भ्रमित संदेशवाहक, इसकी मुहीम को मजबूती दे रहे हैं, वहीं दूसरी ओर विख्यात मेडिकल जर्नलों में छप रहे ई-सिगरेट को परोक्ष-अपरोक्ष रूप से समर्थित करते अध्ययनों से यह आशंका स्वाभाविक है कि इन सबके पीछे कहीं-न-कहीं सिगरेट कम्पनियाँ एक बार फिर से जन स्वास्थ्य को और गहरी चोट दे अपना भविष्य साधने में लगी हैं।

फिर भी, **यह संतोष का विषय है कि प्रमुख वैश्विक संस्थाओं और नेतृत्व ने इस लालच को नकार दिया है।** किसी ने इसे रक्त से सनी बिलियन डॉलर रिश्वत कहा है तो किसी ने इसे भेड़ के रूप में भेड़िया, जनसंपर्क तमाशा या पाखंड की चरमसीमा माना है। अमेरिकन केन्सर सोसाइटी ने इसे तम्बाकू उद्योग की घातक खेल की किताब का एक नया पेच कहा है तो वर्ल्ड हार्ट फेडरेशन ने इसे तम्बाकू उद्योग की गाड़ी का नाम दिया है। **निश्चित ही इस मुहीम से यह माना-जाना सकता है कि जब तक यह तम्बाकू उद्योग अस्तित्व में रहेगा, तब तक तम्बाकू की महामारी का हल निकल ही नहीं पायेगा। अतः यह सामयिक आवश्यकता है कि तम्बाकू उद्योग का विरोध इसके अस्तित्व की समाप्ति तक बना रहे।**